Nanjing City Wall: A Volume of Essays Ⅱ

南京城墙研究

第二辑

郑孝清——主编

南京出版传媒集团 南京出版社

图书在版编目（CIP）数据

南京城墙研究. 第二辑 / 郑孝清主编. -- 南京：
南京出版社, 2021.12
ISBN 978-7-5533-3424-0

Ⅰ. ①南… Ⅱ. ①郑… Ⅲ. ①城墙－研究－南京
Ⅳ. ①K928.77

中国版本图书馆CIP数据核字（2021）第196116号

书　　名　南京城墙研究（第二辑）
主　　编　郑孝清
出版发行　南京出版传媒集团
　　　　　　南 京 出 版 社
社址：南京市太平门街53号　　　　邮编：210016
网址：http://www.njcbs.cn　　　　电子信箱：njcbs1988@163.com
联系电话：025-83283893、83283864（营销）　025-83112257（编务）

出 版 人　项晓宁
出 品 人　卢海鸣
责任编辑　徐　智
装帧设计　王　俊
责任印制　杨福彬

排　　版　南京新华丰制版有限公司
印　　刷　南京工大印务有限公司
开　　本　889 毫米 × 1194 毫米　1/16
印　　张　18.25
字　　数　508千
版　　次　2021年12月第 1 版
印　　次　2021年12月第 1 次印刷
书　　号　ISBN 978-7-5533-3424-0
定　　价　128.00 元

编委会

前 言

襟江控淮，虎踞龙盘。南京，作为长江流域最负盛名的古都名城，历来为兵家所重。自越城肇建，金陵置邑，石城拒险，应天开基，近两千五百年的筑城史为这座城市遗留下丰厚的人文积淀。其中，始建于1366年的明代都城城墙，以宫城、皇城、京城、外郭城环套的四重城垣之格局，集中国古代筑城技艺之大成，居东亚古代城市规划思想之高峰，成为世界古代城市防御设施的杰出代表。

如今，历经六百五十余年岁月沧桑，“高坚甲于海内”的南京城墙仍存有25.091公里，是世界现存最长、规模最大、保存原真性最好的古代城垣。1988年，南京城墙被国务院公布为全国重点文物保护单位；2006、2012年，以南京城墙为代表的“中国明清城墙”项目两次入选《中国世界文化遗产预备名单》。南京市委、市政府高度重视南京城墙保护管理工作，2014年将原分散在秦淮、玄武、鼓楼三区和市文广新局的明城垣史博物馆、城墙管理处、中华门管理所、午门公园等实行统一归口管理，挂牌成立南京城墙保护管理中心，统筹南京城墙的保护修缮、开放利用、学术研究、宣传推广等工作。此外，南京市颁布实施《南京城墙保护条例》，先后出台《2014年南京明城墙及周边地区保护整治和开放行动计划》《2015—2016年南京城墙保护整治和申遗行动计划》《南京城墙保护和利用两年行动计划（2017—2018）》《关于进一步做好南京城墙保护利用和申遗工作的实施意见》等一系列指导城墙保护管理的文件，以法为纲，全面规划，明确任务，分解责任，系统推进南京城墙保护事业实现跨越式发展。

在此背景下，聚焦南京城墙、关联古今中外的各类研究成果持续涌现。七年来，南京城墙保护管理中心秉持“专业引领、学术先行”理念，坚持理论研究与应用研究两手抓，依托数十名不同学科背景的博、硕士人才，积极探索形成了城墙研究“4+1”模式，包括“打造一个学术研究党建品牌”“对接一个专业国际组织”“建设一个重点实验室”“联络一批外部专家”和“支持一批重点课题”。

一个学术研究党建品牌，即“文旅先锋+国际视野下的‘城墙学’研究”党建品牌。以建立“城墙学”研究体系为目标，致力于构建中国乃至世界“城墙学”研究的重要学术阵地。在这一体系下，中心创办国内首家“城墙学”研究专业辑刊《中国城墙》，出版《铭文天下——南京城墙砖文》《中国古城墙》、国家“十三五”重点规划图书《中国明清城墙》等十余部书籍，发表百余篇学术论文。

一个专业国际组织，即国际古迹遗址理事会军事与城防类遗产科学委员会（ICOFORT）。2020年，南京城墙成为中国首个加入该科学委员会的文博单位，依托这一国际平台，南京城墙研究有了更广阔的视野，相关成果及动态受到越来越多的国际关注，频繁的学术交流活动也为扩大南京城墙的国际影响力创造了更多机会。

一个重点实验室，即国家新闻出版业科技与标准重点实验室——内容呈现与表达智媒体实验室。南京城墙保护管理中心作为该实验室主任单位，积极运用多种创新智媒手段，加强资源整合和机制创新，着力于融媒体出版、数字文化旅游、文化遗产保护等领域，完成了“南京城墙军事防御功能研究与展示”项目、《帝都王城——从良渚王城到大明帝都》融媒体图书等多项数字化成果，初步形成“数字城墙”规模。

一批外部专家，即依托“中国城墙研究院”“南京城墙研究会”“南京古都城墙保护基金会”而形成的稳定的外部专家力量。“一院两会”的建设与发展，维系着关注、支持城墙研究的各领域专家学者，为南京城墙各项研究的高质量开展提供了强大助力。

一批重点课题，即围绕城墙遗产价值辨识、保护、传承、利用等方向形成的具有鲜明时代特色和地域特色的城墙研究课题集群。目前，已完成30余个省市级课题研究项目，在南京城墙四重城垣体系、古都城市格局、护城河体系、中国城墙乃至国际视野下的城墙遗产等方面均取得了丰硕的成果。

《南京城墙研究》即是在此形势下汇集而成的研究成果专辑，2016年首次出版后，取得了较大的社会反响，引发了城墙学研究的新一轮热潮。今年，我们又将“十三五”期间（2016—2020）的重点研究成果进一步梳理整合，汇编成《南京城墙研究》（第二辑），从保护规划、科学利用、法治建设、文创应用、遗迹调查等方面，集中呈现近年来城墙研究的热点与新意，同专业领域和社会公众分享我们关于城墙保护利用的思考。

城墙是人类文明发展的重要标志，是中华文明有序传承的有力见证。“十四五”期间，全体城墙人将切实承担起守护城墙的责任，紧紧抓住改革创新的重要机遇，进一步优化城墙研究“4+1”模式，以“城墙学”品牌建设为核心，持续拓展南京城墙基础研究的深度与广度，全面扩大南京城墙研究的国际影响力和专业话语权，不断擦亮“南京城墙”这张城市文化名片，为南京建设社会主义现代化典范城市和“中国明清城墙”申遗贡献力量。

南京市文旅局党委委员、南京城墙保护管理中心主任　郑孝清

目 录

推进南京城墙保护管理体制机制创新研究[①]

始建于1366年的南京明城墙是全世界规模最大、保存原真性最好的城市城墙，是南京最为厚重的历史文化遗产和最具影响力的文化符号。近年来，市委、市政府以明城墙申报世界文化遗产为契机，大力加强明城墙保护和利用工作，取得了重要的成绩，南京城墙的知名度和美誉度不断提升，但同时也存在着城墙定位尚不明确、断点影响全部贯通、管理力量仍显薄弱等突出问题和制约因素。本课题在分析南京城墙保护、管理和利用工作的现有基础、面临形势和存在问题的基础上，从提升顶层设计、完善管理体制、强化规划引领、推进贯通工程、吸引多元投入和实现共同治理等方面提出了进一步加强南京城墙保护和利用工作的若干建议。

一、南京城墙保护、管理和利用工作的现有基础

（一）南京明城墙简史

南京明城墙始建于公元1366年，明太祖朱元璋听取朱升“高筑墙”的建议，始筑都城墙，历时28年建成。原建的宫城、皇城已毁，现存都城城垣和外郭城。南京城墙京城城墙全长35.267公里，高14—21米，宽7—14米，开城门13座，为世界第一大砖石构造的京师城垣。现存城垣25.091公里。自1982年国务院公布南京为历史文化名城后，南京市人民政府当即发布通告，严禁损坏城墙，并把周围环境的保护列入规划控制。近年已陆续修复中华门瓮城，修缮了挹江门城楼，1984年成立中华门文物保管所和渡江胜利纪念馆，以保护固有文物，并建南京明城垣史博物馆，成为一处独特的人文景观。

① 该文为“推进南京城墙保护管理体制机制创新研究”课题报告，课题由南京城墙保护管理中心于2017年完成。

（二）南京明城墙保护管理利用的主要成绩

近年来，南京市委、市政府以明城墙申报世界文化遗产为契机，不断探索和加强对城墙的保护、管理与利用工作，取得了重要成绩，主要有以下几点：

1.法律基础不断增强

南京市1996年颁布并实施了《南京城墙保护管理办法》；2008年编制完成了《南京城墙保护规划（2008—2025）》；2015年4月1日正式实施了《南京城墙保护条例》，从《办法》提升为《条例》，对于从法律法规上规范、调整和强化对南京城墙的保护与利用，提升其社会价值、文化价值和城市地位极其重要，代表对明城墙保护核心理念的变化，为依法依规保护南京城墙奠定了坚实的法律基础。先后出台了《2014年南京明城墙及周边地区保护整治和开放行动计划》及2015—2016年、2017—2018年三期行动计划，为进一步保护和利用南京城墙提供了重要的工作指引。

2.组织架构逐步完善

2014年原南京明城垣史博物馆、南京市城墙管理处、中华门管理所、午门遗址公园等单位整体合并，成立了南京城墙保护管理中心，初步破解了历史上城墙多头分散管理的难题。同年成立了以市政府主要领导担任责任人、市相关部门主要负责人为成员的南京城墙整治和开放工作领导小组、城墙申遗工作领导小组、南京城墙保护委员会。2016年成立了南京城墙研究会和南京古都城墙保护基金会，为吸引更多的社会力量共同参与城墙保护和利用工作提供了重要的途径。

3.“申遗”工作有序推进

2003年，南京市政府向江苏省文化厅和国家文物局正式申请上报将南京城墙列入世界文化遗产预备名单。2006年，国家文物局将南京、西安、荆州、兴城等4城市的城墙联合列入“中国明清城墙”申报世界文化遗产预备名单。2012年国家文物局把包括南京城墙在内的8家单位列入更新的《中国世界文化遗产预备名单》。2014年，中国明清城墙联合申遗工作推进会议在南京市召开，会上正式成立“中国明清城墙联合申报世界文化遗产办公室”，各申遗城市共同推举南京市为申遗牵头城市。2016年3月，中国明清城墙“申遗”文本正式提交国家文物局，等待批复。

4.综合整治效果更加凸显

南京市按照《南京城墙保护条例》的相关要求，启动了城墙沿线环境整治工程，完成标营门至光华东街900米、中山门至琵琶湖段2300米修复工程，特别是前湖缺口保护展示工程得到国家文物局的高度肯定，被认为是文化遗产保护的创新模式；完成西干长巷段200米缺口贯通工程，城墙开放长度达到23公里，其中22公里已经完成景观亮化工程，成为南京“显山、露水、见城绿”城市风貌的亮点。除进一步加强对城墙本体的保护维修和周边环境整治外，有关部门还全面建成城墙安防和智能化管理系统，筹建南京城墙监测预警平台，城墙遗产保护管理体系更加全面科学。

5.文化品牌影响持续提升

近年来，南京市委、市政府高度重视南京城墙的宣传交流和文化推广。2017年3月国家艺术基金资助项目《大明城墙》成功首演，讲述了“当城墙遇上京剧”的动人故事；既是学术著作又是文创产品的《铭文天下——南京城墙砖文》收录了海量的城砖铭文，颇具研究和收藏价值；南京城墙发布文化创意品牌“1366”，将陆续推出“1366城墙文化创意公园”“1366城墙秀”等系列文创产品；南京城墙还打造了解放门台城书房、武定门金陵书苑、中华门聚宝书缘等十处“书香满城”全民阅读空间，邀请叶兆言、郦波等知名学者举办公益读书讲座；《南京城墙——明代皇帝的防御工事》多次走出国门应邀巡展，有效增强了南京城墙的文化吸引力与影响力，显著提升了明城墙的国内国际知名度。2016年，南京城墙景区全年共接待游客150万人次，同比增长15%；门票收入1900万元，同比增长25%。

二、国内外城墙保护管理利用的实践与启示

（一）西安城墙保护管理利用经验及启示

西安城墙不仅是我国现存规模最大、保留最完整的古代城防设施之一，也是世界上现存规模最大、最完整的古代军事城堡设施之一。在文化旅游方面，西安围绕城墙成功举办了长安古乐文化周、“唐都上元不夜城”主体灯会、中秋赏月、新年祈福活动、城墙国际马拉松赛等，每年开展十多个大型文化旅游活动，将之打造为景区独有的文化旅游品牌，极大地提升西安城墙的知名度和影响力。2015年春节假期，城墙景区接待游客120363人次，同比增长92.34%。

在文化的保护与开发方面，西安政府充分挖掘城墙的文化价值。首先用表演等形式对文化进行了再现，起到文化传承、文化教育和文化旅游的功能，同时也是打造西安文化品牌的良好途径。城墙民俗文化展演以民乐、打击乐等民俗演出为依托，伴随与游客的互动，使西安城墙成为市民、游客独特文化情感的聚集地。城墙特色武士军阵展演以城墙特色军事文化背景为依托，还原军队驻守城墙、军阵操练的场景，打造西安城墙文化旅游新亮点，带给市民、游客超级震撼的文化体验。其次定期举办活动与宣传。自2009年11月1日开始每年的11月1号被设立为西安城墙亲近日，西安政府举办免费发放城墙门票、开设文保大讲堂、邀请市民体验文保工程等活动。市民和游客可以免费游览城墙景区，并参加主题为“亲近城墙，感触历史”的宣传活动，很多市民在这样的活动中形成了一股文化的凝聚力，参与到城墙保护事业中。此外，城墙活动经常与节庆日相结合。比如，每年春节用大型三脚架以及铁质辅材将长达数百米的大型花灯固定在城墙上，城墙灯会逐渐成为传统，凝聚了西安人民的情感，成为人们日常生活中难以割舍的一部分。最后，承接大型活动提升国际知名度。西安城墙灯会被西安政府打造成为具有西安特色，国际知名、国内一流的中国春节民间文化盛会。西安充分利用城墙这张城市名片，通过基础设施建设、人文景观打造、文化旅游开发等方式，举行各类主题活动和体育赛事，充分发挥了城墙的文化价值。2015年3月2日，习总书记登上西安城墙时说：“这是世界级的宝贝，要保护好。”因此对于西安来说，城墙不仅是一张城市名片，更是中国以及世界的瑰宝。西安围绕城墙所作的建设，不仅传承与保护了城墙的历史文化，凝聚了人们的情感与力量，完善了城墙在新时代发挥的新作用，更使城墙成为西安的一个标志，成为世界了解中国的一个窗口，可以说是城墙建设的一个典范。

（二）意大利卢卡城墙保护管理利用经验及启示

卢卡城墙始建于16世纪中叶，作为保卫这座城市繁荣的防御工事，至今从未遭受过攻击，以其完整透彻的科技意识和细致美感，成为欧洲军事建筑的典范。从18世纪开始，卢卡城市就成了市民们的公园，这里有75公顷的绿化空间，被称为“缓冲区”，覆盖公园的大部分绿化。宽阔的绿化空间将古老的城市与现代化的城区隔离开来。1999年，卢卡市长皮埃特洛·法齐博士组建了城墙协会，作为卢卡市政府的专门机构，负责保护并安排城垣的维修、管理以及审批该公共空间的使用，组织不与城墙相悖却能够增加其知名度和价值的活动，促进有关遗产保护研究及环境、艺术等保护工程项目。

卢卡城墙在波旁王朝时期已经改造成非军事用途，今天，这一最负盛名的环城城墙成为这座城市最有魅力的古迹。沿着城墙步行或者骑自行车，也是看卢卡城市全貌最好的方式——一边是城外的森林和草地，一边是古老城市的瓦顶和教堂。宽阔的城墙现在已经变成环城公园，可以容纳2辆车并行，清晨很多人会在这里

跑步锻炼，自行车出租店也在城墙边上，2.5欧元可以租一个小时的自行车绕城一周，这是卢卡最有名的一个节目。

卢卡城墙在从防御工事用途改为公共场所的转变过程中维持了其原本的风貌，使人们对这座由艺术和防御完美结合的古城墙产生浓厚的兴趣；尤其是引发的全民文物保护意识，是发自内心深处的一种执着，乃至升华成一种市民的信念和精神。卢卡和南京都具有两千余年的建城史及城垣筑造史。从现有记载看，南京地区至少在春秋时期（公元前6世纪之前）已经出现城邑及城池。但是，在建材的运用上，却是卢卡的起点较高——古罗马兴盛的石材建筑技术，被成功地运用到初始城墙的建造上。除了石质城墙的优越性以外，民众对于城墙极高的保护意识成就了卢卡城墙成为全欧洲保护最为完整的城墙。而民众的保护意识则主要来自官方的重视：在卢卡人看来，“城墙永远是一个开放的建筑工地，以及一座值得让热爱历史、传统与文化的人们去挖掘并分享的宝库”。因此，城墙保护重在政府带头、全民参与，提升全民保护意识和观念，倡导民众应当成为文化遗产保护的知情者和受益人的理念，才能从根本上营造良好的城墙保护氛围。

（三）韩国水原华城城墙保护管理利用经验及启示

水原华城是李朝（1392—1910）后期建于京畿道水原市内的邑城。水原城的轴城于李朝第22代王正祖十八年即1794年开工，1796年完工，是为了向父亲庄献世子表示孝心以及显示经济实力而建造的新城市。根据水原政府网上的记录，华城每年进行的节庆有五个，分别是“孝的城郭巡礼”“水原华城百中祭”“曾祖大王驾车巡礼”“水原华城演剧节”“水原华城文化节”。“孝的城郭巡礼”的对象是青少年学生，主要以体验活动的形式开展，包括城墙巡礼、儿童节宴会，文艺表演等。“水原华城百中祭”的主要对象是华城市民，形式上采取了民俗表演，有儿童乐器演奏、农乐表演、国乐表演，民俗体验等。“曾祖大王驾车巡礼”也是针对青少年学生开展的活动，通过古代宫殿巡礼参观、宿营的体验活动开展。“水原华城演剧节”针对演剧爱好者而进行的，活动包括各类演剧表演，原创作品颇多。“水原华城文化节”，虽然没有特定对象，但是包括很多小的庆典，如宫中饮食体验、宫中生活体验、民俗表演等，通过各种各样的主题体验活动吸引着不同年龄段的游客。虽然韩国水原华城每年开展的节庆活动只有五个，但能够充分围绕城市历史，挖掘城墙文化价值，因此获得了游客的好评。

三、加强南京城墙保护管理利用的背景分析

（一）明清城墙联合“申遗”是南京加强城墙保护管理利用的最佳契机

习近平总书记在北京考察历史文化遗产时曾说道：“历史文化是城市的灵魂，要像爱惜自己的生命一样保护好城市历史文化遗产。”借助文化遗产弘扬中华文化、讲述南京故事，明城墙无疑是最佳的元素和载体。2012年11月17日，“中国明清城墙”被国家文物局列入更新的《中国世界文化遗产预备名单》。2013年底，南京市提出“要以明城墙申遗为契机，做好城墙保护和周边环境提升，加快推进明城墙向市民开放，让明城墙更可见可达可触摸，实现对明城墙的永续保护和利用”。2014年2月27日，全市召开文化遗产保护工作会议。会议提出，要全面启动“申遗”项目，实现明城墙开放利用和统一管理，到2015年，物质文化遗产保护和彰显取得阶段性成果，非物质文化遗产保护和传承体系完备、机制完善，博物馆建设门类齐全、特色鲜明，文化遗产解读有序推进、实现突破；到2020年，建成具有国际影响力和知名度的世界历史文化名城。南京明城墙作为宝贵的文化遗产承担着“城市名片”的重任，借助“申遗”发挥南京明城墙的文化功能，是开展南京城墙保护管理利用的最佳契机。

（二）加强南京明城墙保护管理利用是提升市民素质、实现江苏省“三强两高”文化强省目标的有效途径

江苏在全国较早地提出了建设“文化强省”的战略构想，并提出到2015年实现“文化凝聚和引领力强”“文化事业和产业强”“文化人才队伍强”的“三强目标”。如何以世界保护历史文化遗产运动所形成的相关概念为原则，结合遗产环境设计的理论与实践，追本溯源，在明确南京明城墙价值的基础上，以系统的观点，通过城市更新，进一步转变城墙功能，改善区域交通状况，整合文化与旅游资源，提升整体的空间环境品质，凸现南京明城墙遗产在城市中的地位作用，是南京明城墙生存所面临的最大的机遇与挑战。

（三）加强南京城墙保护管理利用是保护和传承南京城墙活的灵魂和寻找民族文化之根的关键前提

一方面，南京城墙不仅是南京最大的城市文化遗产，还具备了非物质文化遗产的特性。城墙的一砖一瓦体现的工艺技术、城砖的铭文体现的书法艺术、城墙民谣诗歌体现的古诗词价值等，都是珍贵的非物质文化遗产。“在21世纪全球经济一体化和现代化进程快速发展的背景下，留住记忆，保护和传承非物质文化遗产，已成为人类社会发展的重要课题之一。”而在传统文化的保护中，非物质文化遗产越来越受到关注的主要原因在于它的“活态流变性”。“非物质文化遗产的活态流变性，决定了其包含的文化记忆更容易随时代迁延与变革被人们忽略或忘却。我们只有在保护和重新唤醒这些记忆的基础上，才有可能真正懂得人类文化整体的内涵与意义，否则，我们的损失不仅是失去了一种文化形态，更重要的是失去了寄予在非物质文化遗产中宝贵的人类智慧和精神血脉，而且这种损失是难以挽回的。”因此，充分认识到南京明城墙作为“非遗”的文化功能，是保护和传承南京城墙活的灵魂和寻找民族文化之根的重要前提。

另一方面，在意识到开发和保护相辅相成的重要性的同时，开发和保护者应形成长期的合作共识。“现在，日本政府和日本社会各界正在进一步致力于把他们的文化遗产作为‘资源’盘活，一方面采用新的‘登陆制度’以弥补此前‘制定制度’的不足，另一方面则是积极地让文化遗产不再只是躺在博物馆或仓库里做‘标本’，而是要想方设法地让它们能够公开给全体国民，让它们能够被继续利用，包括被应用于国际文化交流的各种事业。”可见政府在保护和传承文化遗产过程中的重要作用。在强调保护对象的非物质性时，我们应该意识到所有文化遗产的物质性，意识到保护非物质文化的同时我们还应该保护其作为载体存在的物质性；而文化遗产除此之外还应该有商品属性，这样的商品属性是可以在市场化和大众文化消费的今天得到凸显的。文化遗产不仅仅是保护起来就可以了，在成为保护对象后，怎样让保护对象得到生命的延续和提升，让它在持续的发展中找到适合自己发展的道路和动力源泉很重要。所以，只有尊重和保护是不够的，关键是如何传承。只有城墙的文化功能得到解放和发挥，城墙文化得以传承，人类的创造力才能得到保护。

（四）在文化繁荣发展契机下加强城墙保护管理利用是撬动和加快江苏文化多样性和创意性发展的重要支点

在文化消费日益提高的当今，公众对文创产品的需求不断增强。如何抓住文化繁荣发展的契机，利用得天独厚的资源优势，挖掘文化遗产真正的价值，开发出获得公众认可的文创产品，是南京城墙在保护管理利用方面需要做大做强的核心课题。开发适合大众的城墙文创产品，首先，要找准定位，深入了解大众的消费需求，有针对性地开发文创产品；其次，要开发出有创意和美感的文创产品，通过设计创造出全新的文创产品，以及与公众能够产生共鸣的文创产品来吸引消费者；最后，要开发出高质量、制作精良的文创产品。有了好的产品构思，产品落地也十分重要，不论制作工艺还是外包装乃至文案说明等诸多细节都是一件完整产品的组成部分，将带给消费者最直观的体验，直接代表了城墙的外在形象。

四、进一步加强南京城墙保护利用工作面临的形势和存在问题

尽管南京城墙的保护和利用工作已经取得了长足的进步，但与打造南京世界级城市文化名片的目标要求与对照世界文化遗产保护管理的先进标准相比，还存在着很多突出问题和制约因素。

（一）南京城墙现有定位与打造世界级城市文化名片的目标要求有较大差距

2003年南京市即提出把南京建设成为“世界文化名城”，2016年南京第十四次党代会报告提出要按照东部地区重要中心城市、特大城市和现代化国际性人文绿都的战略定位和要求，建设“强富美高”新南京。南京的城市定位是世界级的，必须以世界眼光来谋划南京的城市发展和文化建设。世界级文化名城一般都有其文化地标，如巴黎的埃菲尔铁塔、纽约的自由女神像、悉尼的歌剧院、北京的故宫等等。作为世界最长、规模最大、保存原真性最好的城市城墙，南京明城墙是最具基础也最有希望成为南京的世界级文化名片。但从南京城墙目前的国际知名度、保护现状、重视程度以及衍生品的开发等上看，对比这一目标还有较大的差距，还未能形成代表南京世界级城市形象的文化品牌。

（二）世界文化遗产保护管理的先进标准对南京城墙保护利用工作提出更高要求

世界文化遗产的意义和价值，主要体现为独特的创造性和对特定历史时期文化的典型表现性。世界遗产委员会制定的《实施世界遗产公约的操作指南》，将真实性与完整性列为登录《世界遗产名录》的基本条件和保护原则，并对遗产管理人员、管理权力机关和其他合作者及遗产管理的利益相关方提出了明确的要求。作为中国明清城墙的申遗牵头城市，南京更加应该严格对照世界遗产公约的实施细则，率先按照世界文化遗产相关标准开展保护利用工作，确保不对南京城墙突出的普遍价值、完整性和真实性造成负面影响，真正保护好南京城墙这份人类共同的文化遗产。

（三）城墙仍然存在部分“断点”，影响构成文化遗产保护管理闭环

2014年初南京市政府宣布，到2015年末，将全面建成城墙两侧的慢行系统，实现城墙本体、城墙内侧、城墙外侧“三贯通”的目标。但是由于某些历史原因，导致城墙部分区域出现“断点”的现象，“三贯通”的目标至今尚未完全实现。如太平门向东至富贵山隧道南出口、中山门向北至琵琶湖公园后半山园小门、神策门南至玄武湖隧道口北段城墙内侧、昆仑路段城墙内侧等地都因为牵涉到部队、企业、民居房屋等因素，难以得到全部贯通。这既不符合世界遗产保护的完整性原则，在一定程度上影响了明城墙“申遗”工作；也不利于以城墙为纽带聚合串联城墙周边文化旅游资源，构建真正意义上的环城墙文化休闲旅游带，打造南京的世界级城市文化名片。

表1　目前不归南京城墙保护管理中心管理的“断点”情况统计

序号	范围	长度（米）
1	东水关至南京职工大学东南中学专业学校	1426
2	南京职工大学东南中学专业学校至御道街西侧	270
3	新民门北端至狮子山公园东大门	588
4	模范西路北侧至草场门北石头城路东侧	935
5	草场门石头城路东侧至草场门北侧	121
6	草场门北侧至石头城新村	607
7	红土山至汉中路南侧	792
8	汉中路南侧至汉西门主城门北端	75
9	汉西门内瓮城缺口	77
10	汉西门内瓮城西缺口	5
11	汉西门至第二机床厂北侧	1761

（四）现有管理力量仍显薄弱，难以应对日益繁重的保护管理重任

南京城墙的具体管理部门是成立于2014年2月的南京城墙保护管理中心，中心的成立将城墙的管理职能由各区分散管理变成了统一管理，在城墙管理体制建设上是重要的改革成效和创新亮点。但在目前面临着“申遗”关键进程的临近和日益繁重的城墙保护管理重任的情况下，现有的管理架构和人员配置显得尤为薄弱，加之南京城墙博物馆新馆、官窑山城砖遗址博物馆、石头城遗址公园等代表着南京地域文化特色的重量级文化单位正在紧张地建设筹备之中，现有管理力量远远不足，亟须提升层级以应对严峻挑战；环城墙文化休闲旅游带的建设涉及市规划、城建、环保、园林、文化等多个部门，以及诸多省级机构和驻宁部队，中心行政级别的限制使其在与多部门的磋商过程中处于不利地位，不易发挥其应有的统筹协调功能；实施世界文化遗产的有效保护需要大量专业化管理团队，而中心目前学历层次总体偏低，专业化人员数量不足，亟待充足管理团队和技术团队，建设与南京世界级城市文化名片定位相适合的人才队伍。

（五）城墙保护资金相对匮乏致使需求与投入存在较大缺口

城墙保护需要投入大量公益性资金，特别是风貌保护、墙体修缮、市政设施改善、人口疏解等资金需求量巨大。近年来南京市每年投入大量资金，城墙门票收入有较大增长，但仍存在较大的资金缺口。以政府财政投入同时争取社会资金的投资方式仍远远不能满足需要，虽然已经成立了南京古都城墙保护基金会，但运作时间较短，城墙保护的多元化社会融资模式尚未建立。

五、完善管理体制机制，
进一步加强南京城墙保护利用工作的若干建议

（一）优化顶层设计，加快申遗进程，切实把南京城墙打造成世界级城市文化名片的核心载体

南京正处在打造东部地区重要中心城市、长三角城市群发展规划中特大城市，建设“强富美高”新南京的关键时期，对于城市建设来说，应以提升南京国际影响力为目标，着力完善城市功能提升城市品质，更加彰显出南京“山水城林”和历史文化名城的城市风貌。明城墙是南京最有可能打造具有国际影响力的城市名片的独特资源，南京最优质的历史文化资源如秦淮河、玄武湖、大报恩寺等都集聚在城墙内外。应将城墙作为南京打造国家中心城市乃至世界级城市的文化主标识，充分认识南京城墙作为世界文化遗产和延续南京文脉的价值，增强保护利用好南京城墙的紧迫感和责任感，举全市之力，整合南京各方面资源力量，从更高层次完善对南京城墙战略定位、发展目标和建设规划的顶层设计，编制南京城墙总体发展和建设规划，明确南京城墙打造世界级城市文化名片的目标、任务和时间节点。严格对照申遗要求，高位协调推进申遗工作，争取省委省政府的支持，将中国明清城墙联合申遗项目早日列入省部合作内容，统筹推进城墙保护与开发利用工作的实施。

（二）完善管理体制，提升管理层级，进一步加强南京城墙保护利用工作的实施保障

一是充分发挥城墙保护委员会和申遗工作领导小组的统筹协调作用。以其为核心，提高城墙保护利用工作的统筹层次，形成相对统一的体制机制，从市级层面上整合各职能部门行政资源和工作职能，强力推进城墙保护利用工作的顺利实施。二是提升城墙保护管理中心的行政职级，借鉴南京中山陵园管理局的组织架构，明确为正局级单位，为市直属事业单位，由市文广新局代管，将明故宫遗址管理处（市旅游委）、阅江楼景区（鼓楼区）、官窑山遗址（南京经济技术开发区）等与城墙相关的单位或管理机构统一归口至南京城

墙保护管理中心，并赋予其在管辖范围内采沙取土、占用、挖掘道路，设置广告载体、标牌、标语等方面许可的行政审批和处罚权。三是建立南京城墙保护利用的联席会议制度，联席会议在市政府的领导下，研究解决南京城墙保护利用工作中的重大问题，统筹协调相关部门职责分工，并形成倒逼机制和追责约束，加强联合执法和监督管理，在规定时间内落实规定内容和整改项目，促进部门间协作配合，建立长效工作机制，形成富有质量和效率的工作合力。四是实行目标管理和责任主体追责制，加强对日常建设、管理工作的检查、指导和监督，对负有责任的牵头职能部门实施督办、督察和责任追查，确保各项工作有序推进。

（三）强调规划引领，突出保护优先，加强顶层设计对城墙保护利用工作实施的指导作用

加强各层次规划的紧密衔接，切实指导南京城墙保护利用工作的实施。以南京城墙总体发展和建设规划为纲，通过总体规划、近期计划和年度实施计划的编制，在深化、细化研究的基础上明确实施方案和责任分工。结合城墙保护的最新要求，按照世界文化遗产保护的最高标准，正确处理好保护和利用的关系，对涉及城墙范围的现有规划进行检查、调整或再深化。开展南京城墙及周边地区整体性城市设计，推进城墙与现代城市功能的有机融合，研究城市色彩、建筑高度、风貌、植被等对城墙整体保护利用有关键影响的要素，研究聚合串联城墙周边文化旅游资源构建环城墙文化旅游休闲生态带的具体实施方案。加强南京城墙历史文脉研究，提出在新的时期赋予城墙新的社会职能和意义，将城墙文化融入城墙景观设计中去，自然延续人们对城墙历史以及南京城市的记忆。保持规划编制单位、人员与管理队伍的相对稳定，研究通过责任规划师和责任建筑师制度，以认真负责、扎实细致的作风，通过长期研究和跟踪，不断优化实施方案。

（四）科学修缮复建，推进贯通工程，最大程度呈现世界文化遗产的原真性和完整性

原真性和完整性是世界遗产领域的核心理念，是世界遗产申报、遗产价值评估、遗产保护和环境整治的直接依据。南京城墙现存25.091公里，目前开放23.3公里，仍有接近2公里的长度因为各种原因未能开放，这不仅影响到南京城墙申报世界文化遗产的完整性，也直接影响到环城墙文化休闲旅游带的整体打造。应进一步加强协调沟通，从南京城墙建设事关南京城市发展全局的高度出发，做好与城墙“断点”区域相关单位的说服工作，完善补偿方案，做好断头区段等的贯通和环境整治工作，打通城墙贯通瓶颈，尽早实现城墙本体和内外侧的全线开放。科学设计城墙的修缮复建方案，在有条件的地方秉承世界遗产管理的原真性要求，使用原材料原工艺，进行有限、适度的复建，最大限度地展现南京山水之美，在其他地段可通过多形式的标识、通道和视觉性构架等方式实现城墙的连通。

（五）吸引多元投入，强化旅游造血，加强城墙保护和利用的资金长效保障机制

采取政府投资与社会参与相结合的方式，以政府投资最大限度地撬动社会投资。认真做好南京城墙保护和利用的资金平衡方案，及时建立常态的资金投入和保障统一调配管理使用机制，逐步加大对南京城墙保护利用的专项经费投入，探索设立南京城墙保护专项基金，搭建保护资金的投融资平台。多渠道筹集建设资金，积极向国家、省申请资金支持，加强与金融机构对接，在充分考虑信贷资金的使用风险和归还渠道、来源、方式等前提下，争取信贷资金支持。制定相应的鼓励措施，支持企业、社会组织和个人对南京城墙保护工作进行捐赠。制定各类相关管理和鼓励政策，发挥好南京古都城墙保护基金会的作用，鼓励社会资本参与，试点PPP市场化模式，探索研究社会资金引入的良性运作机制和投资回报政策，引导更多的要素资源和经济主体聚集南京城墙的保护与利用。强化城墙中心的旅游职能，组建旅游公司，不断拓展旅游市场，增强城墙品牌影响力，提升城墙旅游景区收入，实现社会效益与经济效益的同步提升。

（六）加强宣传推介，实现共同治理，形成政府、企业、专家和社会公众多方参与南京城墙保护的良好氛围

明城墙是南京人民的“民城墙”，其保护利用工作也应该吸引全体南京市民的共同参与。一是应进一步加强南京城墙的整体对外宣传交流工作，邀请国际级大师拍摄具有世界眼光的南京城墙形象宣传片，全景展现南京城墙的风貌和历史变迁，继续探索和深化《大明城墙》等舞台艺术形式，尽快达成城墙作为南京世界级城市文化名片的国内外共识。二是发挥好南京城墙研究会的作用，确定工作程序和议事制度，在文化挖掘及传承、建筑保护、规划设计、实施、社会管理等各个方面，充分听取专家意见，加大专家对城墙保护利用工作的指导力度。推动城墙学术研究，加强与国外城墙管理机构合作，交流借鉴城墙保护经验。三是按照国家公益性文化事业单位改革创新的趋势，适时成立南京城墙理事会，吸纳有关方面代表、专业人士、各界群众参与管理，制定公开透明的理事委任准则和筛选机制，保证理事会成员结构的多元性、来源的广泛性和公众的参与性，激发各类社会主体参与城墙保护利用工作的积极性，逐步实现共同治理。

课题参与人员：丁宏、任卓、杨辟、胡静、朱珊、张莉、汤思睿、成若恒

提升南京城墙品牌影响力研究①

一、新时代语境下打造南京城墙品牌的内涵与意义

在论及文化遗产时，联合国教科文组织指出：“在生活条件加速变化的社会环境里，为人保存与其相称的文化环境，是大自然、先辈遗留的文明见证，这对人的平衡发展十分重要，为此应该使文化遗产在社会生活中发挥积极的作用，并将当代成就、昔日价值纳入整体规划加以考虑。”可以说，文化遗产作为凝固的历史，展现了一个国家历史发展清晰而立体的路径，因而构成了民族认同感，国家向心力、凝聚力的物化寄托，也成了树立文化自信、滋养文化自信、坚定文化自信的必然基础。

党的十九大报告指出，“中国特色社会主义进入新时代，我国社会主要矛盾已经转化为人民日益增长的美好生活需要和不平衡不充分的发展之间的矛盾”，“满足人民过上美好生活的新期待，必须提供丰富的精神食粮”。这就需要激发文化遗产的当代价值内涵，为更有意义、更丰富多彩、更精神振奋、更自信自豪的生活提供精神支撑。从这一时代语境出发，南京城墙作为城市文脉的关键载体、作为南京人的精神家园，其品牌化的建设与运作将构筑南京当代文化发展的基础与创新资源，成为当代南京文化自觉与城市美好生活的方式与重要内涵，更将成为全球化文化寻根中的精神圣地。

（一）城墙品牌为南京文化自信提供基石

文化自信是对自身文化价值体系的坚定信念与情感依托，也是对自身文化生命力、创造力、影响力的充分信赖与高度认可。文化自信的展示和增强需要优秀的文化遗产助阵。作为人类历史发展的见证、特定历史时期的活化石，文化遗产能够拼贴出文明发展的图谱。可以说，文化遗产是文化自信的有机组成部分，展示文化遗产在某种程度上就是在展示文化自信。南京是中国四大古都中唯一的南方古都，南京城墙又是世界最长、规模最大、保存原真性最好的古代城垣，其历史价值、观赏价值、考古价值、建筑价值，以及所记录和

① 该文为“提升南京城墙品牌影响力研究”课题报告，课题由南京城墙保护管理中心于2017年完成。

见证的古都文化，都使其成为南京历史发展中不可替代的母城印记。

观之世界范围，让文化遗产“活起来”，使其与城乡现代化、与人居生活、与经济社会发展建立起血肉联系，成为特色城市、特色乡村、特色区域建设的重要参与力量，成为文化创新、文化创意、文化旅游、城市品牌塑造的构成元素，已成为当代城市在推动文化遗产发展中的普遍实践。如意大利就在全球范围内为著名的博物馆和文化遗址招募新“掌门”，旨在振兴文化遗产领域、塑造具有世界影响力的文化品牌。观之国内，国家层面的多个文件反复强调，文化品牌建设是当前我国文化发展的重要内容，也是短板所在。因此，打造具有鲜明特色和较强影响力的文化品牌，是走好文化自信必须补齐的短板。从这个层面而言，将南京城墙所代表的优质文化资源凝练成文化品牌，将构筑南京城市文化自信的基石。

1.城墙品牌的打造，将实现南京文化自信与居民生活的联结

习近平总书记在庆祝中国共产党成立95周年大会上，第一次把“文化自信”与“道路自信、理论自信、制度自信”并提，并对文化自信进行了特别的阐释，强调“文化自信，是更基础、更广泛、更深厚的自信”。这其中蕴含了一个深刻的命题，即文化自信如何能够植根于最广泛的社会生活中，如何在人民群众的生活中生根发芽。南京城墙品牌的打造，便是通过一系列公共性文化景观、文化活动、文化产品的打造，以人民群众更加享受、更易接受的方式推动城墙亲近居民日常生活、融通美好生活需求，让每一个南京人民都能切实体验到文化遗产的魅力，塑造出共同守城、护城、亲城的文化内聚力，从而在城墙“亲民”的过程中完成其所凝结的文化自信在居民内心深处的扎根。

2.城墙品牌的打造，将凸显南京文化自信在国家层面的担当

文化自信最大作用的发挥，需要更丰富的载体，有更丰富的表达，通俗而言，就是要让文化自信落到实处，看得见，走得进，摸得着。因此，南京城墙作为中国都城城墙的代表，品牌理念的导入将进一步凸显其独特性、唯一性，并通过深度挖掘和充分激发城墙文化的优秀基因，保护城市文化根脉和历史发展年轮，在保护中利用、在创新中发展，创造出传播中华文明的重要载体，成为文化大国的形象与窗口，体现南京作为国家历史文化名城应有之文化担当。

3.城墙品牌的打造，将实现南京文化自信在国际社会的传播

文化遗产在今天不仅是古代文明的记录和见证，更是不同国家、地区之间平等对话、和平共处的纽带和桥梁。一项调查表明，在外国人心目中，明城墙最能代表南京城市形象。[①]对其进行品牌化运作，将挖掘其所蕴含的情感诉求、审美情趣、生活态度等精神象征，并具体化为具有现代表达和国际表达能力的各类可观、可感、可触、可亲的文化符号，从而超越时空、超越国界、超越民族的限制，实现南京文化自信在对外交往中的深入传播，提高在国际文化领域的参与程度与话语权力。

（二）城墙品牌为南京城市精神塑造内核

城市是一种历史文化现象，每个时代在城市建设中都会留下自己的痕迹，城市精神植根于城市的历史，体现于城市的现实，引领着城市未来，是城市灵魂、城市品格和城市风气的综合体现。2016年中央城市工作会议要求：“要结合自己的历史传承、区域文化、时代要求，打造自己的城市精神，对外树立形象，对内凝聚人心。”城市文化遗产作为城市历史传承的重要载体，其核心是社会方式和价值观系统，对于当代城市精神的塑造具有不可替代的重要作用。

南京城墙是南京城市最具代表性的历史文化符号，它设计思想独特、建造工艺精湛、规模恢宏雄壮，在钟灵毓秀的南京山水之间，蜿蜒达35.267公里，并通过13座城门与城市生活动态交融、互动互通，串联起南

① 《外国人眼中的南京，原来是这样的》，来源：世界知名城市南京周公众号，2017年7月27日。

京独特的资源禀赋和人文景观，勾勒出金陵的神采风骨，搭建起南京的精神框架。基于南京人与城的千年相依，城墙品牌的打造将成为城市精神内育外化的体现，充分发挥优秀文化遗产以文化人、以文育人的独特作用，唤起居民高度的时代责任感，共同守望南京的精神家园。

1.城墙品牌的打造，将构成南京城市精神的独特符号

作为城市精神的重要组成部分和物质载体，城市地标对内是城市居民的精神象征，对外是外界认识这座城市最直观的标志物。作为南京城市中具有稳定性的代际传承的特定建筑空间，南京城墙应走出一条“故事积淀+意象传达+内容设计+文脉延续”的复合化品牌发展道路，打造具有温度、厚度的城市品牌，为南京城市精神提供足够的解读空间和极具识别度的文化符号，切实让这一祖先留给南京的宝贵文化资源传之后世、永续利用。

2.城墙品牌的打造，将升华南京城市精神的文化品位

城市公共空间是居民进行公共交往、举行各种活动的开放性场所，其文化性将直接影响到城市环境的文化品位和城市大众的互动方式。南京城墙是与南京人民日常生活紧密相连的公共空间，城墙品牌的塑造是用优秀而丰富的文化艺术手段激发城墙空间的内在文化意蕴，通过城市公共空间的文化创意营造来推动大众文化意识的自觉，提高生活品质，重塑区域认知，达到日常生活审美化的最高境界，从而用文化点亮南京城市精神之光。

3.城墙品牌的打造，将传承南京城市精神与价值理念

一个好的城市文化品牌，必然传承城市的文脉与精神，彰显城市的风采与个性。系统打造南京城墙品牌，可以还原出不同历史时期的南京居民生活图景，以具体且系统性的文化旅游空间、文化艺术产品、文化体验活动还原南京城市发展、社会生活、风俗民情的变迁，重新唤醒人们的文化记忆，使传统的文化精神得到传承。因此从表面来看，城墙品牌打造是一个独立的文化项目，但从其深层意义来看，更是城市精神和城市价值的传承。

（三）城墙品牌为南京文化资本创造价值

从“经营城市”到“营销城市”，再到“城市文化资本”运作，是现代城市核心竞争力开发的一个创新。“城市文化资本”运作的核心，是城市文化要素的整合与创新，使文化优势要素转化成为城市的垄断性文化资源和唯一性文化资源，将给城市带来直接的和潜在的效益，创造城市可持续发展机制。无论是罗马、雅典这样的世界文明古都，伦敦、巴黎这样的世界文化名城，或是京都、首尔这样的国际文化旅游名城，都选择了以文化资本化的运作方式让文化古迹融入都市生活、创造当代价值。①

以“遗产，发展的驱动力”为主题的国际古迹遗址理事会于2011年通过《巴黎宣言》，提出“遗产利用（应尽力使新的用途和功能适应遗产）”和“文化旅游（将遗产的保护保存与文化旅游发展相结合）”两大理念。城墙蕴含丰富的历史、现实、物质与人文精神文化财富，是南京名副其实的“文化垄断性资源”，依托现代产品、融合现代技术对其进行创造性转化、创新性发展，将创造出既有南京文化精髓又具有崭新表现形式的当代城市品牌与城市文化资本，成为南京发展的重要驱动力之一。

1.城墙品牌的打造，将创造城市文化资本的文化经济价值

在全球消费社会的文化转向中，城墙作为南京的垄断性城市文化资源，为旅游、节庆、工艺品制造、歌舞演出、电影电视等提供了取之不竭的宝藏，其品牌的打造更可为城市文化经济活动的展开提供载体与吸引

① 如从2016年6月起，英格兰遗产委员会选择有历史价值并有发展潜力的区域作为“遗产行动区”，使其成为可持续经济发展和社区生活的突破点。

物，促生城市文化经济活动，构筑南京文化经济的又一增长点。

2.城墙品牌的打造，将创造城市文化资本的地域营销价值

城市建成环境既是城市品牌的形象载体，也是城市事件发生的必要场所，诸多城市仅凭一景即为世人所称道，因此，对城市建成环境的营造成为地域营销的主要工具。对南京城墙开展品牌化打造和运作，有利于更高标准、更大力度连缀城墙周边文化空间，使城墙文化得以向更大尺度的空间延伸，形成具有视觉冲击力、国际影响力的“完整性”城市文化空间体系，从整体彰显南京“六朝胜地、十朝都会”的魅力与风采，发挥文化遗产在当今城市发展中的空间识别、地域营销作用。

3.城墙品牌的打造，将创造城市文化资本的公共财富价值

品牌建设将为南京城墙的传承、保护、活跃及创新利用提供有效的外部刺激，带来城市文化资本积累与增值的效益。这种效益既可以通过人居环境的优化等方式为城市居民直接享有，也必然会通过文化标识的打造成为南京城市发展、吸引投资创业的文化因素之一，创造出群体性的公共财富价值。

二、提升南京城墙品牌影响力的指导思想与总体目标

（一）指导思想

提升南京城墙品牌影响力，需以古为序，向新而生，秉持向历史负责、向城市负责、向人民负责的态度，坚定文化自信，激发文化创造活力，不断满足人民日益增长的美好生活需要。高度重视南京城墙文化遗产和城市记忆的重要性，筑其魂、扬其韵、传其神，把保护文化遗产与优化城市环境、提升城市内涵，尤其是提高民生质量、增强文化自信紧密结合起来，通过规模化组织、品牌化包装、故事化表达、多平台传播、专业化指导，塑造有思想、有品质、有温度、有深度的世界级文化遗产品牌。

提升南京城墙品牌影响力，对内需提升凝聚力，让南京城墙真正走进市民，成为南京人民的日常生活空间与生活方式；对外需提升辐射力，让南京城墙真正走向世界，成为新时期南京城市文化自信传播的重要内核和精神基石。

（二）总体目标

远期目标：打造世界级文化遗产品牌，塑造南京历史文化名城的国际性文化名片，成为国际游客的重要旅游目的地，确立南京城墙在全球文化遗产之林的存在感和话语权。

中期目标：塑造完整的城墙品牌链，完成以南京城墙为主轴的世界级文化旅游项目的建设，形成“1366”南京城墙完整的文创品牌产品序列，推出具有国宾级迎宾功能的演艺品牌，进一步深化节庆品牌、研学品牌内涵，形成各子品牌的统筹配合，将南京城墙品牌打造为全国最具影响力的文化集成品牌。

近期目标：落实《南京城墙保护和利用两年行动计划》中相关工作。牵头中国明清城墙联合“申遗”相关城市单位，在“申遗”工作中贯彻品牌意识。落实城墙博物馆建设，加大四重城垣遗址保护力度，启动中华门城堡保护工程，推动以南京城墙为主轴的世界级文化旅游项目启动，打造南京文化新地标。丰富“1366”南京城墙文创产品系列，建立一系列南京城墙特色文化艺术展示平台，助力品牌宣传推广。

三、南京城墙事业发展的主要成绩

近年来，在市文广新局的领导和指导下，在局相关部门的支持帮助下，在南京城墙保护管理中心的辛勤

工作下，南京城墙在保护管理、开放利用等方面取得了突破性进展，构成了进一步提升品牌影响力、推动南京城墙这一文化遗产走向世界的重要基础。

（一）全面保护不断深化，活化利用初见成效

习近平总书记强调“像爱惜自己的生命一样保护好文化遗产”，要求处理好文化遗产的保护与利用之间的关系。近年来，一方面，南京城墙的保护理念从单一的城墙文物本体向全方位、立体化的保护迈进，凸出原真性、完整性；另一方面南京城墙着力加强与城市生活的互动，从物质保护走向了以活态利用为核心的文化发展之路。

1.构建了南京城墙全面保护体系

一是日常维护保养常态化。结合南京城墙及其附属设施全面现状调查情况，组织实施城墙全线维修、加固、出新等维护保养以及春秋两季城墙本体杂树杂草清理工作。二是重点区域空间加强修缮整治。完成标营门以南城墙修复和中山门至琵琶湖段城墙维修工程，以及挹江门城楼维修和西干长巷段城墙缺口修复工程，对城墙重点段落进行防汛防雷整改。三是藏品文物与资料的管理水平不断提升。积极开展可移动文物普查登录工作，完成馆藏文物1289件（套）的录入工作及文物普查信息的审核、报送工作，文物登录率为100%，文物征集工作也取得了突破性的进展。四是城墙保护管理制度日趋完善。制定出台了《南京城墙保护规划》和《南京城墙保护条例》，进一步健全南京城墙安防监控系统、本体修缮、日常维修养护体系以及突发事件和应急抢险机制，成立南京城墙保护志愿者协会、南京城墙保护研究会，形成了城墙保护的强大合力。

2.拓展了南京城墙活化利用深度

一是城墙空间的展览展示水平不断提升。完成了城墙多处空间的展览展示工程，其中前湖城墙缺口保护展示工程实现遗址保护和顶面贯通，成为南京新的观景平台，南唐遗址、伏龟楼等遗址展览也得到广大市民和游客的充分肯定。二是城墙旅游配套设施不断完善，休闲服务功能不断增强。新建2处游客服务中心，新增9个登城口，城墙全线登城口增至33个，增加休憩座椅200个、新配垃圾桶110个、设置各类引导牌800块，配置环保电瓶车等特色交通工具，新建台城书房、金陵书苑等十余处文化休闲空间。三是城墙文创产品研究开发不断加强。采用自主研发、与高校及企业合作研发等多种模式设计出“铭文天下”“城墙标志”“相辅相城”“聚宝文化”“大明茶砖”“五福临门”“京彩”7个系列共500余种南京城墙文创产品，打造1366文创品牌，将文化遗存与当代人的生活、审美、需求对接起来，让游客把城墙文明带回家。

（二）申遗工作稳步推进，国际交流手段多元

“申遗”无疑是提升外界对文化遗产关注度的重要方式，也是文化遗产获得全球影响力的关键途径。近年来，南京城墙保护管理中心以“申遗”工作为主线，进一步推动南京城墙与国外历史文化遗产的深度交流，进展明显。

1.持续推进城墙“申遗”基础性工作

一是建立联动工作体系。2014年7月，在国家文物局的大力支持下，成立了中国明清城墙联合“申遗”办公室。二是建立高效工作机制。成立南京城墙“申遗”工作领导小组，建立中国明清城墙联合“申遗”联席会议制度，成立中国明清城墙联合“申遗”城市联盟，并制定联盟章程，召开中国明清城墙国际研讨会，联合“申遗”城市共同举办中国明清城墙联展，加强对中国明清城墙整体价值的研究评估，协调推进“申遗”工作，已累计召开四次工作推进会，编制完成了《中国明清城墙联合“申遗”总体工作计划》。三是组织编写“申遗”文本。组织编制《中国明清城墙联合“申遗”文本》，2016年1月在北京召开专家文本论证会，对文本进行补充修改，深化完善；2016年3月底，文本正式递交国家文物局，国家文物局正在商请国际遗址理事

会进行专家评审。

2.积极开展文化遗产国际性交流

一是推动南京城墙“走出去”。在海外设立南京城墙主题展，举办如《南京城墙——明代皇帝的防御工事》德国特展等海外展；在国外地标性建筑播放南京城墙宣传片，借助“南京周”在国外推广城墙文创产品等方式，吸引世界目光。二是邀请文化遗产“走进来”。通过邀请国外世界文化遗产来南京城墙设展，举办如“南京城墙对话菲斯城墙”等文化沙龙活动，加强国际交流。

（三）社会效益日益凸显，经济效益逐步提升

社会效益与经济效益是文化遗产资源效应得以释放的重要体现。近年来，南京城墙保护管理中心多举措并举，实现城墙历史文物价值向城市服务价值的转化，财政转移投资向高品质的城市公共服务和城市休闲游憩空间的转化，取得了社会效益、经济效益的双丰收。

1.变“明城墙”为“‘民’城墙”，发挥公共文化惠民价值

一是打造“书香满城”品牌，形成具有社会影响力的市民课堂。利用城墙内部空间，打造文化驿站，联合书吧积极组织各类读书会、分享会、交流会，举办各类读书活动数百场，为市民提供读书、学习的文化场所，取得了较好的社会效益。二是开展一系列公益文化活动，形成具有广泛美誉度的文化品牌。近年来，结合重要节假日、网友节、博物馆日等时间节点，积极开展了“城门挂春联，南京开门红”、“城墙马拉松”、“环城七十里”健步走、“南京城墙摄影大赛”、“南京城墙全球华语诗词征集大赛”等各类主题性公益文化活动。三是举办多样化文化节庆活动，形成具有强大吸引力的品牌文化空间。举办“站上城墙看月亮”南京城墙中秋晚会、太极拳城墙展演活动、“童眼绘城墙”活动，进一步丰富了居民文化生活供给，引发了社会各界对南京城墙的广泛关注。

2.助“明城墙”为“‘名’城墙”，激活文化遗产经济价值

一是门票收入节节攀高。南京城墙全面开放三年以来，景区客流量及门票收入逐年增加，景区经济效益日渐凸显，截至2016年底，城墙景区累计接待游客近400万人次，门票收入达到了4500万元。二是文创产品市场反响热烈。如南京城墙纸胶带推出后供不应求，受到年轻群体的追捧。

（四）文化科普深入人心，学术研究拓展深化

文化遗产知识的宣传普及，有利于营造全民参与文化遗产保护氛围；文化遗产的专业学术研究，有利于推动形成科学保护、有效传承的建设格局。南京城墙保护管理中心一方面通过开展各种文化宣传普及活动，系统地向全社会普及南京城墙的相关知识；另一方面采取课题研究、编撰图书、学术研讨会等诸多办法，推动城墙学术研究向纵深发展，为进一步打造有深度、有厚度的文化品牌夯实了基础。

1.运用人民群众乐于享受、易于接受的方式推动城墙知识普及

一是运用多种展陈手段和方式。通过《天下第一大内瓮城》《“砖”心之“制”——南京城砖展》等常设展览，《历史为鉴 城墙问责 南京城墙廉政文化展》等临时展览，《战痕——南京城墙抗战遗存图片展》等巡展方式，向社会公众普及城墙文化、城墙历史。二是开展形式多样的文化宣传教育活动。联合学校及各级工会、妇联、团委等组织，开展“城砖制作体验进校园”等公益活动，与幼儿园、小学达成共建协议，将南京城墙作为宣教基地，有效增强了增强学生和市民保护城墙的意识。三是提升宣传教育功能。着力培养了一支形象好、素质高的讲解员队伍，不断提高业务能力，提升讲解质量。

2.通过加强前瞻研究、借助外脑等方式孵化城墙学术研究成果

一是重视与科研机构合作，完成一批科研项目。把握南京城墙加入中国古迹遗址保护协会这一契机，相

继开展了《新时期南京城墙文化功能定位与建设研究》《南京城墙小史研究》《南京城墙抗战遗迹调查研究》《南京城墙文化创意衍生品研究》《南京城墙30年大规模维修保护综合研究》《前湖缺口维修工程报告》《南京城门研究》《南京城墙诗文》等课题研究。二是重视成果转化，推出一系列书籍。先后出版了《中国古城墙》《铭文天下——南京城墙砖文》《符号江苏·南京城墙》等专著，其中《中国古城墙》是“经典中国国际出版工程”资助项目，被译成英、日、德、法、韩5种文字出版；《铭文天下——南京城墙砖文》荣获第三十一届华东地区优秀哲学社会科学一等奖；《中国明清城墙》列入“十三五”国家重点图书出版规划项目。三是重视自身理论素养提升，发表多篇论文。在国家级和省、市刊物上先后发表各类学术论文近10篇，其中2篇被评为博物馆协会优秀论文。

四、南京城墙品牌建设的主要问题

“品牌”一词来源于古挪威文字brand，意思是“烙印”，它形象地表达出了品牌的含义——“如何在受众心中留下烙印”。品牌是抽象的、精神的、文化的。从这个层面而言，文化遗产品牌的塑造必将是一项系统工程。作为南京最具影响和价值的文化遗产之一，南京城墙本身具有的历史文化内涵，已经具备了一定的影响力和知名度，构成了提升城墙品牌影响力的基础条件。但是，相较于南京城墙作为人类文明载体的重要价值，相较于其他重要文化遗产的品牌化效应，南京城墙在品牌建设上还存在一些问题。

（一）文化遗产品牌缺少具体呈现

文化遗产品牌的打造需要多维度的支撑，既要立足于传统文化的传承形成具有震撼力、影响力和核心竞争力的旗舰型、龙头型文化品牌项目，又要在与现代时尚精神、文化气息相融合的基础上形成可“呈现在当代生活”的序列化文化品牌。缺少“现象级”口碑品牌、品牌“产品链”不够完善是现阶段制约南京城墙品牌进一步打响的重要因素。

1.“现象级”口碑品牌相对缺乏

对标西安城墙，其打造的《梦长安》是世界唯一以盛唐礼仪文化为主题的旅游文化演出，是中国仅有的国宾级迎宾仪式，也是古都西安的标志性演出节目。通过多年演出运行、更新储备，不断完善演出效果，提升演出标准，《梦长安》已成为古都西安的文化演出品牌，不仅吸引了各国政要、社会名流，更成为游客在西安的“必看”环节。与之相比，尽管“夜游城墙”“书香满城”等系列品牌的开发已初具成效，但仍是以点状开发为主，也未能对国内乃至国际社会产生较强冲击力与较大影响力。

2.品牌“产品链”尚待全面构建

对标北京故宫，通过踏足文化创意领域，现已形成了文物展陈、文创产品、珍宝估价、艺术品鉴定、观光旅游、文娱活动、书籍出版等一系列品牌。特别是“来自故宫的礼物”一系列文化创意产品，实现了传统与时尚、文化与实用的巧妙结合，不仅让旅游者爱不释手，也在电商平台上热销海内外。与之相比，南京城墙的品牌“产品链”尚不完善，品牌产品的供给相对有限。因此，如何让公众在南京城墙的行走中触摸到有质量、有品位、有内涵且相互衔接、相互呼应的文化产品链、文化品牌链，是南京城墙品牌建设的重点内容课题。

（二）品牌工作的重要性仍需提升

如果没有品牌意识和品牌理念，就不可能创造出具有国际影响力的文化遗产品牌。近年来，南京城墙管理部门已经意识到品牌发展的重要性，并进行了大量的实践推进，但保障品牌工作的专业部门还有待成立，城墙品牌的版权意识还有待进一步加强。

1.缺少专职负责品牌建设的部门

对标沈阳故宫博物院，在“申遗”成功之后，沈阳故宫博物院提出了一项崭新的工作理念，就是“让人人共享世界遗产”，将沈阳故宫打造为世界遗产品牌。为此，沈阳故宫博物院在院内机构中设立了一个专职部门“市场营销部”，承担了相当于现代企业中企划部的大部分功能，负责宣传、策划、推广沈阳故宫，开发文化旅游市场。同时，在员工中大力提倡“全员营销”“全员宣传”的理念，使全院每一位员工都自觉地承担起宣传、推广沈阳故宫的责任。与之相比，南京城墙保护管理中心尚缺乏统一负责城墙品牌工作的部门，这导致品牌工作分散于不同部门而难以形成品牌建设合力。

2.缺乏对城墙品牌的自我保护观念

对标北京故宫博物院，其曾向商标局提出20件商标异议，认为一些单位、个人申请注册“故宫”“紫禁城”商标，违反了《商标法》，严重损害故宫博物院的合法权利。经裁定，国家工商总局商标局认定“故宫”“紫禁城”为驰名商标，他人申请“故宫”“紫禁城”商标不予核准注册。与之相比，“南京城墙”“南京明城墙”尚未成为驰名商标，一方面不利于品牌扩大影响力，另一方面可能存在被他人注册、误导公众的风险，影响品牌声誉。

（三）文化魅力空间体系尚未形成

作为城市中最具文化感与生命力的空间，物质文化遗产往往是城市文脉传承的重要载体。彰显遗产空间的文化性，并在此基础上形成串联城市重要文化景观和文化交流媒介，成为世界历史文化名城的普遍实践。南京城墙作为南京的“翡翠项链”，现阶段存在自身文化性表现不足、与其他重要文化节点串联不够的问题。

1.空间互动的串联性、联结性不足

对标杭州，杭州通过建设一条生态廊道，将杭州的两大世界文化遗产——西湖和运河串联起来，通过历史文化以及景观结合生态改造的方式，利用历史遗迹开放空间中的生态因素，形成了可以直接感受两种文化的规模性文化空间。与之相比，南京城墙的城墙本体、城墙内侧、城墙外侧“三贯通”的目标尚未完全实现，一些节点仍存在断头现象。同时，对城墙内外的老城南、大报恩寺、凤凰台等南京重要的文化空间也未进行有效对接，四重城垣体系、一城一河（明城墙、秦淮河）、一城一湖（明城墙、玄武湖）的整体打造也尚在推进之中，游线单一现象较为明显，就游线设计游线，忽视了与其他景点文化与人文情感的合力效应，未能连缀起南京的文化魅力空间体系。

2.空间表达的文化性、故事性不足

以日本为例，日本在2014年选出包括历史性建筑和传统艺术等有形及无形文化遗产组成的首批“日本遗产”，其中文化遗产是否能娓娓道出传统文化魅力的“故事性”、向游客宣传地方宝贵的历史财富成为重要的标准。观之南京城墙，现阶段存在空间历史气息不浓、文化韵味不足的问题，缺少情感与人文的支撑，缺乏故事化表达。同时，在景点硬件建设、智能化标识指示、背包自助游等配套上，文化包装的深度也较为有限，难以满足公众对参与性、体验性的融入式文化空间的需求。

（四）面向国内外的精准宣传不足

对于打造文化遗产而言，挖掘整理、“活化”保护的基础上便是宣传推广，以实现在宣传中传播文化、在推广中强化引导的目的。现阶段南京城墙的宣传推广，尚停留在媒体、广告等较松散的层面，针对国内、国际社会的精准性宣传也较为缺乏。

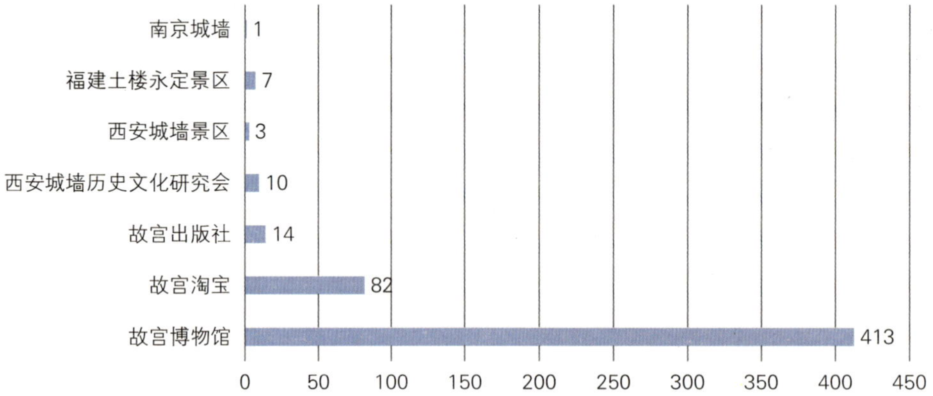

图1　国内部分开通官方微博的世界遗产微博粉丝数
（数据截至2017年10月29日，单位：万）

1.宣传推广与现代科技的结合不够

对标北京故宫博物院，其提出了“以管理为中心”向“以客户为中心”的发展思路转型，通过微博直播“故宫讲坛”、制作《我在故宫修文物》纪录片、运用微博平台定期投放各类信息、在微信客户端植入“明成祖朱棣从画像中跳出来”的H5页面等方式，借助互联网契机，积极拥抱互联网，以体验式营销增加了广大年轻群体对故宫的兴趣。与之相比，南京城墙现阶段的品牌推广更偏向于传统的品牌信息输出，对与消费者的相互沟通关注不足，高效性和创新性还需提升。

2.突出南京城墙唯一性的精准宣传不力

西安市旅游局官微发布了一条赞颂西安城墙的微博：“西安城墙，是孤独的，它的那些老伙计们：北京城墙、南京城墙……早就灰飞烟灭。”虽然这仅是个案，但也在一定程度上表明了现阶段对南京城墙作为“世界最长、规模最大、保存原真性最好的古代城垣”宣传力度不足，南京城墙的知名度不够高。

3.面向国际市场的全球性营销不足

苏州拙政园通过邀请国际顶尖品牌“阿玛尼”举办“苏州·牡丹PivoineSuzhou”全球发布仪式，邀请阿玛尼先生携国际名模张梓琳亲临现场，吸引国内外媒体竞相报道，成为苏州园林“走出去”的重要一步。与之相比，南京城墙尚缺少此类全球性营销事件。此外，相较于中文版官网的更新频率，“南京城墙”英文版官网更新较慢且资讯较少。

五、提升南京城墙品牌影响力的总体方略与行动方案

提升南京城墙品牌影响力，须筑其魂、扬其韵、传其神，坚持国家“站位”、回归文化“本位”、把握发展“高位”、拓展品牌“点位”、保障宣传“到位”，将提升南京城墙品牌影响力作为南京发展战略的一项工作来抓，作为南京民生工作的重点项目来抓，作为南京文化走出去的核心任务来抓。

（一）坚持国家“站位”

当前，文化正在以前所未有的高度，上升成国家意志，付诸治国理政。南京城墙作为南京体量最大的历史文化遗产，须以更加宏大的国家格局、更加宽广的国际视野、更加深厚的文化情怀，对接国家战略，打造更具影响力、更具担当的文化品牌。

1.积极对接国家项目与活动

青奥会期间，南京城墙接待各国运动员和来宾达数千人，被评为“最受欢迎的青奥文化教育场所”，也吸引了中外媒体的高密度宣传，这充分表明了借助国家平台的重要性。一是坚持国家站位，与国家相关部委办局紧密合作，对接国家文化走出去的重大项目与活动，积极承办国际性重要文化论坛、会议等项目。二是借助高级领导人士访问团访华机会，充分向高访团推介南京城墙，加强南京城墙与国际社会的互动。三是依托国家级文化交流平台，围绕“一带一路”等国家层面的发展战略，加强总体谋划和顶层设计，提升南京城墙品牌建设工作的全局性与前瞻性。四是增强“国家公祭日”南京城墙承担相关活动的功能，组织安排一系列主题性纪念活动，显性化为社会记忆的重要组成。

2.构建南京走出去重要载体

文化“走出去”战略是我国在21世纪初所提出的文化建设方针。观之南京，目前尚缺乏文化走出去的重要品牌空间，尚未形成具有文化识别力的符号。南京城墙作为南京的重要精神家园，应积极担当、勇于作为。一是充分挖掘历史文化资源的内涵，打造一系列为市场所欢迎的文化产品、文化符号，融通当代审美与现实需求，成为具有国际市场冲击力的核心文化名片。二是加强与国际性知名品牌的合作，形成南京城墙在全球的文化存在感。借鉴西安城墙与MaxMara[①]、英特尔[②]的合作方式，邀请国际性品牌在南京城墙开展发布会等活动，吸引国内外对南京城墙、南京的关注。三是适当时机探索在其他城市设立南京城墙博物馆分馆的可能方式。借鉴“故宫鼓浪屿外国文物馆”[③]经验，扩大了南京城墙文物展出和文物保护的版图，以更加开放的面貌展示南京城墙形象。

3.努力争取国家层面品牌认证

以西安城墙为例，2014年10月，西安城墙景区被新华社、中国市长协会联合评为“2014中国最具文化软实力品牌”称号。[④]南京城墙应积极作为，争取与此类似的国家层面的文化品牌认证，这对提高城墙品牌的公信力和美誉度是大有裨益的。

（二）回归文化“本位”

文化遗产是文化的根基，是文明的结晶，包含丰富的历史文化信息，具有不可替代性和不可再生性，这决定了文化遗产的品牌建设必须深挖其文化内涵，构筑品牌可持续发展的文化动力。文化必须贯穿南京城墙品牌建设的始终，形塑内容丰厚而独特的城市根脉，由此打造既有本土文化特色，又兼具全球文明认同度的遗产品牌。

1.构建南京城墙“全域文化体系”

以文化为主线，将城墙历史文化、重大文保项目与一系列文化项目进行集成式、互动式组合，构建全域文化体系。一是进一步加强文化原真性保护。坚持把保护放在首位，加大对城墙文化文物资源的保护力度，解决好突出问题和制约瓶颈，进一步做好城墙本体保护修缮工作，着力推进一批遗址保护工程，加大四重城

① 2011年10月28日，MaxMara携手iD.House共同举办西安城墙大秀，六百年历史的城墙之上，一场华美绝伦的摩登魅力盛典点亮了西安的不夜天，吸引了国内外各大权威时尚高端媒体齐聚一堂。

② 2015年12月16日，半导体巨头英特尔在西安城墙脚下举办主题为“科技唤醒历史”的“Intel Inside, Amazing Experiences Outside体验式活动”，西安动画秀是其全球第一站。

③ 目前国际上很多著名的博物馆都在主馆之外开设了分馆，这样做最大的意义在于让更多人看到文物以及文物背后的故事。故宫鼓浪屿外国文物馆2017年5月正式开馆。这是故宫博物院在北京以外设立的第一个主题分馆，集中展示故宫所藏的外国文物珍品。作为一次大胆尝试，故宫鼓浪屿外国文物馆不仅填补了中国没有外国文物馆的空白，也成为对外交流的重要窗口。

④ 由新华社《瞭望东方周刊》联合中国市长协会《中国城市发展报告》共同主办，迄今已连续举办8年，是目前中国最具影响力和公信力的城市调查推选活动。

垣遗址保护力度，全面提升城墙文化气息和景区风貌。在此基础上，克服“申遗”规则调整的困难，积极争取省政府和文化部、国家文物局支持，在省部合作中进一步强化城墙“申遗”的进度安排，将城墙“申遗”工作尽快由预备项目升为申报项目。二是创新文化展陈方式。改变单一的静态展陈方式，运用AR/VR技术，通过虚实结合、实时交互与三维沉浸复原出鲜活的城墙文化图景，让受众更直观地去认识和理解南京城墙，演绎好城墙故事。三是拓展城墙博物馆文化功能。在常规意义上的展厅之外，打造融科普、休闲、消费于一体的公共服务区，例如可包含城墙文创精品市集、小剧场、学术沙龙专区、开放式报告厅等多个功能区域，成为新的城墙故事上演的文化空间。四是打造城墙文化展示平台。建立完整的南京城墙特色文化艺术收集与展示平台，如在“南京城墙”网站上开辟文化艺术专区，成立南京城墙艺术协会，定期举办南京城墙艺术展等，给艺术家们与民间爱好者一个展示作品的平台，使艺术多元化多样化，用艺术文化凝结南京城墙的情怀。五是推进城墙文化深入研究。举办如“中国明清城墙国际研讨会”等活动，为南京城墙品牌的文化内涵塑造与现代应用提供切实可行的学术指引。六是实现文化理念全面植入。对于城墙的节目展演、旅游店铺、文化产品实现统一管理与监督，保证其从形式和内涵上均能体现出深层的文化底蕴。

2.丰富南京城墙的“国际文化话语”

讲最文化的城墙故事，也要积极吸收外来文化的营养，在跨文化交流中找到城墙故事的国际文化表达方式。一是加强国际文化交流。加强与国外知名古城墙、文化遗产的交流与合作，如可牵头成立“城墙友好城市”联盟，共同为城墙文化在当代社会传承出谋划策，助推南京城墙成为国际社会所接受的文化表达方式。二是打造国际化文化产品。通过“互联网+”提升城墙文化产品品质，借助移动终端提供定制化、数字化的城墙文化内容产品，打破地域疆界，在互联网环境下讲述最文化、最世界的城墙故事。

（三）把握发展“高位”

现阶段，遗产旅游已成为各国或地区旅游产业发展中的名牌产品或“金字招牌”，具有不可替代的重要作用。在南京世界级的文化旅游项目不足的背景下，以南京城墙为主轴，形成“最南京”的文化魅力空间体系，通过文旅联动，把握文化遗产的发展高位，让王牌发挥出王牌效应。

1.打造“最南京”的世界级文化旅游项目

围绕城墙和周边文化景点的串联重点打造文化旅游空间，推出精品旅游线路。一是加强城墙的文化旅游功能。综合整治提升城墙周边环境，提升环城墙市民公园、慢行系统、生态绿化系统、人文景观系统、登高观光系统的设计，丰富文化节点空间，构建集文化、休闲、绿色为一体的生态旅游系统，切实把城墙资源开发好、利用好。二是打造“城河一体”文化旅游带。对南京城墙和秦淮河进行整合包装，纳入周边区域乃至整个城市的大局中进行考量，通过改善沿线环境、解读城市文脉、注入休闲功能、丰富旅游业态等方式，实现城景交融，全景展示“城河一体、水陆互动”总体格局，充分彰显“特而精、最南京”的独特魅力，打造具有国际知名度的旅游目的地。三是形成城墙与其他重要文化景点的空间联系。通过生态廊道建设，形成南京城墙与秦淮河风光带、滨江风光带、钟山风景区的直接连接，打通制约瓶颈，形成一条城墙游、地面游、水上游等多维度的旅游产品，策划多条精品旅游线路，让南京山水城林连起来、露出来、显出来、靓起来，发挥山水城林的品牌合力。

2.创造“零边界”的夜生活文化体验廊道

强化南京城墙夜间旅游功能，打破旅游的时间边界。一是加强城墙沿线夜景灯饰亮化工作，打造“夜游城墙”品牌。借鉴荆州古城墙夜景项目[①]经验，尤其注重在玄武门至太平门段、东水关至西水关段城墙沿线景观绿地及部分公共建筑进行亮化，完善武定门至定淮门段外秦淮河沿线亮化设施。二是塑造城墙夜间动态文化景观。打造展示城墙历史故事的动态灯光秀，展现城墙历史内涵，提升夜游城墙的体验，使南京城墙进一步融入城市景观。三是丰富常态性的城墙夜间文化活动。发展如实景演出、小型露天音乐节等常态化、定期化的夜间文化活动。

3.建设“最智慧”的人性化文化旅游空间

对照国家5A级旅游景区创建标准，全面完善南京城墙的旅游配套设施，促进景区提档升级为各项服务配套清晰明确的“智慧型”文化旅游区。一是形成旅游服务平台和游客服务中心的线上线下服务模式。全面配套官方旅游服务网络平台和南京城墙游客服务中心，提供各类旅游要素的旅游咨询与服务。二是开发南京城墙旅游智能手机终端即手机APP平台。可通过查明线路、在线预订景区门票或酒店房间，提供网络景观虚拟体会游玩、智能“导游”等功能。三是强化智慧型基础设施建设。建设语音导游系统、免费WIFI、安全保障智能监控、门禁系统、电子商务等智慧化设施。以二维码配合城墙景区内的导向标志、景点标牌，游客通过扫描二维码即可了解游览线路、景点介绍、周边信息等内容。四是开发南京城墙3D虚拟旅游项目。借鉴北京故宫博物院“虚拟紫禁城”项目[②]，利用3D技术，通过阅读和互动体验的虚拟游戏方式实现南京城墙线上旅行，并且为线下旅行提供指导，让游客在电脑前就可以体验现实中的城墙风景。

（四）拓展品牌“点位”

提升南京城墙品牌影响力，必须充实城墙品牌内涵，组合出拳，编织以“城墙”为中心的品牌网链，做最全面的城墙文章。在世界级文化旅游品牌为龙头的基础上，需要加强一系列演艺品牌、节庆品牌、文创品牌、研学品牌等的统筹配合，做足世界级文化遗产品牌的内涵，并将其打造成为基于文化遗产的文化产品体系供给侧改革标杆。

1.打造实景演艺品牌

借鉴西安《梦长安》《长恨歌》等实景演出经验，打造具有世界水准的文化演艺精品。一是运用现代声、光、电技术与舞美制作，打造一流水准的灯光、舞美、舞段等。二是邀请国内外知名导演介入，借助“名导”效应打开知名度。三是重视实景演出的文化深度与地域特色，尽量使用具有地域特色的演出道具与场景布置，故事内容必须能够体现南京地方文化，避免演出形式大于内容的问题，保证实景演出具有可持续的特色竞争力。

2.拓展文化节庆活动品牌

以树立南京城墙文化节庆活动品牌为目标，延续“书香满城”等既有品牌，采用多种创新互动方式丰富活动内涵，保证“月月有活动，季季有精彩，全年有亮点”，让更多的人感受城墙多元魅力及文化。一是丰富居民文化活动。在现有活动的基础上，建议将每年固定一天设立为“南京城墙日”，以市民眼中的城墙为主题，举办摄影展览、音乐节、舞会等亲民类型的活动。二是策划、安排好月度、季度性的城墙主题节庆活

---

① 见光不见灯荆州古城墙夜景项目获中国照明一等奖。古城墙照明色彩以白色、暖白等淡雅光彩为基调，为古城墙染上玉璧色泽，看上去像一块温润的完璧，避免了盲目攀比亮度和色彩，同时也将古城墙的凝重、沧桑表现得淋漓尽致。此外，护城河河畔延伸的蓝色洗墙，刻画出亲水界面，并通过内外亮点的差异，做到了显城露水。不仅如此，对于宾阳楼、东门、九龙桥等关键节点，也做了高亮度、层次丰富的照明，展现了浓浓的荆楚特色，使之成为古城墙的标志性景观。在施工工程中，遵循“不用一颗钉、不损一块瓦、不动一块砖”的施工原则，确保“见光不见灯，亮旧如旧”，使墙、楼、树的光影与古城的清幽结合起来，使人仿佛置身画境之中，如梦如幻。

② “虚拟紫禁城”是中国第一个在互联网上展现重要历史文化景点的虚拟世界。这座“紫禁城”用高分辨率、精细的3D建模技术虚拟出宫殿建筑、文物和人物，并设计了6条观众游览路线。在这个虚拟环境里，游客不仅能任意挑选某种身份游览，如公主、侍从等，还会有“网络导游”为网友带路游览。另外，如果网友对其中某个景点感兴趣，还可以通过点击鼠标的方式让网络中的“我”在景点前拍照留念。

动。保证全年不同时间南京城墙都有可供参与的文化节庆活动，持续催热古城文化活力。三是加强南京城墙与江苏音乐厅、省广电局等机构的合作，承办如江苏新年会等具有较强影响力的文化节庆活动。

3.丰富“1366”文创品牌内涵

将“1366”塑造成南京城墙极具识别度的文化IP。一是开发一系列“走进居民生活”的实用性文化创意产品。将城墙文化元素与手机壳、书签、电脑包、鼠标垫、U盘、纸胶带、镜框、手表、家居用品等相结合，以社会公众的需求为导向丰富产品。二是开发可供收藏的高端精品系列。组织与高校合作研发高端文创产品，力争成为国礼。三是开发手机互动APP类虚拟文创产品。借助历史上与南京城墙联系紧密的城墙文化名人效应，开发如《胤禛美人图》APP①等互动程序，丰富文化产品线，打造互联网时代的文化产品。四是拓宽文创产品推广渠道。在城墙内设立“文化创意体验馆”，采取前店后坊的形式，将部分文创产品的制作体验与销售融为一体。建成中华门、解放门实体型文创展示中心，开设淘宝官方旗舰店，转型升级现有十处书吧服务功能，设立统一形象标识的文创展示销售点，加大书吧与文创产品的联合力度。借助每次办展，展示与展览主体吻合的文创产品。五是多渠道提升文创产品影响力。举办南京城墙创意设计大赛、文创产品研发座谈会、“1366”文创展览等，既向公众展示文化创意产品的研发过程，又为南京城墙征集更多的创意产品。

4.推出南京城墙文化体育品牌

依托南京城墙国际跑步节在公众的影响力，打造文化体育品牌。一是启动“36丈城墙跑”文化创意活动，组织国内外游客，开展以跑步、徒步、创意跑步②为主的体育文化活动。二是继续保持“环城七十里　健步助‘申遗’”传统活动品牌，增加活动内容，形成常态化的南京城墙运动嘉年华；策划举办城墙“迷你马拉松”等一系列体育活动，吸引更多市民游客积极参与。

5.孵化城墙文化研学品牌

立足于现阶段城墙研究的学术成果，进一步深化城墙基础和应用理论研究，打造研学品牌。一是加强南京城墙突出价值及“申遗”基础理论研究。充分利用南京城墙相关的专家学者、研究会、基金会等资源优势，开展系列课题研究。二是深化南京城墙文化资源的现代应用研究。推进一批重大科研项目立项。三是建立研究成果的发布平台。通过年度发布会等形式，推介城墙文化的研究成果，提升影响力。

（五）保障宣传“到位”

南京城墙品牌的宣传，需要树立立体宣传观，统筹传统媒体与新媒体、节点宣传与常态宣传的工作，以全媒体矩阵平台有效扩大南京城墙的宣传营销覆盖面。

1.构建品牌宣传的新渠道、新方式

加强多渠道社交媒体作用，线上线下结合，形成立体营销格局。一是借助新媒体平台开展线上宣传。将门户网站、微博微信自媒体等资源整合起来，为南京城墙品牌提供充分的介绍、交流、广告推广平台，打造线上推广平台。发挥“Discover Nanjing”官方境外社交媒体平台的作用，持续发布主题创意海报、视频。二是丰富线上宣传内容。筹备拍摄《南京城墙》系列中英文纪录片，拍摄南京城墙微电影，并在地铁电视、公交电视等移动端滚动播放，联系著名音乐人，为南京城墙创作一首主题歌曲。还可学习福建土楼经验③，将城

① 2015年，苹果公司在中国上万个免费APP里评选出30个精品，故宫推出的8款APP上榜3个，分别为《韩熙载夜宴图》《每日故宫》《清代皇帝服饰》，无论是界面、交互还是配乐和文字都让人感觉无可挑剔。

② 借鉴德国流行的“向后跑（Retro Run）”“彩色跑（Color Run）”“为不能跑的人而跑（Wings for Life World Run）”等活动。

③ 在福建土楼实地取景的电影《大鱼海棠》，充满了浓郁的中国元素，在将福建客家土楼的传统文化用动画电影的形式展现的同时，也很好地推广了福建土楼。

墙意象植入影视作品，形成有效推广路径。三是开发直接面向受众的城墙宣传APP。开发南京城墙专属APP、社交类手游、电子书等产品，供人们在移动设备上随时随地检索浏览，把南京城墙“带在身边”。

2.借力优质资源，拓宽品牌宣传领域

加强南京城墙与其他优质文化资源的对接，组团宣传。一是借力南京既有文化品牌。与中山陵、夫子庙、总统府等开展合作宣传。二是借力友好城市等资源。加强南京城墙与省市级国际友好城市、友好交流地区文化遗产的定期互访，积极利用友城等资源形成宣传南京城墙品牌的重要渠道。三是借力有利时机。积极争取央视中秋晚会、元宵晚会等在南京城墙举办，适时推出明城墙赏月、闹元宵等活动。把握南京周等外宣活动，利用国际性会议会展、大型体育赛事、经贸活动、节庆庆典等活动契机，积极宣传推广城墙品牌。四是借力其他国际性文化品牌。借鉴北京故宫博物院与皇家加勒比国际游轮签署合作意向书的经验①，加强与国际性文化品牌的战略合作，提升对外影响力。

3.形成南京城墙品牌宣传的大合力

提升南京城墙品牌影响力，须发挥各部门主动性、积极性，形成宣传大合力。一是成立专职部门。在城墙保护管理中心内设立专门承担南京城墙品牌宣传、策划的部门，拟定城墙品牌宣传计划书。二是提升宣传意识。向每一位城墙员工宣传城墙品牌价值，提倡“每一个城墙人都是城墙宣传员”的理念，主动承担宣传、推广、营销城墙品牌的责任。

附录一　城市文化遗产品牌化的模式分析

（一）文创衍生开发模式：构建城市文化遗产品牌大IP

城市文化遗产想要实现活态利用，最快捷的途径是打造现象级的文创衍生品，即构建城市文化遗产大IP。例如中国故宫和日本奈良的文创周边产品，都是现阶段运营较为成功的城市文化遗产品牌。

例如中国故宫，依托IP意识与“互联网+”不断实现品牌创新。产品破局+互联网思维+立体式、拉网式传播方式，形塑了内涵丰满的“故宫”品牌体系。截至2015年12月，故宫博物院共计研发文创产品8683种，包括服饰、陶器、瓷器、书画等系列，产品涉及首饰、钥匙扣、雨伞、箱包、领带等。2015年，其营业额超过了10亿元。同年8月，故宫淘宝通过网络促销，1小时以内1500个手机座宣布售罄，当天成交1.6万单。目前，故宫淘宝微信公众号发布有趣的“广告文”几乎篇篇“10万+”阅读量。

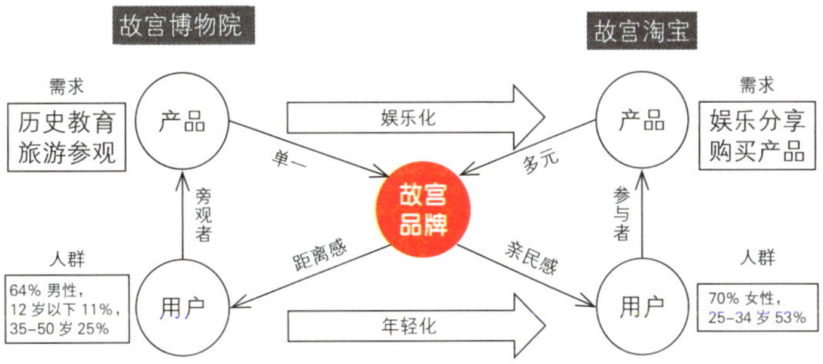

图2　故宫品牌创新开发模式

① 2016年1月19日，故宫博物院与皇家加勒比国际游轮在建福宫签署合作意向书，双方拟首先在即将于当年4月下水的全球最新游轮“海洋赞礼”号上，继而逐渐在皇家加勒比全球船队游轮上，展示和推广故宫文创艺术产品，举办故宫文化和历史的专家讲座。

图3　日本奈良推出的“鹿麻吕君”的周边产品

再如日本古奈良历史遗迹，衍生商品形塑品牌效应值得借鉴。奈良是日本历史和文化发祥地之一，拥有众多的古寺神社和历史文物，享有“社寺之都”的称号，被日本国民视为“精神故乡”。除此之外，奈良也在争取发掘新时代的精神新标识。日本古奈良历史遗迹开发了形象代言人“鹿麻吕君”的周边产品，已成为当地对外推广的人气产品。奈良当地的春日大社，可以求“鹿麻吕君”的签，春日大社门口就能买到神萌的“鹿麻吕君”周边。

（二）文化活动引领模式：借力推广激活品牌效应

宣传推广是城市文化遗产打响品牌知名度的最后也是最重要的一环。而在宣传推广过程中，常态化、国际化的文化活动和营销手段恰好能够起到有效的引领作用。

例如西安城墙因势利导，持续发酵2016年春晚分会场和真人秀节目效应。以近期成功营销为例，作为2016年央视春晚分会场，陕西省旅游局适时开展了“看春晚・游陕西”大型采风踩线活动，利用城墙的明星光环，持续发酵春晚效应，组织省市媒体及旅行社对央视春晚中的陕西元素再次挖掘，引导游客消费需求。例如此前某真人秀节目在西安录制时，就再次为西安城墙带来了明星效应，节目播出后也吸引众多粉丝专程来到西安城墙旅游。

再如意大利卢卡城墙，依托定期举办节庆活动、会展会议等提升品牌知名度。尽管最初也是作为战争工事，但意大利卢卡城墙在历史上就有向市民公共空间的转型。据说，拿破仑的第二任妻子玛丽露丝就曾下令在

图4　西安城墙举办的丰富多彩的活动

图5　意大利卢卡城墙及举办的活动

图6　澳大利亚大堡礁“世界上最好的工作”宣传活动

城墙上种树，将城墙规划成供休憩的空间。为了保护和利用卢卡城墙，1999年，卢卡市长Pietro Fazzi博士建立了城墙协会，同时卢卡市政府还设立专门机构，保护并安排城墙的维修、管理及审批该公共空间的使用，组织不与城墙相悖却能够增加其知名度的活动，并负责保护城墙的原有风貌。卢卡城墙不仅是植物园，也是可以举办多种文化活动及音乐节演出的“城墙公园”。如今，这里经常举办特定主题的展览、音乐节、戏剧表演、高质量的博览会、专业会议等。城墙已从战争的工具转变成一个供全体市民和游人分享的大型城市公园。

又如澳大利亚大堡礁，通过招聘看护员的事件营销实现了全球推广。为提升大堡礁的国际知名度，昆士兰旅游局策划了一次网络营销活动：2009年1月9日，澳大利亚昆士兰旅游局网站面向全球发布招聘通告，并为此专门搭建了一个名为“世上最好的工作”的招聘网站，招聘大堡礁看护员，短短几天时间网站吸引了超过30万人访问。喂鱼、清洗游泳池和兼职信差等工作，与其说是看护员，其实不如说是大堡礁的体验者——这正是昆士兰旅游局推出此活动的目的，通过体验式营销的方式来向世界宣扬大堡礁的美妙之处，同时充分利用招聘过程的吸引力成功进行营销造势，吸引全世界旅游者的关注，向全球推广大堡礁的知名度与美誉度。

（三）顶层理念设计模式：保留城市品牌原真性

在城市文化遗产品牌化的过程中，顶层理念的设计往往容易被忽视，而过度追求眼前旅游开发的经济效益。苏州古城在文化产业发展层面，一直致力于通过顶层设计打造“活着的古城”，保留城市品牌原真性。苏州古城保护的主题鲜明：不单单把古城当作促进经济增长的平台和筹码，而是倒逼古城的产业转型朝着有利于保护的方向展开；古城绝非“盆景”，而是历史“风景”，既保护好历史街区和“园林”“古宅”，也保存好面广量大的一般街区和普通传统民居；通过精细化、人性化的基础设施和公共服务，留住人、吸引人。“活着的”苏州古城，恰恰就体现在苏州老百姓的日常生活里，古城内迄今保存最典型的平江历史街区和近80%是原住民，这也就从源头上保留了苏州老城区的原真性和地域精神。

附录二　城市品牌的相关理论

（一）城市品牌内涵与理论发展

城市品牌所涵盖的范围非常广泛，包括经济、产业、地理、文化、组织、个人、服务、产品等多个类型[①]。城市品牌的内涵即是城市的“特有资产”。在城市发展进程中所生成的特殊的识别效应，是城市特有竞争优势的体现。城市品牌就是一座城市在推广自身城市形象的过程中，根据城市的发展战略定位所传递给社会大众的核心概念，并得到社会的认可。

城市品牌（city branding）概念的出现可追溯自20世纪80年代的欧洲。当时，许多面临城市衰退（urban decay）问题的后工业欧洲城市开始利用都市更新并结合各种文化活动以吸引投资及游客。20世纪90年代后期，文化及经济全球化让人才、资金、游客在世界各处的流动更加频繁且容易，城市间的竞争关系也因此变成须站在全球的高度来看而增加了张力。为维持竞争力，建立城市品牌的思维便开始出现，即通过包装城市整体的软、硬件特色，来塑造城市的独特地方感。[②]在这种情况下，具有特定形象或功能的场所就构成有效率的营销渠道，能让这些复杂面向变成大众脑海中的符号，即对居民、游客、投资者投射城市的品牌形象。[③]

（二）城市品牌研究的文化转向

总体而言，在城市品牌相关学术研究的发展上，早期研究大部分着重于整体策略管理的分析，即城市如何借助品牌形成有效率的营销通道；后期逐渐转向以文化研究的角度探讨城市里象征性场所、城市文化资源和城市品牌间的关系。可以说，城市品牌研究在近年来出现了典型的“文化转向”。

（三）城市遗产与城市品牌建设

城市文化遗产在城市品牌打造、提升城市品牌影响力感召力等方面具有重要意义。从历史文化遗产保护入手，到文化导向的城市更新、文化创意产业，再到构建多向度的文化战略，城市遗产可以说是城市品牌建设的基石所在：保护历史文化资源、营造特色文化空间，并在此基础上发展文化创意产业，建设各级文化设施，组织大型文化活动，进而在国内国际提升城市品牌影响力，实现城市文化品牌的全要素建设。

城市文化遗产的丰富内涵对城市品牌的塑造具有重要的催化作用。城市品牌的传播本身需要在人们内心留下烙印，并以其独特魅力和个性化特征不断吸引更多受众，进而形成城市品牌的凝聚力。借助城市所具有的文化特质，通过文化遗产的保护、传承、宣传与活化利用，可以使城市品牌在受众心中的地位更为深刻。

城市品牌文化建设与城市所承载的深厚的文化历史底蕴息息相关，并在继承城市文化发展特征的同时，作为现代化的城市文明展示而存在。因此，作为城市文化的保护手段，城市品牌建设必须稳抓文化遗产的保护，并延续文化遗产的发展脉络，按照现代化建设的要求，不断延伸和拓展其未来的发展空间。

课题参与人员：曹方卿、谭志云、付启元、李惠芬、胡静、陈媛、杨辟、熊玉林、龚哲、考薇、时文、刘心悦、郇慧慧

---

① 张政、彭健：《城市文化品牌》，中国戏剧出版社2003年版。

② Beatriz García. Cultural Policy and Urban Regeneration in Western European Cities: Lessons from Experience, Prospects for the Future. Local Economy, 2004, 19(4): 312–326.

③ Andrew Smith. Monumentality in ‘Capital’ Cities and Its Implications for Tourism Marketing: The Case of Barcelona. Journal of Travel & Tourism Marketing, 2007, 22(3/4): 79–93.

南京城墙保护修复用砖制作标准研究[①]

一、课题概况

（一）课题背景

南京城墙位于江苏省南京市，城墙总长35.267公里，目前保存较完好25.091公里，遗迹（地面有4—5米以下高度）、遗址（地面无城墙，地下有城墙基础遗迹）共10.176公里。南京城墙是世界上现存最长、规模最大、保存原真性最好的古代都城城垣，1988年1月被国务院公布为第三批全国重点文物保护单位，被列入《中国世界文化遗产预备名单》，也是“中国明清城墙”联合申报世界遗产项目的牵头遗产点。

历经650多年南京城墙，饱经沧桑，由于风雨侵蚀、自然老化、生物破坏、人为损坏等原因，明城墙立面与顶面等部位城砖出现诸多问题，如风化、破损、断裂、残缺等，尤以立面城砖表皮剥落、断裂，顶面城砖碎裂最为明显，城砖自身的抗压强度、抗冻能力、耐久性等大为降低，城墙立面时常出现大面积剥落现象。

“切实加大文物保护力度、加强文物科技创新、加强文化遗产保护”，是《国家文物事业发展“十三五”规划》的重点要求。为更好地提升南京城墙科技保护水准，解决南京城砖保护修缮的耐久性与需求性问题，南京城墙保护管理中心特委托江苏文博文化遗产保护有限公司，共同开展南京城墙保护修复用砖标准化研究工作，力图通过现代科学技术手段，研发与制定科学、合理、实用的南京城墙保护修复用砖标准，为南京城墙申报世界遗产工作提供保障。

（二）课题基本内容

（1）以南京明城砖为原样，对其质地、形制、砖文、制作工艺等进行调查考证，检测其物理、化学特性，对其现存问题及问题成因进行解析；

① 该文为“南京城墙保护修复用砖制作标准研究”课题报告，课题由南京城墙保护管理中心于2017—2018年完成。

（2）对南京城墙早年修缮所采用的现代机制砖的物理、化学特性进行检测，对其现存问题及问题成因进行解析；

（3）考察黏土烧结砖厂，了解黏土烧结砖选材、成坯工艺、烧制工艺等，提取原料及成品试样进行检测、比较；

（4）在调研与试验的基础上，结合黏土烧结砖的现行国家标准，确定本课题保护修复用砖制作原料、工艺，进行试烧，测试试烧样品物理、化学特性，酌情优化原料配比，直至样品达标；

（5）出具最终标准。

（三）课题研究思路和方法

（1）通过实地调研，调查南京明城砖质地、产地、规格、砖文、烧造工艺、保存现状等概况，以及现代机制砖的病害情况（如现代机制砖冻融后层层开裂问题、泛霜问题等）；

（2）借助试验的手段对明城砖及现代机制砖进行强度试验、干湿循环冻融试验、吸水率试验、耐腐蚀试验等，通过试验数据与国家现行黏土砖检测标准对比；

（3）赴窑厂实地考察现代机制砖的试样养护方法、成坯工艺、烧制工艺及选材等情况，取样后进行室内制样、室内养护等试验，对比不同制样、养护方式的制样效果，进而确定城砖改良的选材标准、制作工艺标准，并制样试烧；

（4）对烧制成功的改良砖进行强度、吸水、石灰爆裂及冻融等试验，与现代机制砖、明城砖试验数据对比，结合对比结果以及国家现行黏土砖检测标准，提出南京城墙保护修复用砖的参考标准，为今后南京城墙采购保护修缮用砖提供测试指导。

二、调查研究

（一）南京明城砖概况

城砖，又称官砖、官甓、砖料、城墙砖、税粮城砖，是明初建造南京都城城垣工程中一项最大宗的建材。这些城砖，不仅数量惊人，而且规格基本一致，在制作过程中要求质量很高，官吏查验城砖时，按“敲之有声，断之无孔”的验收标准进行查验。

1.产地

目前，了解明代南京城墙砖制造产地的主要资料来源于南京城砖砖文和实地调查。明代南京城墙砖制造产地涉及地域较广，基本以当年长江中下游水系相通的各府、州、县，为征派烧制城砖地区，以便城砖长途运输。以明代行省的划分，南京城墙砖产地大致为直隶、湖广行省、江西行省三地所属部分府、州、县，大约包括今江苏、江西、安徽、湖南、湖北五个省份。

2.规格

城砖是条砖的一种，条砖的长、宽、厚尺寸的比例在西汉中期接近4：2：1，既为整数比，又是等比级数。自东汉开始，由于墙体砌筑的需要有便于砖的组合搭配，故砖块要有一定比例，这促进了砖的生产逐渐趋向定型化，一直沿袭到明清时期。明代南京城墙砖规格基本为4：2：1的传统制砖规制，即40厘米（长）×20厘米（宽）×10厘米（厚）。但由于烧制产地、单位众多，各地各单位烧制的城墙砖规格相比明王朝规定的尺寸略大或偏小。

3.质地

从现有的南京明城砖质地来看，绝大多数是因地制宜，就地取材，用当地的黄黏土、砂土、瓷土烧制而成的。其中用黄黏土烧制的城墙砖数量最多，其次是砂土砖，瓷土砖的数量在城墙砖的总数中占有量是最少的。

黏土砖，糅合黏土造砖，主要选择黏而不散、颗粒粉细而不含砂粒的好黏土，用水滋润，经过人畜反复践踏后制成泥坯，晾干后入窑烧制，成品颜色呈青色，质地细密、坚硬，吸水性较弱。这种城墙砖的数量最多，产地亦最广，是修筑南京城墙的城墙砖主体。

砂土砖含有部分砂粒，其颜色呈灰黑色，质地紧密、坚硬，吸水性较强。在数以亿计的南京城墙砖中，这类城砖的数最仅次于黏土砖而多于瓷土砖。少数在烧制过程中，因氧化还原不够充分，呈现微红色。

瓷土砖，又称高岭土砖，颜色多为白色或米黄色。质地细腻紧密，表面光滑，吸水性极弱。在以黏土砖和砂土砖为主的南京城砖中，属于珍品。这类砖大多来自江西省。

4.烧造工艺

明代科学家宋应星在其《天工开物》中的《陶埏》一章里专门记载了明代造砖工艺。第一步，选土。烧砖土质以黏而不散、粉而不沙者为上。将土堆至场地中央，经日晒雨淋，使其颗粒分解无硬块，先过大小筛各一遍，然后经泥地过滤为泥浆，池满后，待其自然沉淀。第二步，练泥。从滤地中取出泥，驱逐牛反复践踏，或者由人用脚在泥中踩踏，使其稠而均匀。第三步，制坯。从练好的泥中取一块约六十斤重的泥料填满木框之中，铁线弓戛平其面。去掉木框，将砖坯风干。砖坯必须棱角分明，六面平正。第四步，入窑烧制。

泥造砖坯　　　　砖瓦浇水转釉

图1　《天工开物》所载明城砖烧制方法

5.砖文

砖文，又称砖铭、砖刻文或砖辞，是模印或者手书刻画在砖上的文字、图案、符号的记录。为加强城墙砖烧造的管理和提高城砖的烧制质量，明确管理与烧制责任，明王朝规定各地烧制的城墙砖侧面或端面都得按规定内容刻印铭文。据调查，这些砖文一般由模印、戳印或刻画制作而成，以模印为主。多数是阳字，少数为阴字或双线字。铭文的字体主要为楷体，部分为隶体、篆体、行书体等。各组铭文字体大小和字数不统一，最大的字高、宽10厘米左右，最小的字高、宽则不足1厘米。城砖铭文字最多的有70多个，分别模印或戳印在城砖的两个侧面，最少的只有1个字，一般模印在端面或侧面。

从内容上看，南京明城砖砖文很大部分属于记名砖文类，是“物勒工名”的体现，记载了监造官吏及窑匠、人夫姓名，以作为检验数量、质量的凭证。这类砖文多见于长江流域中下游省份的一些府、州、县烧造砖。其中最常见的形式为，砖文分别位于城砖两个侧面以及在同一个侧面。

砖文分别位于城砖两个侧面，如一面为“安庆府提调官通判王士廉司吏邓由己望江县提调官主簿汪沂司吏陈智”，另一面为“总甲胡溥甲首丁秀三小甲王宗四窑匠吴真七造砖人夫唐成二”。这类砖文的格式为“□□府提调官府丞（或主簿、同知、照磨、通判等一类官职）□□□、司吏（或府吏等一类官职）□□□、□□县提调官知县（或县丞、主簿、照磨等一类官职）□□□、司吏（或典吏）□□□”；其背面的格式为“总甲□□□、甲首□□□、小甲□□□、窑匠□□□、造砖人夫□□□”。

砖文位于城砖一侧，如“南康府提调官通判赵斌司吏游清都昌县提调官主簿房秉正司吏张伯行总甲叶勤甲首魏□小甲马良窑匠余名造砖人夫汪均受”。这类砖文的格式为“□□□府提调官通判（或相当一类的官职）□□□、司吏□□□、□□县提调官主簿（或相当一类的官职）□□□、司吏□□□、总甲□□□、甲首□□□、小甲□□□、窑匠□□□、造砖人夫□□□”。也有一些不同于上述格式的砖文，但不占多数。总体来看，砖文集中于单侧的要比分布于两侧的显得稍许复杂一些。

有的记名性质砖文位于砖的顶端，字数相应较少，如“建昌府”；还有不少其他格式的府县烧造砖文，如“吉安府泰和县造”等。这类砖文大多属于早期烧造砖。

除此以外，还有纪年、吉语、符号、字号等类型的砖文。年号砖文如“洪武元年”“洪武四年”“洪武六年”“洪武七年”“洪武八年”“洪武十年”“正前丁酉□□造”“丙午年黑前”等。反映吉语或某种特殊意义的砖文有“吉”“万”“福”“寿”等。使用符号的砖文有“⊕”“⊙”“ф”等。字号砖文如“五”“六”“九”“十”“十三”“二十”“九十”等。

（二）明城砖及现代机制砖调查

1.明城砖现状

明城墙立面与顶面等部位城砖存在诸多问题，如风化、脱落、破损、断裂、残缺等，尤以立面城砖表皮剥落、断裂，顶面城砖碎裂最为明显，城砖自身的抗压强度、抗冻能力、耐久性等大为降低，城墙立面时常出现大面积剥落现象。

图2 南京城墙立面明城砖现状

图3　南京城墙顶部明城砖现状

2.现代机制砖现状

通过对武定门、玄武门、清凉门等区域的城墙调研，发现南京城墙以往修缮所使用的现代机制砖多存在表面起翘、开裂、片状剥落等病害，尤其是位于城墙顶面的现代机制砖问题最为严重。

图4　现代机制砖开裂、起翘现象

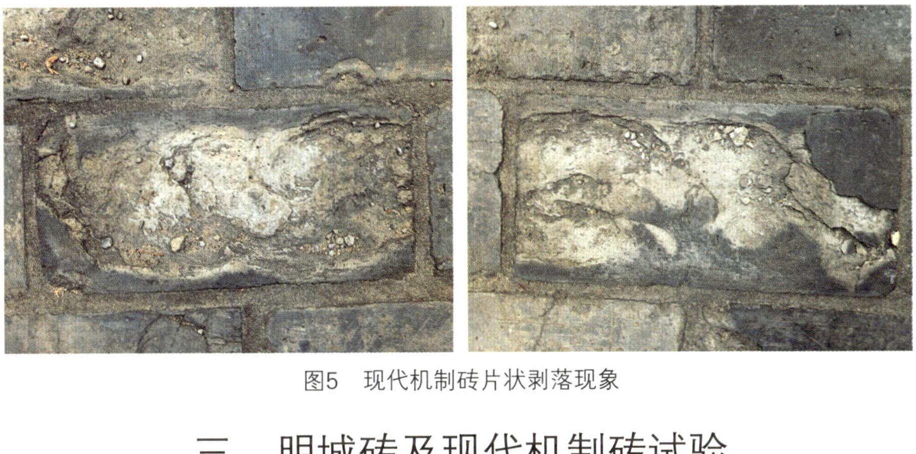

图5　现代机制砖片状剥落现象

三、明城砖及现代机制砖试验

（一）化学组分试验

1.试验目的：了解城砖的成分，为城砖制作提供原材料依据。

2.试验内容：测试城砖的矿物组成、化学组成。

3.试验设备：X射线荧光分析、X射线衍射仪等。

4.试验要求：使用X射线衍射仪分析城墙砖矿物成分；使用X射线荧光分析对样品进行化学组成分析，以确定其化学成分。

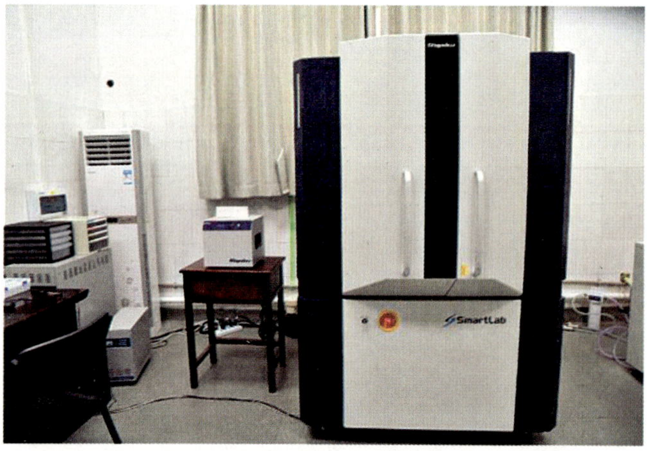

图6　XRF试验设备

图7　城砖组分分析试样

5.试验结果：

PANalytical
Quantification of sample XZ03

R.M.S.: 0.006
Result status:
Sum before normalization: 60.8 %
Normalised to: 100.0 %
Sample type: Solid
Correction applied for medium: No
Correction applied for film: None
Results database: omnian-5min
Results database in: c:\program files\panalytical\superq\userdata

Analyte	Calibration status	Compound formula	Measured (kcps)	Used (kcps)	Concentration	Unit	Calculation method	Status
O	Calibrated	O	3.195	3.116	55.162	%	Calculate	BgC;
Na	Calibrated	Na	3.361	3.140	0.798	%	Calculate	BgC;
Mg	Calibrated	Mg	11.860	11.087	0.636	%	Calculate	BgC;
Al	Calibrated	Al	91.021	90.399	8.194	%	Calculate	BgC;
Si	Calibrated	Si	258.550	258.015	24.146	%	Calculate	BgC;
P	Calibrated	P	3.795	3.729	0.183	%	Calculate	BgC;
K	Calibrated	K	18.053	17.981	1.741	%	Calculate	BgC;
Ca	Calibrated	Ca	19.935	19.865	1.947	%	Calculate	BgC;
Ti	Calibrated	Ti	8.322	8.194	0.607	%	Calculate	BgC;
Fe	Calibrated	Fe	60.927	60.726	5.853	%	Calculate	BgC;
Cu	Calibrated	Cu	0.484	0.369	0.390	%	Calculate	BgC;
Sr	Calibrated	Sr	7.285	4.251	0.120	%	Calculate	BgC;
Ba	Calibrated	Ba	0.639	0.500	0.211	%	Calculate	BgC;
Pb	Calibrated	Pb	1.012	0.408	0.012	%	Calculate	BgC;

Quantification of sample XZ03

R.M.S.: 0.013
Result status:
Sum before normalization: 54.0 %
Normalised to: 100.0 %
Sample type: Pressed powder
Correction applied for medium: No
Correction applied for film: None
Used Compound list: Oxides
Results database: omnian-5min
Results database in: c:\program files\panalytical\superq\userdata

Analyte	Calibration status	Compound formula	Measured (kcps)	Used (kcps)	Concentration	Unit	Calculation method	Status
Na	Calibrated	Na2O	3.361	3.140	1.197	%	Calculate	BgC;
Mg	Calibrated	MgO	11.860	11.087	1.184	%	Calculate	BgC;
Al	Calibrated	Al2O3	91.021	90.399	17.577	%	Calculate	BgC;
Si	Calibrated	SiO2	258.550	258.015	60.427	%	Calculate	BgC;
P	Calibrated	P2O5	3.795	3.729	0.513	%	Calculate	BgC;
K	Calibrated	K2O	18.053	17.981	2.594	%	Calculate	BgC;
Ca	Calibrated	CaO	19.935	19.865	3.402	%	Calculate	BgC;
Ti	Calibrated	TiO2	8.322	8.194	1.278	%	Calculate	BgC;
Fe	Calibrated	Fe2O3	60.927	60.726	10.783	%	Calculate	BgC;
Cu	Calibrated	CuO	0.484	0.369	0.541	%	Calculate	BgC;
Sr	Calibrated	SrO	7.285	4.251	0.188	%	Calculate	BgC;
Ba	Calibrated	BaO	0.639	0.500	0.298	%	Calculate	BgC;
Pb	Calibrated	PbO	1.012	0.408	0.018	%	Calculate	BgC;

图8　现代机制砖氧化物及元素分析

PANalytical
Quantification of sample LZ03

R.M.S.: 0.006
Result status:
Sum before normalization: 0.0 %
Normalised to: 100.0 %
Sample type: Solid
Correction applied for medium: No
Correction applied for film: None
Results database: omnian-5min
Results database in: c:\program files\panalytical\superq\userdata

Analyte	Calibration status	Compound formula	Measured (kcps)	Used (kcps)	Concentration	Unit	Calculation method	Status
O	Calibrated	O	3.500	3.407	60.553	%	Calculate	BgC;
Na	Calibrated	Na	3.583	3.398	0.859	%	Calculate	BgC;
Mg	Calibrated	Mg	18.738	17.948	1.015	%	Calculate	BgC;
Al	Calibrated	Al	71.330	70.730	6.325	%	Calculate	BgC;
Si	Calibrated	Si	238.878	238.580	21.061	%	Calculate	BgC;
P	Calibrated	P	1.772	1.734	0.078	%	Calculate	BgC;
S	Calibrated	S	2.227	2.190	0.100	%	Calculate	BgC;
K	Calibrated	K	19.853	19.780	1.763	%	Calculate	BgC;
Ca	Calibrated	Ca	45.706	45.610	4.200	%	Calculate	BgC;
Ti	Calibrated	Ti	6.262	6.111	0.460	%	Calculate	BgC;
Fe	Calibrated	Fe	38.137	37.932	3.512	%	Calculate	BgC;
Sr	Calibrated	Sr	6.894	3.121	0.074	%	Calculate	BgC;

PANalytical
Quantification of sample LZ03

R.M.S.: 0.006
Result status:
Sum before normalization: 48.7 %
Normalised to: 100.0 %
Sample type: Pressed powder
Correction applied for medium: No
Correction applied for film: None
Used Compound list: Oxides
Results database: omnian-5min
Results database in: c:\program files\panalytical\superq\userdata

Analyte	Calibration status	Compound formula	Measured (kcps)	Used (kcps)	Concentration	Unit	Calculation method	Status
Na	Calibrated	Na2O	3.583	3.398	1.405	%	Calculate	BgC;
Mg	Calibrated	MgO	18.738	17.948	2.076	%	Calculate	BgC;
Al	Calibrated	Al2O3	71.330	70.730	15.029	%	Calculate	BgC;
Si	Calibrated	SiO2	238.878	238.580	59.525	%	Calculate	BgC;
P	Calibrated	P2O5	1.772	1.734	0.257	%	Calculate	BgC;
S	Calibrated	SO3	2.227	2.190	0.360	%	Calculate	BgC;
K	Calibrated	K2O	19.853	19.780	3.120	%	Calculate	BgC;
Ca	Calibrated	CaO	45.706	45.610	8.839	%	Calculate	BgC;
Ti	Calibrated	TiO2	6.262	6.111	1.200	%	Calculate	BgC;
Fe	Calibrated	Fe2O3	38.137	37.932	8.043	%	Calculate	BgC;
Sr	Calibrated	SrO	6.894	3.121	0.147	%	Calculate	BgC;

图9 明城砖氧化物及元素分析

从组分上来看，无论是明城砖还是现代机制砖主要成分是CaO、SiO_2、Al_2O_3、Fe_2O_3，化学成分没有太大区别。从数据统计来看，二者主要成分CaO、SiO_2、Al_2O_3、Fe_2O_3质量总和占比均为90%左右。

（二）吸水试验

1.试验目的：了解城砖的吸水性，为城砖性能分析提供依据。

2.试验内容：测试城墙砖吸水率。

3.试验设备：沸煮箱、电子秤等。

4.试验要求：清理干净城砖，烘干后称重，然后在水中浸泡24小时，并在水中沸煮5小时，擦干表面称重，根据两次质量差，计算城墙砖吸水率。

（1）试验设备

砖用卡尺（型号ZK－I，设备编号JC491），分度值为0.5毫米。鼓风干燥箱（型号GY64，设备编号JC411）。其他蒸煮箱（型号LFX-A，设备编号JC161）、水槽、案秤（型号TGT-6，设备编号JC072）。

（2）试验步骤

a.取试样普通砖5块，清理试样表面，并注写编号，然后置于105℃—110℃鼓风干燥箱中干燥至恒重，除去粉尖后，称其干质量G_0。

b.将干燥试样浸水24小时，水温10℃—300℃。

c.取出试样，用湿毛巾拭去表面水分，立即称量，称量时试样毛细孔渗出于秤盘中水的质量亦应计入吸水质量中，所得质量为浸泡24小时的湿质量G_{24}。

d.将浸泡24小时后的湿试样侧立放入蒸煮箱的篦子板上，试样间距不得小于10毫米，注入清水，箱内水面应高于试样表面50毫米，加热至沸腾，沸煮5小时。饱和系数试验煮沸5小时，停止加热，冷却至常温。

e.按上述第c条的规定，称量沸煮5小时的湿质量G_0和沸煮5小时的湿质量G_5。

（3）结果计算

a.常温水浸泡24小时试样吸水率W_{24}按式（1）计算，精确至0.1%。

$$W_{24}=\frac{G_{24}-G_0}{G_0}\times 100 \quad \cdots\cdots\cdots\cdots (1)$$

式中：

W_{24}—常温下水浸泡24小时试样吸水率，%；

G_0—试样干质量，单位为克（g）；

G_{24}—试样浸水24小时的湿质量，单位为克（g）。

b.试样沸煮5小时吸水率W_5按式（2）计算，精确至0.1%。

$$W_5=\frac{G_5-G_0}{G_0}\times 100 \qquad \cdots\cdots（2）$$

式中：

W_5—试样沸煮5小时吸水率，%；

G_5—试样沸煮5小时的湿质量，单位为克（g）；

G_0—试样干质量，单位为克（g）。

c.每块试样的饱和系数K按式（3）计算，精确至0.01。

$$K=\frac{G_{24}-G_0}{G_5-G_0}\times 100 \qquad \cdots\cdots（3）$$

式中：

K—试样饱和系数；

G_{24}—常温水浸泡24小时试样湿质量，单位为克（g）；

G_5—试样沸煮5小时的湿质量，单位为克（g）。

5.试验结果：如表1、2所示。

图10　自然吸水

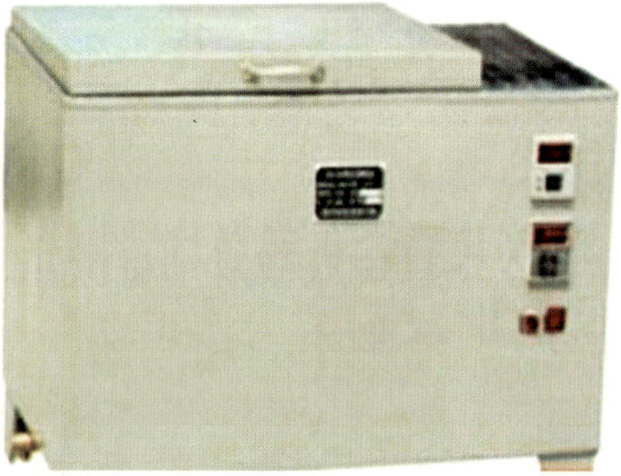

图11　沸煮吸水

表1　现代机制砖吸水率和饱和系数

试件编号	试件干质量G_0（g）	试件湿质量（g）		5h沸煮吸水率W_5（%）		饱和系数K	
		浸泡24hG_{24}	沸煮5hG_5	单块值	平均值	单块值	平均值
	（1）	（2）	（3）	（4）=［（3）－（1）］/（1）		（5）=［（2）－（1）］/［（3）－（1）］	
1	13120	15206.08	15547.20	18.50		0.86	
2	12809	14845.63	15191.47	18.60		0.85	
3	12792	14813.14	15209.69	18.90	18.28	0.84	0.90
4	12785	15060.73	15073.52	17.90		0.99	
5	12991	15173.49	15264.43	17.50		0.96	

表2　明城砖吸水率和饱和系数

试件编号	试件干质量G_0（g）	试件湿质量（g）		5h沸煮吸水率W_5（%）		饱和系数K	
		浸泡24hG_{24}	沸煮5hG_5	单块值	平均值	单块值	平均值
	（1）	（2）	（3）	（4）=［（3）－（1）］/（1）		（5）=［（2）－（1）］/［（3）－（1）］	
1	23211	26692.65	27040.82	16.50		0.91	
2	23900	27485.00	28082.50	17.50		0.86	
3	23800	27370.00	28203.00	18.50	17.30	0.81	0.87
4	23699	27253.85	27372.35	15.50		0.97	
5	23899	27483.85	28320.32	18.50		0.81	

根据试验数据可知，现代机制砖沸煮吸水18.28%，单块沸煮吸水最大值18.9%，饱和系数0.9；明城砖沸煮吸水17.3%，单块沸煮吸水最大值18.5%，饱和系数0.87。明城砖、现代机制砖吸水率都较大，而现代机制砖吸水率更大，说明现代机制砖孔隙率大于明城砖。

（三）表面质量试验

1.尺寸测量

设备：砖用卡尺，量程：0—500毫米。

长度应在砖的两个大面的中间处分别测量两个尺寸；宽度应在砖的两个大面的中间处分别测量两个尺寸；高度应在两个条面的中间处分别测量两个尺寸。当被测处有缺损或者凸出时，可在其旁边测量，但应选择不利的一侧。精度至0.5毫米。

2.裂纹测量

设备：砖用卡尺，量程：0—500毫米，钢尺，精度0.5毫米。

裂纹分为长度方向、宽度方向和水平方向三种，以被测方向的投影长度表示。如果裂纹从一个面延伸至其他面上时，则累计其延伸的投影长度，测量方法如图12所示。

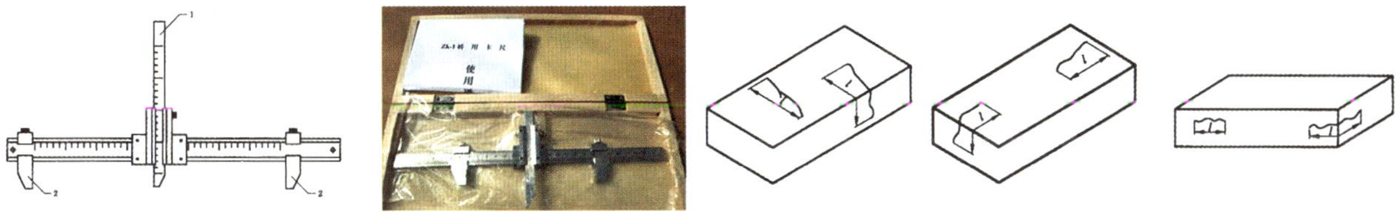

图12　砖卡尺及测量方法

3.弯曲测量

弯曲分别在大面和条面上测量，测量时将砖用卡尺的两个支脚沿棱边两端放置，择其弯曲最大处将垂直尺推至砖面，如图13所示。但不应将因杂质或碰伤造成的凹处计算在内。以弯曲中测得的较大者作为测量结果。

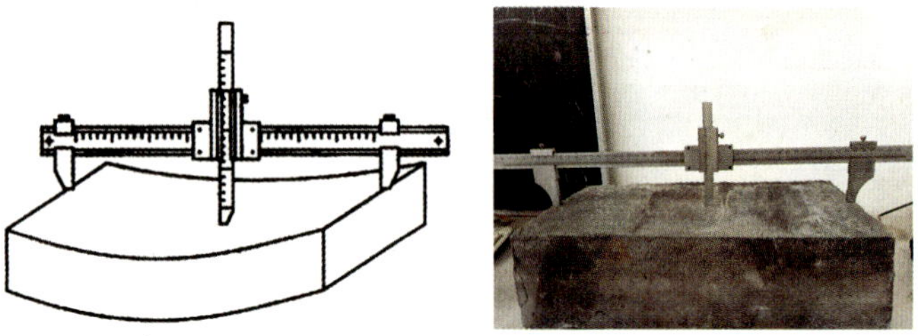

图13 砖面弯曲测量

4.试验结果

试验数据如表3—表6所示。

表3 现代机制砖尺寸（cm）

砖号	1	2	3	4	5	6	7	8	9	10
长	38	39	37	39	38.5	37.8	39	38.5	39.5	38.7
宽	18	19	18.5	19	19.5	18.5	17.9	19.5	18.0	18.6
厚	9.5	9	8.5	9.5	8.5	8.5	9.4	8.9	9.0	8.7

表4 明城砖尺寸（cm）

砖号	1	2	3	4	5	6	7	8	9	10
长	42	41.5	41.5	40.8	40.5	39.8	40.5	41.2	41.5	40.5
宽	21	22	21.5	20.5	20.7	20.8	20.5	20.9	20.5	20.0
厚	12.5	11.5	12.1	10.8	10.8	10.5	11.5	10.8	11.0	10.8

表5 现代机制砖外观（mm）

砖号	1	2	3	4	5	6	7	8	9	10
厚度差	1	1.5	1.5	0.5	1.0	1.5	0.5	1.0	1.5	0.5
弯曲度	1.5	2.0	1.5	1.5	2.5	2.0	2.5	1.5	1.0	0.5
表面裂纹	80	50	70	40	30	50	70	30	20	70

表6 明城砖外观（mm）

砖号	1	2	3	4	5	6	7	8	9	10
厚度差	3	4	4.5	3	2.5	3.5	4.5	4.0	4.6	2.5
弯曲度	3.5	3.0	2.5	3.5	2.5	5.0	3.5	1.5	2.0	3.5
表面裂纹	20	10	30	20	10	20	15	30	20	10

从表3、表4可以看出，现代机制砖整体尺寸略小于明城砖，现代机制砖长度38厘米左右，宽度18厘米左右，厚度9厘米左右；明城砖长度基本在41厘米左右，宽度在21.5厘米左右，厚度在12厘米左右。

从表5、表6可以看出，现代机制砖外观厚度差在0.5毫米到1.5毫米范围内，弯曲度在0.5毫米到2.5毫米范围内，外观质量较好，表面较平整；明城砖厚度变化较大，变化范围在2.5毫米到4.6毫米之间，弯曲度变化范围也较大，在1.5毫米到5毫米之间。

现代机制砖表面质量较为规整，但尺寸略小于明城砖；明城砖为手工砖，表面弯曲度变化较大。

（四）抗折抗压强度试验

1.抗折强度试验

（1）试验目的：了解城砖的抗折强度，为城砖抗剪性能分析提供依据。

（2）试验内容：测试城砖的抗折强度。

（3）试验设备：万能试验机等。

（4）试验要求：根据城砖的垒砌方式，使用万能试验机对城砖进行抗压强度测试，确定其强度。

①仪器设备：材料试验机。

图14 材料试验机

抗折夹具：抗折试验的加荷形式为三点加荷，其上压辊和下支辊的曲率半径为15毫米，下支辊应有一个为绞抗折接固定。试验机的示值相对误差不大于±1%，其下加压板应为球铰支座，预期最大破坏荷载应在量程的20%—80%之间。

②试验步骤

测量试样的宽度和高度尺寸各2个，分别取算术平均值，精确至1毫米，调整抗折夹具下支辊的跨距为砖规格长度减去40毫米。砖跨距为300毫米，将试样大面平放在下支辊上，试样两端面与下支辊的距离应相同，当试样有裂缝或凹陷时，应使有裂缝或凹陷的大面朝下，以500—1000N/s的速度均匀加荷，直至试样断裂，记录最大破坏荷载P。

③结果计算与评定

每块试样的抗折强度（R_c）按式（4）计算，精确至0.01MPa

$$R_c=\frac{3PL}{2BH^2} \quad \cdots\cdots\cdots\cdots\cdots\cdots \text{（4）}$$

式中：

R_c—抗折强度，单位为兆帕（MPa）；

P—最大破坏荷载，单位为牛顿（N）；

L—跨距，单位为毫米（mm）；

B—试样宽度，单位为毫米（mm）；

H—试样高度，单位为毫米（mm）。

试验结果以试样抗折强度的算术平均值和单块最小值表示，精确至0.01MPa。抗折曲线如图15所示。

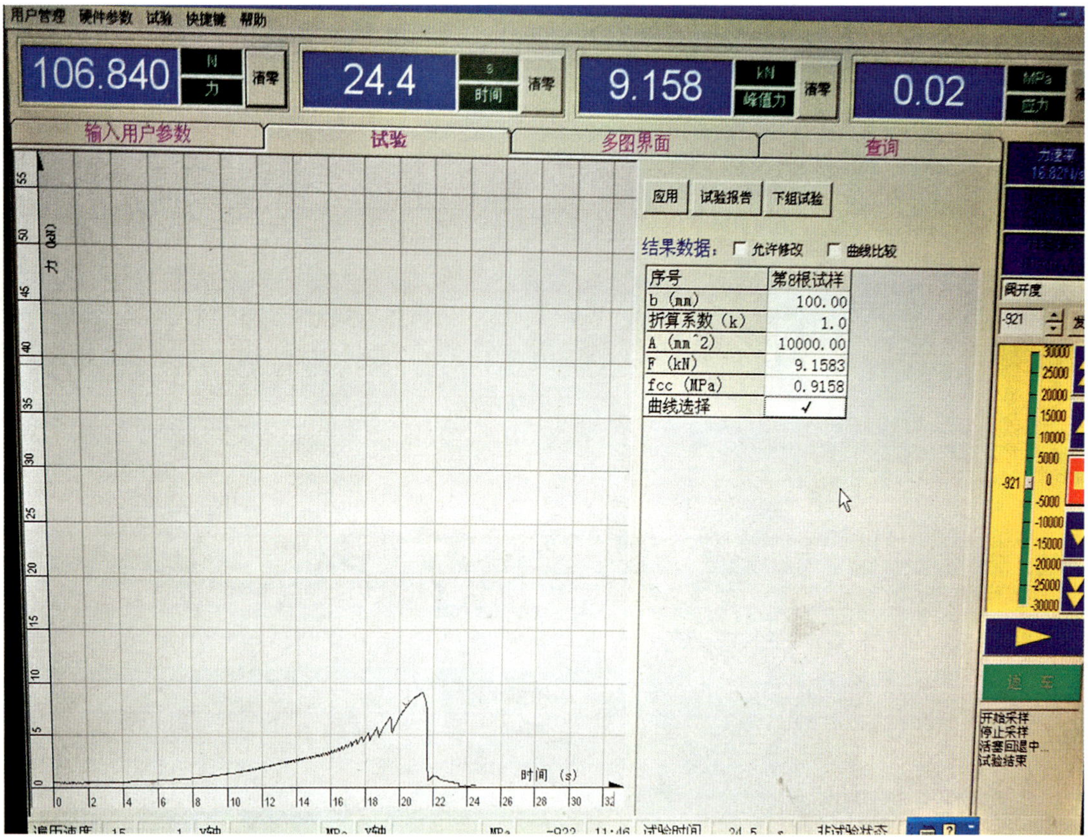

图15　抗折曲线

（5）试验结果：

表7　抗折试验数据

试样编号	现代机制砖					明城砖				
	压力值	跨距	宽	高	强度	压力值	跨距	宽	高	强度
	P/N	L/mm	B/mm	H/mm	Rc/MPa	P/N	L/mm	B/mm	H/mm	Rc/MPa
1	5850	300	195	95	1.50	17450	300	200	120	2.73
2	5690	300	195	95	1.45	16890	300	200	110	3.14
3	6570	300	195	98	1.579	16680	300	200	120	2.61
4	9158	300	190	95	2.403	16530	300	205	120	2.52
5	2755	300	195	98	0.662	16570	300	210	110	2.93
现代机制砖平均值（MPa）					1.52	明城砖平均值（MPa）				2.79

从以上结果可以看出，明城砖抗折强度明显大于现代机制砖的抗折强度。现代机制砖平均抗折强度为1.52兆帕，明城砖抗折强度为2.79兆帕。

2.抗压强度试验

（1）仪器设备

材料试验机：试验机的示值相对误差不大于±1%，其下加压板应为球铰支座，预期最大破坏荷载应在量程的20%—80%之间。

图16　压力机（整砖抗压、叠加抗压）

（2）试样处理

a. 将试样切断或锯成两个半截砖，断开的半截砖长不得小于100毫米，如图17所示。如果不足100毫米，应另取备用试样补足。

b. 在试样制备平台上，将已断开的两个半截砖放人室温的净水中浸10—20分钟后取出，并以断口相反方向叠放，两者中间抹以厚度不超过5毫米的用强度等级32.5的普通硅酸盐水泥调制成稠度适宜的水泥净浆黏结，上下两面用厚度不超过3毫米的同种水泥浆抹平。制成的试件上下两面须相互平行，并垂直于侧面，如图17所示。

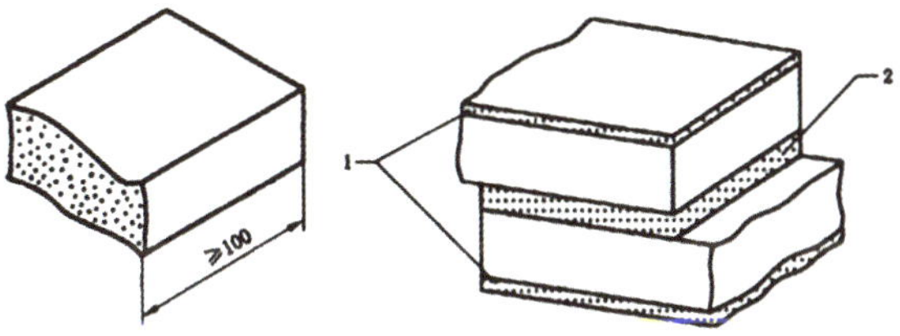

图17　试样处理简图

（3）结果计算与评定

每块试样的抗压强度（R_p）按式（5）计算，精确至0.01MPa。

$$R_p=\frac{P}{LB}\cdots\cdots\cdots\cdots\cdots\cdots\cdots\cdots\cdots（5）$$

式中：

R_p—抗压强度，单位为兆帕（MPa）；

P—最大破坏荷载，单位为牛顿（N）；

L—受压面（连接面）的长度，单位为毫米（mm）；

B—受压面（连接面）的宽度，单位为毫米（mm）。

试验结果以试样抗压强度的算术平均值和标准值或单块最小值表示，精确至0.1MPa。

（4）试验结果

图18为抗折抗压试样表面处理过程，为了模拟实际施工过程，砖体表面用水泥砂浆进行抹平；图19为压碎试样，图21、21为部分砖体抗压曲线图。

图18　抗折抗压试样表面处理过程

图19　压碎试样

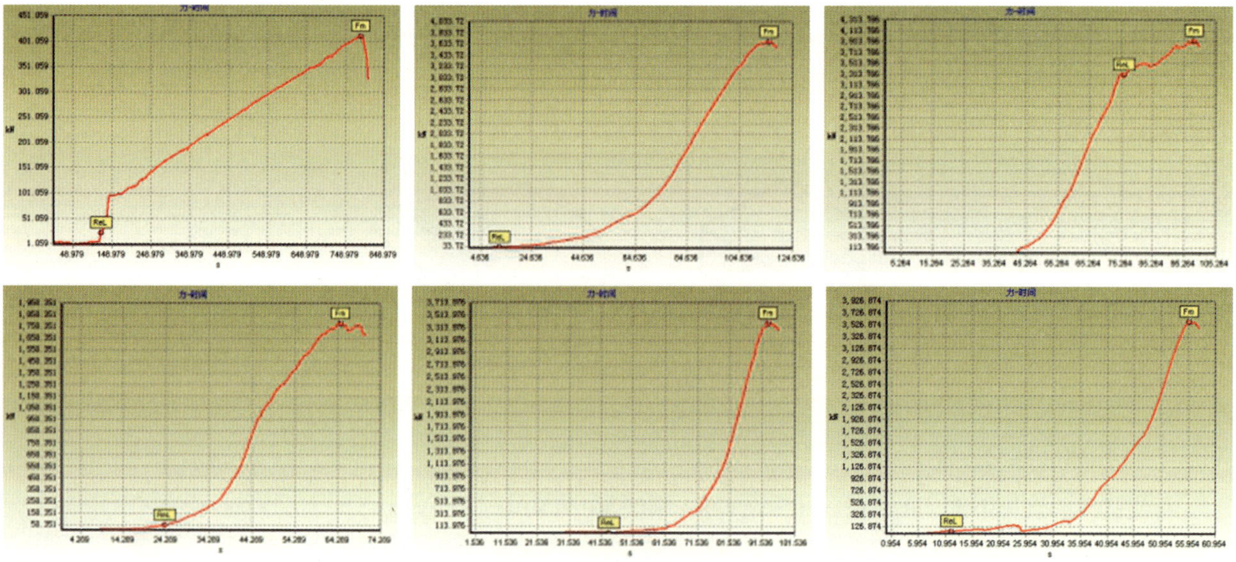

图20　明城砖抗压曲线

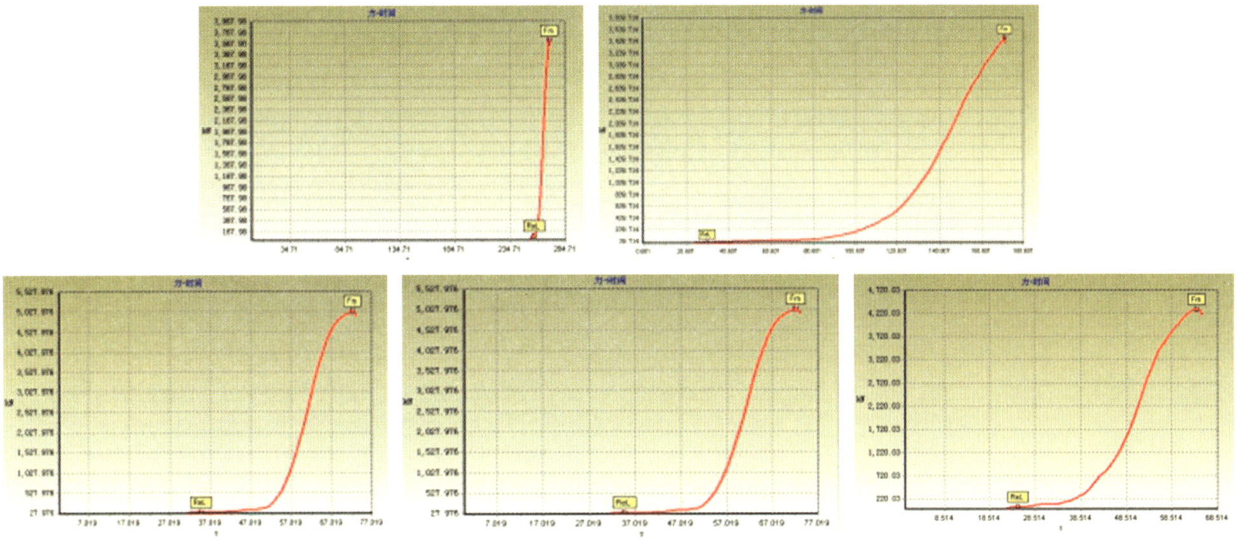

图21　现代机制砖抗压曲线

表8　抗压对比结果（整砖抗压试验）

	编号	长（m）	宽（m）	高（m）	力值（KN）	受力面积（m^2）	压强（MPa）
明城砖	1	0.420	0.250	0.115	3667	0.105	34.924
	2	0.416	0.240	0.106	3922	0.100	39.283
	3	0.436	0.212	0.125	1773	0.092	19.182
	4	0.426	0.195	0.110	3376	0.083	40.640
	5	0.416	0.202	0.124	3570	0.084	42.484
	6	0.432	0.231	0.122	3765	0.100	37.728
	7	0.418	0.223	0.123	3892	0.093	41.753
	8	0.426	0.241	0.117	2693	0.103	26.231
	9	0.425	0.218	0.109	3476	0.093	37.518
	10	0.433	0.227	0.124	3781	0.098	38.467
	明城砖抗压强度均值（MPa）						35.8
现代机制砖	编号	长（m）	宽（m）	高（m）	力值（kN）	受力面积（m^2）	压强（MPa）
	1	0.400	0.200	0.100	3607	0.080	45.088
	2	0.400	0.200	0.100	3491	0.080	43.638
	3	0.400	0.200	0.100	5025	0.080	62.813
	4	0.400	0.200	0.100	3746	0.080	46.825
	5	0.400	0.200	0.100	4291	0.080	53.638
	6	0.400	0.200	0.100	3556	0.080	44.450
	7	0.400	0.200	0.100	3561	0.080	44.513
	8	0.400	0.200	0.100	4025	0.080	50.313
	9	0.400	0.200	0.100	3998	0.080	49.975
	10	0.400	0.200	0.100	4153	0.080	51.913
	现代机制砖抗压强度均值（MPa）						49.3

表9　标准抗压强度值（叠加抗压试验）

试件编号	受压面尺寸（mm）		受压面积A（mm^2）	破坏荷载P（N）	抗压强度（MPa）
	宽B	长L			单值f_i
	（1）	（2）	（3）=（1）×（2）	（4）	（5）=（4）/（3）
现代机制砖抗压强度					
1	185	160	29600	410000	13.85
2	190	175	33250	405000	12.18
3	185	150	27750	350000	12.61
4	185	150	27750	403000	14.52
5	185	135	24975	308000	12.33
6	185	145	26825	359000	13.38
7	180	150	27000	401000	14.85
8	180	160	28800	400000	13.89
9	185	165	30525	380000	12.45
10	190	145	27550	307000	11.14
现代机制砖抗压平均值为13.1MPa					
明城砖抗压强度					
1	200	178	35600	420000	11.80
2	210	175	36750	435000	11.84
3	200	185	37000	490000	13.24
4	210	180	37800	433000	11.46
5	220	183	40260	408000	10.13
6	205	185	37925	399000	10.52
7	208	156	32448	421000	12.97
8	195	185	36075	458000	12.70
9	201	190	38190	410000	10.74
10	200	190	38000	487000	12.82
明城砖抗压平均值为11.8MPa					

以上试验结果证明：从表8中可以看出，整块砖抗压时，现代机制砖抗压强度较大，均值为49.3兆帕；明城砖抗压强度略低于现代机制砖，均值为35.8兆帕，然而以上试验成果是在试样均被压碎的基础上得到（没有考虑尺寸效应），所以不能作为砖的抗压强度检测标准；根据砌体砖抗压标准得到如表9所示的抗压强度结果，从该表中可以看出叠加试样抗压时，现代机制砖的抗压强度都在11—14兆帕，平均值为13.1兆帕；明城砖的抗压强度在11—14兆帕，平均值为11.8兆帕，所以抗压强度试验砖的尺寸效应对抗压强度的影响较大。

通过以上分析，明城砖的抗压强度要小于现代机制砖的抗压强度，叠加抗压强度小于整块砖的抗压强度，所以建议城砖的抗压强度试验方法选用叠加抗压强度检测，叠加试验和实际施工情况较为符合。

（五）抗热、抗冻循环试验

1.试验目的：了解城砖的抗冻性能，为城墙砖性能分析提供依据。

2.试验内容：测试城砖的抗冻性能。

3.试验设备：高、低温箱或冷冻室环境仓、千分表及支架，如图22所示。

4.试验要求：把城砖放在冷冻室中冷冻，根据冷冻前后的强度评定城砖的抗冻性。

通过环境仓模拟室外环境（干冷、干热条件下），高温50℃，低温-15℃，每次循环需要14天。然后测量冷缩热胀特性及其强度。试验结果如表10所示。

图22 环境仓及胀缩试样

5.试验结果：

表10 高低温循环抗压试验结果对比（整砖抗压数据）

	试样序号	长（m）	宽（m）	力值（KN）	受力面积（m^2）	压强（MPa）
明城砖	1	0.412	0.252	3067	0.104	29.540
	2	0.426	0.244	3122	0.104	30.035
	3	0.444	0.224	2773	0.099	27.882
	4	0.431	0.245	2976	0.106	28.183
	5	0.426	0.232	3332	0.099	33.714
	6	0.432	0.236	3145	0.102	30.848
	7	0.442	0.246	3267	0.109	30.046
	8	0.436	0.231	2658	0.101	26.391
	9	0.439	0.235	2997	0.103	29.051
	10	0.408	0.241	3232	0.098	32.870
	抗压强度均值MPa					29.9
现代机制砖	试样序号	长（m）	宽（m）	力值（kN）	受力面积（m^2）	压强（MPa）
	1	0.4	0.2	3309	0.08	41.363
	2	0.4	0.2	3299	0.08	41.238
	3	0.4	0.2	4156	0.08	51.950
	4	0.4	0.2	3557	0.08	44.463
	5	0.4	0.2	4099	0.08	51.238
	6	0.4	0.2	3526	0.08	44.075
	7	0.4	0.2	3785	0.08	47.313
	8	0.4	0.2	4056	0.08	50.700
	9	0.4	0.2	4008	0.08	50.100
	10	0.4	0.2	3875	0.08	48.438
	抗压强度均值MPa					47.1

从表10可以看出城砖在经历高低温循环后，抗压强度有所降低但不是很大，所以干冷、干热不是影响城砖抗压强度的主要指标。

（六）胀缩试验

1.试验目的：了解城砖在有无水饱和情况下的热膨胀情况，了解城砖在有无水饱和情况下的冻胀试验情况。

2.实验内容：膨胀试验、收缩试验。

3.试验设备：环境仓、游标卡尺、千分表等。

4.试验要求：温度控制在50℃左右测胀缩变化规律，温度控制在零下15℃左右测胀缩变化规律。试验安装如图22所示。

5.试验结果：如表11所示。

表11　胀缩试验成果

循环次数（15天/次）	现代机制砖		明城砖	
	50℃/膨胀	-15℃/收缩	50℃/膨胀	-15℃/收缩
1	0.25mm	0.075mm	0.05mm	无
2	0.25mm	0.075mm	0.045mm	无

从表3-11中可以看出，城砖胀缩量变化不大，尤其是明城砖，所以胀缩变化不是影响城墙砖安全的主要因素。

（七）冻融试验

1.仪器设备：设备如图23所示，放入试样后箱（室）内温度可调至-20℃—20℃以下。水槽，保持槽中水温10℃—20℃为宜。台秤分度值5g，电热鼓风干燥箱：最高温度200℃。试样数，试样数量按产品标准要求确定。

2.试验步骤：用毛刷清理试样表面，将试样放入鼓风干燥箱中在105℃±5℃下干燥至恒量（在干燥过程中，前后两次称量相差不超过0.2%，前后两次称量时间间隔为2小时），称其质量G_0，并检查外观，将缺棱掉角和裂纹做标记。将试样浸在100℃—20℃的水中，24小时后取出，用湿布拭去表面水分，以大于20毫米的间距大面侧向立放于预先降温至-15℃以下的冷冻箱中。当箱内温度再降至-15℃时开始计时，在-15℃—-20℃下冰冻：烧结砖冻3小时，非烧结砖冻5小时。然后取出放入10℃—20℃的水中融化：烧结砖不少于2小时，非烧结砖不少于3小时。如此为1次冻融循环。每5次冻融循环，检查1次冻融过程中出现的破坏情况，如冻裂、缺棱、掉角、剥落等。冻融过程中，发现试样的冻坏超过外观规定时，应继续试验至15次冻融循环结束为止。15次冻融循环后，检查并记录试样在冻融过程中的冻裂长度，缺棱掉角和剥落等破坏情况。

经15次冻融循环后的试样，用纯净水冲洗，然后放入鼓风干燥箱中，按规定干燥至恒量，称其质量G_1。烧结砖若未发现冻坏现象，则可不进行干燥称量。

图23　冻融箱

3.结果计算与评定：

外观结果：冻融循环后，检查并记录试样在冻融过程中的冻裂长度、缺棱掉角和剥落等破坏情况。

质量损失率（G_m）按式（6）计算，精确至0.1%。

$$G_m=\frac{G_0-G_1}{G_0}\times 100 \quad \cdots\cdots\cdots\cdots\cdots\cdots\cdots\cdots\cdots\cdots（6）$$

式中：

G_m—质量损失率，%；

G_0—试样冻融前干质量，单位为克（g）；

G_1—试样冻融后干质量，单位为克（g）。

4.试验结果：如表12、表13所示。

表12　现代机制砖冻融试验

试件编号	冻融前干质量G_0（g）	冻融后干质量G_1（g）	试件冻融后出现裂纹、分层、掉皮、缺棱、掉角情况	冻融后质量损失率G_m=[（G_0-G_1）/G_0]×100（g）	
				单块值（%）	平均值（%）
1	12953	12820	未出现裂纹、分层、掉皮、缺棱、掉角情况	1.00	1.2
2	12712	12550	未出现裂纹、分层、掉皮、缺棱、掉角情况，但有泥状冲洗物	1.30	
3	12890	12745	未出现裂纹、分层、掉皮、缺棱、掉角情况	1.10	
4	12981	12825	未出现裂纹、分层、掉皮、缺棱、掉角情况，但有泥状冲洗物	1.20	
5	12986	12831	未出现裂纹、分层、掉皮、缺棱、掉角情况，但有泥状物冲洗物	1.20	
平均折压强度（MPa）					0.8

表13　明城砖冻融试验

试件编号	冻融前干质量G_0（g）	冻融后干质量G_1（g）	试件冻融后出现裂纹、分层、掉皮、缺棱、掉角情况	冻融后质量损失率G_m=[（G_0-G_1）/G_0]×100（g）	
				单块值（%）	平均值（%）
1	24353	24305	未出现裂纹、分层、掉皮、缺棱、掉角情况	0.2	0.3
2	23412	23330	未出现裂纹、分层、掉皮、缺棱、掉角情况	0.4	
3	23290	23225	未出现裂纹、分层、掉皮、缺棱、掉角情况	0.3	
4	23281	23200	未出现裂纹、分层、掉皮、缺棱、掉角情况	0.3	
5	3386	3365	未出现裂纹、分层、掉皮、缺棱、掉角情况	0.3	
平均折压强度（MPa）					2.3

从表12、表13看出，通过冻融试验可以得知，现代机制砖质量损失较大，而明城砖较稳定。现代机制砖冻融质量损失率为1.2%，明城砖质量损失率为0.3%。经过冻融试验，现代机制砖抗折损失率为53.3%，明城砖抗折损失率为17.7%。

（八）耐化学腐蚀性能

1.试验目的：了解城砖的耐化学腐蚀性能，为城砖性能分析提供依据。

2.试验内容：测试城砖抗酸化蚀性。

3.试验要求：把城砖放在配置好的酸性溶液中，通过控制酸的浓度，并通过把城砖放到所配酸溶液里浸湿一段时间，测试城墙砖前后质量变化，试验周期为3个月。

图24　腐蚀性试验

4.试验结果：

表14　耐腐蚀性试验成果（质量变化/g，5个试样的平均值）

试样	0d	14d	28d	42d	56d	70d
现代机制砖	12950	12926	12900	12870	12845	12816
明城砖	17856	17848	17825	17810	17785	17750

通过以上试验，证明现代机制砖含有易溶于酸性溶液的盐，而明城砖损失较小，基本没有变化。由于本试验周期较长，不宜作为城墙砖的检测标准。

（九）石灰爆裂、泛霜试验

试验设备包括干燥箱及大型沸煮箱，如图25所示。

图25　仪器设备

1.石灰爆裂试验

（1）设备：蒸煮箱，钢直尺：分度值为1毫米。

（2）试样：试样为未经雨淋或浸水，且近期生产的砖样，数量按产品标准要求确定；烧结普通砖用整砖。试验前检查每块试样，将不属于石灰爆裂的外观缺陷做标记。

（3）试验步骤：将试样平行侧立于蒸煮箱内的篦子板上，试样间隔不得小于50毫米，箱内水面应低于篦上板40毫米，加盖蒸6小时后取出。检查每块试样上因石灰爆裂而造成的外观缺陷，记录其尺寸。

（4）结果评定：以试样石灰爆裂区域的尺寸最大者表示，精确至1毫米。试验结果如表15、16，裂纹如图26所示。

图26　石灰爆裂

表15　现代机制砖石灰爆裂试验

试件编号	1	2	3	4	5
爆裂区域最大破坏尺寸（mm）	15	15	15	15	15
爆裂区域数量（处）	6	6	5	4	5

表16　明城砖石灰爆裂试验

试件编号	1	2	3	4	5
爆裂区域最大破坏尺寸（mm）	3	4	3	2	4
爆裂区域数量（处）	2	2	3	3	2

通过试验现代机制砖的裂纹较明显，数量较大，大于2毫米尺寸且小于15毫米的2处，大于10毫米的1处大于15毫米的26处。而明城砖的裂纹较小、较少，大于2毫米的2处，小于等于2毫米的3处。

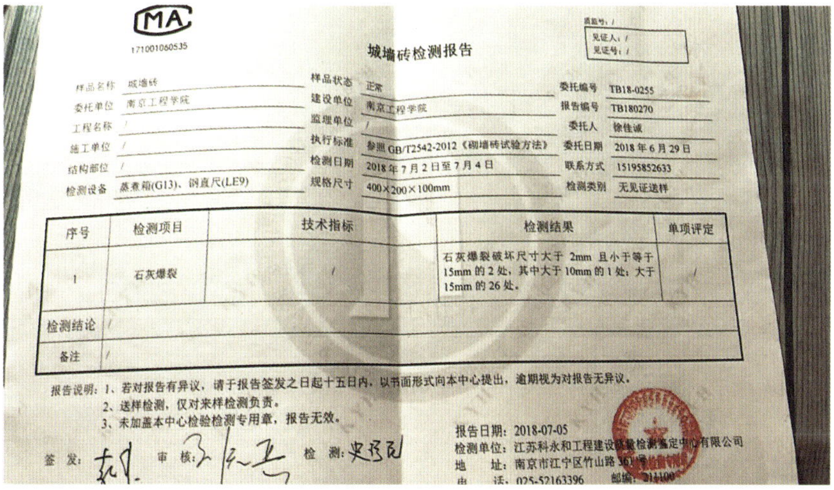

CMA
171001060535

城墙砖检测报告

监督号：/
见证人：/
见证号：/

样品名称	城墙砖	样品状态	正常	委托编号	TB18-0255
委托单位	南京工程学院	建设单位	南京工程学院	报告编号	TB180270
工程名称	/	监理单位	/	委托人	徐佳诚
施工单位	/	执行标准	参照GB/T2542-2012《砌墙砖试验方法》	委托日期	2018年6月29日
结构部位	/	检测日期	2018年7月2日至7月4日	联系方式	15195852633
检测设备	蒸煮箱(G13)、钢直尺(LE9)	规格尺寸	400×200×100mm	检测类别	无见证送样

序号	检测项目	技术指标	检测结果	单项评定
1	石灰爆裂	/	石灰爆裂破坏尺寸大于2mm且小于等于15mm的2处，其中大于10mm的1处；大于15mm的26处。	/
检测结论	/			
备注	/			

报告说明：1、若对报告有异议，请于报告签发之日起十五日内，以书面形式向本中心提出，逾期视为对报告无异议。
2、送样检测，仅对来样检测负责。
3、未加盖本中心检验检测专用章，报告无效。

签发：　审核：　检测：

报告日期：2018-07-05
检测单位：江苏科永和工程建设质量检测鉴定中心有限公司
地　址：南京市江宁区竹山路361号
电　话：025-52163396　邮编：211100

图27　检测成果

2.泛霜试验

（1）仪器设备：鼓风干燥箱，耐磨蚀的浅盘5个，容水深度25毫米—35毫米能盖住浅盘的透明材料，在其中间部位开有大于试样宽度、高度或长度尺寸5毫米—10毫米的矩形孔。干、湿球温度计或其他温、湿度计。

（2）试验步骤

清理试样表面，然后放入105℃±5℃鼓风干燥箱中干燥24小时，取出冷却至常温。将试样顶面或有孔洞的面朝上分别置于浅盘中，往浅盘中注入蒸馏水，水面高度不低于20毫米。用透明材料覆盖在浅盘上，并将试样暴露在外面，记录时间。试样浸在盘中的时间为7天，开始2天内经常加水以保持盘内水面高度，以后则保持浸在水中即可。试验过程中要求环境温度为16℃—32℃，相对湿度35%—60%，7天后取出试样，在同样的环境条件下放置4天。然后在105℃ ± 5℃鼓风干燥箱中干燥至恒量。取出冷却至常温。记录干燥后的泛霜程度。7天后开始记录泛霜情况，每天一次。

（3）结果评定

泛霜程度根据记录以最严重者表示。泛霜程度划分如下：

泛霜：试样表面的盐析几乎看不到。

轻微泛霜：试样表面出现一层细小明显的霜膜，但试样表面仍清晰。

中等泛霜：试样部分表面或棱角出现明显霜层。

严重泛霜：试样表面出现起砖粉、掉屑及脱皮现象。

（4）试验结果：如表17、表18所示。

图28 现代机制砖泛霜试验

表17 现代机制砖泛霜试验

开始浸水时间	2018年3月12日8时		结束浸水时间	2018年4月12日8时	
试件编号	1	2	3	4	5
泛霜情况描述	明显霜膜	明显霜膜	明显霜膜	明显霜膜	明显霜膜
确定泛霜程度	中等泛霜				

表18 明城砖泛霜试验

开始浸水时间	2018年3月12日8时		结束浸水时间	2018年4月12日8时	
试件编号	1	2	3	4	5
泛霜情况描述	几乎无盐析	几乎无盐析	几乎无盐析	几乎无盐析	几乎无盐析
确定泛霜程度	泛霜				

根据试验结果及国家现行黏土砖检测标准得知，现代机制砖有明显的中等泛霜程度，有盐分析出；而明城砖几乎无盐析而为泛霜程度。

（十）城砖试验研究总结

1.化学成分分析结果

从组分上来看，无论是明城砖还是现代机制砖主要成分都是CaO、SiO_2、Al_2O_3、Fe_2O_3，化学成分没有太大区别。从数据统计来看，二者主要成分CaO、SiO_2、Al_2O_3、Fe_2O_3质量总和占比均为90%左右。

2.吸水试验分析结果

现代机制砖沸煮吸水18.28%，单块沸煮吸水最大值18.9%，饱和系数0.9；明城砖沸煮吸水17.3%，单块沸煮吸水最大值18.5%，饱和系数0.87。明城砖、现代机制砖吸水率都较大，而现代机制砖吸水率更大，说明现代机制砖孔隙率大于明城砖。

3.表面质量分析结果

现代机制砖整体尺寸略小于明城砖，现代机制砖长度38厘米左右，宽度18厘米左右，厚度9厘米左右；明城砖长度基本在41厘米左右，宽度在21.5厘米左右，厚度在12厘米左右。

现代机制砖外观厚度差在0.5毫米到1.5毫米范围内，弯曲度在0.5毫米到2.5毫米范围内，外观质量较好，表面较平整；明城砖厚度变化较大，变化范围在2.5毫米到4.6毫米之间，弯曲度变化范围也较大，在1.5毫米到5毫米之间。

现代机制砖表面质量较为规整，但尺寸略小于明城砖；明城砖为手工砖，表面弯曲度变化较大。

4.抗折抗压试验结果

现代机制砖平均抗折强度为1.52兆帕，明城砖抗折强度为2.79兆帕。明城砖抗折强度明显大于现代机制砖的抗折强度，说明现代机制砖内部结构的大量空隙明显影响了其抗折强度。

对单块砖进行抗压试验时，现代机制砖抗压强度较大，均值为49.3兆帕；明城砖抗压强度略低于现代机制砖，均值为35.8兆帕，然而以上试验成果是在试样均被压碎的基础上得到的，没有考虑尺寸效应。当对单块城砖进行叠加试样抗压试验时，现代机制砖的抗压强度都在11—14兆帕，平均值为13.1兆帕；明城砖的抗压强度在11—14兆帕，平均值为11.8兆帕，所以砖的尺寸效应对其抗压强度试验结果的影响较大。故进行城砖的抗压强度检测时应考虑其尺寸效应，选用叠加抗压强度检测方法，叠加试验和城墙砖的实际垒砌情况相符合。

5.抗热、抗冻循环试验结果

城墙砖在经历高低温循环后，抗压强度有所降低但不是很大，所以干冷、干热不是影响城墙砖抗压强度的主要指标。

6.胀缩试验结果

城墙砖胀缩量变化均不大，尤其是明城砖，所以胀缩变化不是影响城墙砖安全的主要因素。

7.冻融试验结果

现代机制砖冻融质量损失率为1.2%，明城砖质量损失率为0.3%。现代机制砖质量损失较大，而明城砖较稳定。现代机制砖冻融质量损失率为1.2%，明城砖质量损失率为0.3%。经过冻融试验，现代机制砖抗折损失率为53.3%，明城砖抗折损失率为17.7%。

8.耐化学试验结果

现代机制砖含有易溶于酸性溶液的盐，而明城砖损失较小，基本没有变化。由于本试验周期较长，不宜作为城墙砖的检测标准。

9.石灰爆裂、泛霜试验结果

石灰爆裂试验得知，现代机制砖的裂纹较明显，数量较多，大于2毫米尺寸且小于15毫米的2处，大于10毫米的1处大于15毫米的26处；而明城砖的裂纹较小、较少，大于2毫米的2处，小于等于2毫米的3处。

泛霜试验得知，现代机制砖有明显的中等泛霜程度，有盐分析出；而明城砖几乎无盐析而为泛霜程度。

四、现代机制砖考察调研

（一）现代机制砖生产流程

为了解现代机制砖的生产流程，课题组特意赴安徽六安砖窑厂进行了考察，通过对几家窑厂的调研得知现代机制砖的烧制工艺大致为：取土制坯——晾坯——装窑烧制——封窑窨水。除取土制坯工艺不同于古法，其他工序及原理与明宋应星《天工开物》中记载的造砖工序、原理基本相同。

（1）取土制坯

通过机械从地下深处取土，经过机器简单粉碎，经传送带传送至制坯机，传送的过程中用水喷淋土料，喷淋后的土料进入制坯机后通过螺旋推送向前挤压的方式形成砖坯。

（2）晾坯

砖坯制成后，覆盖草帘，以阴干的方式进行晾坯，晾坯时间一般为30—60天，时长受气温影响。

（3）装窑烧制

晾坯完成后，进行装窑，砖坯之间的垒放方式极为讲究，需要经验丰富的装窑师傅完成。装窑结束后进行焙烧，烧火也同样需要经验丰富的老师傅，其通过火的颜色把控窑温，烧制时间一般在50天左右。

图29　土料简单粉碎、传送、喷淋过程

图30　制坯设备

图31　制坯设备内部放大图

图32　晾坯

图33　装窑

图34 烧窑

图35 烧窑燃料

（4）封窑窨水

封窑窨水是使城砖呈青灰色的关键步骤，即烧窑完成后，从窑炉顶部向内注水，进行闷窑，将窑内空气排净，时间为10—15天。

图36 封窑窨水

图37 窑炉顶部

图38 城砖成品

（二）现代机制砖生产工艺现存问题

本次考察对现代机制砖的生产流程进行了深入考察，取得了一定认知，同时也发现了现代机制砖生产工艺存在一些问题，具体表现在以下两个方面；

（1）土料粉碎较为粗糙，未经精细化处理，直接加水制坯，致使砖坯内部存在较大的颗粒状硬核，成砖后其断面仍可以明显看到大量未烧透的颗粒，如图4-11、4-12所示。后续石灰爆裂试验证明这些颗粒遇水容易膨胀，即所谓石灰爆裂，从而导致砖体表面开裂。

图39　现代机制砖的砖坯断面内部颗粒状硬核

图40　现代机制砖断面内部颗粒状硬核

图41　现代机制砖横断面螺旋状结构

图42　明城砖横断面

图43　现代机制砖纵向断面（空隙把砖分成多段，段之间空隙较大）

图44　城砖切割现场

（2）现有制坯设备通过螺旋推送向前挤压的原理形成砖坯，致使生产出的城砖横断面呈螺旋状结构，纵断面呈段状结构，密布有大量连续空隙，从其断面来看不如明城砖密实。经过断面切割后发现，现代机制砖空隙较大且连续分布（不是孔隙，在抗冻混凝土砌体结构中，密闭孔隙一般是允许存在的），并且断面有螺旋纹路分布，纵向切开之后呈现出大量的段状黏结结构，空隙连续；明城砖断面则较均匀，有较小封闭状态的空隙。

五、制坯改良试验

（一）制坯室内试验

1.试验过程

本试验以此次考察的窑厂所采用的黏土作为试样（取自安徽六安市叶集区），试样的相对密度为2.75，液限含水量为52.5%，塑限含水量为32.1%，塑性指数为20.4。风干碾碎过2毫米、5毫米筛。根据窑厂考察得知砖坯制样含水量范围为27%—29%，在此基础上进行含水率及颗粒级配试验，确定含水量及颗粒级配。

试验按照取土、风干、粉碎、过筛、制样、养护、练泥、制样步骤进行。通过以上试验过程得到孔径2毫米的粉碎机制备试样，含水率35%，成样最佳。

图45　含水量为25%、粒径过2毫米筛

图46　含水量为30%、粒径过2毫米筛

图47　含水量为35%、粒径过2毫米筛

图48　含水量为25%、粒径过5毫米筛

图49　含水量为30%、粒径过5毫米筛

图50　含水量为35%、粒径过5毫米筛

图51　含水量为30%、35%，粒径过5毫米筛

图52　含水量为30%、35%，粒径过2毫米筛

2.试验结果

通过以上试验可知，土料含水量控制在30%—35%，粒径控制在2毫米以下容易制坯，成型后砖坯不易开裂。

（二）改良砖坯制作

依据试验成果（颗粒直径及含水量）现场制砖，采用手工砖制作工艺：风干试样、粉碎（粉碎机）、过筛（孔径为2毫米）、加水搅拌均匀、密封醒土、练泥、密封养护、成型、竖立、敲打保证两头大小一致、风干烧制。

现场制砖过程如下：

练泥：工人在一定泥、水比的黏土上来回踩，黏土和水大致混合均匀即可停止。

成型：再将踩好的黏土放入准备好的可拆卸城墙砖模具中，在模具上人工来回踩，排出黏土中的气泡，并且将黏土充分填满模具。

试样剥离模具：完成这个过程以后，用硬铁丝将上表面多余的黏土剥离，最后用刮板将上表面抹平即可脱模。

立坯散水：拖住模具下底面将城墙砖立起来晾干，并且两天后倒置，使城墙砖水分散失均匀，倒置过程中用刮板将表面刮平，使城墙砖表面平整，如此反复一星期即可成型。

烧制：风干一个月以后烧制。

图53　过筛搅拌练泥

图54　制坯、立坯敲打

（三）改良砖烧制成果

本次课题通过对现代机制砖的制作原料、制坯工艺做部分改良后，进行了试烧，得到成品改良砖一批。

图55 改良砖成品照片

六、改良砖测试

鉴于抗冻抗热性能、耐化学腐蚀性能及胀缩试验周期较长，且前期试验表明，现代机制砖、明城砖短时间内经以上试验测试后无明显变化，以上试验作为城墙砖性能测试标准的意义极为有限，故本次仅从表面质量、吸水率、抗折抗压强度、石灰爆裂试验、冻融试验及泛霜试验等重点项目对改良砖进行测试。

（一）内部结构状况

对改良砖断面切割后，发现无论是横断面还是纵断面结构均比较均匀，优于现代机制砖断面结构，没有出现现代机制砖的大颗粒状硬核及螺旋状结构横断面、密布有大量连续空隙的段状结构纵断面。

图56 改良砖（手工砖）纵断面图

图57 现代机制砖、明城砖、改良砖横断面对比图
（左起依次为现代机制砖折断断面、现代机制砖切割断面、明城砖折断断面、改良砖切割断面）

（二）表面质量

表19　改良砖尺寸（cm）

砖号	1	2	3	4	5	6	7	8	9	10
长	41	40.5	40.5	40.5	40.5	40.8	40.5	40.2	39.5	41.5
宽	20.5	20	21.5	20.3	20.4	20.5	21.5	19.9	21.5	21.0
厚	11.5	11.0	11.1	10.8	11.8	10.5	10.5	9.8	10.0	11.2

表20　改良砖外观（mm）

砖号	1	2	3	4	5	6	7	8	9	10
厚度差	2	3	2.5	3.5	2.5	2.5	2.5	3.0	2.6	2.5
弯曲度	3.5	2.0	1.5	1.5	2.5	3.0	2.5	1.5	2.5	2.5
表面裂纹	20	30	50	40	50	40	50	40	20	30

从表19、表20中可以看出，改良砖长度基本都大于40厘米，小于41.5厘米；宽度均大于20厘米，小于21.5厘米；厚度基本大于10厘米，小于12厘米。改良砖厚度差变化范围较大，在2毫米到3.5毫米；改良砖弯曲度变化范围较大，在1.5毫米到3.5毫米，与明城砖相近；改良砖表面裂纹基本在50毫米左右，与明城砖相比较大，但是相对于现代机制砖小。

（三）吸水率

表21　吸水率和饱和系数

试件编号	试件干质量G_0（g）	试件湿质量（g）		5h沸煮吸水率W_5（%）		饱和系数K	
		浸泡24hG_{24}	沸煮5hG_5	单块值	平均值	单块值	平均值
	（1）	（2）	（3）	（4）=［（3）－（1）］/（1）		（5）=［（2）－（1）］/［（3）－（1）］	
1	15990	17924.79	18148.65	13.50	13.72	0.90	0.89
2	17500	19635.00	19950.00	14.00		0.87	
3	17350	19345.25	19674.90	13.40		0.86	
4	17800	20007.20	20238.60	13.70		0.91	
5	16980	19187.40	19357.20	14.00		0.93	

改良砖自然吸水率均值为12.24%，沸煮吸水率均值为13.72%，饱和系数在0.9左右，均值为0.89。饱和系数越大，说明沸煮吸水量越小。

（四）抗折抗压强度试验

表22　抗折试验数据

试样编号	改良砖				
	压力值	跨距	宽	高	强度
	P/kN	L/mm	B/mm	H/mm	Rc/MPa
1	24.37	300	205	110	4.42
2	21.89	300	205	110	3.97
3	23.68	300	200	120	4.40
4	20.53	300	195	120	3.92
5	19.57	300	200	110	3.64
均值MPa					4.07

表23　标准抗压强度值（叠加抗压强度）

试件编号	受压面尺寸（mm）		受压面积A（mm_2）	破坏荷载P（N）	抗压强度（MPa）
	宽B	长L			单值fi
	（1）	（2）	（3）=（1）×（2）	（4）	（5）=（4）/（3）
改良砖抗压强度					
1	185	200	37000	455000	12.30
2	185	195	36075	435066	12.06
3	185	195	36075	451100	12.50
4	180	200	36000	443000	12.31
5	180	205	36900	478000	12.95
6	180	200	36000	459011	12.75
7	190	195	37050	451800	12.19
8	188	190	35720	457700	12.81
9	185	190	35150	420230	11.96
10	185	185	34225	406030	11.86
宽、长为改良砖的有效尺寸，抗压强度均值为12.4MPa。					

由表22得知，改良砖（手工砖）抗折强度均值为4.07兆帕，抗折强度明显大于现代机制砖的抗折强度均值（1.52兆帕），同时大于明城砖的抗折强度均值（2.79兆帕），进一步证明城砖内部空隙对其抗折强度有着明显的影响。

根据表23得知，改良砖叠加抗压强度均在12兆帕左右，均值为12.4兆帕，大于明城砖的11.8兆帕，小于现代机制砖的13.1兆帕，三者的抗压强度均大于10兆帕。

（五）石灰爆裂试验

图58　石灰爆裂试验场景

表24　改良砖石灰爆裂试验

试件编号	1	2	3	4	5
爆裂区域最大破坏尺寸（mm）	2	4	5	7	4
爆裂区域数量（处）	2	1	1	2	3

根据检测结果可知改良砖，大于2毫米，小于等于10毫米的裂纹共计7条；大于15毫米爆裂区破坏尺寸为0。根据黏土砖检测规程GB/T 5101—2003《烧结普通砖》可知改良砖为一等品，无明显裂缝。

备注：黏土砖等级划分标准如下：

优等品：不允许出现最大破坏尺寸大于2毫米爆裂区域。

一等品：最大破坏尺寸大于2毫米，且小于等于10毫米的爆裂区域，每组砖样不得多于15处；不允许出现最大破坏尺寸大于10毫米的爆裂区域。

合格品：最大破坏尺寸大于2毫米且小于等于15毫米的爆裂区域，每组砖样不得多于15处。其中大于10毫米的不得多于7处；不允许出现最大破坏尺寸大于15毫米爆裂区域。

（六）冻融试验

如图60、61为试样液体冻融，将城砖纵向切割后，一半作为冻融试样，另一半作为比对试样，将冻融试样放在容器里，注水液面超过试样顶部，然后放入冻融液中。试验结果如图59所示。

图59　液体冻融

图60　现代机制砖纵断面冻融破坏图（左为冻融试样，右为未经处理折断试样）

图61　改良砖（手工砖）纵断面冻融破坏图（左为未经处理试样，右为冻融试样）

可以看出，现代机制砖断面裂纹开始扩散、裂纹变宽，而改良砖剖面基本没有变化。

（七）泛霜试验

表25　改良砖泛霜试验

开始浸水时间	2018年8月8日8时		结束浸水时间	2018年8月21日8时	
试件编号	1	2	3	4	5
泛霜情况描述	几乎无盐析	几乎无盐析	几乎无盐析	几乎无盐析	几乎无盐析
确定泛霜程度	泛霜				

图62　改良砖泛霜试验效果

试验周期为7天，几乎看不到盐析现象，根据试验结果及现行黏土执行标准得知，改良砖为泛霜状态。

（八）改良砖测试结论

综合考虑改良砖的内部结构状况，吸水率、抗折抗压强度、石灰爆裂、泛霜及冻融试验结果，可知改良砖的综合性能指标优于现代机制砖。

表26 明城砖、现代机制砖、改良砖泛综合指标对比

序号	项目		明城砖	现代机制砖	改良砖
1	内部结构状况		空隙较少，致密性较好。	存在大颗粒状硬核，横断面结构呈螺旋状，纵断面密布有大量连续空隙，结构呈段状。	空隙较少，致密性较好。
2	表面质量	裂纹	较少	较多	较少
		厚度差	变化范围较大（2.5—4.6mm）	变化范围较小（0.5—1.5mm）	变化范围较大（2.5—3.5mm）
		弯曲度	变化范围较大（1.5—5mm）	表面较平整，变化范围较小（0.5—2.5mm）	变化范围较大（1.5—3.5mm）
3	吸水率	沸煮吸水	17.3%	18.28%	13.72%
4		饱和系数	0.87	0.9	0.89
5	叠加抗压强度		11.8MPa	13.1MPa	12.4MPa
6	抗折强度		2.79MPa	1.52MPa	4.07MPa
7	石灰爆裂		裂纹较小、较少	裂纹较明显、较多	无名显裂缝
8	冻融		较稳定	裂纹扩散、变宽	基本无变化
9	泛霜		无泛霜	泛霜	无泛霜

七、总结与建议

（一）总结分析

通过研究发现，现代机制砖出现层层剥裂现象是由于城墙砖内部大量空隙、石灰爆裂现象所致。主要原因是土料未经精细化粉碎直接制坯，砖坯内部存在较大的颗粒状硬核，这些颗粒遇水容易膨胀，即发生石灰爆裂，从而导致砖体表面开裂；其次，现有制坯设备形成的砖坯横断面呈螺旋状结构，纵断面呈段状结构，密布有大量的连续空隙，黏结较差，在烧制的过程中黏结处开始收缩，最终形成螺旋状空隙，冬季雨雪天气时极易引起冻胀，致使城墙砖层层剥裂。

“石灰石爆裂”是砖体内的生石灰（CaO）受潮水化，引起体积膨胀而对产品造成的一种破坏现象。当制砖原料中含有较多的石灰质（$CaCO_3$）且破碎后原料颗粒较大时，焙烧过程中在砖体内形成尺寸较大的生石灰（CaO）颗粒。生石灰颗粒不断吸收空气中的水分，逐步水化成消石灰$Ca(OH)_2$。CaO水化形成$Ca(OH)_2$的过程是一个体积膨胀的过程。随着CaO不断水化成$Ca(OH)_2$，砖体内CaO聚集物体积不断增大，砖体承受CaO聚集物膨胀所产生的拉应力也越来越大，当该应力大于砖体的抗拉强度时，即会对砖体形成破坏。少量的CaO聚集物可致使砖体表面破坏，大量的CaO聚集物则造成砖体酥裂。

大颗粒的生石灰颗粒存在于砖体内，水化产生的膨胀量大，因而在砖体内部产生很大的应力，当内应力超出砖体的弹性变形范围时，砖体即被胀裂。因此石灰石颗粒尺寸越大，成品砖内熟石灰水化产生的集中应力越大。不难理解，控制细度就是最大限度地减轻石灰石颗粒在砖坯中的危害，实践证明，当石灰石颗粒小于2毫米时，“石灰爆裂”的危害程度降低80%以上，当然，如果颗粒小于0.5毫米时，“石灰爆裂”的影响基本消失。不仅如此，采取充分搅拌的方式，使原料中的石灰石细颗粒处于高分散状态，避免成品砖内生石灰颗粒聚集，防止水化所产生的集中应力，也大大降低了“石灰爆裂”产生的危害。因此，降低原料的细度是解决“石灰爆裂”最关键的措施。而直接用原装土生产城墙砖无法避免石灰爆裂现象。

综上所述，本研究提出通过减小颗粒粒径的方法制作城墙砖能最大限度地降低城墙砖的破坏问题。

（二）建议

建议今后在本课题研究的基础上做持续深入的探索与研究，以期解开更多与南京城墙砖相关的难题。近阶段可考虑开展以下方面的研究工作：

1.在现代机制砖现有制坯工具和工艺的基础上，通过材料的改性研究，解决现代机制砖内部结构的螺旋空隙问题；

2.对现代机制砖制坯设备及工艺进行改良发明，以期达到手工砖砖坯标准，既能确保现代机制砖综合性能不低于手工砖，又能实现量化生产；

3.对现代机制砖的生产原料做进一步研发，以解决泛霜、石灰爆裂问题；

4.对南京城墙修缮时采用砂浆砌筑材料的可行性进行评估，分析其对城墙砖存在的影响及影响程度，并寻找相应的解决方法。

八、保护修复用砖标准

本课题通过对现代机制砖、明城砖、改良砖的试验研究，结合国家现行黏土砖检测标准，提出以下南京城墙保护修复用砖参考标准，为今后南京城墙保护修缮提供城砖检测指导。

鉴于抗冻抗热性能、耐化学腐蚀性能及胀缩试验周期较长，短时间内无法获取具有实际指导意义的数据，其作为城墙砖性能测试标准的可操作性不高，故本次仅从尺寸、外观质量、抗折抗压强度、石灰爆裂、吸水率等方面提出相关标准。

（一）制砖材料标准

根据明城砖成分分析，明城砖主要化学成分为：SiO_2占60%左右、Al_2O_3占15%左右、Fe_2O_3占8%左右、CaO占9%左右。从数据来看，主要成分SiO_2、Al_2O_3、CaO、Fe_2O_3质量总和占比均为90%左右。参照《工程地质手册（第四版）》，建议城砖以黏性土作为制砖材料，其物理及化学特征如下表所示：

表27　黏性土标准

土的类别	粒径	塑性指数	相对密度	氧化物主要成分
黏性土	<2mm，且≤0.075mm占50%以上	≥10	≥2.71	SiO_2占60%左右、Al_2O_3占15%左右、Fe_2O_3占8%左右、CaO占9%左右，以上矿物占比总和为90%左右。

（二）尺寸标准

表28　尺寸允许偏差（mm）

尺寸	优等品		一等品		合格品	
	允许偏差	样品极差	允许偏差	样品极差	允许偏差	样品极差
400	±4	10	±5	12	±6	14
200	±3	6	±4	10	±5	12
100	±3	6	±4	8	±4	10

注：样品检测数量50块为一个单位。

（三）外观质量标准

表29 外观质量偏差（mm）

项目		优等品	一等品	合格品
对面高度差		3	4	5
弯曲		2	3	5
杂质凸出高度		2	3	5
裂纹≤	A内部空隙连续长度	30	40	50
	B内部空隙宽度	1	2	3
	C外部有裂纹长度（表面长度方向）	50	80	100

注：断面不应出现螺旋纹状，纵断面不应出现连续空隙、连续螺旋空隙。样品检测数量50块为一个单位。

如何判断新制城墙砖的质量问题，通过本次试验研究，建议黏土城墙砖在满足强度情况下，应该了解砖体断面内部烧制情况（是否有明显大颗粒硬核），断面不应该出现螺旋状纹路、螺旋状空隙；建议测量砖体的表面裂纹情况、测量纵向内部裂纹情况；建议做石灰爆裂试验（尤其是机器黏土砖）；建议做冻融试验。

（四）强度标准

通过本次试验研究，发现城墙砖的抗压强度都能满足当前黏土烧结砖的要求（从城墙高度按照20米来计算，大于5兆帕即能满足强度要求，考虑安全系数，标准应大于10兆帕），检测方法应当采用叠加抗压试验，且城墙砖表面应当进行黏结处理。

城墙底部城墙砖所受压力简单计算方法：

假设城墙高20米，城墙砖质量密度P=20KN/m^3（饱和重度），重力加速度取g=10。

城墙底部所受压力：P=P=P*g*h=20m*20KN/m^3*10=4.0MPa.

所以城墙底部压力4.0MPa远远小于城墙砖所能承受的压力（明城砖、现代机制砖、改良砖检测结果均大于10MPa）。

表30 强度标准（MPa）

强度等级	抗压强度		抗折强度	
	强度平均值≥	标准值≥	强度平均值≥	标准值≥
最低等级	抗压试验所得	城墙底部压力	抗折试验所得	现代机制砖均值
MU10	10.0	4.0	4.0	1.5

（五）石灰爆裂标准

优等品：不允许出现最大破坏尺寸大于2毫米爆裂区域。

一等品：最大破坏尺寸大于2毫米，且小于等于10毫米的爆裂区域，每组砖样不得多于15处；不允许出现最大破坏尺寸大于10毫米的爆裂区域。

合格品：最大破坏尺寸大于2毫米，且小于15毫米的爆裂区域，每组砖样不得多于15处。其中大于10毫米的不得多于7处；不允许出现最大破坏尺寸大于15毫米爆裂区域。

（六）吸水率标准

表31 吸水率标准

黏土砖	自然吸水/%		沸煮吸水/%		饱和系数	
	平均值	单块最大值	平均值	单块最大值	平均值	单块最大值
	12.12	12.7	14.39	15.22	0.84	0.89
标准	≤15	≤18	≤18	≤20	≤0.88	≤0.90

（七）泛霜标准

泛霜标准参考现行国家黏土砖检测标准（GB5101-2003《烧结普通砖》），作为城墙砖泛霜标准不应该超过中等泛霜。泛霜程度根据记录以最严重者表示。泛霜程度划分如下：

泛霜：试样表面的盐析几乎看不到。

轻微泛霜：试样表面出现一层细小明显的霜膜，但试样表面仍清晰。

中等泛霜：试样部分表面或棱角出现明显霜层。

严重泛霜：试样表面出现起砖粉、掉屑及脱皮现象。

课题参与人员：贺云翱、张琪、陈启东、鹿斯骏、王天文、段本欢、赵凤、王南南、王珊珊、王羿、万联佳、李新民、张德恒、赵丹丹、刘云、宗兰、董欣欣

南京城墙景区导视系统设计研究[1]

一、前言

（一）研究背景

在现代社会里，旅游已经成为一种极为重要的精神性体验消费方式，游客在旅游过程中，能够通过各种方式来满足自我感情和心理的精神体验。旅游景区导视系统实际上是旅游景区为游客提供隐性服务的一个有形物，它所提供的信息能够加深和加强游客对景区的整体形象认知。

南京是中国著名的历史文化名城，建造于明初的南京城墙经历了六百多年的风雨之后，已经成为南京的“标志”。现在的南京城墙已经失去了防御功能，作为使用价值和历史价值兼备的建筑物，仍在文化、旅游、教育等方面发挥着十分重要的作用。大量以古城墙为主题的广场和公园也纷纷建成，所以明城墙以及城墙周边的风景组成了成片的旅游资源。作为南京地面体量最大，甚至在全国乃至世界都有一定影响力的文化遗产，经过近三十年对城墙本体的修缮以及周围环境的整治，对城墙物质层面上的保护进入了日常养护阶段。但是南京城墙非物质层面的保护仍有很长的一段路要走，城墙自身的文化价值需要被不断深入挖掘，南京城墙作为“中国明清城墙”申遗名单中唯一的都城城墙，代表着古代筑城技术和礼制的最高规格。

作为申遗项目的代表，南京城墙在体现其建筑特点的同时对景区的文化特色以及人性化服务有了更高的要求。不仅城墙本体，景区内的公共服务设施也承担着传播文化的责任。现在景区内的导视系统是根据景区先前的开发逐步建立的，设置的时间不统一，导致形式上出现了差异。由于景区内对导视标牌安放的位置有限制，并且当下的明城墙导视系统的设置并非合理，功能不完善，同时也缺乏文化性，更不能与城墙周边的景区很好地串联在一起，导致游客们不能顺利走到下一个景点，从而影响游玩的体验。导视系统最重要的作用是为游客提供导视信息，使游客在了解景区信息以及游玩路线的同时可以顺利到达目的地。现代明城墙

① 该文为“南京城墙景区导视系统设计研究”课题报告，课题由南京城墙保护管理中心于2017年完成。

的导视系统要随着时代的进步而更新，在满足一般需求之后，需要从导视系统中体现景区的特色。导视系统的设计也需要体现人文关怀，在保证功能的同时，尽可能体现景区的主题特色，使游客在游玩时有更佳的游览体验。因此，本文在南京明城墙申遗的有利时机，对景区现有的导视系统进行分析，并对其进行改良再设计；同时把数字化导视系统加入南京明城墙景区导视系统中去，使用新技术，丰富明城墙导视系统体系，通过更为人性化的设计，给来到南京明城墙的游客或者希望了解明城墙的朋友更好的体验。

（二）研究意义

悠久的文化、广博的地域所孕育出的数千年文明，是南京城市之魂。南京明城墙作为这座文化古都的城市标志，可以说最具有价值、最具有特点。但是南京的城墙并未得到合理有效的开发，其导视系统设计存在一定的不足。本课题的目的是通过对导视系统设计的研究与应用，使导视系统对明城墙起到最大化的作用；通过导视系统的设计，最大程度解决游客的需求；通过导视系统设计，使游客顺利获取需求的同时有着身心愉悦的心理体验；通过导视系统的设计，增强游客的体验，提升明城墙的整体形象。在明城墙四重城垣重要的遗址、遗迹、城门、水关、涵闸、水系等竖立标识碑、标志牌、说明牌；在南京城墙周围竖立介绍与南京城墙相关的历史事件、历史人物、历史典故等内容的文化解读标志牌和说明牌。在对明城墙现有导视系统进行改良补充的同时对拓展明城墙数字化导视系统提出新的设计思路，以现有导视系统为基础，针对现有问题，提出解决的方法，通过建立景区线上线下两个导视系统，实现公共设计服务体系的发展，更好地为来到景区的游客提供人性化的服务，促进对城墙的保护和传播。根据游客的需求，通过多维度的景区导视系统让游客全方位了解景区的动态和景区的信息，同时通过景区数字化平台的建立，为游客提供更好的交互体验。通过传统导视系统与数字化导视系统在景区的使用，实现导视设计的系统化，因为这两类导视系统均属于整体导视系统之下，因此以南京明城墙作为研究对象，通过分析传统导视系统和数字化导视系统的异同，建立两类导视系统的互补关系，对相关领域进行内容补充并提供切实可行的实践意义。

南京明城墙作为文化遗产，虽然基本已经丧失了护城的作用，但是它仍然具有很深的文化内涵。通过对南京明城墙导视系统的调查研究，发现其中存在的问题，从人与环境的综合角度，再结合城墙本身的文化特性；通过对导视系统整体的设计，使景区导视系统真正系统化，并与景区环境有机融合，使其符合现代人的审美需求。我们在注重现有导视系统的实用功能的同时，还要增加新媒体的互动导视系统设计，将新的技术趋势融入城墙景区环境中，在游客游玩的同时增加娱乐性，并在视觉上达到游客的审美需求。任何一个对于游客来说相对陌生的地方都需要导视系统，而且像明城墙这种建筑构造都一样的景点，就更需要导视系统，为游客指引方向，节约游客时间，让游客更快捷、更方便地了解城墙的路线，以便更好地游览。南京明城墙景区的导视系统作为特定的视觉符号存在于景区的各个角落，是信息传达的载体，游客解读导视标识不仅仅是对内容符号的解读，更有游玩中不可或缺的情感体验。导视系统在设置时需要考虑不同的受众，使景区呈现一个友好的游玩氛围，使景区拥有历史厚重感的同时还具有人情味，使南京明城墙景区成为南京的标志，成为世界了解中国的一个途径。

（三）国内外研究现状

1.导视系统研究现状

最早在原始社会就已经有了导视行为，当时人们雕刻石头、绘画，在树干、岩壁上留下一些符号或是标记，这就是最早出现的导视信息。之后人类慢慢通过文字、语言、符号、图示来获取越来越多样化的环境的信息。19世纪30年代初，少数一些发达国家把艺术元素加入生活中，如英国设计师哈利·贝克的“伦敦地铁线路图”就标志着以导视为目的的视觉传达设计开始运用到了公共服务体系中。到了20世纪70年代，美国平面设计学院组织设计了34组准确、通用并得到国际认同的导视标识，至此导视系统正式成为一个设计研究内容，并开始走上国际标准化的道路。之后导视系统进入了全面快速发展阶段，随着标准化导视体系日趋完善，地域化、个性化的导视系统设计的追求开始慢慢加强，导视系统的特色化设计研究也迅速发展起来，并延伸到各个领域中。西方国家对导视系统研究较早，对旅游景区的导视系统研究也比较成熟。关于旅游区的导视系统已经有了完善的理论基础和著作，杰伊斯特所著的《旅游导视》一书中，展示了多个不同空间领域对于系统的设计，展现不同区域的空间特色。以色列的尼夫·卡舍尔的《文化导视》一书，从文化方面介绍了导视系统设计这门学科，论述了不同的文化特征在导视系统中的文化表达也不同。

我国导视系统发展起步较晚，也略显不成熟。在国内导视系统研究早期，设计界普遍认为导视设计即为“标志设计”，在早期很多资料中，“标志符号”就是导视系统设计的解释。直到20世纪90年代末《现代标识符号创意图典》一书的出版，设计界意识到标志无法准确概括形成体系，“标识”慢慢成了当时的普遍共识。近些年，由于公共场所越来越多地运用到导视系统，“导视系统”才慢慢被大众熟知并认可，导视系统一词才真正开始存在。在我国导视系统设计中，交通导视系统发展最为规范并且具有很强的实用性。文献资料方面，王丽梅的《基于旅游体验的旅游景区导视系统标准化设计探究》一文，通过了解游客的心理需求，来对导视系统设计进行分析；吴端的《针对城市主题事件的城市空间导视系统设计研究》对城市主题活动的导视内容以及导视设计的流程方法进行详细的研究。我国对导视系统的相关研究大都集中在高校，研究的深度和成果也十分有限，并且在旅游方面，导视系统的设计和研究相对还是比较欠缺，没有专门以旅游景区导视系统设计理论进行研究的相关书籍资料。关于文化旅游导视方面的相关资料很欠缺。

从数字化导视系统的研究看，由于互联网技术的飞速发展，互联网已成为人们生活中不可或缺的一部分，移动终端设备与导视系统的结合是信息时代的必然趋势，在查阅相关设计书籍时，并未找到有关终端导视系统设计研究的书籍，但是APP的设计在交互相关的文献资料中出现得比较多。大部分关于交互的书籍均出自国外，如《用户体验要素》一书介绍了交互设计中优化用户体验的五大层面因素；美国交互设计师诺曼的《情感化设计》将情感因素考虑到设计中，强调在产品中要关注用户的情感需求。在文献的搜索中，发现关于旅游类APP的研究大多以交互前景论述为主，对于界面和用户的研究比较充分，对于理论的论述比较缺乏，不过还是可以为南京明城墙景区数字化导视系统的建立提供部分的技术支持。

2.国内外城墙现状

（1）西安城墙

西安城墙是我国现存规模最大、保留最为完整的古代城防设施之一，在世界范围内也是现存规模最大、最完整的古代军事城堡设施之一。西安城墙在文化旅游方面，以城墙为主题举办了长安古乐文化周、“唐都上元不夜城”主题灯会、城墙马拉松等活动，每年开展十多个大型的文化活动，将之打造为景区独有的文化品牌，极大地提高了西安城墙的知名度和影响力。西安政府通过挖掘城墙的文化价值，举办各种形式的活动，起到文化传承、文化教育和文化旅游的功能，同时也是打造西安文化品牌的途径。

西安充分利用城墙这一张城市名片，通过基础设施建设、人文景观打造、文化旅游开发等方式，通过以城墙为主题举办各类活动和体育赛事，充分发挥了城墙的文化价值。西安围绕城墙所做的建设，不仅保护了城墙的历史文化、凝聚了人们对城墙的情感，更使城墙在新的时代发挥了新的作用，使城墙成了西安的标志，成了西安的名片，是我国城墙建设的一个典范。

（2）卢卡城墙

早在公元前2世纪，卢卡人民用“凝灰岩”在卢卡修城墙，修建的城墙在很长一段时间里制约着城市的发展。12世纪开始扩建城墙，经过不断扩建，至16世纪中期，最终建成现在的规模。作为保卫城市的防御工事，其完善的军事设置使其成为欧洲军事防御建筑的典范，由于没有受到战争的威胁，卢卡城墙从18世纪开始就丧失了防御功能，开始为城市建设所利用。原先的城墙变成了市民们的公园，城墙开始进入公园化利用。意大利卢卡城墙通过对城墙的合理利用，变成了造福市民的公共资源，同样极具历史文化价值的南京城墙也应该通过合理的规划，变成市民的公园。

卢卡和南京都具有两千余年的建城史，在城墙的建材运用上看，古罗马盛行的石材建筑技术就被成功地运用到了初始城墙的建设上，除了材料的优越性以外，民众对于城墙的保护意识成就了卢卡城墙成为全欧洲保护最完整的城墙。

卢卡城墙从防御工事到公共场所的转变过程维持了城墙的基本原貌，使人们对这座艺术和防御相结合的城墙产生了浓厚的兴趣，整个城市从上而下的保护意识，是每个市民发自内心的一种信念和精神。

（3）韩国水原华城

水原华城是李朝后期建于京畿道水原市内的邑城。每年在水原华城都会开展五个节庆活动，分别是“孝的城郭巡礼”“水原华城百中祭”“曾祖大王驾车巡礼”“水原华城演剧节”“水原华城文化节”。虽然数量不多，但是每个活动都围绕城市历史，深度开发城墙的文化价值，开展各式各样的活动如宫中饮食体验、宫中生活体验、民俗表演等，通过具有历史文化特色的传统活动，吸引着各个年龄段的游客。水原华城以城墙为载体，赋予其更深层次的文化内涵，因此获得了游客的好评。

图1　意大利卢卡城墙

图2　水原华城文化节

（四）研究内容

明城墙作为南京的城市标志，在设计研究导视系统之前应该更好地了解明城墙的文化内涵，如果导视系统的设计脱离了明城墙的历史文化，将显得很孤立，设计出来的东西缺乏内容，所以明城墙导视系统的设计必须依附于明城墙的历史文化之上。

导视系统作为景区一个提供隐性服务的媒介载体，需要了解其功能、设计原则以及所需要的设计要素等方面，进一步充分了解导视系统的设计方法。在研究导视系统基本要素的同时，从用户的角度出发，深入了解服务设计，使导视系统能够为游客带来更高效更便捷的服务。并且通过南京城墙APP的设计，更好地满足现代游客对于导视信息获取方式的需求。因此本文对现有导视系统存在的问题进行分析，结合南京的城墙文化，对现有的景区导视系统进行重新构建，并把数字化导视系统设计加入明城墙导视系统体系中来，通过线上线下两种不同导视系统的建立，实现景区导视系统的完整性。

二、南京明城墙的文化价值与功能分析

南京是著名的历史名城，而南京城墙经历了六百年风雨的洗礼，已经成为南京的“城市标志”和“城市名片”。南京明城墙始建于1366年，明太祖朱元璋采纳谋士朱升“高筑墙、广积粮、缓称王”的建议后开始兴建。南京明代都城由宫城、皇城、京城和外郭城四重城墙组成，其中全长35.267公里的京城，其宏大的规模、磅礴的气势，在国内甚至在世界上都是首屈一指。南京明城墙不仅是世界上规模最大的都城城墙，也是现今保存最为完整的古代都城，有“天下第一城垣”美誉。京城城墙的设计充分利用了自然山水，摒弃了方正规矩的古代都城形制，大胆采用了自由布局，“得山川之力，控江湖之势”，拥有极高的美学和艺术价值。城墙发展到明清时期，技术已经到达了顶峰，成熟的设计和建筑手段使城墙的历史价值和科学价值得到了极大的彰显。

与此同时，城墙通过长时间的建筑表达，已经不单单来用于防御、防洪等，从城墙的构筑上可以体现“中国明清城墙”的思想价值和文化价值。南京城墙作为中国都城城墙的代表，表现出当时主流社会精英的规划思想和皇权表达的意愿投射，在文化遗产价值体系中具有举足轻重的地位。

虽然城墙的诞生与政治、防御有着直接的关联，但是城墙的价值体系不可以用简单的价值组合来对其进行概括，城墙本身有着复杂而清晰、有条理的体系，中国的古代城墙在世界范围内也是延续时间最久、系统最为复杂、形态最为多样、建筑水平最高的城墙。明清时期的城墙又是我国城墙修筑技艺高度成熟的阶段，这一时期对古代筑城技术进行了总结、继承和发展，城墙形态和其他附属设施都已定型。城墙可以作为我国古典城市形态和现代城市形态的参照物，是城市文明多样性的典型案例。

（一）南京城墙价值解析

1.历史价值

首先，南京城墙在我国古代都城史上有着承上启下的作用，它是我国第一个在江南定都的统一王朝的首都象征，更是明清北京城市规划的蓝本。在城墙的建造上遵循古代建城旧制，城墙规划思想独特，建造工艺精湛，规模宏大，是我国城防和城垣建造集大成之作。同时因为极大的规模，以至于南京城墙有超过上亿块手工制作的城砖，并且每块城砖上都有砖文，这不仅反映了当时百姓参与这一巨大的工程，更是留下了数量极其庞大的官员、百姓、工匠的姓名以及其他具有历史价值的信息，是我国现存规模最大、历史文化价值极高的汉字砖文群。

城墙作为城市发展的见证者，承载着数百年的人文信息，是城市的人文博物馆，墙体本身就具有意义深远的历史价值。城墙记录着特定的历史活动信息，这些信息可以使我们了解当时的城市文化、城墙的建造技术以及当时社会的活动，我们可以了解政权更替，自然对于城市发展的影响变化等。从城市空间布局，我们可以看到每个阶段的市井人文特征和交通发展；从构筑工艺中，可以看出当时的科技发展水平和审美情趣，也可以从构筑的形式的异同，分析当时地域文化差异；还可以从砖文中，获取当时城砖出处和年代等特殊信息；从城墙本体的发展进程，可以去了解其在各个时期对于当时社会、历史的作用和影响。城墙遗产真正的意义在于，城墙不仅仅是城市文明推进的见证者，更是现在城市中维系历史空间感的一种有形的力量，城墙代表着这座城市的文化底蕴，所以城墙本身就具有很重要的历史价值。

2.科学价值

城墙的整体规划、针对地形地貌以及周边环境的推敲思考、建造工具的改进、建筑材料的研发、黏合技术的更新、建筑流程的设计以及功能体系的进化等方面都有很高的科学价值。中国城墙建设发展经历从六千年前土筑城墙的进化，再到夏商周至隋唐的完善、宋元的进步，到了明清时期，其功能系统以及建造技术已经到达巅峰。南京城墙构建了南京城市恢宏的布局，高大坚实的城墙，构思与工艺兼备的水关及涵闸等水系设施，不同于过去传统、更利于防御的内瓮城以及闸门，体现了当时各行各业的最高水平，是当时最大的城建工程。中国明清城墙是对中国历代城墙营造技术的总结、利用和升华，在城墙地基的技术处理、建材的选择、砌筑的技术、墙体与河道的关系处理上、城门的构筑等方面，体现出建造者的精湛技艺和独具匠心，是中国筑城史上具有代表性的杰出范例，充分体现了中国明清城墙突出的科学价值。

3.文化价值

明城墙从城址的选择再到城墙的布局都尽显独特之处，赋予山水以生命，求得人与自然和谐共生，形成心理上的满足、景观上的美丽。南京明城墙为了更加符合风水理念的山水之势，有的城墙平面做出了轴线上的调整，于是出现了很多形态多样的城墙布局，这种规划方式给人一种空间均衡和谐的对称感和环护温和的安全感，而且南京的城墙因为其多样性的存在，使明城墙的文化价值更加丰富。

而现在，南京城墙的文化价值更多地体现在人们的生活之中。自南京城墙在20世纪80年代开始全面修缮以来，城墙也逐渐融入了人们的生活中去，与人们的生活越来越近。现在在城墙沿线修建了园林道路，城墙与护城河之间设置了步行道，人们可以在城墙脚下休闲、锻炼；而城墙的内部空间也被改建为各类书吧、茶社，为市民的文化交流提供了场所，同时越来越多的以城墙为主题的活动在城墙上如火如荼地开展着。这些活动的开展，让城墙与市民的距离越来越近，它已不再是那个冷冰冰的城防建筑，而变得与人们的生活有着密不可分的关系，城墙真正“活”了起来，在与人们的不断互动中已经成为可持续发展的文化遗产。

4.艺术价值

南京城墙有着恢宏有序的布局和简约大方、朴质无华的造型。这与西方的很多城墙建筑有很大区别，体现了我国传统审美中力求简洁的表达方向。同时建筑在高大坚固、体型雄伟的表现下，也同样具有灵巧优美的门楼和角楼以及雕琢细腻、叹为观止的建筑构件，使整体雄伟威武的建筑也具有柔美的一面。更重要的是南京城墙在建造时依附山水之势，与山水城林融为一体，组成刚中带柔、高低参差、色彩反差的视觉效果，为我们带来感官上的愉悦和心灵上的陶冶。南京城墙以中国传统的“风水学”为建造依据，继承了历代定都南京的统治者和堪舆家的风水理念，使南京都城的构建与周围的山河湖泊的自然景观形成高度统一，所以南京城有“规制雄壮”和“尽据山川之胜”一说。虽然南京城墙没有巧夺天工的美感，但是雄伟壮阔的城墙本身也有别具一格的艺术价值。

5.使用价值

城墙建造之初，主要是为了城防、抵御外敌，其实用价值更为突出，经历了六百多年的风风雨雨，在当代已经完成了从实用到文化的功能转型。通过城墙的合理利用，可以提高城墙所在区域的知名度，对经济发展、产业结构、就业等很多方面都有积极的作用。而更多的经济效益可以反作用于城墙本身，为城墙的保护研究管理提供充足的资金，促进城墙文化事业的良性发展。使用价值已经成为城墙新时代的重要价值。

如今南京城墙逐渐被打造成为集游览、服务等于一体的大型公共文化服务载体，南京城墙作为城市历史文化遗产，城墙本体是标志性的城市建筑，更是市民休闲娱乐的场所。现在城墙资源被充分利用，发挥城墙的使用价值，如建设城墙书吧、茶社，为市民提供休闲交流的场地，沿城墙和护城河修建健身步道，改善市民的生活环境，对城墙加以亮化，让城墙更具有观赏性。

（二）南京城墙文化功能分析

1.边界、节点的划分

人在初次进入一个陌生环境的时候，首先能感知的是周围环境的物质事物，如道路、建筑等。美国城市规划专家凯文·林奇把城市物质归为五大要素：道路、边界、节点、区域和标志物。南京城墙作为贯穿南京城的巨大建筑，则包含了其中的众多元素。其中“边沿”指的是城市中除了道路以外的线性要素，林奇认为“两个面的界限，连续中的线状突变”，而“最强的边沿”是视觉明确、形式连续、不可穿透的边沿。完整的城墙最大的特点就是其连续性，作为环绕整个南京城的线性建筑，古城墙和城市主干网以及城墙的边界、城墙建筑共同组成了城市文脉。

边界在视觉上起到了分隔区域的作用，但又不是简单的屏障，它在区分两个区域的同时又使两个区域在一定程度上保持着联系。

南京城墙建造之时，就划定了城市的范围，由于南京城墙是由四重城墙组成，这种一重城墙套一重城墙的格局，划定着不同的特定的活动范围。由于京城城墙建造的特殊地理条件，按照当时地理环境依山傍水而建，并在京城城墙内划定了皇城区、商市区以及军屯区的范围，如图3黄色代表皇城区，蓝色代表商市区，绿色代表军屯区，这种城市格局保障了统治者以及百姓人民的安居乐业。

随着城市不断向外扩张，交通工具的快速发展，商业中心等都已经不再局限于城墙之内，而城墙的边界作用已经在慢慢淡化了，城墙也已经不再是阻隔城内城外人的屏障，但是城墙仍然作为一道“虚拟”的边界存在于很多人心中。明城墙作为南京旧城边界体系，至今仍然是一个不可分割的体系，不仅仅是某一段城

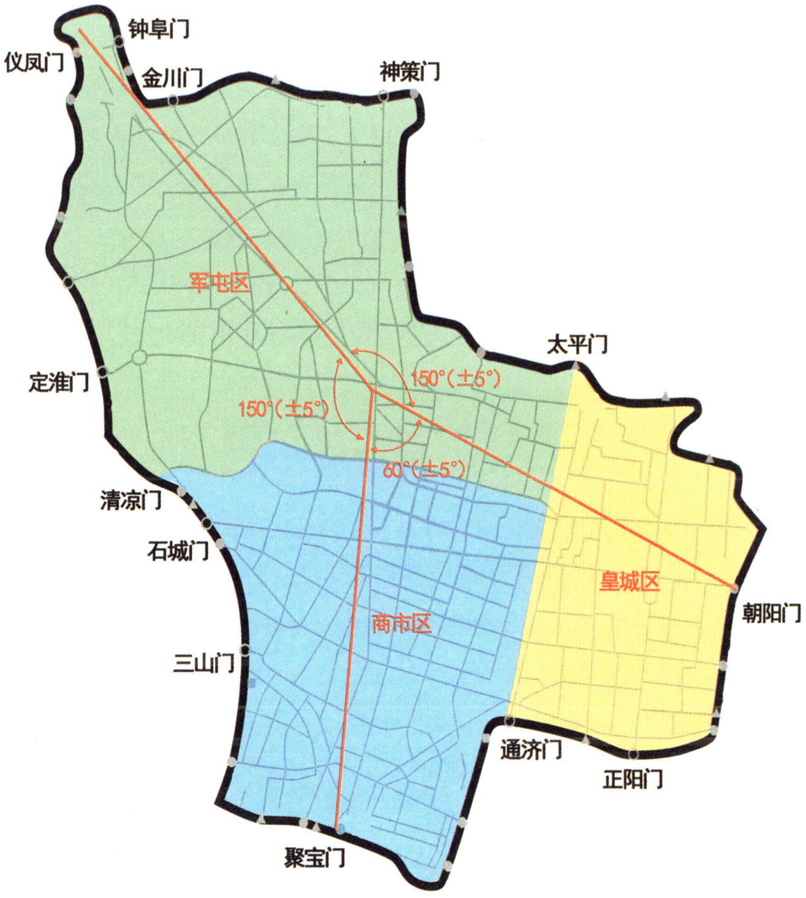

图3　南京城墙功能区划分示意图

墙、某座城楼或者某一个城门存在价值，而是整个城墙的边界存在于人们心中。

凯文·林奇说：节点是进入城市观察城市的关键点，具有战略意义，通常是人们不断来来往往之后形成的集中的点。节点的形式多种多样，但是通常是该区域的象征及核心。

城墙对于南京城来说，是一座雄伟庞大的建筑，但是从宏观的角度来看，城墙作为一个整体，是南京这座城市的重要节点。高大庄严的城墙、坚固的城楼、古朴厚重的城门，都是南京城墙明显的特色，不仅吸引游客来往，还成了城市的象征。城墙无论是巨大的外形还是其悠久的历史，无一不能使它成为一个成功的节点。从小的方面看，每座城门都可以看作是一个小节点。城门既是勾连城池内外的通衢要津，又是城池攻防的战略要点。明城墙当时开辟了十三座城门，虽然如今一些城门已经遭受损毁，或消失，还有城门几经易名，但是还在其所在区域发挥着节点的作用，南京地铁也有很多站点以城门来命名，如中华门、汉中门等。

标志物作为城市观察者的参考点，通常是由简单的物质元素构成，并且具有单一性和唯一性的特征，令人印象深刻。南京城墙由于其规模独特、体量巨大、涉及的地域广阔等特点，成为南京的地标性建筑，同时也是南京的城市符号。不管是城内居民或者外来的游客，标志物都是不可或缺的。对于常年生活在城里的人来说，通常把标志物看作一个导向，这方面和上文所说的节点类似，这能使城内居民有更好的心理归属感，当地人会把城墙或城门作为某一区域的象征。在心理层面上，城墙不仅仅是时代、城市的缩影，还从侧面表现出南京市民的内在淳厚朴实的气质品格。对外来游客来说，可以通过标志物来阅读、理解这座城市，通过城墙感知的不仅仅是城市风貌，更是城市内在的文化内涵。

2.封建社会的统治工具

南京城墙在建造之初就遵循当时的宗教观和宇宙观并进行大肆宣扬，其目的就是宣传君权神授，巩固封建统治。

封建社会时期的统治者在夺取和巩固政权的过程中，通常会利用儒释道三教在思想上对民众进行统治。当时明太祖朱元璋身边集结了刘基、宋濂等一大批道家谋士。在朱元璋开始夺取政权之时，就利用宗教力量为登基造势，通过宣扬神来震慑普通民众同时可以填补朱元璋自身内心的空虚，在这种背景下，朱元璋认为新宫的选址以及城墙的规划都为天意。

由于“象法天地”的易卜之术不仅可以增添皇权天命的神秘性，还能够更好地巩固封建统治，所以在历代都备受推崇。明朝建都南京，位置上在我国东南方向，并不是属于国之中土，所以明太祖朱元璋希望借助星象的投射来弥补这一缺憾。杨国庆认为：在明城墙规划之初，城墙设计者为了体现“君权神授”的统治地位，在规划城墙时充分利用南京的地形以及军防的需求，并结合“宇宙天象”的设计思想，京城城垣规划建造的平面图呈南斗与北斗聚合型，自通济门指钟阜门与仪凤门之间划出一条轴线，北斗斗勺内为皇城区，南斗斗勺内为居民区，北斗和南斗分别象征着皇权和百姓，有帝王与百姓同舟共济的寓意，南斗与北斗结合的钟阜门，正对龙蟠之首的钟山，而与之相背的不远处设置了仪凤门，蕴含了龙凤呈祥之意。

朱元璋、刘基等人在以星相学为基础的基本设计框架上，在城墙形式上采用南斗、北斗聚合，并凭借城市象征主义的宇宙观和中国古代建筑的独特语言，弥补了建都南京客观上的不利因素，使自己得到“奉天承运”和“皇权天授”的心理慰藉。

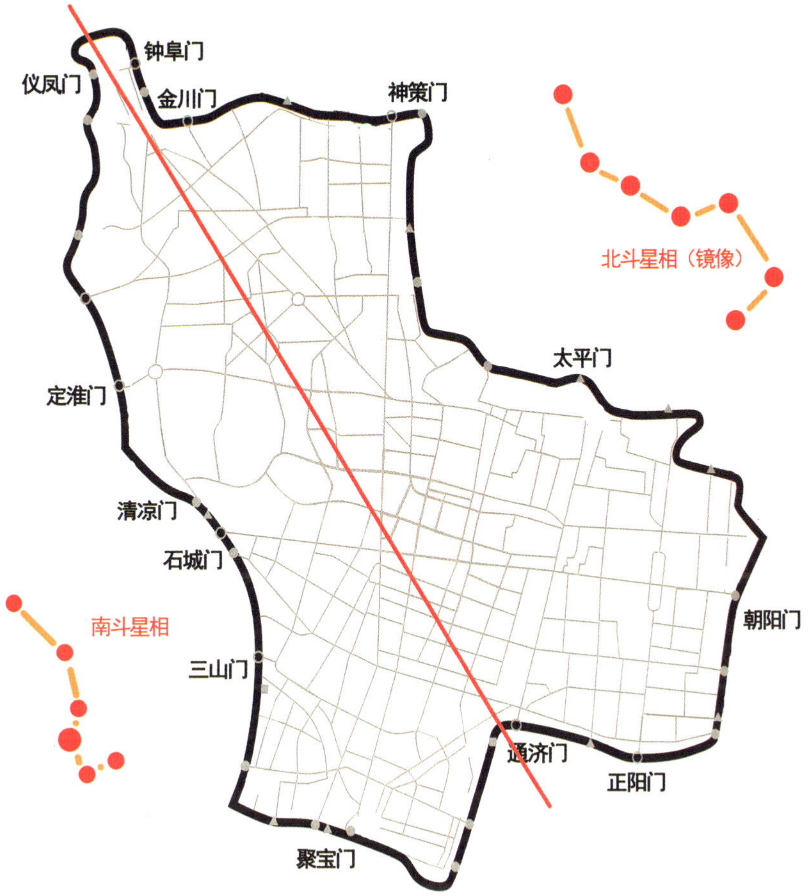

图4　星相学下的南京城墙布局示意图

3.现代社会的精神载体

柯布西埃认为：建筑虽然是静止的东西，但是总能与周围环境有着千丝万缕的关联，总能唤起与周围人的感情，其不仅仅是一个栖身之所，更是在感情上做出回应的一种文化和艺术形式，建筑可以成为人的精神载体。

南京明城墙在建造方面体现了创新精神，城墙建造并未遵循古代礼制对于城池的束缚，城市形态也未按照中规中矩的“方正”形态进行设计，南京明城墙的围合形状呈一种非方非圆的不规则形态，这正是上文提到的，城墙的设计者利用道家的堪舆术，并以宇宙星象为设计灵感，外形呈“南斗星”与“北斗星”聚合的形态。

此外，南京明城墙在瓮城建造方面，未遵循传统瓮城建造方法把瓮城建在城门外，而将瓮城设置在城内。瓮城作为古代城门的附属建筑，主要功能是增加城门防御功能，在南宋时期，内瓮城的构想就被提出，但是真正得到认可是在明朝建国之后。此时内瓮城的建造得到了长足的发展和创新，如通济门和三山门的瓮城设置呈“船形”以及中央门的藏兵洞设计。瓮城在增强防御能力的同时，通过对造型的艺术性设计，从侧面反映了当时人们的创新精神。

从南京城墙的建造中也可以体现一种责任精神。在南京城墙的建造过程中，采用了自上而下的“责任制”管理制度，保证了城墙的建设质量和进度，城墙铭文的设置就是为了一旦在建造过程中出现质量问题，可以通过城砖上的铭文快速找到责任人。虽然“责任制”实施的本源是为了统治者巩固政权，但是正是这种严格制度保证了城墙在六百多年来屹立不倒。此外在建造城墙过程中，对贪污腐败打击的力度也是空前的。

洪武年间，对于城墙的建造，无论官员百姓，无论官职大小、身份贵贱，一旦犯案，朝廷必按律处置，并昭告天下，以为训诫，这其实也是负责的精神，这种责任精神也值得今人学习。

4.现代社会的文化指向

南京城墙有很深的文化内涵，具有很强的文化指向，见证了历史，传承了文化，承载了集体记忆。

古迹对于现在的我们来说，起到了承上启下的作用。因为如果没有历史，那么现在这座城市也就没有了内涵，也就缺少了精神支柱，未来的发展、未来的方向同样也就显得扑朔迷离。而城墙好似一面镜子，它不仅能让我们看到过去，还可以为我们指引未来发展的方向。南京明城墙作为南京这座城市不可忽略的古迹，陪伴南京城走过六百多载风雨，见证参与了这座城市的兴衰与荣辱，是南京历史进程中不可或缺的一部分。“城墙是对整个南京城建设过程中某个时间片段的一种记录，南京城墙本身代表着明代南京城市初建、重建或毁坏的时刻，记录着城市自身的历史”，城墙见证了作为都城的恢宏雄伟，同时也遭受过战火的摧残。城墙也作为城市边界联系着城野之间，与城内城外的民众的日常生活和命运都息息相关，因此南京历史上发生的很多事件都和城墙相关。

明城墙的城砖也极具特点，城砖的铭文记录着丰富的信息，可以说是一座“活”的资料库，这在所有城垣建造中是独一无二的。

（三）南京城墙文化功能定位

1.历史文化功能定位

从历史功能上看，首先南京明城墙在我国都城建造历史上有着重要的价值，在建造过程中运用古代建筑设计传统的堪舆术，以防御功能为建筑原则，依山傍水而建，与传统都城四方八斗的形式有着明显的区别，所以南京城墙在中国城垣建筑史上有独特性，南京明城墙包括皇宫的布局对之后北京故宫的建造有一定的指导意义。中国古城墙作为世界古代文明的重要组成部分，城墙本身所蕴含的文化内涵对历史的进步有着极为重要的意义，城墙所具有的丰富的历史文化信息是前人留给我们的知识宝库。南京城墙的发展涉及各个时期政治、军事、思想、文化、经济、建筑等多个领域，它从多角度、多方面积聚了大量的历史文化信息。所以南京明城墙是南京丰厚的历史遗产，也是中华民族乃至整个世界的历史瑰宝。

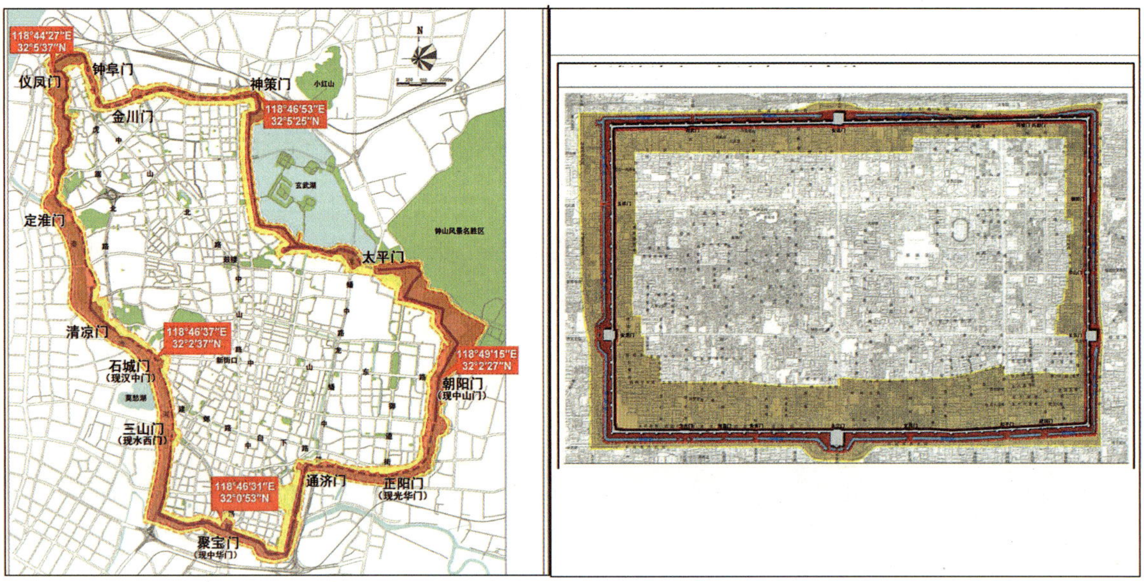

南方城墙代表：南京城墙　　　　北方城墙代表：西安城墙

图5　南京城墙和西安城墙对比

2.情感文化功能定位

城墙的情感功能指的是城墙与当地的文化、历史、环境等有着特别的联系，从而成了当地的标志物，并与当地的人群产生了感情。城市中的城墙与人们相互联系在一起，它所具有的永恒纪念意义能在人们心中激起强烈的思念之情。梁思成曾经说过：“拆掉一座城楼，像挖去我一块肉；剥去了外城的城砖，像剥去我一层皮。”情感价值实际就是对城墙文化的认同，每个民族在时代的进程中都有自己的依据，都有自身的落脚点，通过文化落脚点，产生一种文化凝聚力。因而城墙的衍生情感不仅仅是市民的精神寄托，还成了巩固社会存在以及良性发展的内聚力，使其在为国家、民族的巩固发挥价值的同时，形成了十分珍贵的城墙情感价值体系。

3.使用文化功能定位

城墙的使用文化主要体现在城墙作为城市建筑的物质遗产，为大众提供了旅游资源以及由于城墙见证了历史发展，为市民提供了教育资源两方面。作为旅游资源，城墙能为城市带来经济效益和社会效益。但是城墙这种旅游资源也有其特殊性，它不同于其他旅游产品，城墙只有在保护的前提下才可以发挥其旅游价值。

城墙也具有十分重要的教育意义，南京明城墙是市民最佳的爱国主义教育基地。中华门瓮城上被侵华日军炮火轰塌的镝楼，城墙上的弹痕告诫我们要居安思危、勿忘国耻。

南京市除了组织中小学生定期参观、教育外，还开展了新的创新教育模式：例如通过讲座、采访形式开展宣传，通过志愿者培训，开展环城徒步、“触摸南京——各城区探秘”等主题活动达到文化教育目的。在利用城墙开展旅游和教育的同时，也展现了其多样化的价值。

4.人文文化功能定位

南京明城墙的文化功能既能传承于历史，又随着历史变迁以及社会、经济、政治、文化环境的发展，不断积淀发扬，不断变化更新。例如南京城墙依城门而建的武定门书吧，不仅充分利用城墙的内部空间，还为市民提供了学习休憩的场所。另外，利用创意产品宣传城墙文化，将刻有铭文的城砖设计成文创产品来出售，让参观的游客不仅“看得见、摸得着”还能“留得住”。这样既保护了城墙、城门和城砖，并且通过各种创新手段赋予了其新的生命力，让城市文化遗产“活起来”，使得城墙在保护的同时又被很好地利用起

图6　南京城墙文化体验活动

来，不仅延续了南京明城墙的原有价值，更进一步体现了新时期背景下城墙的文化内涵。

（四）南京城墙文化功能建设的重要性

城墙是人类文明发展史上的阶段性产物，城墙文化从城墙开始建造的那一刻起，一直延续到现在，是人类城市文明史的重要组成部分。即便城墙消失，城墙文化仍然肩负着解读城市历史的功能。

古代城池最本质的意义或目的是为城市提供安全防御。中国城墙的起源是从环壕聚落—围墙—城堡—城池逐步发展形成的。城墙出现于新石器时期，在春秋战国时期慢慢发展起来，在明代达到巅峰，随着冷兵器逐渐退出历史舞台，城墙的防御功能消失，加上现代城市的发展，城墙慢慢于20世纪开始消失。现存的城墙大都修筑于明清时期。

对于南京城墙历史的研究，在军事和建筑方面取得了一定的成果，其他方面至今研究不算太多。作为六朝古都的南京城，其城墙的发展史涉及各个时代的政治、经济、军事、思想、文化、建筑等众多领域，它很立体地从多方面多角度积累了历史文化信息。

近代重型火炮等军事设备的兴起，标志着城墙已经无法再去抵御现代军事武器的攻击，其防御功能逐渐消失从而导致城墙大面积拆除。拆除的城墙不仅仅是围墙，还有更长远的意义。随着城墙的拆除，城市不断地向外扩张发展，加上交通运输的发展，加快了城市化的进程。19世纪西方工业革命，引发城墙大规模地被拆除。

南京城墙也未能幸免，在战火中，南京许多古迹被损毁，其中就包含南京城墙。在南京被日军占领期间，城里三分之一建筑被毁，城墙也遭受重创。解放战争的时候，城墙再次成为激战前沿。新中国成立之后，由于政策的原因，市民拆城取砖建房之风盛行，致使大段城墙被拆。

从人类社会学角度来看，南京城墙满足了当时封建统治者统治的功能，它的功能转型实质上是人类社会进步的象征。从文化学的角度来看，南京城墙的功能转型体现了城墙原始功能的退化，取而代之的文化功能的凸显。

（五）南京城墙景区的优势与不足

南京城墙作为南京的城市地标，已经成为了南京最重要的旅游资源，近代以来南京明城墙的功能已经从“实用型”转变为“文化型”。明城墙丰富了南京城市文化旅游的资源，为了更好地体现南京城墙在同类城墙旅游中的地位，下文通过与其他城墙比较，介绍南京城墙的优势与不足。南京城墙的优势有：

1.城墙规模宏大，历史文化深厚

南京城墙作为世界上现有保存长度最长、规模最大的古代都城城墙，城墙的建筑构制以及皇宫的整体布局，不仅在我国历史城垣建筑上具有独特性，并且对于之后北京皇宫的建造具有指导意义，对明清皇宫的建造思想和其他城垣的建造、工艺都有示范意义。从外，大量带有铭文的城墙砖是目前世界上发现的数量最多、文化信息最为丰富的建筑构件，是南京明城墙极具历史文化价值的具体体现。

2.资源完整，整体观赏价值高

朱元璋在建造南京城墙之时，对于建城的指导思想前后发生了一些差异。前期，朱元璋主要着眼于防御功能，到了后期，建城不仅是军事防御的需要，更多开始着眼于建造一座帝王之都的封建礼制要求。所以在城墙建造过程中充分利用地形，建造了宫城、皇城、京城、外郭城这四重城墙，京城城墙由护城河、垛墙、城楼、箭楼、城门等组成，在重要的城门内还设置了瓮城。因此，城墙功能更为完整，历史文化价值高。

3.串联周边景点，旅游集群效应凸显

有数据显示，南京城墙长度为35.267公里，保护面积为651.52公顷，包括南京城墙周边诸多的历史人文景

观和文化遗迹，将南京明城墙及周边景点串联起来。这些景点本身就是南京城墙特色旅游资源的一部分，可以成为南京的旅游热点，对南京城墙品牌的树立起到了烘托渲染、强化延伸的作用。

同时南京城墙还存在以下几点不足之处：

1.资源保护不足，观赏性较差

由于城墙之前损毁严重，加之城墙周边存在的一些新老违规建筑，不但危及城墙基础安全，也破坏了城墙历史环境空间。部分护城河河段水质较差，污水横流，生态遭到破坏，影响整体景观。大部分河段的景观生态上缺少特点。

2.旅游产品单一，创新产品缺乏

目前的南京生态旅游主要以陈列和静态展示为主，可供游客参与体验的产品或者与城墙契合度较高的创新项目比较缺乏，尤其缺乏城墙主题互动休闲式产品，产品设计对城墙本身的历史元素挖掘不够，未对城墙历史、典故和重大事件进行深入挖掘。从现有旅游产品来看，虽然具备一定特点，却无法形成一个完整的主题系统，各个产品都显得孤立、零碎，缺乏个性，缺少文化表现力，难以满足游客需求。

3.配套设施较少，交通可达性较差

南京城墙的基础服务设施还不尽完善，特别是洗手间、垃圾箱以及供游客休息的相关基础设施严重缺乏，很多城墙段都出现无公共卫生间的情况。除此之外，还缺乏游客综合服务及集散中心、自行车租赁、医疗点等配套设施。除了以上配套服务设施的缺失外，设计造型也较为简单，地域文化特色不明显。

在交通方面，由于南京城墙的建造特点，地形较为复杂，跨越的区域较多，交通有诸多的不便，城墙与城墙之间的交通串联也不够，大大影响了游客的观光游览。由于城墙景区在市区，也造成了停车难等问题，并且环城公交线路网络也尚未形成。

三、南京城墙导视系统现状分析

（一）南京明城墙导视系统当下设计形式

目前南京明城墙景区的导视系统主要以传统的导视标牌的形式存在，通过实地调研发现，景区的导视系统从功能上可以分为四大类，分别是空间类、指示类、信息类、管理类。

空间类导视标识主要负责景区与游客之间交流沟通，主要以告知游客地点为主，其中包括景区的平面导览图、景点分布图等。指示类导视标识在景区主要起到指引功能，通常以箭头符号加上文字的形式呈现，这种组合形式可以使游客快速找到目的地的具体方位，为游客在游玩过程中提供便利。信息类导视牌是在景点处设置文化解读标牌，让游客能够详细了解景点的具体信息。管理类导视标识主要作用是警示、告知、劝导等，目的是保障游客在游玩时的安全以及保护景区历史建筑等作用。

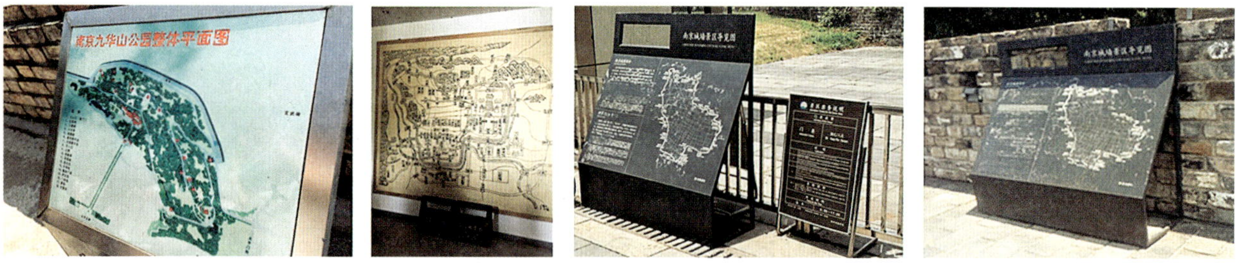

图7 现有导视系统空间类标识

图8 现有导视系统指示类标识

图9 现有导视系统信息类标识

图10 现有导视系统管理类标识

（二）南京明城墙导视系统元素表达

在对现有城墙导视标识进行分类之后，开始从现有的导视标志、景区建筑以及周围环境中提取相关的元素，按照导视系统的设计思路，为新的导视系统提供借鉴。

1.明城墙符号元素

符号学中有“能指”“所指”两种概念，“能指”即上文所说的图像符号和指示符号，是可以直接感受到的东西；而“所指”即象征符号，需要通过我们的主观意识去理解的内容。符号作为传递信息的重要内容，不仅需要把所表达事物的特征表现出来，还需要赋予其意义。通过景区导视系统的调查，可以发现现有导视系统选取的城墙元素，并总结归纳出未使用在导视系统标识上的导视元素。

表1　明城墙元素符号

景区元素			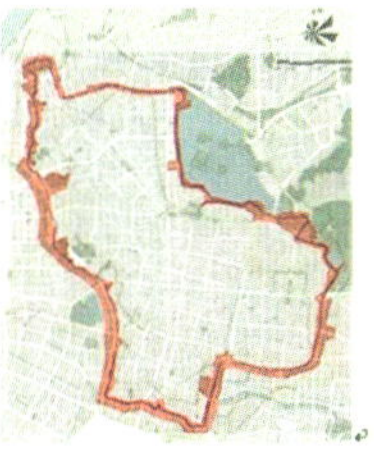		
元素提取	雉堞	铭文	京城外型	城门	城砖

2.明城墙色彩元素

导视系统的色彩需要和周围的环境联系在一起，南京明城墙景区导视标牌的色彩体系与周围环境的颜色相互统一协调，在颜色的选取上也是提取了与周围颜色相近或相似的颜色。目前景区的导视系统色彩主要运用了冷色系为主，这与周围城墙的颜色相互协调，虽然各个类别的导视标牌颜色有些差异，但是在整体上仍然形成了视觉呼应和统一。

景区的导视标牌，主要是通过材料的选择来体现色彩，充分结合材料色彩并且通过不同光源下色彩的呈现形式来营造色彩氛围。

表2　明城墙色彩元素

	定位类标识	指示类标识	信息类标识	管理类标识	景区主干道
照片	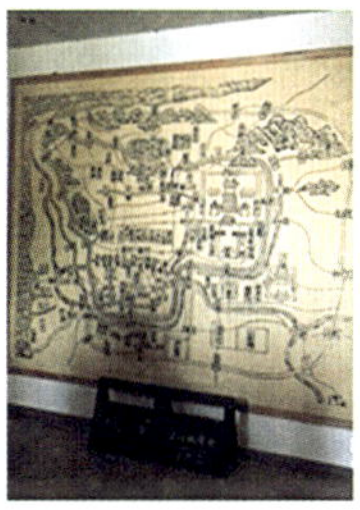  	  	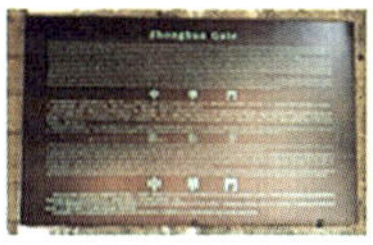  	   	  
色彩提取					

通过对景区的导视系统标识标牌以及周围景区的色彩的提取，发现导视标牌整体上与周围的环境还是形成了统一的整体视觉感受，选取的色彩也可以为之后的设计提供借鉴。

3.明城墙材料元素

通过实地考察发现，现存的南京城墙导视系统主要以木材、石材、金属这三种材质为主。

木材是平时最为常见的材料之一，材质本身易于加工，南京城墙景区作为历史文化景区，木材朴质具有年代感的特点也符合景区的文化定位，在南京明城墙景区中，木质材料大多运用于景区内的文化解读牌等标识牌中。

金属具备木材和石材不具备的可塑性、可浇筑性的特质，南京明城墙景区中，以金属为材料的导视标牌随处可见。

石材作为能体现年代感的材料，南京城墙景区的运用可以体现景区悠久的历史并且不容易受到大自然的破坏，保存的时间长，缺点就是在加工方面有难度，南京城墙的文物单位保护标识所运用的材料均为石材，这些石质的标识与城墙城砖形成统一。

表3　材料来源分类

	材料类别	代表材料
人造材料	天然材料	石墨、主材、石材、木材、毛皮等
	合成材料	塑料、合成橡胶、纤维等
	复合材料	玻璃纤维、碳纤维、芳纶纤维、钢筋混凝土等
	加工材料	人造板、陶瓷、纸、金属
	智能材料	形状记忆合金、压电材料

表4　材质结构分类

	材料类别	代表材料	
无机材料	金属材料	黑色金属	铁、钢、铬、锰等
		有色金属	铜、铝、金、银等
	传导无机材料	玻璃、陶瓷、搪瓷	
	新型无机材料	纤维材料、薄膜材料	
	有机材料	木材、皮革、塑料、橡胶等	
	复合材料	玻璃纤维、碳纤维、芳纶纤维、钢筋混凝土等	

表5　景区材质元素分析

材质	材质表现
木材	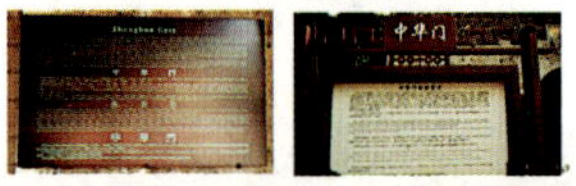
金属	
石材	

对于南京明城墙景区实地调研，发现景区导视系统的材质运用中，景区内主要以金属材料为主，具体的材料是不锈钢焊接烤漆，文字部分则是丝网印刷工艺；木材和石材在景区的运用并不多，石材大多运用于景区大门的文物保护单位的说明标识，木材则运用于部分景点作为文化解读牌。

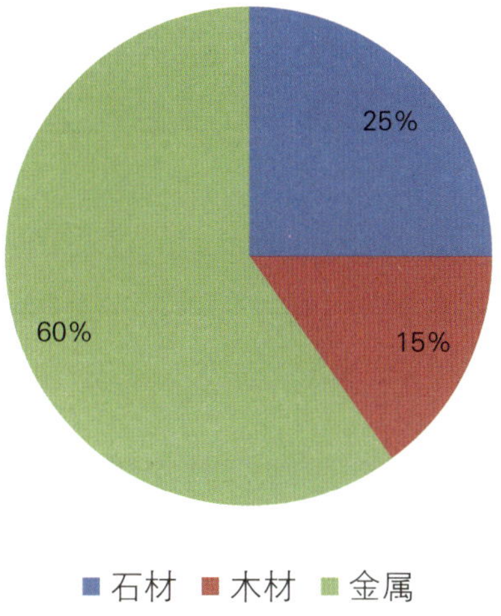

图11 城墙景区导视系统材质运用占比

（三）当前南京明城墙导视设计的问题总结

旅游景区的导视系统应该以“服务于游客”并配合景区的人文景观，营造独特的旅游氛围为宗旨，让游客进入一种“旅游场所”，提高游客的游玩效率，提升景区的形象，强化游客的游玩体验。为了更好地了解游客在游玩过程中因为导视系统遇到的困扰和疑惑，下文采用了混合研究路径对游客进行定性研究。

1.问卷调查

考虑到来到景区游玩的游客大都是外地游客，所以需要目标人群都相对来说比较单一，同样目标人群对于景区的需求也基本类似，都是过来了解参观这一极具历史文化的旅游景点。针对中华门导视系统的各类问题进行问卷调查。

本次共发放113份问卷，其中有效问卷105份。根据问卷的反馈，总结分析游客对于景区现存导视系统的需求以及用户的期望：①导视系统指示信息内容模糊；②方向指示性弱；③指示信息可视化需加强；④导视牌色彩不够醒目；⑤缺少对个别重要景点的文化解读牌；⑥部分导视牌尺寸设置不合理。

2.角色任务

角色任务是服务设计的辅助设计方法，通过模拟游客的游览行为，用科学的数据来分析出游客的行为状态以及游玩时的需求，塑造一个能够代表游客普遍的行为、动机以及期望的人物形象，准确地表达游客的核心服务需求。通过调研引入和任务跟踪的流程总结出角色任务出现的问题。

任务一：景区入口——层藏兵洞

通过这一段旅程，发现用户的疑点主要出现在判断藏兵洞的具体位置。当见到第一处导视牌时，由于导视牌显示的内容过于丰富，所以几个景点的相关位置顺序也未对应好，只是一味地罗列，并且到达藏兵洞入口时，没有立体的指示标牌，出现了走过然后回头寻找的现象。

进入景点

看到有导视牌，初步确认藏兵洞位置

经过射箭场

驻足观看千斤闸介绍

经过藏兵洞但因为缺少指示牌没进

看到藏兵洞指示标牌

进入藏兵洞

图12　任务一疑点

任务二：登城道—二层藏兵洞

通过这一段旅程可以发现游客疑点主要出现在二层七个藏兵洞，由于功能的改变，藏兵洞建造之初的藏兵功能已经消失了，所以把藏兵洞改造为一个个主题各异的小型城墙展馆，但是展馆门口并未放置任何提示标识说明其主题内容，仅有售卖城墙文创产品的门前放置标牌，无法使游客第一时间了解展馆所展示内容，会对用户造成一定的困扰。

走向登城口

未在登城口找到导视标识

上楼梯

在阶梯旁发现铭文

走向二楼

未发现有指示标志

二层藏兵洞门口也未有标识牌

进入藏兵洞

图13　任务二疑点

任务三：三层镝楼遗址—东水关方向赤石矶出口

通过这一段旅程图，可以发现疑点主要出现在登上镝楼后未出现指向通往东水关方向或集庆门方向的指示牌，所以游客在选择方向的时候会出现疑惑。

发现通往三层镝楼的导视牌

到达三层镝楼

寻找导视牌

向东水关方向行进

发现出口

出赤石矶出口

图14 任务三疑点

通过以上上述三个任务，我们可以发现对游客造成困难的地点主要是重要的节点或者路口处，在各个需要有方向选择的地方基本都出现了导视标牌缺失的现象。

3.用户访谈

通过之前的角色任务，开始对之前的调研对象进行访谈，通过访谈来分析调研对象的行为体验，了解景区导视系统给调研对象带来的困惑和不便，为之后的改良设计提供重要的信息和帮助。

对现有导视系统存在不足的地方进行分析总结：景区内缺少一级导视标牌；指示标牌指示内容过多且混乱；藏兵洞指示牌设置不合理；二层藏兵洞缺少对应指示牌；导视标牌设计制作的材料不统一；登城口缺少导视标牌；三层镝楼处缺少方向指示标牌；导视标牌被遮挡。

通过上述三个研究方法，分析总结出南京明城墙现有导视系统仍然存在以下问题：

（1）设计缺乏系统性

导视系统就应该突出“系统性”，无论在色彩、图形、材料等方面都应统一，统一的设计风格可以使游客在游览过程中保持思维连续性，同时可以加强导视系统的指引功能。中华门瓮城现有导视系统缺乏标准性和系统性。在整个景区中未对导视系统进行分级，在游客游览过程中，并不能够使游客对景区有一个大致认识。同一类型的导视标识会出现两种不同的呈现形式。

景区存在的一个问题，就是导视系统缺少信息归类，景区相同内容的信息却出现了两种形式各异的导视标牌。导视系统设计时候应该从全局考虑，对不同功能的导视系统在形式上进行分类。心理学研究显示，人们会潜意识地在环境中对不同类型的图案、颜色等进行分类，如果在设计时同类信息被混淆了，会对人们获

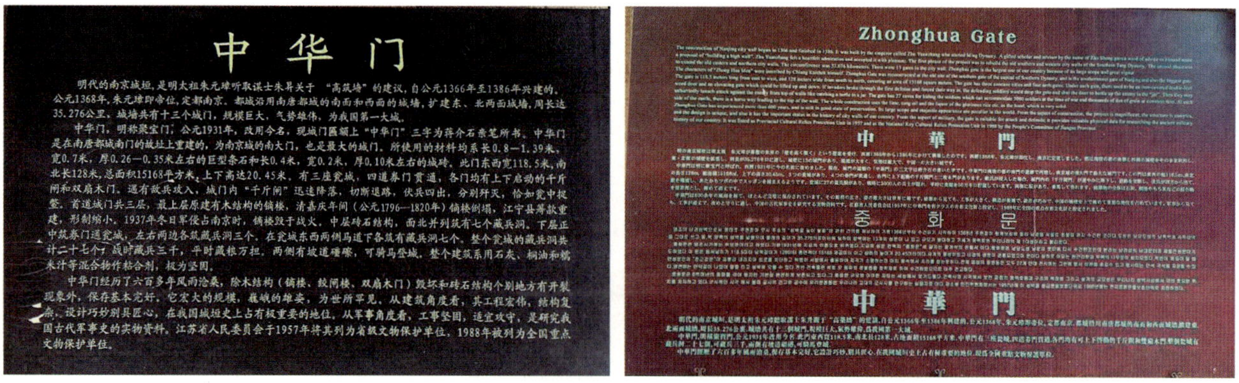

图15 导视牌设计缺乏系统性

取信息造成困扰。为了使导视系统功能最大化，需要对导视系统的各个要素进行标准化设计，使其与景区环境相协调；其次要规范导视设计的各个构成要素，例如图形符号的尺寸、文字字体、大小比例、颜色等，使其在形式上具有美感。此外，导视信息系统化不仅仅是信息分布的连贯性，更是游客视觉的连贯性，需要多维度整合景区，为游客提供科学的信息传达途径。

（2）标识缺失严重

景区导视系统是为游客提供服务的，为游客提供更便捷的游玩体验，构建完善的服务体系。而导视系统中标识的缺失在很大程度上影响着游客是否能够准确快速地到达下一个目的地。尤其在一些路口或者节点处需要根据游客需求放置导视标牌，因为当游客到达复杂的路口或者节点处时，由于可能无法凭借主观记忆到达目的地，这时导视标牌的设置就可以为游客解除这种困扰。实地考察中发现在重要的路口就有指示类导视标牌缺失的情况，例如在中华门景区中，登城口处就出现了缺少导视标识牌的现象（图16）。这些节点的确立主要是根据游客的游览习惯，在人员流动较大或者集中的区域，设立相应的临时导视标识，起到分流人群、缓解景区部分景点流量过多的压力的作用；导视标识在放置时要遵从游客的视觉习惯和浏览顺序，景区

图16 导视标识缺失

导视牌安放也要保持统一性和连续性，并且信息内容要充分，方向感要强，重要节点位置要重点布置。

（3）导视标识维护少

景区导视系统因为放置的时间较长，由于风吹日晒，材质表面出现了掉漆、生锈、褪色等问题，导致导视标识的视觉效果淡化。有些重要节点位置的导视标识如果出现自然的损坏，就应该由专人负责进行及时地维护、修补、更换，若导视标识没有及时修补，会导致信息无法被游客接收。考察中发现，景区门口城墙景区导览图就有导视系统损坏的情况，这极大地影响了游客接受信息的效率（图18）。景区还有一些公共配套设施，如座椅和垃圾桶等，都需要定期维护、保养，如果残破不堪，不仅不能起到其基本的功能作用，还会对园区产生负面影响。

（4）指示信息模糊

设计合理、指示内容有条理的导视标识可以帮助游客在游玩时有效地合理规划路线，提高游玩的效率；而指示信息模糊的导视牌，由于无法给游客提供有效的导视信息，会影响游玩效率和游玩体验。在调研过程中发现导视牌信息标注不清楚，没有按远近顺序把所显示的内容有序排列，容易使游客对内容产生误解（图19）。

（5）导视标牌文字、符号使用不规范

南京明城墙景区在字体的运用上缺乏规范性，字体的颜色大小都不尽相同，箭头在导视系统中使用频率最高，但是缺乏整体统一的视觉形象。文字和图形符号在导视系统中需要进行统一、标准的规范设计，然后结合景区环境从而形成良好的视觉效果。文字在导视系统中能准确地传递信息，科学合理的文字排版以及组合可以增强导视系统的可识别性和系统性，规范的文字可以提高游客接受信息的效率。图形符号在导视系统中用处更为广泛，是跨越国界的沟通方式，不像文字一样有地域的限制，图形符号直接影响着人的逻辑思维和感性认知，可以直观地向不同的受众传递信息。在符号的使用中，需要尽可能用图形标识，并尊重不同民族、宗教的风俗等因素，最终设计出的导视系统能够被游客正确理解、接受，提高游玩效率。

图17　导视标识缺少维护

图18　导视标识指示信息模糊

（四）南京明城墙导视系统传播渠道分析

经过对南京明城墙景区的实地调研以及对景区现有的导视系统的问题分析发现：

（1）由于景区的导视系统都是固定的导视标牌，所以信息传播相对比较局限，现在的游客对于导视信息的需求越来越多，而现有的导视标牌仅能满足景区发展的最基本的需求。经过实地的调查发现，景区导视系统的布局较为零散，就以中华门景区举例，景区占地面积不大，却仍然出现了关键节点缺少导视标牌的情况。并且在调研过程中发现游客参观完景区之后多会往集庆门或东水关这两个出口走，其中会进入景区的登城口，现有景区部分导视牌只能体现一个局部的信息，游客无法对整体景区形成一个完整的认识，所以在获取信息时受到了很大的限制，从而可能使游客浪费一定的时间。

（2）导视系统服务单一，景区现在的导视系统主要以静态的导视标牌为主，这就需要游客主动地去了解景区信息，而对于各个小景点的讲解也没有语音讲解，为游客提供信息的方式比较单一，而这种通过导视标牌获取信息的交流模式会给游客带来较差的服务体验。导视系统作为景区的隐性服务内容，在当今的互联网时代，这样传统的功能在现在缺少了些个性，可能会降低景区的竞争力。

（3）现有景区的导视系统所服务的对象是已经进入景区的游客，而缺少了对有一部分因为距离、时间等原因没有进入景区，但是希望对景区有所了解的游客，这些游客群体的数量是远远大于进入景区的游客数量，因此固定的导视标牌所形成的导视系统缺少一定的灵活性，现有的导视系统所服务的人群过于单一，需要在自身信息的形式以及受众群体的范围进行多维度的拓展。

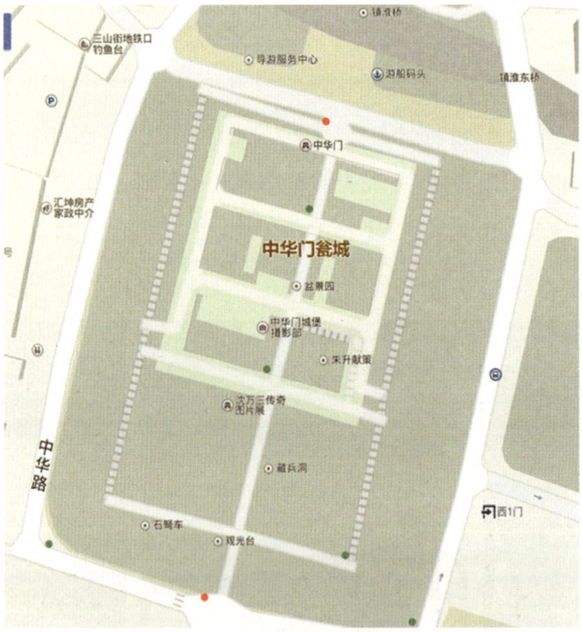

图19　中华门景区标识布点情况

四、南京明城墙导视系统设计研究

（一）南京明城墙导视系统路径构建

导视系统最基本的功能是指引，游客通过导视标牌，可以准确到达目的地。南京城墙APP需要地图信息的精准性，所以需要根据景区内各个景点的分布以及路线选择来进行绘制，而传统的导视标牌在关键的节点等重要区域也需要增加，因此要对之前调研的浏览行径以及点位分布进行整理确立。

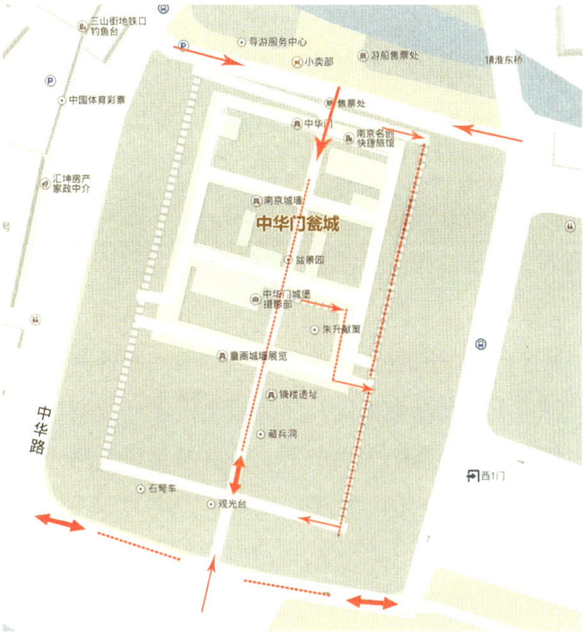

图20　中华门景区人流行径

1.南京明城墙游客行为路径

在到达目的地的问题上，涉及了三个空间定位的问题：现在在什么地方？怎么去目的地？如何确定已经到达目的地？所以游客在问路时必须要知道我在哪、要去哪、怎么去这三个问题。根据游客游玩的寻路方式，可以分为两大类：

（1）主动规划型游客

这类游客是在游玩前已经对景区的路线做好规划，会根据自己意向，有计划地到景点里去游玩，属于主动游览。这就需要景区的导视系统对相关目标位置标注的准确性，可以让游客以最短的路线到达目的地，为游客节约时间。

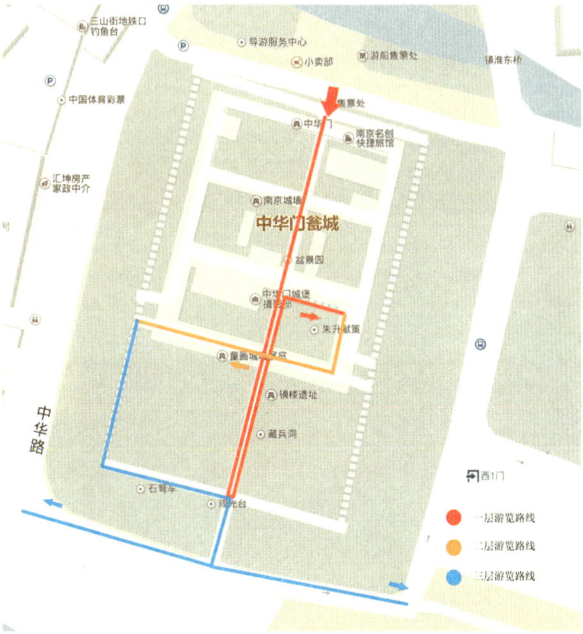

图21　中华门景区游览路线

（2）被动漫游型游客

这类游客在到达景区之前未做游览规划，游玩时间相对自由，属于走哪算哪的类型，属于被动游览。对于这类游客，导视系统就需要提供游客现在的位置，以及周围景点分布的点位情况，为游客进行下一步的选择提供便利。

在分析完这两种类型的游客的寻路方式和需求之后发现，游客的寻路方式与景区传统导视系统设置的点位有关系，根据现有明城墙导视系统的点位，并结合此前的调研分析，绘制了游客游览路线图（以中华门为例）。

通过图21可以看出南京明城墙的中华门景区的游客行进方向，游客主要从景区的北门进入景区，然后沿着景区内的瓮城走到一层藏兵洞景点，在逛完景区一层之后会慢慢向登城口聚拢，之后会沿着登城道走到景区三层镝楼，最后人流向集庆门和东水关两个方向分散。景区游客行为路径大致为：北门入口—瓮城—一层藏兵洞—登城口—二层藏兵洞—三层镝楼—集庆门方向/东水关。

2.南京明城墙路线与点位构建

根据南京城墙景区情况，结合游客的游览行为路线，从以下两方面进行规划：

（1）游览路线的构建

南京明城墙作为南京城市地标建筑，面对的游客地域与文化背景都不尽相同，游客的流量十分大，根据景区的特色，为游客提供特色化的游览路线，让游客在有限的时间能够详尽地了解南京城墙，同时起到游客分流的作用。

以中华门景区为例，设计的这条游览路线很好地把景区内的景点串联在一起，中华门城门内景点可分为建筑景观和人文景观，其中建筑景观以城墙建筑为主，中华门城门的瓮城、藏兵洞都建造得很有特点，在中华门建造过程中所产生的人文景点可以让游客从其他角度更深层次地了解城墙文化。在路线的规划上，由一

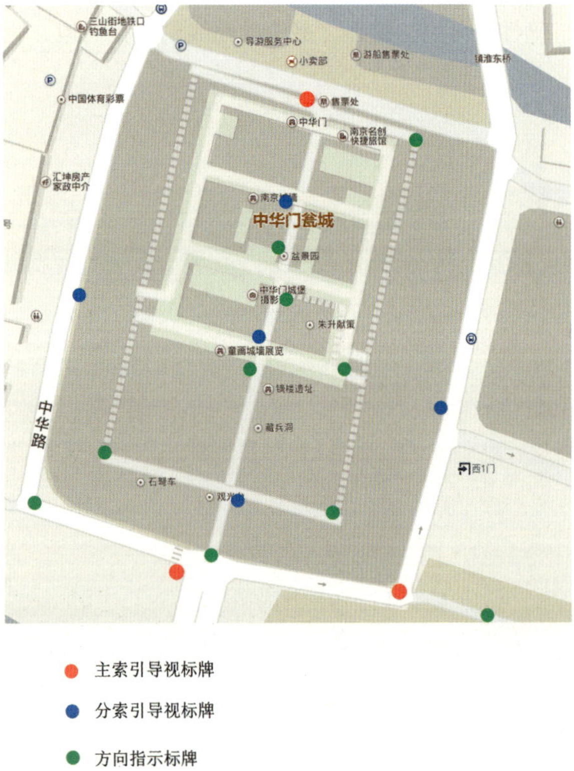

图22　导视标牌布点图

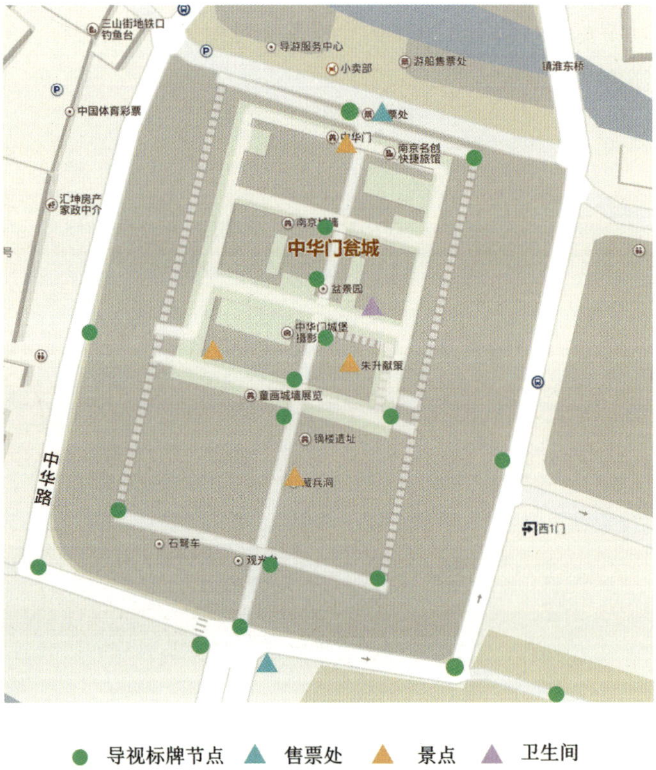

图23　明城墙导视app点位设置

层慢慢向上游览，最后抵达第三层的观景台。

（2）路线节点的构建

路线节点是在南京城墙景区复杂的路口以及人流过多的地方设置的，让游客可以找到自己的准确位置，并能确定下一阶段行动的方向，在导视系统的设计中，节点处导视标牌的设置尤为关键，同时要求在节点的信息需要准确。

传统导视系统在节点处的安放设置需要考虑周围的环境，导视标牌在节点处的设置不能够被周围的建筑或物体遮挡，节点导视牌的设置需要考虑不同的角度，可以让不同方向的游客顺利直观地获取信息。在上文中已经提到导视牌的安置点，通过实际调研，又对导视标牌在关键节点的安放进行了适当的调整（图23）。

（二）现有景区导视系统改良方案

通过前期对南京明城墙景区现有导视系统的调研，针对现有的导视系统出现的问题，对现有导视系统点位的安放、外形等进行重新的设计。

1.传统导视系统设计注意事项

（1）系统规划

导视系统首先需要具有系统性，由于导视标牌存在于景区每个角落，所以导视系统应该与景区的环境、景区的定位、游客的行为习惯以及景区内各个导视标牌相互联系。景区的一套导视系统不仅需要满足说明指向的基本功能，还应该科学、合理、美观。设计优秀的导视系统不仅可以体现景区的整体形象，还可以突出南京明城墙的文化内涵。南京明城墙导视系统是为游客提供服务的，虽然游客群体层次各异，但在设计时还是应该把握导视系统设计的整体趋势，以了解明城墙文化背景、整体规划为前提，和景区的发展同步，做到协调一致。南京明城墙导视系统需要通过文字、图形符号把信息展现在导视系统上，为游客提供引导信息，让游客顺利通畅地游玩景区。名称类的导视标牌为游客提供解说功能，介绍景点的历史事件等，把其中的故事通过文字传递给游客；警示类的导视牌则提示游客需要保护环境、保护历史文化遗产，增强游客的游玩素质并规范游客行为。

（2）标准化与个性化

南京明城墙作为中国礼教制度与自然相结合的典范，是人类共同的遗产，其核心功能是文化展示、旅游观光、市民休闲等，明城墙无时无刻不在彰显其历史文化内涵。在明城墙景区标准化建设过程中，导视系统设计时对于公共空间的标识必须按照国家规范设计，如停车场、洗手间等，但是为了满足游客的需求，没有列入标准化使用范畴的标识则可以尽情展现景区的独特性，使导视系统的设计可以与城墙建筑以及周围景观相协调。明城墙景区的导视系统应该以标准化为主导，在需要表现城墙特色的风格特征时则需要个性化设计，并能吸引游客。导视系统的个性化设计需要根据南京明城墙的地域文化特征，针对自身特点对明城墙导视系统进行个性化设计，与其他景区的导视系统体现出差异性。另外景区的自然环境与明城墙本体需要通过导视系统来进行协调，标准化和个性化相互融合，在标准化之下体现个性化，使导视系统与游客的沟通更为有效。

（3）导视系统材质

材质作为导视信息的载体，是导视系统中不可或缺的元素之一。南京明城墙现有导视系统的材质主要以金属和木质材料为主，由于材料加工技术不断加强，材料的选择也变得越来越多种多样，新材料的出现可以丰富导视系统的视觉效果。对于材料的选择加工，应该根据材料本身的特性对其进行处理，然后通过对材料的变形加工创造出新造型，发挥不同材料的不同功能。材质表面的处理方式可以变换材质的表面效果并延长导视标识的使用寿命，材质的表面处理方式主要有喷漆、电镀、钢板氧化以及着色处理等；材质外观是影响导视系统好坏的一个重要指标，选择材质时要与景区的环境相互协调，需要有针对性，不能随意加工处理。

2.导视系统设计方案

（1）导视系统设计改良方案一

①城墙景区Logo的使用

南京城墙是中国明清城墙联合申遗的重要组成部分。为了加快中国明清城墙申遗工作的深入开展，为了提高其知名度和识别度，中国明清城墙联合申遗Logo标识已于2017年启用。中国明清城墙联合申遗Logo标识造型设计成徽章式圆形，象征联合申遗城市团结凝聚、和谐奋进。标识提取了城墙视觉特征元素，突出城墙、城门、城楼等文化符号，进行设计和艺术处理，简约且识别性强；文字部分借鉴国家文物局颁布的“中国明清城墙”列入中国世界文化遗产预备名单标识内容，文字与图案环绕融为一体；颜色以深蓝、粉绿为主调，明暗搭配，表达了沉稳、宁静、新锐、活力，彰显古老城墙与当代城市建设辉映、和谐共生的理念。所以就不再对南京明城墙Logo进行重新的设计。

图24　中国明清城墙联合申遗标志

②景区导视标牌设计

根据现有导视系统存在的问题，结合之前的调研并以大量的理论概念为基础，从导视系统的空间类、指示类、信息类和管理类四个方向，分别对其进行改良设计。

如上文所述，信息类导视系统主要以解释说明为主，主要包括平面布局图、二级导览图，以及一些景点的文化解读牌等。

在导视标牌的设计上，因为其常年放置在室外，需要足够耐用，所以选择了不锈钢焊接烤漆和石材作为导视载体的主要材料，考虑户外的因素，避免强光影响游客的观看效果，文字部分颜色与背景的白色大理石砖形成对比，通过石材与钢材的混合运用，使其在材质上有层次感。

在外形的设计上，解读牌上还是以城门来表示城墙，此设计能让游客更直观地知道其所表达的主题。文字部分为城门简介，使游客进入景区前对景区有一个初步的认识。

景区内的文化解读牌由于受到周围环境的限制，主要任务是对其进行统一，避免一个景点出现两个或多个形式的文化解读牌。室内室外的文化解读牌在材料上也需要进行区分，室内的文化解读牌考虑到光线较暗等因素，在导视载体材质的选择上应该选择和城墙本体的颜色进行区分，但是又不能太突兀，在整体具有厚重的历史氛围的环境中不能太活跃，如中华门景区的文化解读牌，其现有的文化解读牌很难让游客发现，而且设施也显得较为陈旧，在设计时就抓住其存在的问题，统一对其进行再设计。在材料上，还是选择用木材作为导视系统的主题材料，因为室内文化解读牌需要依附在城墙本体之上，在设计时尽可能最大化不让导视系统去破坏本体。

室外的文化解读牌要考虑耐用程度，导视载体的材料上选择了不锈钢焊接烤漆，文字部分采用丝网印刷。在设计时考虑到城墙本体的高度不是很高，并考虑到导视装置若安放在城墙本体上，视线区域较低，会对游客造成一定程度行为上的不便，特别是年纪稍长的游客，由于其身体机能的退化，有些行为动作做起来可能有些吃力，所以需要考虑设计适当高度以及尺寸的导视装置，在注重形式美观的同时，也要考虑导视系

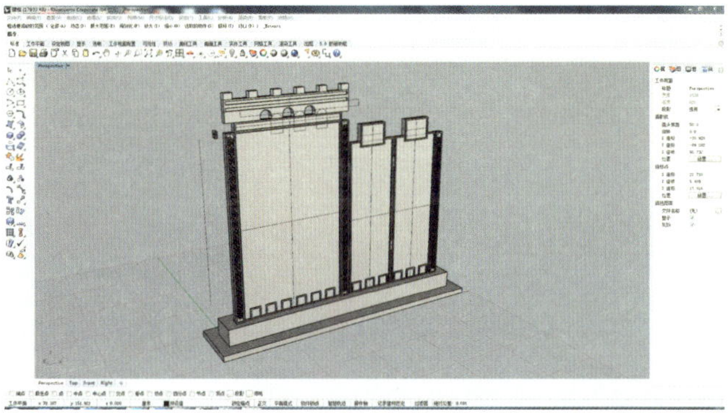

图25　犀牛建模图

图26　空间类导视标识

图27　指示类导视牌效果图

图28　室外导视牌效果图

图29　管理类导视标牌

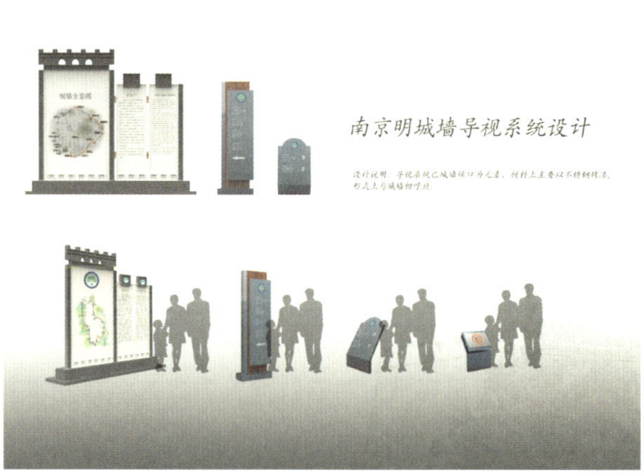

图30　方案一整体效果图

统的服务功能。由清华大学老年人建筑研究课题组测量出的数据可知，老年“最佳的视角为仰视30度以内、俯视45度以内、平面视角范围约45度”，所以在设计时对导视装置安放的高度以及倾斜角度、信息读取范围、字体等都需要着重考虑设计。

指示类导视系统指的是具有指引功能的导视标识，一般由箭头以及中文和外文组合的景点名称组成，便于指引游客找到自己要去的景点，使其能顺利到达目的地。

南京明城墙指示类导视系统在设计时仍然需要分两部分，一部分是依附于城墙本体的指示类导视系统，另一部分则是不需要依附城墙本体的导视系统。

依附于城墙本体的导视系统一般设置在城墙沿线，目的是提示游客两个方向景点的距离，导视载体材质选择上仍然选择了不锈钢焊接烤漆，文字也是采用丝网印刷。

景区内导视系统由于是指引城门内景点，所以无须把导视牌依附在城墙本体之上，材质选择上和之前信息类导视系统相统一。

管理类导视系统主要是以警示、限制、告知、劝导为主要作用，起到预防事故、规范游客行为、文明教育、保护景区建筑以及游客人身安全等作用。这些导视牌需要放置在醒目的位置，如禁烟标志等。

（2）导视系统设计改良方案二

①城墙景区Logo设计

Logo取自南京明城墙的“明”字。通过变形，逐渐转换成方形。分成“日”和“月”两个元素。“日”字，里面的结构转化成了城墙的垛口；“月”字则变成一个中心对称图形。Logo颜色取自明故宫宫殿的红色，象征着明朝文化在南京如火如荼地发展着，成为南京文化中不可或缺的一部分。

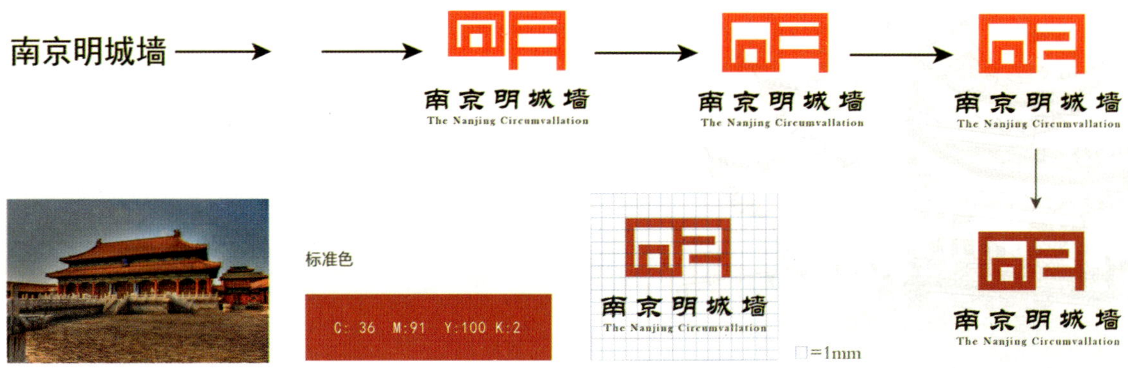

图31　明城墙logo设计

②景区导视标牌设计

这一套导视系统的设计，整体色调以黑白为主，材料的运用上主要以石材和不锈钢烤漆材料为主，并加以木材辅助，这三种材料的混合运用不仅可以体现城墙的厚重感，还可以增加标牌的耐用程度。导视标牌的设计中合理运用之前调研中采用的元素符号，使设计更具有地域特色。

对于空间类导视标牌的设计，形式上从南京城门中提取元素。空间导视标牌中总导览图顶端的元素来源于南京城门，解说牌上方以城墙垛口为元素，总导览图整体主色调为黑白，选用了石材和木材两种材料，在材料上与整个城墙形成统一。

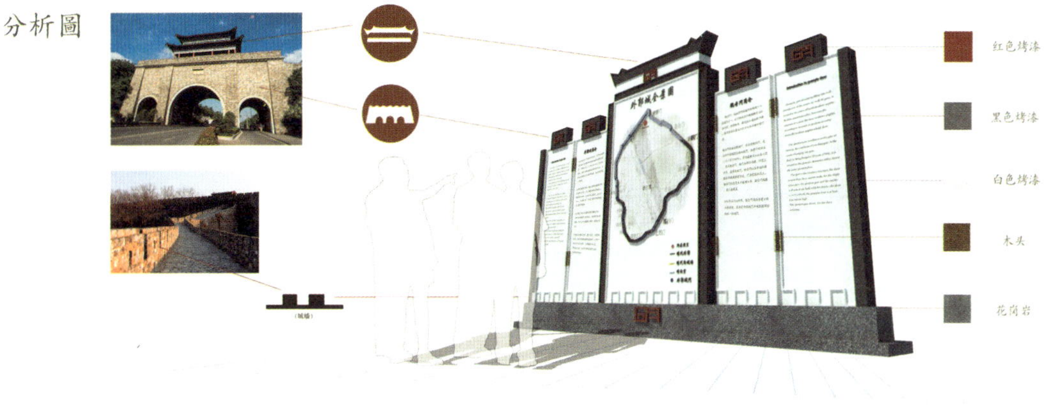

图32　空间类导视标牌

指示类导视标牌的设计分为两级，一级指示类导视标牌主要是安放在景区的节点处，所以需要在设计时考虑节点处游客使用导视标牌的需求，设计时主要以模块组合的方式；二级指示类导视标牌材料上以石材和不锈钢烤漆为主，整体元素还是选取了城墙的垛口，整体色调以黑色为主，用黑色和木纹色作为其主色调，构成了一个极具中国风的导视标牌。

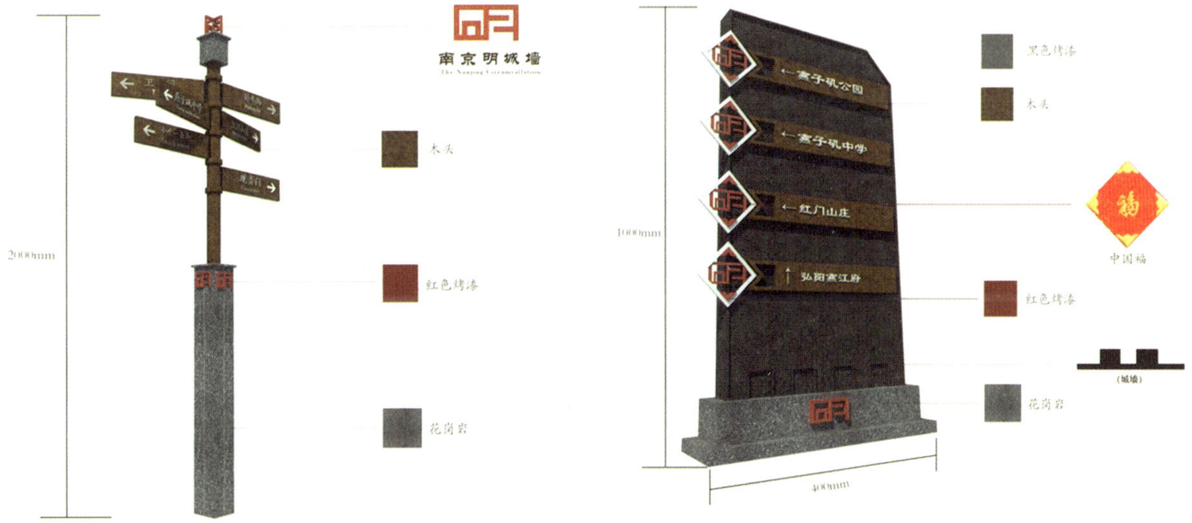

图33　指示类导视标牌

信息类指示标识的主要功能是对景点的讲解，导视牌上会出现大量的文字，所以在设计时需要注意材料和文字在视觉上的对比，不能影响游客的阅读体验。

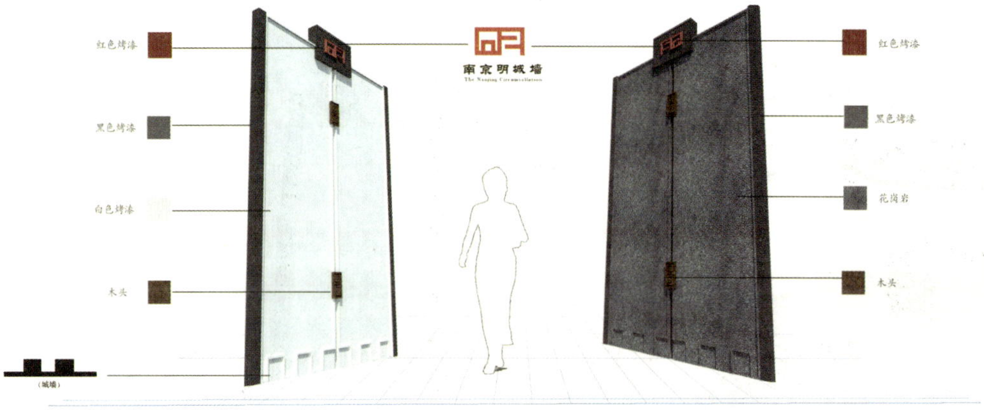

图34　信息类导视标牌

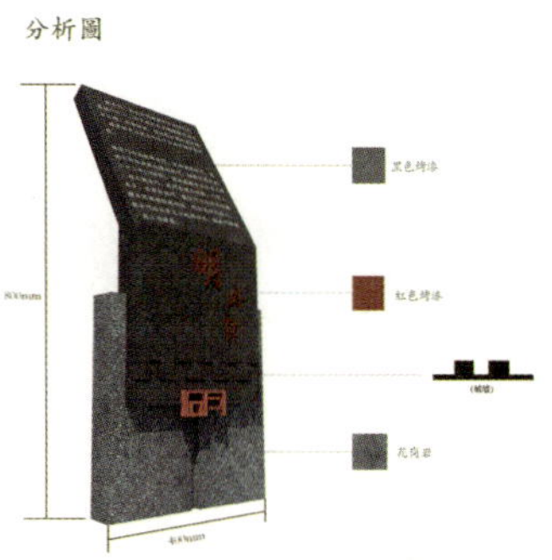

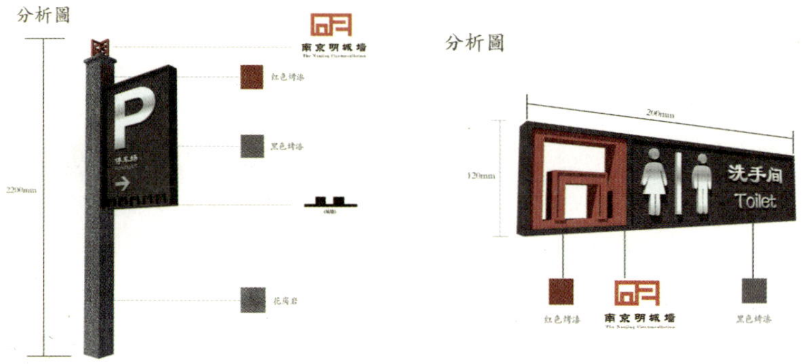

图35　信息类导视标牌　　图36　管理类导视标牌

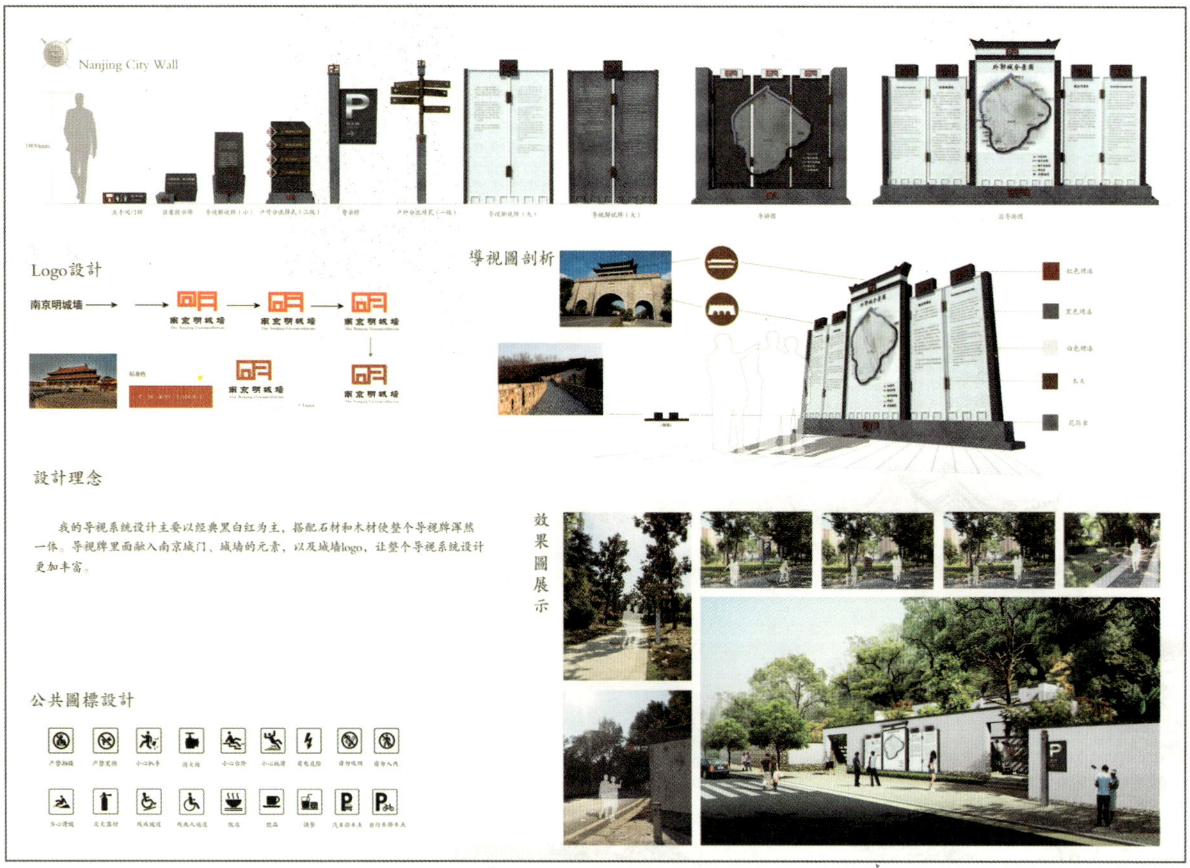

图37　方案二整体效果图

（3）导视系统设计改良方案三

这套方案主要以南京老城南建筑和城墙垛口为设计元素，整体色彩以黑白两色为主。材质的运用上以砖为主。视觉效果上整体的色调与景区和周围环境形成统一。风格上参照南京老城南的建筑设计，突出了南京城墙的文化属性。

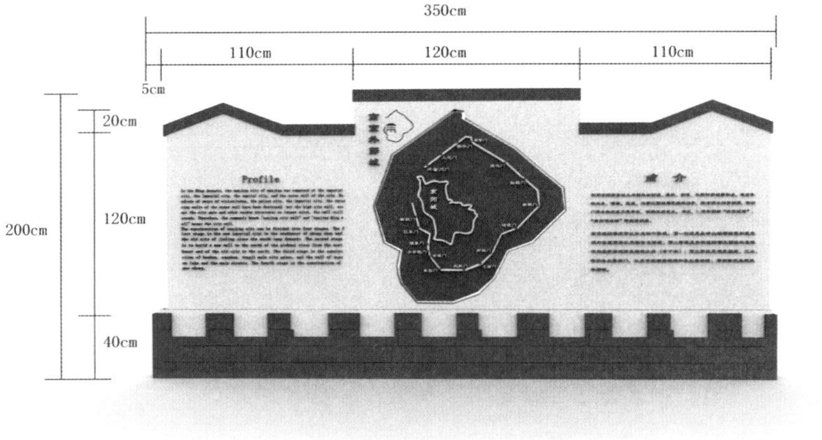

图38　空间类导视标牌

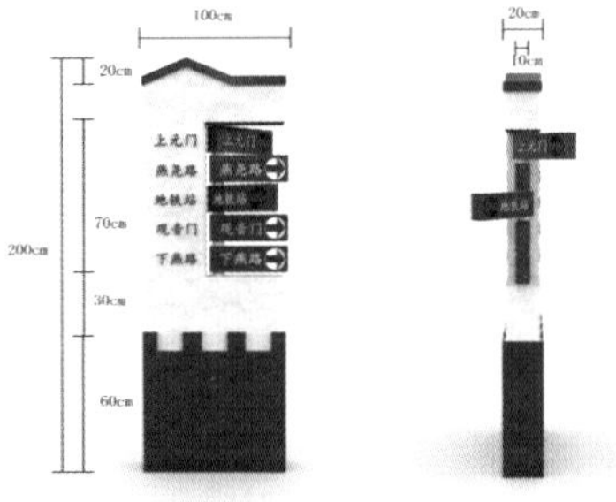

图39　指示类导视标牌

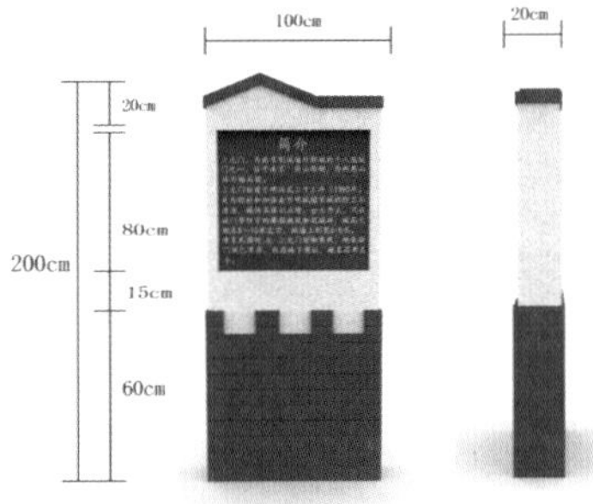

图40　信息类导视标牌

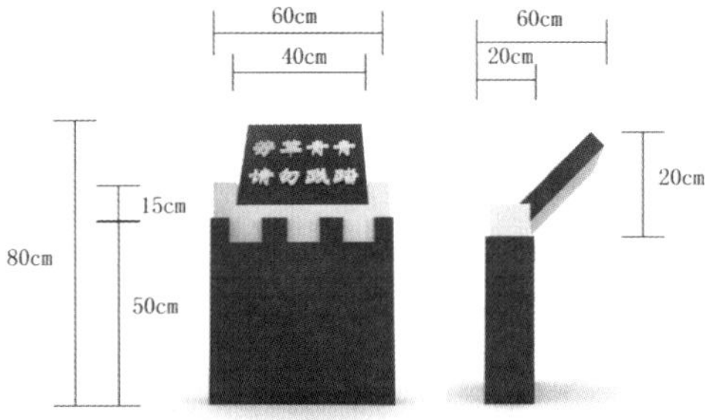

图41　管理类导视标牌

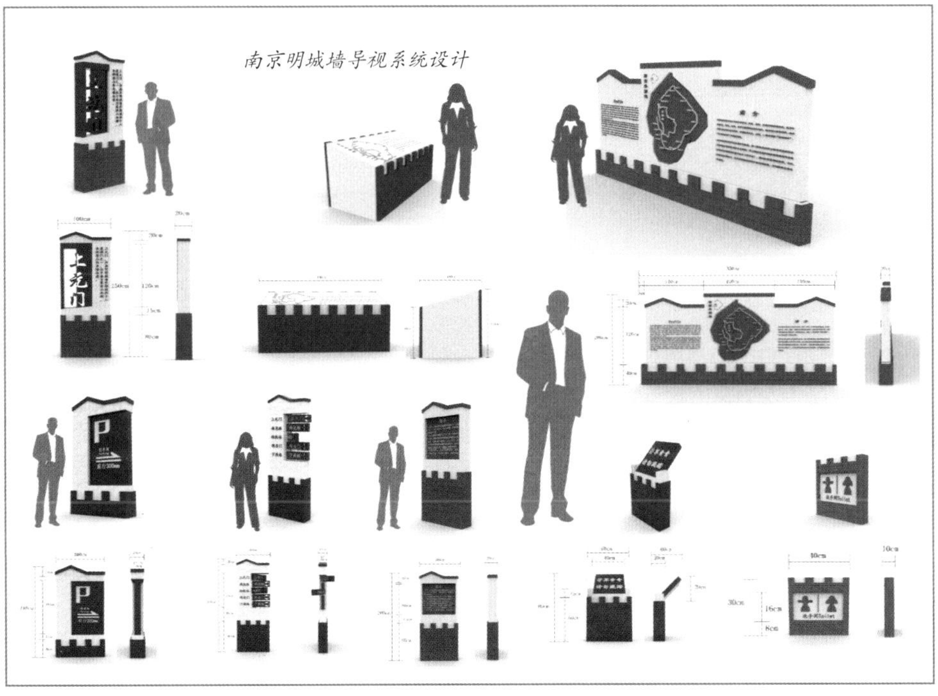

图42　方案三整体效果图

结论

南京是中国明清城墙联合申遗的牵头城市，南京城墙申遗不仅推动景区整体形象的发展，也对景区公共服务设施的建设提出了新的要求。在这样的前提下，本文在城墙文化与景区导视系统理论研究的基础上，提出了针对现有景区导视系统的改良方案以及建立景区数字化导视系统的设计思路。数字化导视系统能与现有导视系统形成互补，完善现有城墙导视系统的体系。

本文的研究成果如下：

（1）南京城墙是南京城市丰富的文化遗产，对南京城墙的保护不仅仅从理论方面对城墙文化进行研究，良好合理的开发亦是对城墙的保护。本文研究了南京城墙的导视系统并提出了建立数字化导视系统的新思路，通过互联网技术将城墙文化传播出去，为城墙景区文化的传播发挥着正面的推动作用。

（2）通过对传统导视系统的分析研究，并结合传统导视系统的设计原则及设计需要注意的要素，对南京明城墙现有的导视系统进行了改良设计，解决了之前导视系统存在的导视标牌缺失等一系列问题，把导视标牌融入景区中，使其与周围环境更为统一，提升了景区整体的形象。

（3）通过现有的导视系统，设计了全新的景区导视APP，新的数据平台导视系统是对现有传统导视系统的传承与创新，全新的数字化导视系统以传统导视系统为基础并与传统导视系统相区别，是对导视系统设计理论的补充。

无论是传统导视系统的改良设计还是新的南京城墙景区导视APP的设计，都是经过对景区现有导视系统详尽调研分析、归纳出的成果。通过对用户人群的分析定位以及用户对两类导视系统的需求，并结合现有导视系统视觉元素，为后期的设计提供思路。通过传统导视牌关键节点以及APP点位的构建，对导视系统进行了全新规划，使传统的导视系统与新的景区导视APP形成了很好的互补，提高了景区导视系统的完整性。

导视系统无时无刻不在为来到景区游玩的游客提供着隐性服务，作为南京明城墙景区的一部分，导视系统还存在一定的改进空间，传统的导视系统逐渐无法满足互联网时代游客的需求，新的数字化导视平台是对导视系统的一个很好的补充。导视系统的设计还有很多改进的空间，传统的导视系统仍需要通过不断研究，并结合全新的数字化平台，在设计思路上有更广的衍生，为南京明城墙在申遗的道路发挥重要的作用。

课题参与人员：马麟、周源、金连玉、王玮、赵梦薇、张妙蝶、徐宏介

南京明外郭遗址调查与保护利用对策研究①

南京外郭城，又称外城、外罗城、土城、郭城等，俗称“土城头”，为明代南京四重城垣由里向外的第四道城垣。始建于洪武二十三年（1390）四月，实际长度超过60公里。南京外郭城充分利用沿线丘陵岗阜建造而成，墙体以土墙为主，城门附近及一些重要地段使用城砖及条石包砌，共有城门18座。为科学记录外郭的保存现状，促进其保护利用，2018年9月，南京城墙保护管理中心与南京大学历史学院联合组成考古队，对遗迹比较明显的上元门–夹岗门段外郭城进行了一次初步的考古调查，此次调查使我们对明代南京外郭城上元门–夹岗门段城墙的保存状况、城垣的走势、城墙周边的环境有了更为深入的了解。本文在梳理明外郭历史沿革及历年考古发掘材料的基础上，对此次调查收获做一介绍，同时在保护利用方面提出一些相应的对策。

一、南京明外郭历史沿革

洪武二十三年（1390）四月庚子，为加强南京城防，明太祖朱元璋下令开始补建外郭。洪武二十四年二月甲子，建成外郭城门，郭垣亦初显其廓，朝廷始置诸郭门千户所，“铸印给之”。其范围大致从城西的江边向西南过江东门，至夹岗门转向东北，将南郊雨花台一线岗阜制高点圈入郭内，并延伸至外郭最东端筑麒麟门，转向西北，将钟山及其余脉和玄武湖等河道、湖泊全部囊括郭中；沿郭垣至最北端开观音门，并顺江岸转向西南，于京城金川门外筑外金川门，并将郭垣延伸至江边，把京城北面的幕府山等“高岗逼岸，未易登犯”的江防高地悉收郭内。

洪武二十四年（1391）二月甲子，外郭虽显其廓，尚未完工，仅完成16座城门及部分郭垣的建造。外郭的建造仍在进行。

洪武二十四年（1391）四月辛未，应天府江宁县沙洲乡开始修筑土城。据《明会要》卷七十五，成化十

① 该文为“南京明外郭遗址调查与保护利用对策研究”课题报告，课题由南京城墙保护管理中心于2017—2018年完成。

年（1474），总兵蒋琬上言："太祖肇建南京，城外复筑土城，以卫居民，诚万世之业。"在近年南京市明城垣史博物馆有关人员多次对外郭遗址的实地考察中，也能证明南京外郭大部分确为"土城"，未及全部甃砖。

初步建成的外郭，需要不时加以修理，明初为工部负责维修。正统四年（1439）九月己巳，命修南京驯象等18门及外城为夏秋久雨所浸坏地段。天顺四年（1460）七月丙申，因久雨造成坍塌，命修南京内、外城垣。正德十二年（1517）九月辛卯，因久雨坍塌，诏修南京内、外城垣。据《皇明辅世编》，嘉靖二十一年（1542）七月戊午，掌都察院事毛伯温等称："古者有城，必有郭。城以卫君，郭以卫民。太祖高皇帝定鼎南京，既建内地（城），复设罗城于外。成祖文皇帝迁都金台，当时内城足居，所以外城未立。今城外之民，殆倍城中，思患预防，岂容或缓。臣等以为宜筑外城。"此议得到明世宗的认可，遂建北京外郭。据《大明实录》卷二百七十一，南京兵部尚书熊浃于嘉靖二十二年二月借机上书朝廷："南京通济等十二门内外，傍城隙田，原属禁地，近者军民多假以承佃纳租。于内创屋筑园、瘗坟、开肆，甚至垫淤神策三门河濠，侵及城垣垦种。宜下令撤毁平治之。而量留其去城稍远者，如例起科，岁轮守备，衙门充春秋操赏费。其前河濠垫淤者，宜下南京工部乘农隙，亟集兵夫浚之。"熊浃的建议，得到朝廷批准。

清代以后，对外郭疏于修葺，渐为荒芜。据《同治上江两县志》称："石城关俗曰栅栏门，以接木栅也。其北清江、定淮、仪凤三门西濒大江，故无外郭门。今则外郭俱夷为平陆。道光中，尚存城阙形式，其垣惟余高阜，俗犹呼为土城头焉。"

1927年4月18日国民政府定都南京后，"首都市之区域，依民国19年1月省市划界之结果，东北自乌龙山东麓起，南方经杨梅塘薛家冲至姚坊门，依土城根（即明代外郭）经仙鹤门、麒麟门，折向西南行，经沧波门、高桥门，达上坊门，循秦淮河向西"，其界线"大部分以明之外郭城为界"。据张其昀《首都之地理环境》，当时"外城之基，虽略有断续，然犹存土堤，他日市政发达，可作环城马路基础"。据朱偰《金陵古迹图考》，1944年以前，"外郭城门（如高桥门），尚有存者，重关屹立，形势嵯峨，惜今日因筑路关系，渐次拆毁（如观音门，三年前尚存），亦可叹矣"。

如今外郭城门均已无存，仅留下部分城门名，成为当地地名（如仙鹤门、麒麟门、沧波门、高桥门、安德门、江东门等）。部分郭垣遗存已成为郊区公路的路基，尚有多处可寻。

二、历年南京明外郭考古调查情况

根据南京城市建设发展和文物保护需要，相关考古部门对外郭进行了多次局部考古调查和发掘。主要情况如下：

2002年，南京市博物馆考古部配合南京供电局施工，发掘栖霞区吴庄村段明代外郭城遗址。

2008年4月，南京博物院主持京沪高铁江苏段考古勘查和发掘工作，包括郑家营和小石山村两处明代外郭城遗址。

2009年8月—9月，南京市考古所为配合京沪高铁南京段施工建设，对郑家营段明代外郭城遗址进行了发掘。

2009年11月—12月，南京市考古所配合仙鹤门三号路建设，对道路隔断处明代外郭城遗址进行考古发掘。

2010年4月，南京市考古所对金尧山庄西侧城墙遗址进行考古发掘。

2010年5月—7月，南京市考古所配合“土城头秦淮新河百里风光带建设”规划，对外郭城遗址进行了全面勘查。并对佛宁门、姚坊门和燕子矶东侧等地进行了局部考古发掘，发现了夯土城墙及城墙附属建筑遗迹。

2010年8月—2011年1月，南京市考古所对佛宁门门址周边进行了考古发掘，发现了保存较好的夯土城墙，总体呈东西向，方向约100度，城墙外部局部包砌规整条石。

2011年5月—9月，南京市考古所对尧化门老街南侧地带进行考古发掘，发现了南北向夯土城墙及疑似瓮城南墙遗迹。

2010年初，南京市政府将明代外郭城遗址列入“土城头秦淮新河百里风光带建设”规划。为配合这一规划项目的实施，在南京市文物局安排下，南京市考古研究所于2010年5—7月，对南京明外郭城遗址进行了全面的考古调查工作。此次考古调查是首次对明代南京外郭城遗址开展的全面考古工作，具有重要的学术价值。

三、本次南京明外郭考古调查情况

近年来南京城市化发展速度较快，南京明外郭在城市建设中也受到了较大影响，且由于外郭一直为南京各区所分管，其保护利用水平亦参差不齐。时隔八年之后，为科学记录外郭最新的保存现状，促进其保护利用，2018年9月，南京城墙保护管理中心与南京大学历史学院联合组成考古队，对遗迹比较明显的上元门-夹岗门段外郭城进行了一次初步的考古调查。

以下对南京明外郭各段遗址调查现状进行介绍：

（一）上元门

上元门位于中央北路与燕江路交界处，该处已经修建地铁3号线上元门站。据周边人员回忆，在中央北路东侧上元里发现过城砖，推测上元门位置应在上元里地铁站一号口周边。目前，该区域路面已加宽改建，在路西砌筑了一段象征性城墙墙体，并竖立展示牌。根据勘探人员在老虎山上发现一段墙体，墙体走势正好位于中央北路西侧上元里83号楼中部，推测城门位置应在该处；由于目前该区域路面拓宽，均为硬化路面，无工作区域，有待于以后进一步工作。

上元门标志牌

上元门西侧绿化带

图1　上元门现状

图2　勘探人员正在老虎山城墙段调查

通过对上元门以西老虎山一带调查，其山势较高，山上有军事设施，北侧为断崖，距上元门以西约200米处进行考古勘探，发现有城墙堆积土；堆积土位于地表下0.5—0.7米，土层厚1.5—1.7米，为浅褐色土，土质坚硬，墙体北侧遭到破坏，残宽约12.5米，长17米。从此处再向西，破坏较严重，未发现城墙遗迹。

上元门以东幕府山区域破坏较严重，主要受到采矿及塌方等影响，未勘探到城墙遗迹。根据现场调查，此处墙体可能借助自然的山势，利用现有断崖做墙体，低洼处堆土筑墙。

（二）佛宁门

佛宁门位于永济大道南侧一山凹内、石师渡旁，距上元门直线距离约3.5公里，至今有佛宁门路。整个地表残有大量的建筑垃圾及少量的未拆迁的居民，在一现场深坑内发现散落大量的城砖。该处正好位于一山凹内，推测佛宁门门址应位于此处。

2010年8月至2011年1月，南京市考古所对佛宁门门址周边进行了考古发掘，发现了保存较好的夯土城墙，总体呈东西向，方向约100度，城墙外部局部包砌规整条石；条石墙体长约12.5米，残存三层，错缝砌筑。从现场地形及勘探得知，该处墙体疑似佛宁门门址西侧城墙本体。沿着此山凹向东观音门方向进行调查，距疑似佛宁门门址东约200米处，发现城墙堆积土，堆积土宽3—6米，厚0.5—0.8米，堆积土下为坚硬的岩石。整个该区域杂草丛生，给整个调查工作带来较大的困难。

发现的墙体

散落的城砖

勘探人员正在探地层

发现的石墙

图3　佛宁门调查现状

（三）观音门

观音门距佛宁门直线距离约2.1公里。观音门在民国时期尚存，1949年燕子矶道路改造，该门被拆除，路东侧有观音山公园，门址具体位置不存；从现场地形及山势判断，观音门门址应位于观音山公园-燕子矶中学一带。

观音门西侧幕府山段墙体由于树木茂盛，杂草丛生，目前无法调查，有待于进一步考古调查。而和燕路东侧观音门向南一带地势改变较大，墙体已无迹可寻，观音门公园南侧约300米新建道路北侧（西十里长沟西侧），经钻探发现地表下0.7米处有堆积土，土层厚7.9米，浅褐色土，土质坚硬，疑似城墙的堆积土。观音门东侧西十里长沟发源于幕府山南侧，蜿蜒曲折，直达长江。观音门-大发燕澜湾段从目前调查情况看，该段极有可能为此段外郭城的护城河。再向南穿过南京山泉产业园，同燕尧路相连接，该处大发燕澜湾西区3幢东北处疑似城墙同西十里长沟交接处，由于可工作面较少，需要进一步调查。外郭城墙从大发燕澜湾3幢至经五路交接处约1.1公里，作为燕尧线使用，路两侧分布较多的民居和单位，无法进行勘探。

经五路到栖霞大道段燕尧线，长约1.6公里，燕尧路两侧渣土较多，高出路面0.5—1米，大部分探孔无法下钻。局部钻探，发现城墙宽8—10米，堆积土厚1.8—3.3米，黄褐色土，土质坚硬。

栖霞大道-宁洛二桥连接线约1.4公里长的燕尧线，路两侧比路面低4—5米，两侧杂草丛生，树木众多，遍布垃圾，部分区域同路面齐平，给勘探工作带来较大的困难。

图4　勘探人员正在燕尧线调查

图5　燕尧线同燕澜路交界处用城砖砌筑涵洞

观音山发现城墙

观音门公园夯土墙体

图6　观音门调查情况

宁洛二桥连接线宽约200米，外郭城段遭到破坏，从宁洛二桥连接线至尧佳路江苏煤炭地质局，长约800米，路的北侧有月桂园和金尧山庄小区，路的南侧低于燕西线6—7米。2010年4月，南京市考古所对金尧山庄西侧城墙遗址进行考古发掘，发掘表明该段墙体为夯筑而成，城墙开口距离地表0.4米，现存最高处约4.15米，墙体夯土19层，层次分明，每层约厚0.1—0.25米。

尧佳路江苏煤炭地质局-尧化门市民公园长约460米，尧新大道施工，截断燕西路，城墙遗迹不明显。

（四）姚坊门

姚坊门距观音门约7公里，门址位于现尧化门街姚坊门遗址公园处。2011年5月—9月，南京市考古所对尧化门老街南侧地带进行考古发掘，发现了南北向夯土城墙及疑似瓮城南墙遗迹，基本确定外郭城遗址位于现姚坊门遗址公园处。

姚坊门南侧被老沪宁铁路阻断，跨过沪宁线，作为尧马路使用，两侧垃圾较多，经勘探，发现城墙堆积土厚约1米，保存较差。该段至玄武大道约1.8公里；外郭城墙体被玄武大道破坏，跨越玄武大道至文枢西路约1.9公里，该段作为燕西线路基使用，高出两侧2—5米，墙体宽8—10米。

姚坊门公园　　　　聚宝山

图7　姚坊门调查情况

（五）仙鹤门

仙鹤门距姚坊门约3.7公里，其位置推测位于地铁2号线仙鹤门站北侧文枢西路同燕西线交界处。

2009年修建仙林大道时，截断外郭城城墙。2009年11月—12月，南京市考古所配合仙鹤门三号路建设，对道路隔断处明代外郭城遗址进行考古发掘，发掘表明该段墙体呈南北走向，依高岗而建，高出外侧地面5—8米，墙体上部残宽6.8米，底部残宽9.8米，为一次性分层夯筑而成，城墙外侧（东侧）28米处有城壕遗迹。

仙林大道-麒麟门段城墙作为燕西路路基使用，城墙宽8—10米，路两侧大量的建筑垃圾，分布有南京工程高等职业学院、南京交通技师学院、华侨公墓等。

仙鹤门

文枢西路东侧

图8 仙鹤门调查情况

图9 仙鹤门-麒麟门段发现墙体的夯土

图10 工作人员正在勘探、记录

（六）麒麟门

麒麟门距仙鹤门门址约4.5公里，门址应位于现中山门大街上。现中山门大街宽约50米，路已修好，门址具体位置及尺寸已无法确定。

中山门大街南侧文荟路作为燕西路一部分，长约1.1公里；路两侧分布大量民居、工厂、学校等，可勘探位置较少，两侧建筑回填土较厚，厚2—5米，含有大量的砖块、石块；未发现城墙遗迹。高康路燕西路口-百水桥南路墙体保存较好，两侧为大量的绿化，墙体宽约14米。南京市第三看守所-启迪大街处两侧垃圾已和路面齐平，未发现墙体遗迹。

麒麟门南侧文荟路

东花岗段调查

图11 麒麟门调查情况

（七）沧波门

沧波门距麒麟门约5公里，门址推测位于沧波门南街、沧波门北街、燕西路交界区域。该段进行大量的拆迁，现为大片绿化地，可以进行大规模的调查勘探，确定门址的具体位置。

沧波门-高桥门段，文物部门在京沪高铁施工期间抢救性发掘小石山和郑家营两处外郭城遗址，基本确定了该处外郭城的走向及保存状况，确定城墙基础作为双麒路路基在使用。

2008年4月，南京博物院主持京沪高铁江苏段考古勘探和发掘工作，包括郑家营和小石山村两处明代外郭城遗址。

2009年8—9月，南京市考古所为配合京沪高铁南京段施工建设，对郑家营段明代外郭城遗址进行了发掘。发掘表明，该段城墙呈南北走向，方向5度，墙体无基槽，依高坡而建，地势内高外低，夯筑而成，顶残宽2.1—2.4米，底残宽26.5—26.7米，残高0.85—4.2米。

沧波门段

沧波门东侧水系

图12 沧波门调查情况

（八）高桥门

高桥门距沧波门约5.2公里，其具体位置大概位于梅家廊路与双麒路交会处，高桥门小学东南处。

高桥门-上坊门段城墙作为双麒路路基使用，墙体宽8—10米，高出两侧1—3米。

高桥门段墙体

高桥门城东污水处理厂段

图13 高桥门调查情况

（九）上坊门

上坊门现地面已不存，紧靠京沪铁路，经现场走访，推测该处门址应在双麒路上坊桥西侧某区域。

上坊门-夹岗门外郭墙体作为双麒路使用。

上坊门

上坊门-夹岗门段

图14 上坊门调查情况

（十）夹岗门

夹岗门距上坊门约2.8公里，其门址位于双麒路与双龙街交界区域，已无迹可寻。

四、本次考古调查的初步成果及意义

在对外郭城遗址进行考古勘探之前，考古队做了相关资料的查阅和收集，包括历史文献、往年的考古资料、地图及相关研究成果等，其目的是掌握或了解明外郭城的相关信息，从而在勘探过程中能使钻探工作做到更有针对性。在熟悉前期收集资料之后，考古队展开考古勘探工作，主要是对外郭城遗址的范围、结构等进行了科学的调查勘探。经过考古勘探，获知在外郭城城垣范围内的地下埋藏城垣遗迹及相关城门和水系等。

此次的考古调查勘探，基本弄清了南京明代外郭城上元门–夹岗门墙体走势、墙体的保存状况、墙体两侧的保护环境、墙体部分外侧壕沟、穿城的水系等。南京明代外郭城从上元门–夹岗门，大部分作为燕尧路、燕西路、双麒路路基在使用，墙体基础保存较好，城门的位置有待于进一步确认。

依据本次考古调查勘探，再结合前期的几次发掘资料大致可判断南京外郭城部分城门的位置采用砖石砌筑，大部分墙体根据地形地势的不同，采用纯净的黄土夯筑。

本次考古获知的相关信息，为下一步南京外郭城的保护和展示，提供了重要的科学依据。

五、南京明外郭存在的问题及保护利用对策

（一）目前南京明外郭保护政策

南京城墙是南京的重要历史文化遗产，是南京历史文化名城的重要组成部分，自建成以来，对南京的城市空间布局和城市发展产生了深刻影响，对南京城市特色的塑造以及城市格局的形成具有关键作用。南京城墙的保护工作一直以来受到市委、市政府高度重视。

1996年4月，南京市制定了地方性法规《南京城墙保护管理办法》。《办法》的出台对于加强南京城墙的规划、保护和管理发挥了一定的作用。但随着经济社会的发展和城墙保护管理体制的变化，南京城墙保护实际工作中出现了一些新情况和新问题，《南京城墙保护管理办法》不能满足实际工作的需要；另一方面，现有关于南京城墙保护管理方面的规定，与目前城墙申报世界文化遗产工作的要求还存在一定差距，需要从立法上进行完善。

《南京城墙保护条例》经2014年12月30日南京市十五届人大常委会第14次会议制定，2015年1月16日江苏省十二届人大常委会第14次会议批准。该《条例》分总则、保护和利用、监督和管理、法律责任、附则5章程40条，自2015年4月1日起施行，《南京城墙保护管理办法》同时予以废止。除现存的20多公里明代京城城墙及皇城、宫城城墙外，总长达60多公里的明城墙外廓也被纳入保护范围。

（二）南京明外郭存在的问题

目前对南京明代外郭城的了解，仅建立在地面调查和极少量的考古工作；前期考古调查工作极为有限，没有开展较为详细的考古勘探、发掘，考古实物证据资料及研究成果颇为匮乏，遗址内外地下的详细堆积遗存基本不明确，仅凭现有少量的资料和出土遗物不能明确划分遗址演变的层位关系，现有考古学成果及其他现代科技手段对该遗址的保护规划工作的支撑依据尤显不足，仅有部分墙体较为明确，需要进一步考古勘探发掘探明城门的位置等。

目前外郭城墙体大部分作为路基使用，保护条件较差，且遗址两侧建筑垃圾较多，对墙体保存极为不利；从目前调查情况看，部分区域仍在大面积拆迁、施工，外郭城可能会再次遭到破坏。

外郭城目前跨南京鼓楼区、栖霞区、江宁区、秦淮区、雨花台区、建邺区，管理较分散。

（三）南京明外郭保护利用对策

第一，保护南京明代外郭城，建议政府对遗址两侧地块进行两线划定，目前两侧整体保护环境较差，部分区域保护措施做得较好，建议有条件的地方可以效仿姚坊门公园、仙鹤门公园、沧波门公园，使南京外郭城成为文化特色区域。建议在现有保护较好的区域筹建外郭城遗址博物馆，并以此为依托开展对南京明代外郭城遗址的保护、研究和合理利用工作。

第二，以本次考古调查为基础，通过制定南京明代外郭城考古工作中长期发展规划，全面、系统地揭示明代外郭城的文化内涵和价值，逐步将其打造成集遗址保护、环境整治、文化展示、旅游及文化创意产业于一体的国际性遗址博物馆；以考古研究、遗址保护和设施建设为着力点，积极做好将南京明代外郭城申报为省级乃至全国重点文物保护单位和纳入中国明清城墙“申遗”序列中。

第三，在制定考古工作发展规划时，结合南京明外郭位于主城区的区位优势，将公众考古纳入其中，使公众对考古工作的严谨性和科学性，以及对明代南京外郭城真实性和重要性有一个正确的认识，从而提高公众的文物保护意识、优秀民族文化传承意识和文化自信意识。

课题参与人员：马麟、周源、金连玉、赵梦薇、张妙蝶、王碧顺等

南京城墙卡通形象品牌创建及文化产业应用[1]

一、引言

立足于南京城墙悠久的历史与文化，以城墙砖为原型，我们开发了面向6—15岁儿童和青少年的南京城墙卡通形象。借助新媒体平台，围绕这一系列卡通人物形象，我们创作并传播讲述南京城墙故事的系列条漫与动画，旨在将南京城墙的历史与文化融入形象品牌中。与此同时，我们开展一系列线下展览和宣教活动，并且研发配套的文创产品，以便创建和推广南京城墙文化品牌，打造出完整的产业链，并以此来促进南京城墙的保护与开发工作。我们也想通过这一系列卡通形象、衍生产品及活动，让更多的儿童和青少年去关注南京城墙及其承载的中国历史与文化，提高他们对文化遗产的保护意识，引导儿童关心和爱护南京城墙这一我们共同的文化遗产。

我们致力于打造“城城·垣垣”南京城墙卡通形象品牌，以南京城墙卡通形象去讲述城墙历史与故事，而南京城墙的历史文化底蕴也会丰富这一系列形象。我们依据南京城墙卡通形象品牌去打造特色宣教与展览活动、文创产品，这些丰富的配套活动和文创产业链能够推进南京城墙文化品牌的传播，从而形成文化产业向文物保护的反哺，我们探究出一条城墙保护与开发利用相辅相成的保护路径，从而更好地保护南京城墙，真正让文物“活”起来。

同时，这一方式能够增添南京城墙展示的趣味性、互动性和可亲近性，有效地让城墙文化走近儿童的身边，吸引儿童及其家庭对南京城墙保护的关注，从而更好地将对文化遗产的保护意识，以及对城墙所承载的中国历史与传统文化传递给下一代。

① 该文为“南京城墙卡通形象品牌创建及文化产业应用研究”课题报告，课题由南京城墙保护管理中心于2020年完成。

二、城墙卡通形象创建：从一块砖到一座城

南京城墙自从明朝初期建造以来，几百年间已经积淀了浓厚的历史与文化底蕴，流传下了许多动人的传说与传奇的故事。这些丰厚的文化资源为南京城墙形象品牌的创建提供了相当丰富的素材。

南京明城墙用量最多的建材就是砖石，总计上亿块。城砖是城墙最小的单元，一块块城砖造就出南京宏伟的四重城垣，也见证了南京城墙六百多年来的岁月变迁。因此，我们的城墙卡通形象创建构思首先选取了“城墙砖”这一意象来代表南京城墙，并以此为原型去打造南京城墙卡通形象品牌。我们塑造了“城城”和“垣垣”这两个男孩女孩的形象，想要通过这种与受众儿童年龄相近的卡通形象，给儿童以亲切感；以儿童容易接受的拟人化的手法，让城砖作为主角，讲述南京城墙的故事。

同时，围绕两位儿童主角，我们还设计了一批作为他们的朋友、师长的城墙砖卡通形象，从而为南京城墙卡通形象打造完整的人物设定和世界观，让这些卡通形象更贴近生活、更加生动有趣。例如，作为主角的“师长”形象出现的“墙叔”，他的形象设定较为年长，而作为主人公朋友出现的“小花”，她的年龄就比两位主角更小一些。

城城　　小花　　垣垣　　墙叔

图1　南京城墙四位卡通形象主人公

在设计人物形象的时候，为了让每个角色更加立体化，以便展开后期围绕城墙的故事，我们也结合了城砖的特征，对角色的性格进行了个性化的设定。比如说，因为城砖是由黏土制成的，烧造出来的城砖会呈现不同的色彩，这一特征也将体现在城墙吉祥物的肤色设定上；另外，城砖在城墙上所处的不同位置也被设定为角色的“出生地”，如“城城”来自中华门、“小花”来自东水关、“墙叔”来自台城。通过上面的介绍，大家可以了解，在创建南京城墙卡通形象之初，我们就注重这些卡通人物的设定，旨在塑造有性格、有特征的角色，从而更有力地吸引儿童群体的兴趣，并且通过角色的基础设定，把与南京城墙相关的背景知识融入其中，让卡通人物形象更加丰满立体。

除了城砖的不同特质以外，与城墙筑造和保卫有关的历史、传奇人物，以及城墙周边的植物、动物都将融入卡通人物的创作中，这样就增添了故事情节的趣味性以及衍生产品的丰富性。例如“小花”这个人物形象的创意就来自于城墙上生长的植物。不仅如此，我们还注重人物形象与历史典故、传说故事的结合。“城城”和“垣垣”穿上明代的服饰，分别扮演朱元璋和马娘娘的时候，这些卡通人物形象就与城墙相关的历史人物和时代背景融为一体了。

出场人物简介

城城 出生地：中华门

自信满满，勤奋好学

城城是城墙上的一块青砖，乐观向上，满满的正能量，从来不受负面情绪的影响。他喜欢伸张正义、打抱不平，也是大伙们的“开心果”。城城的梦想是做一位文武双全的小英雄，所以总是围绕在墙叔的身边希望能学到更多的本领和知识。然而城城对于学术方面往往都是“略懂”，但是在垣垣面前总是要显示出自己的才干和勇敢。

垣垣 出生地：中华门

内心坚强，可爱善良

垣垣是城墙上的一块白砖，和城城“青梅竹马”，非常注意自己的仪容仪表，举止优雅，是典型的淑女。之前过分依靠城城，小伙伴们私下都称她为“垣公主”。但是自从遇到了无依无靠的小花，垣垣不仅收留了她，还把小花当做亲妹妹一般照顾。

小花 出生地：东水关

懵懵懂懂，元气十足

小花是遗落在路边的一块城砖，自从垣垣收留她之后，天天都要跟在垣垣的身后，成了垣垣的“小尾巴”。不怎么会说话，一句话往往就用几个词组表达，有的时候只有垣垣能理解她的意思。喜欢小动物，喜欢凌霄花，对任何事物都充满了好奇。

墙叔 出生地：台城

世外高人，仙风道骨

没有人知道墙叔真正的名字，他也从来没有透露过。他是一块很特别的红砖。虽然墙叔沉默寡言，却是一名学者。墙叔喜欢到处旅行，将自己的所见所闻编辑成册。同时也是一位“武林高手”。这两点让城城崇拜不已，于是在城城的“死缠烂打”下，墙叔有空都会给城城他们说说故事，渐渐地也成为了城城的“师傅”。

图2 主要卡通形象人物设定

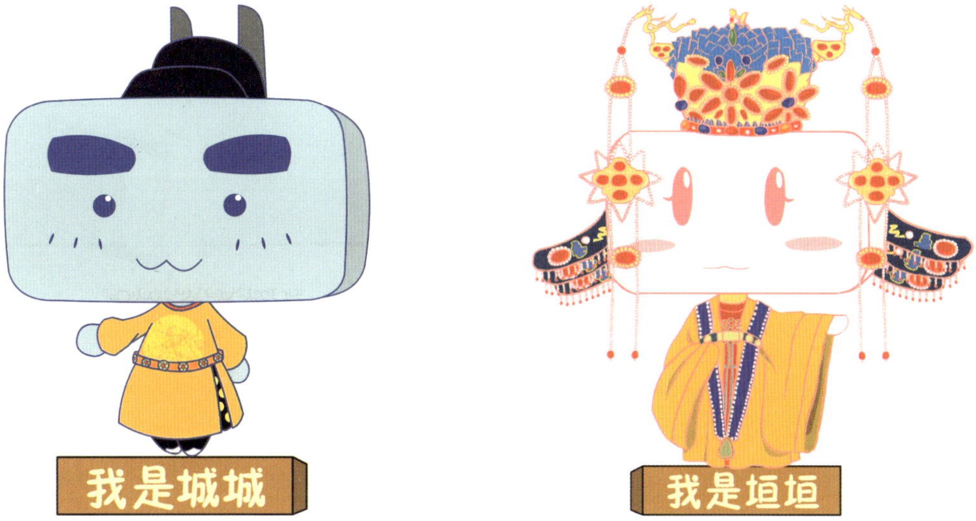

图3 卡通人物扮演的“朱元璋”和“马娘娘”

此外，在城墙故事的创作与传播过程中，我们采用互动的方式，通过留言、二次创作等形式，把儿童读者的创作吸收到官方城墙故事里面，让作为受众的儿童能够参与到卡通形象的创建中来，增强大家对这一组城墙卡通形象及其故事的关注和认同。

三、品牌推广与应用：融入生活代言城墙

（一）文创产品开发

围绕“城城·垣垣”这一组卡通形象，我们研发了一系列产品。考虑到城墙卡通形象的受众，我们在研发的时候，主要关注儿童（6—12岁）和青少年（12岁以上）这两个不同年龄层的群体，有针对性地设计研发相应产品。目前，文创产品已经涵盖文具、生活用品、服饰、玩具、电子产品5大系列，共计近40项产品。

1.儿童系列产品

我们研发的一系列面向儿童及家长的文创产品，包括文具、儿童服装、生活用品等。值得一提的是，基于城砖长方体的形状，我们将“城城·垣垣”系列卡通形象应用在橡皮、闹钟、圆珠笔等产品上，让城墙卡通形象真正走进儿童生活。

（1）文具系列

面向6—12岁儿童，利用“城城·垣垣”形象，我们研发了一系列贴近学生日常使用的文具产品。

图4 橡皮擦
说明：分为粉色（垣垣）、蓝色（城城）两款，采用城城、垣垣头像造型
尺寸：4.5厘米x2.7厘米

图5 圆珠笔
说明：PVC外壳，笔尾有城城头像
尺寸：长17厘米

图6 铅笔盒

说明：印有城城、垣垣头像；单层，全金属材质

尺寸：19.5厘米x4.5厘米x2.2厘米

图7 拉杆书包

说明：印有城城、垣垣、墙叔、小花四人形象，三层。配有可装卸拉杆，方便学生使用

尺寸：书包40厘米x29厘米x19厘米；拉杆高度73厘米（打开）、52.5厘米（收起）

（2）生活用品系列

使用“城城·垣垣”形象，我们设计一系列儿童生活用品，让“城城·垣垣”卡通形象走进孩子们生活的方方面面。

图8 闹钟

说明：利用城城头像形状作钟面。有振动、发光功能

尺寸：9厘米x7.5厘米x4.3厘米

图9 饭盒

说明：双层饭盒，印有城城图案，配有防漏带

尺寸：17.5厘米x10.6厘米x10.5厘米

图10 毛巾

说明：分粉色、蓝色两款，分别有城城和小花头像的图案刺绣，材料纯棉

尺寸：60厘米x30厘米

图11 扇子

说明：印有城城全身像，安全环保塑料材质

尺寸：全长27厘米，扇面半径7厘米

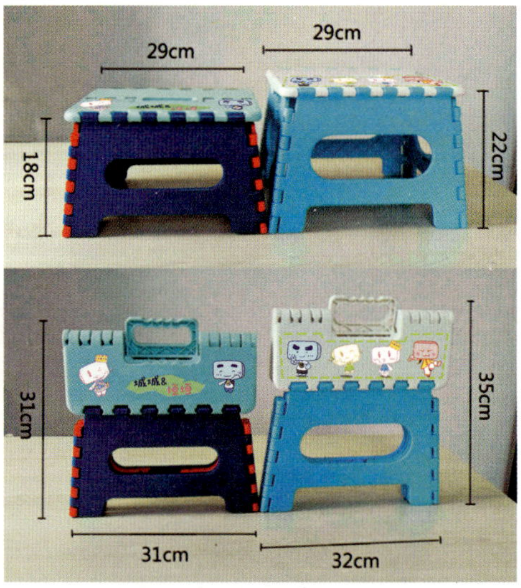

图12 折叠板凳

说明：印有城城、垣垣、小花、墙叔一组人物形象，材质为安全环保塑料，可折叠，便于儿童携带

尺寸：29厘米x18厘米（打开）；31厘米x31厘米（收起）

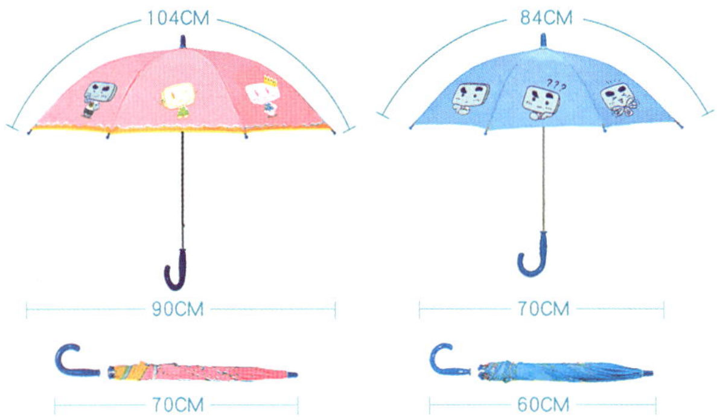

图13 雨伞
说明：分为粉色、蓝色两款，分别印有四角色形象和城城单人形象
尺寸：针对不同年龄儿童，分别为大小两款，长70厘米/60厘米，伞面直径104厘米/84厘米

图14 牛奶
说明：设计有城城、垣垣两款牛奶盒
尺寸：12厘米x3.5厘米

（3）儿童服饰系列

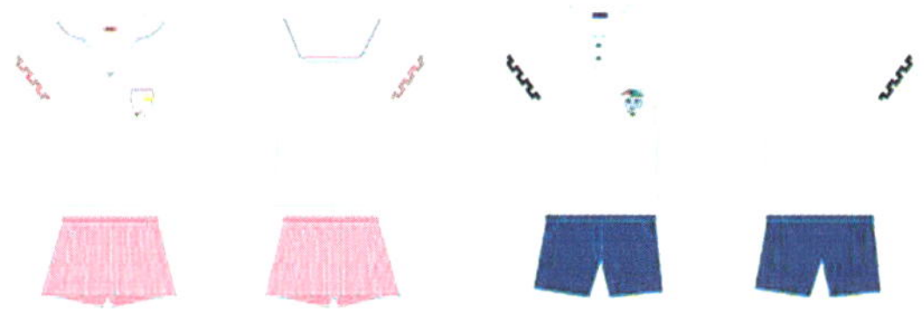

图15 校服
说明：以城城、垣垣形象元素设计男女学生校服
尺寸：L/M/S三款

图16 儿童拖鞋
说明：分粉色、蓝色两款，分别以城城、垣垣为设计元素
尺寸：16厘米x6厘米

图17 辫绳
说明：分粉色、蓝色两款，分别以城城、垣垣为设计元素
尺寸：5厘米

（4）玩具系列

图18 毛绒玩偶

说明：城城、垣垣毛绒玩偶，共三组，分别为常服系列一组、运动系列两组；材质为纯棉布料，棉花填充

尺寸：22厘米x8.5厘米

2.青春系列产品

为了扩大“城城·垣垣”系列产品的受众面，除了面向儿童及其家长以外，我们也注重开发以12—18岁青少年乃至成人为目标受众群体的文创产品，如钥匙链、帆布包等。与儿童系列产品不同，本系列产品在设计上较为简洁，更能符合青少年乃至成年人的审美。产品类型的覆盖面更广，尤其是涉及数码配套产品，以满足不同年龄层的需求。

（1）文具系列

图19 日记本

说明：彩页记事日记本，软面抄，线装式装订。以垣垣为设计元素，配合花朵图案，色调清新雅致

尺寸：18.1厘米x25.4厘米

图20 活页本

说明：牛皮纸封面底，两款分别印制城城、垣垣形象，内置彩色活动记事便签

尺寸：6.8厘米x10.5厘米

图21 便签纸

说明：绘有城城表情包便利贴纸，随粘随用

尺寸：7.6厘米x7.6厘米

图22 文件夹

说明：纽扣式开封口，正反面均有城城、垣垣元素图案设计

尺寸：33厘米x24厘米

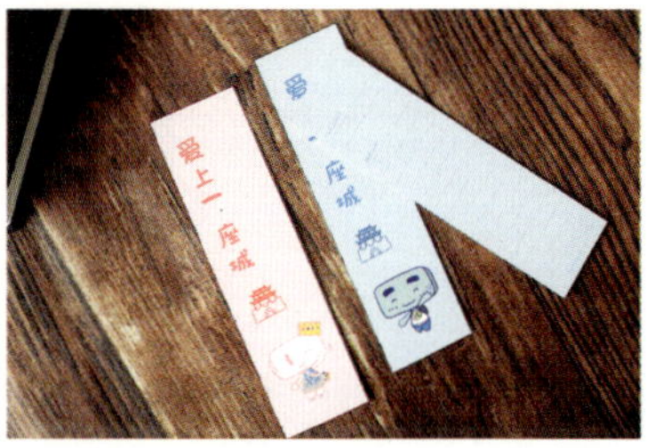

图23 书签

说明：以城城、垣垣为元素的“爱上一座城”主题书签

尺寸：5.5厘米x16厘米

（2）生活用品系列

图24 马克杯

说明：男女款茶杯，两款分别印有城城、垣垣图案，陶瓷隔热材质

尺寸：直径8厘米，高8.7厘米

图25 眼镜盒

男女款眼镜盒，分别印有城城、垣垣图案，内置绒棉布料

尺寸：16.3厘米x6厘米

图26 抽纸盒

说明：以城砖形状为外形设计的木盖创意餐巾抽纸盒

尺寸：18厘米x11.5厘米x9.5厘米

图27 抽纸

说明：条链式开口，方便抽取，城城表情包图案，可爱大方

尺寸：11厘米x8厘米x8厘米

图28 零钱包

说明：印有城城、垣垣形象的两款圆形零钱包

尺寸：直径16厘米

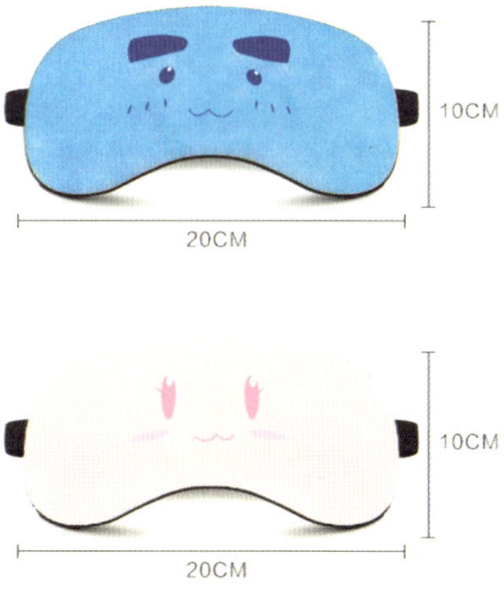

图29 眼罩

说明：男女款城城、垣垣表情包眼罩，享受安静环境的同时，增加趣味性。

尺寸：20厘米x10厘米

图30 地垫

说明：门厅地垫，防滑保暖，印有城城、垣垣头像，配色简洁大方

尺寸：85厘米x115厘米

图31 抱枕

说明：城城、垣垣表情包抱枕，形象生动，丰富多彩

尺寸：33厘米x23厘米x10厘米

图32 车贴

说明："我是砖 别碰瓷"车贴

尺寸：21.5厘米x14.5厘米

（3）电子产品相关

手机、电脑等电子产品在青少年生活中占据大量比重，相应的，本课题设计了一系列以城城垣垣为主题的手机壳、鼠标垫等产品。

图33　手机壳

说明：软皮硅胶手机壳，防震防摔，手机壳上附有突出的垣垣造型，活泼可爱

尺寸：15.8厘米x7.7厘米

图34　手机环

说明：椭圆形手机环形支架，有城城、垣垣两款设计，方便携带，可支撑手机

尺寸：3.5厘米x3.8厘米

图35　鼠标垫1

说明：印有城城形象的笔记本台式机鼠标垫，设计简洁

尺寸：80厘米x30厘米

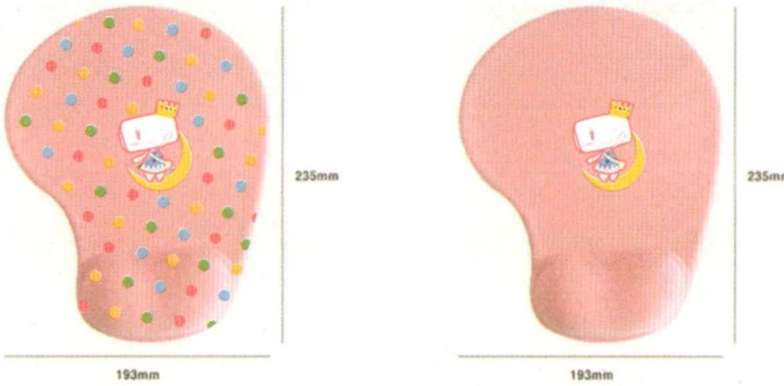

图36　鼠标垫2

说明：采用鞋型护腕海绵填充鼠标垫，印有垣垣形象，可爱大方

尺寸：19.3厘米x23.5厘米

（二）互动活动中的卡通形象元素

我们在宣教、展览活动中运用城墙卡通形象进行传播与推广，真正让南京城墙卡通形象品牌“活”起来。

1.社教活动

围绕“城城・垣垣”这一组卡通形象品牌，我们举办了一系列面向儿童的活动，包括暑期“城城垣垣小讲堂”系列儿童展、“城墙小小讲解员”等，把“城城・垣垣”的形象深刻融入活动中，让这一组南京城墙卡通形象真正成为城墙活动的代言人，让“城城”和“垣垣”成为儿童的朋友和玩伴。卡通形象带来的亲和力与趣味性增强了城墙这一文化遗产对于儿童的吸引力。

在这些活动中，我们还设计了一系列与活动配套的周边产品，如以“城城・垣垣”形象设计的城墙手提袋、贴纸等。例如“小小城墙巡视员”的车贴，我们将它与城墙巡视员亲子活动结合，组织少年儿童走城墙并进行巡查，同时为参加活动的儿童家长提供车贴，作为参与此活动的标志。这些贴有城墙巡视员车贴的车辆行驶在南京的大街小巷，不仅能够让直接参加活动的儿童及其家庭参与到南京城墙的保护中来，同时也有利于本活动的推广和南京城墙的宣传，提高全社会的城墙保护意识。

图37 “小小城墙巡视员”专属车贴
尺寸：23.5厘米x14.5厘米

并且，我们基于现有的南京城墙年卡，还设计了以“城城·垣垣”为主题元素的儿童年卡，以活泼可爱的设计吸引儿童及青少年的兴趣。

图38 年卡（小）
说明：芯片卡，有粉色、蓝色两款，分别以城城、垣垣为代表图案。为方便儿童携带，配有挂绳
尺寸：5厘米x2.5厘米

图39 年卡（大）
说明：与上一款相比，面向年龄较大的儿童及青少年群体，印有城城、垣垣、小花和城墙图案，大小可放入钱包
尺寸：8.8厘米x5.5厘米

除此以外，我们还设计了有“城城·垣垣”logo的贴纸、城墙纸袋等一系列活动配套产品，在打造南京城墙少年儿童专属配套产品的同时，推动本卡通形象品牌的宣传和推广。

图40 贴纸
说明：城城和垣垣以及文字形成的logo
尺寸：3.5厘米x2.7厘米

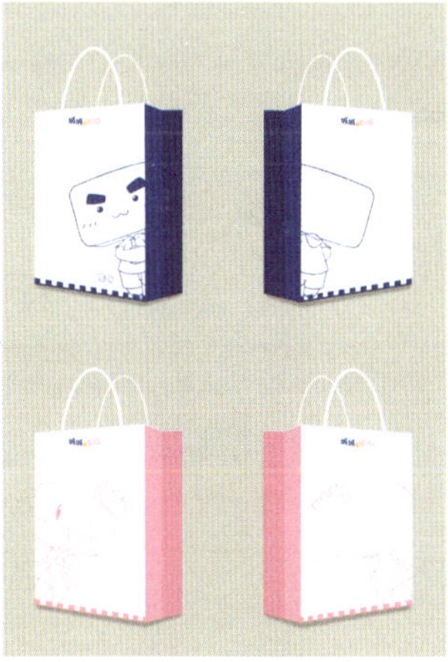

图41 手提袋
说明：有粉色、蓝色两种，纸质材质，承重2公斤
尺寸：35厘米x25厘米

2.展览、展示中的卡通形象元素

自从2015年开始，南京城墙保护管理中心每年都会举办“城城垣垣小讲堂”暑期系列儿童展。如今，中心把“城城·垣垣”的形象融入展览之中。例如，在《城城垣垣小讲堂：城墙边的花花世界》展览中，把“城城·垣垣”形象放入展板中，让“城城”和“垣垣”带领孩子们认识南京城墙上的植物。

图42　《城城垣垣小讲堂：城墙边的花花世界》展览

以“城城·垣垣”为代表的卡通形象是与儿童和青少年相关的展览中的重要元素。在《百万网友心中的南京十大文化地标》展览中，我们在展板设计中就注重使用“城城·垣垣”的形象，由他们出场介绍孩子们画笔下的南京文化地标。

图43　《百万网友心中的南京十大文化地标》展览

3.科技手段丰富城墙表达

（1）AR手段探究城墙奥秘

我们研发的“城墙故事”产品中，由“城城·垣垣”卡通形象讲述南京城墙的故事，为游客提供了“带得走的”南京城墙。

这个产品是一本可以用手机app识别内容并播放视频的口袋书。活动参与人员可以通过手机扫码，在手机上播放相关内容。视频内容包括对南京明城墙以及中华门、中山门、玄武门、解放门、神策门、清凉门、仪凤门这7座城门的简介，并将与南京城墙相关的6个传说故事以flash动画形式呈现，包括沈万三献聚宝盆、“聚恩泉”瓮堂、正月十六登城头走百病、填湖建宫、龙脖子、修筑南京外郭等，充满趣味性。

图44 南京城墙传说故事动画

游客们通过手机扫口袋书，可以看到中华门瓮城复原模型、“城城·垣垣”浮现在屏幕上的3D影像，还可以操纵“城城·垣垣”进行旋转，观看更多细节，也可以用手机拍照留念。

图45 3D瓮城复原模型与城城·垣垣人物

（2）网络平台讲述城墙故事

我们注重以新媒体平台讲述城墙故事，创作并发布以卡通形象“城城”和“垣垣”为主角的南京城墙故事，并将南京城墙的历史与文化融入其中。这些条漫在未来的进一步推广中，将通过微博、微信公众号等新媒体平台发布，以更具亲和力的方式，为人们讲述南京城墙的故事，从而丰富这一系列卡通形象的文化内涵。

本系列第一个条漫以“城城垣垣小课堂”的形式介绍了南京城墙是如何呈现如今的形状的。

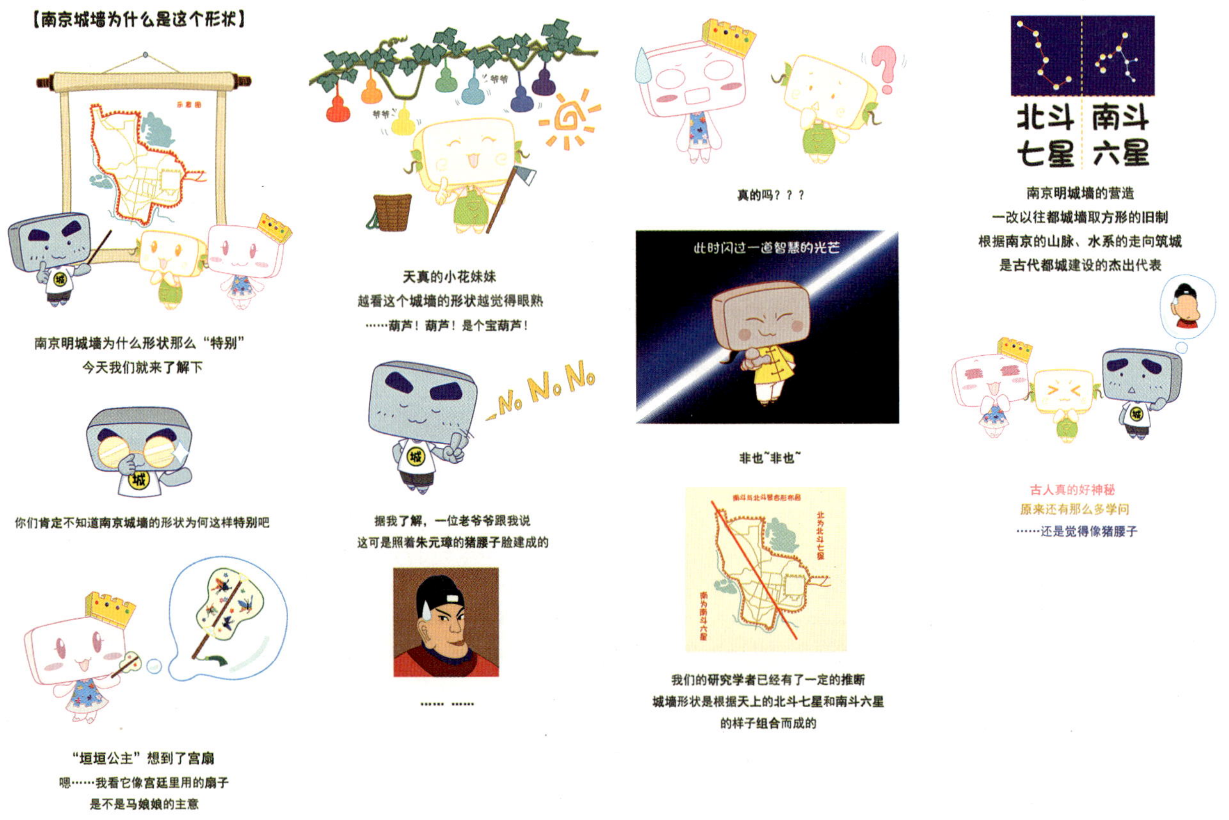

图46　条漫《南京城墙为什么是这个形状》

而在《沈万三的聚宝盆》故事中，让城墙的代言人回到历史之中，由卡通形象“城城”和“墙叔”分别扮演了沈万三与朱元璋，演绎了沈万三献聚宝盆，使得城墙聚宝门顺利建成的传说。

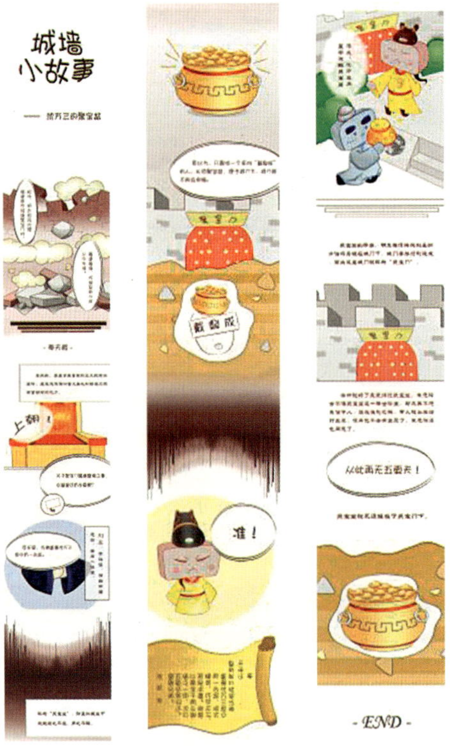

图47　条漫《沈万三的聚宝盆》

图48 城城·垣垣部分微信表情包

现代科技的运用也使得城墙卡通形象更加深入人心和贴近生活。我们设计了一组“城城·垣垣”系列微信表情包，通过在日常微信聊天中的使用，让以“城城·垣垣”为代表的南京城墙卡通形象更多地渗透进人们的生活，让更多的人了解和认可南京城墙卡通形象品牌。

四、小结

从城墙卡通形象设计开始，结合文创产品、展览社教活动，配合以新媒体、AR等科技手段运用，我们将南京城墙卡通形象品牌运用在实际生活中，获得了广泛传播，得到受众群体的一致认可，真正使“城城·垣垣”代表的南京城墙卡通形象成为南京城墙的代言人。

（一）特质突出，趣味并重

南京城墙卡通形象的设计，选择了城墙建造所用最多的建材——城砖作为卡通人物形象。城砖外形特质突出，且历史悠久，能够作为南京城墙不可替代的代表形象。“城城·垣垣”这组卡通形象以城砖为原型，并以拟人化的方式处理，使其在保留了城砖的特质的同时，增添了“人”的亲和性和趣味性，以南京城墙丰厚的历史与文化内涵为基础，让每一个角色都有特征、有个性、有故事，才能够得到不同受众群体的欢迎。

（二）整体规划，产品丰富

南京城墙的卡通形象立足于南京城墙本体，是一套长期有效的品牌形象，并且这一系列的卡通人物作为城墙整体的形象代表，有利于南京城墙形成长期的品牌效应，并打造产业链。在打造南京城墙的卡通形象时，我们注重衍生动漫产品的创作，使它们不是一个单薄的形象，而是拥有故事的“角色”，同时我们也注重系统性地开发文创产品，有针对性地面向以儿童为主、覆盖青少年及成年人群体去设计产品，并且覆盖受众群体生活、学习的方方面面，让城墙卡通人物贴近生活。

（三）科技结合，互动体验

AR等现代技术手段和新媒体平台能够为南京城墙卡通形象提供丰富多元的体验方式，不仅使卡通形象的推广方式更为多样化，也使得它们被接受的过程更加可参与、可互动，尤其在面向以儿童和青少年为主要受众群体时，互动性的游戏使得少年儿童能够亲身参与其中，充分满足了他们的好奇心，让他们在游戏中得到乐趣，从而提升对南京城墙的兴趣。

同时，通过打造展览和活动厅、举办丰富的宣教互动活动等形式，我们确保儿童能充分参与其中，使南京城墙卡通人物形象真正深入人心，将其真正打造为南京城墙的品牌形象。

课题参与人员：马麟、肖巘、任卓、李珩、王腾、李昕桐、张渺汐、赵梦薇、张君、王翎人

南京城墙护城河体系调查报告①

一、对明城墙和护城河的调研

城墙的起源，是人类出于生存需要而修筑的屏障，防御功能是其最本质的价值之一。而护城河是城墙体系中密不可分的一部分，人们在描述一座城池的坚固时，往往喜欢用“金城汤池”或“固若金汤”来形容，其中的“汤”和“池”指的就是护城河。

本次调研，对南京明城墙和护城河主要进行以下几方面工作：

（1）复核测定城墙高度、宽度；

（2）复核测量城墙与护城河的距离，在有条件的地段测出护城河的宽度；

（3）观察并记录城墙顶部排水沟的形式及间距；

（4）观察城墙段中独立墙和包山墙的分布位置，以及包山墙段的“龙吐水”结构。

（一）中山门—标营门段

中山门—标营门段城墙可见墙包墙结构，其观测数据如表1所示。可以看出，该段城墙外侧高度起伏较大，较低处只有13—14米，较高处则能达到23—24米，墙宽度相对较窄，一般都在5米左右，较窄处只有3.5米。部分墙段在墙顶处可见明排水沟，排水沟均位于城墙内侧；从现场观察结果来看，这些排水沟均是后期修缮的。此段城墙与护城河的距离大多介于40—50米之间。由于墙面被植物大面积覆盖以及墙体的不规则，城墙外侧和内侧的坡度测量较为粗略，精度不高。因为墙顶排水都是向着城墙内侧的方向，故墙顶面具有一定的坡度，该坡度一般在2度左右。

课题组沿城墙外侧绕标营门—琵琶湖段城墙观测一周，并未发现“龙吐水”结构，但在城墙上发现许多孔状结构。经向本地老人了解，城墙内部被改造为防空洞，有些小孔为透气孔。而其中一些水泥浇筑的大孔

① 该文为“南京城墙护城河体系调查及遗产价值研究”课题成果“调查报告”部分，课题由南京城墙保护管理中心于2019年完成。

是在战争时期用于防御和侦查的孔。在中山门南侧城墙外边还发现一圆管，但该管位于新修缮的城墙部分，可能用于排水。中山门—琵琶湖段城墙外侧发现有排水槽，但不能确定该排水槽是否连接有墙内暗沟（因为该段位于军事管制区，故未能登城核验）。在琵琶湖段城墙底部发现一个与琵琶湖相连的洞，该处很可能是一个闸口。

表1 中山门—标营门段城墙观测数据

<table>
<tr><th>项目</th><th>中山门城门</th><th>中山门北侧约100米</th><th>中山门登城口右侧</th><th>蓝旗街通道</th><th>琵琶湖亲水城墙</th></tr>
<tr><td rowspan="3">顶宽（米）</td><td>16.9</td><td>5（卷尺测量）</td><td>5.5</td><td>3.5</td><td rowspan="3">—</td></tr>
<tr><td>17.6</td><td>—</td><td>—</td><td>—</td></tr>
<tr><td>16.9</td><td>—</td><td>—</td><td>—</td></tr>
<tr><td>城墙高度（外）（米）</td><td>23.5</td><td>15</td><td>20—21</td><td>13—14</td><td>24</td></tr>
<tr><td></td><td>24.2</td><td>14.5</td><td>—</td><td>—</td><td>—</td></tr>
<tr><td>城墙高度（内）（米）</td><td>—</td><td>1.5</td><td>7</td><td>—</td><td rowspan="5">—</td></tr>
<tr><td>城墙坡度（外）（度）</td><td>—</td><td>—</td><td>84</td><td>—</td></tr>
<tr><td>城墙坡度（内）（度）</td><td>87</td><td>90</td><td>—</td><td>87</td></tr>
<tr><td>墙顶坡度（度）</td><td>4—5</td><td>2</td><td>1—2</td><td>—</td></tr>
<tr><td>独立墙/包山墙</td><td>独立墙</td><td>包山墙</td><td>包山墙</td><td>—</td></tr>
<tr><td>城墙与护城河距离（米）</td><td>—</td><td>—</td><td>50</td><td>40</td><td>15—17米，最近处约5米</td></tr>
<tr><td>护城河宽度（米）</td><td>—</td><td>—</td><td>—</td><td>130</td><td>—</td></tr>
<tr><td>墙顶排水沟形式</td><td>—</td><td>明沟排水</td><td>明沟排水</td><td>明沟排水</td><td rowspan="4">—</td></tr>
<tr><td>排水口间距（米）</td><td>—</td><td>26—27</td><td>19—21</td><td>—</td></tr>
<tr><td>排水沟宽度（厘米）</td><td>—</td><td>20—30</td><td>20—30</td><td>—</td></tr>
<tr><td>排水口大小（厘米）</td><td>—</td><td>—</td><td>20×40</td><td>—</td></tr>
</table>

图1 中山门城门顶部

中山门北明排水沟　中山门北排水口　中山门北侧排水槽

图2　中山门北侧排水沟及其排水口

图3　墙面不规则

图4　城墙内部防空洞透气孔

图5　中山门附近机枪口（防御、侦察作用）

图6　中山门南侧城墙管子

图7　琵琶湖段城墙底部排水口

（二）解放门—玄武门段

因太平门段城墙正在修缮，故未能对太平门段城墙进行观测，只调研了解放门至玄武门段城墙。该段城墙可见墙包墙、城砖墙、条石城砖混砌结构，其具体观测数据如表2所示。可以看出，该段城墙高度较高，尤其是解放门—太平门段城墙，此段城墙高达20—24米，墙顶宽度也有11米左右。而解放门至玄武门段城墙高16—18米，墙顶宽度5—5.5米。

课题组在城墙外侧观测了解放门—玄武门段的小红山段城墙，发现城墙外面分布有许多小孔，在其中一处小孔中发现有一根管子，但受条件所限，未能进一步观察到该管子的材质和用途。根据当地一位老人的描述，城墙上的这些小孔是排水孔，连接着城墙内部的暗沟，下雨天时有“龙吐水”现象。为了验证老人的说法，对该段城墙内侧进行了观察，结果发现：城墙内部地形存在汇水条件，这些汇水区域基本都位于城墙上部排水槽下边，而且汇水位置与城墙外侧小孔有一定对应关系，但难以确定是否真的存在联系。

表2 解放门—玄武门段城墙观测数据

项目	解放门登城口	解放门城门	解放门至太平门1/3处	解放门至玄武门1/3处	近玄武门处一小湖处
顶宽（米）	4.25	11.4	10.7	5.1	5.5
城墙高度（外）（米）	20—21	22	23—24	18	16—17
城墙高度（内）（米）	10—12	21	15	10	7
城墙坡度（外）（度）	89	88	—	89	87
城墙坡度（内）（度）	88—89	87	86	88	87
墙顶坡度（度）	3	2—4	2	2	1
独立墙/包山墙	独立墙	独立墙	独立墙	包山墙	包山墙
城墙与玄武湖距离（米）	45—50	42—44	42—44	34	20
护城河宽度（米）	—	—	—	—	—
墙顶排水沟形式	明沟排水	明沟排水	明沟排水	明沟排水	明沟排水
排水口间距（米）	28	28	55（有间隔约3米的孔）	39—40	32.5
排水沟宽度（厘米）	20—30	20—30	20—30	20—30	20—30
排水口大小（厘米）	—	—	—	—	—

图8 小红山段城墙外侧小孔（右图圈中有一管子）

图9 小红山段城墙外侧墙壁上的小孔

汇水区域　　汇水地形与排水槽的对应关系

图10 城墙内侧中间低两边高的汇水地形

（三）玄武门—神策门段

玄武门—神策门段城墙可见墙包墙、城砖墙、条石城砖混砌结构，其观测数据如表3所示。由此可见，该段城墙墙顶宽度在5米左右，城墙高度在17—18米。此段城墙除靠近神策门段基本为独立墙，墙顶宽度为4.5—5米之间，城墙高度在16—22米之间。此段排水形式主要是明沟排水，墙顶向内侧倾斜，坡度约为2度。

表3 玄武门—神策门段城墙观测数据

项目	1/6—1/5处	800米处（模范马路隧道）	1/2处	3/4处（城墙拐角）	5/6处（接近神策门）
顶宽（米）	4.9	4.8	5	4.8	4.5
城墙高度（外）（米）	17—18	22	17	16—17	18—19
城墙高度（内）（米）	12	15	12—13	10	1.2
城墙坡度（外）（度）	88	—	87	86—87	85
城墙坡度（内）（度）	86	—	87	84—85	—
墙顶坡度（度）	2	1	2	2	2
独立墙/包山墙	独立墙	独立墙	独立墙	独立墙	包山墙
城墙与玄武湖距离（米）	—	61—62	67—68	被树木遮挡	45米左右
护城河宽度（米）	—	—	—	—	25米左右（此处为护城河，非玄武湖）
墙顶排水沟形式	明沟排水	明沟排水	明沟排水	明沟排水	明沟排水
排水口间距（米）	28	—	13.4	5.4	29.6
排水沟宽度（厘米）	20—30	20—30	30	20—30	20—30
排水口大小（厘米）	10×18	—	25×18	20×30	28×18

（四）仪凤门—定淮门段

仪凤门（狮子山阅江楼）—定淮门段城墙有部分墙包墙结构，其观测数据如表4所示。可以看到，此段城墙墙顶宽度为3—4.5米之间，城墙高度在12—15米之间。此段排水形式以暗沟排水为主，墙顶向内侧倾斜，坡度约在2度。此段狮子山阅江楼附近（即仪凤门至阅江楼西门段）较为典型，该处城墙内侧为山体，山上有水渠连接至城墙内侧的明（暗）沟；城墙顶部靠城墙内侧的明（暗）排水通向城墙外侧，暗沟排水槽相对位置略低于明沟排水槽3.5米左右。从该处城墙与山体关系、排水沟的布置形式来看，推测此处有“龙吐水”结构。

表4 仪凤门—定淮门段城墙观测数据

项目	仪凤门（狮子山阅江楼）	仪凤门至挹江门400米处	定淮门北段	小桃园与八字山公园之间
顶宽（米）	3.1—3.2	4.5	3.4—3.5	4
城墙高度（外）（米）	14	12	13	15
城墙高度（内）（米）	1.8	0	0	0
城墙坡度（外）（度）	89	86—87	条件限制，未测	条件所限，未测
城墙坡度（内）（度）	—	—	—	—
墙顶坡度（度）	2	2	2—3	2
独立墙/包山墙	包山墙	包山墙	包山墙	包山墙
城墙与护城河距离（米）	12—13	88—90	无	条件所限，未测
护城河宽度（米）	14—15	—	—	—
墙顶排水沟形式	明和暗都有	暗沟排水	暗沟排水	暗沟排水
排水口间距（米）	明：32/48.5（间距为48.5米的中间有一向内侧的排水口）暗：40.4	35	38	37
排水沟宽度（厘米）	明：20—30 暗：140	—	—	—
排水口大小（厘米）	—	—	—	—
备注	明沟和暗沟排水口高差为3.5—3.6米，暗沟排水口距城墙顶部4.3米，疑似龙吐水结构，暗沟深度1.2—1.3米之间	暗沟排水口距城墙顶面2.1米		暗沟排水口距城墙墙面2.8米

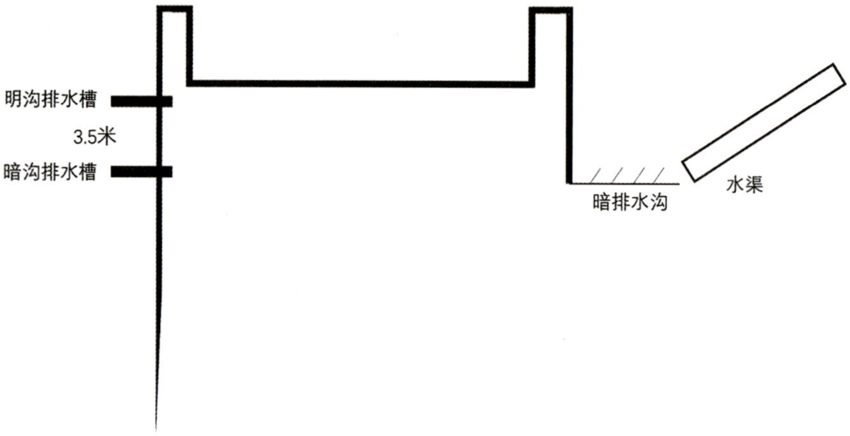

图11 狮子山阅江楼段城墙排水结构示意图

明沟和暗沟排水槽

暗沟

水渠

城墙顶部明沟

明沟和暗沟（俯视）

图12 狮子山阅江楼段排水设施

（五）中华门两侧

中华门两侧的城墙可见石墙结构，其观测数据如表5所示。由此可见，该段城墙高度在20米左右，墙顶宽度大多数地方也都在13—16米之间。该段城墙与护城河的距离变化较大，最近处只有30米，而最远处则达到了65米左右，护城河宽度也有较大范围的变化，从40米到110米不等。

表5 中华门两侧城墙观测数据

项目	中华门东100米	中华门东800米	南唐城墙遗址上部	长干门西	中华门至集庆门拐角北200米	武定门
顶宽（米）	13.3	9	14.5	16.5	14.5	12.4
城墙高度（外）（米）	19—20（16—17）	23	17	19	19	18—19
城墙高度（内）（米）	18—19	4—5	19	17	14—15	—
城墙坡度（外）（度）	87	86—87	88—89	86—87	88—89	—
城墙坡度（内）（度）	87—88	88—89	89	88	86—87	—
墙顶坡度（度）	2（中间高，两侧低）	2	2—3	2	2	—
独立墙/包山墙	独立墙	包山墙	独立墙	独立墙	独立墙	独立墙
城墙与护城河距离（米）	40（35—45）	35—45（35—40）	42（45）	60（63.3）	70（63）	（60—65）
护城河宽度（米）	75（50—75）	84（75—80）	90（80）	65（70—85）	95—100（100—110）	40—55
墙顶排水沟形式	明沟排水	明沟排水	暗沟排水	明沟排水	明沟排水	—
排水口间距（米）	62.6/34.6	—	—	45	—	—
排水沟宽度（厘米）	20—30	20—30	40	18	20—30	—
排水口大小（厘米）	20×10	25×15	—	18×39	—	—
备注	（）内的数据为城墙底部护城河边复核数据					

图13 中华门东城墙顶部

图14 中华门东约800米处的城墙（图片中城墙右侧为一小山）

（六）清凉门段

清凉门段大部分城墙位于石头城遗址公园内，城墙入口位于公园南侧的城门。现场沿从南向北的路线进行调研，发现本段城墙为包山墙结构，城墙的内侧紧挨着山体，外侧有秦淮河，河宽为72—78米，河与城墙间距离75—90米，部分城墙段靠近“镜湖”，离湖距离为19—26米。起始段城墙顶部宽度为4.6—4.8米，部分路段因维修非常狭窄，最窄处宽度仅为2.6—3米，到后半段宽度明显增加，达到了7.4米左右。城墙顶部道路坡度向城内方向，坡度为2—3度。城墙外侧高度随着地形而变化，变化区间为11—24米，最高处在“鬼脸照镜”景点，大部分的高度位于11—16米之间。城墙外侧可见明显伸出的山体，高度一般为7—9米，最高处也是位于“鬼脸照镜”景点，为19米。城墙外侧倾角在82—85度之间，因城墙顶部道路外侧有围栏，该数据是从城墙下部测得的。

重点查看了城墙的排水设施。城墙顶部路面的积水主要汇向山体一侧，山体侧设有明沟或是暗沟，而在城墙外侧未发现明显的排水口，但在城墙外侧设有暗沟，两者相距大约0.7—2米，暗沟宽深均为45厘米左右。

城墙顶部明沟、暗沟布设如下：

（1）在起始段发现较短的暗沟，暗沟宽度和高度均为50厘米左右。

（2）在施工狭窄段，发现一条断面较小的明沟，明沟宽深为15厘米左右，开始段的明沟地势较低，明沟连向山体，而后段的明沟同暗沟相连，推测前端明沟内的水可能排向山体，后端明沟内的水会排向暗沟，但暗沟内水的排向暂未查明。

（3）在通过“鬼脸照镜”景点后，发现一条断面较小的明沟，明沟宽深均大约为20厘米，明沟内每隔50米左右向山体侧设有排水口，排水口下部设有明沟或暗沟，暗沟高度随着山体高度而变，暗沟宽深大约为60厘米。这条明沟以及下部的明沟、暗沟在一定距离后终止，下部明沟、暗沟看不出明显的出水口。

（4）经过一定距离后发现一条暗沟，这条暗沟与一条横向的暗沟相连，将水排向山体一侧。横向暗沟的末端为一个出水口，出水口的下部是一条明沟，明沟设在山体坡肩处，明沟的宽深分别为64厘米和50厘米，山体的内侧为一学校操场，山体的斜坡部做了混凝土护坡，沿着明沟行走未发现明显出水口。

图15　清凉门段城墙外排水沟

图16 清凉门段城墙顶部排水沟

图17 清凉门段城墙顶部的排水沟

图18 清凉门段城墙顶部的排水沟及出水口

城墙顶部暗沟　顶部暗沟与横向暗沟连通　明沟出水口　出水口下部的坡肩明沟

图19 清凉门段城墙顶部排水沟及出水口

（七）调研小结

从本次调研情况来看，由于南京城墙特殊的建造背景，其城墙结构可大致可分为以下5大类型：

（1）包山墙。这类墙体因城墙内侧有土丘或山体，基本没有内壁墙或仅筑较矮的护土坡，而城墙外壁用城砖，或条石和城砖混合包砌，如清凉门左右段，此段城墙下部的石壁高度由南向北逐渐升高，最高处有一块突出似“鬼脸”的岩石，清代以来此段城墙被称为“鬼脸城”。

（2）墙包墙。城墙中夹有明代或明以前的城墙、古砖墙、块石墙等，如前湖段、狮子山东至小东门（明钟阜门）一段、解放门西侧、月牙湖南侧、太平门东侧、神策门（今和平门）段、中央门西侧等段城墙。

（3）条石墙。城墙墙身内外壁从顶面到底部全部用大块条石面筑（部分自城顶向下1.7—3米用城砖砌筑），如东水关、中华门（明聚宝门）、西水关、武定门等段城墙。

（4）城砖墙。城墙墙体内外壁从顶部到底部全部用城砖砌筑，如金川门附近、解放门至神策门（今和平门）、龙脖子向南拐角、太平门段至九华山段墙体。

（5）条石、城砖混砌墙。该类墙体由条石和城砖两部分组成，如台城、解放门、太平门、解放门至神策门（今和平门）段墙体。

其中条石墙、城砖墙及条石、城砖混砌墙主要依据城墙内外壁的材料进行分类，而此三类墙体还可根据内部结构的不同（砖、石、夯土的组合）分成更多小类。

将本次现场调研实测数据与《南京城墙志》中的相关数据对比，可以发现两者数据基本对应（表6、表7），得出如下认识：

表6 《南京城墙志》中记录的城墙外墙高度和顶宽

序号	地点	外侧高度（米）	城顶宽度（米）	备注
1	清凉门-定淮门	12—20	5—8	1954年
2	定淮门-绣球公园	12—15	4—5	1954年
3	绣球公园-狮子山	12—15	4—5	1954年
4	狮子山-小东门	12	5—6	1954年
5	金川门-油嘴油泵厂	12	5—6	1954年
6	油嘴油泵厂-和平门	12	5—6	1954年
7	和平门-小红山	12	5—6	1954年
8	小红山-太平门	18	12	1999年
9	太平门-中山门	最高26	2.6—5	2005年
10	中山门-南无	15	3—4	1954年
11	南无-光华门东	15	3—4	1954年
12	光华门东-通济门	15	3—4	1954年
13	通济门-东水关	16	17—18	1954年
14	东水关-武定门	16	17—18	1954年
15	武定门-中华门东	16	17—18	1954年
16	中华门东	20.5	13.4	1995年

注：本表仅摘录了城墙部分数据，城门数据未摘录

表7 本次现场测量的城墙外墙高度和顶宽

序号	地点	外侧高度（米）	城顶宽度（米）
1	清凉门-草场门	7—19	4.6—7.4
2	定淮门-绣球公园	13—15	3.5—4
3	绣球公园-狮子山	12—14	3—4.5
7	和平门-玄武门	16—19	4.5—5
8	玄武门-解放门	16—18	5—5.5
10	中山门-标营门	13—14	3.5
14	武定门-中华门	16—17	13—14.5
16	中华门-集庆门	19	14.5—16.5

（1）南京城墙的外侧高度主要在12—19米之间，最高可达26米；城墙顶宽可分为2组，一组宽度在3—6米之间，对应范围从清凉门顺时针至通济门，另一组在13—18米之间，对应范围从通济门顺时针至集庆门，上述数据也与南京市文物局《全国重点文物保护单位档案·南京城墙》2011年的城墙测量结果（城墙高8—26

米，顶宽2.6—19.8米）基本相符。

（2）南京城墙的高度较大，可以有效阻隔当时攻城器械的进攻，如云梯、吕公车、飞车、长木桥等，其对应攀缘高度在10米以下。

（3）城墙断面为梯形，唐宋时期构筑城墙的经验为墙高=2底宽=4顶宽。按照上述数据可知大多地段的南京城墙顶宽皆大于上述比例确定的顶宽，由此可见朱元璋对南京城墙厚度尺寸的重视。

（4）南京城墙的高度及厚度与其“因山就水”的营建模式有关。部分包山墙段的城墙虽然厚度和高度尺寸较小，但山体对城墙形成支撑，守军可居高临下进行有效的防御。

（5）南京城墙拐角的厚度比直行的墙体要厚，因此南京有“脸皮比城墙拐弯还厚”的俚语。

此外，结合文献资料和现场调研来看，为避免雨水入渗导致墙体破坏，明城墙采用了一系列防排水措施：

（1）墙顶防水和排水措施。城墙顶部采用桐油和黄土拌和夯实封顶，厚度1—2米；而后在夯层上再砌筑几层城砖，共同防止雨水入渗。一般城墙地段以灰岩凿成明沟式排水槽，设置于城墙顶部一侧；每隔15至20米设置一个石质排水槽伸出墙体，将城顶汇水排出。如通济门西经聚宝门（今中华门）至万竹园段，城墙顶端每隔17米有石头水槽一个。

（2）墙身的防排水措施。为解决包山墙段城墙的排水问题，明城墙在包山墙的墙身位置设置了暗沟式排水。即以灰岩石料凿成暗沟式排水槽，直径0.2米；排水槽与城墙平行，槽沟中轴线距城墙1.1米；排水槽位置低于城内山体，以便汇集山体雨水，而后通过城墙内的石槽或涵道将水排出。每间隔7至9米（可能依据汇水量的大小来确定的间距，因此间距不尽相同）设有一条石质暗沟；每条横向暗沟皆与平行城墙的暗沟相连，最终可将城内山体的汇水排出墙体（绣球公园段、狮子山段、龙脖子段也为此种暗沟排水方式）。

二、对水关涵闸的调研

明代南京的水系依据明代南京都城城墙可以分为外围水系、环城水系和城内水系。城内水系因“三山两盆地”的地貌可分为北盆地水系和南盆地水系。朱元璋在修建南京明城墙时充分考虑到城内水系与环城水系，便于城内外水系沟通，利于水运交通、生产生活，在城墙上留有若干通水涵洞。

课题组对包括《南京水利志》等文献记载的水关涵闸先后进行了两轮调研。其中，第一轮分为两次现场调研：第一次的路线规划是从清凉山往南围绕城墙至西水关，经东水关一直到武庙闸、大树根闸。第二次的路线规划是从清凉山往北沿城墙调研涵闸的确切位置。

因第一轮的水关涵闸调研所得成果较少，后又通过咨询了熟悉南京水系和历史的相关专家，并得到南京水务集团等相关部门协助，再次进行了新一轮的水关涵闸的调研工作。第二轮调研工作先后进行了四次现场调研：第一次从玄武湖西边的大树根闸出发，往北到达玄武湖北边的和平闸，绕玄武湖东面后往南至太平门闸，到达武庙闸，经过东水关，往西至西水关、铁窗棂。第二次从乌龙潭涵出发，沿着南京明城墙向北经清凉山南涵、清凉山北涵、石头城涵至草场门涵。第三次从月牙湖公园的铜芯管闸开始，向北到半山园闸和琵琶闸。第四次从老虎洞涵出发，往北沿城墙，经过归云堂涵、四望山涵、挹江门涵、狮子山涵，直到新民门南北涵。

图20　南京主城区水系分布图

（一）水关

1.东水关

东水关位于南京市秦淮区龙蟠中路通济门大桥西侧，地处夫子庙秦淮风光带，是外秦淮河水流入南京城区的入口。外秦淮河水流到这里便一分为二，一股顺城墙外侧流，成为护城河，一股穿关入城，成为内秦淮南支。

如图21所示，东水关为连拱式空心砖石结构，用几层纵横排列的木排作为闸基垫层，原闸身分上下3层，每层各11个洞，上中两层为藏兵洞，对城外的一面封闭。下层为通水涵洞，每个涵洞有3道门，前后两道为木质栅栏，中间1道为可以启闭的控制水位闸门。11个进水巷道中有9个装有固定铁栅，可防止敌军潜入。拱高3米，洞长约30米。11个涵洞中间的一个洞稍大，采用活动式栅栏，可通舟楫。1958年受拆城风波影响，其上层已毁，中下两层犹存。

图21　东水关

2.西水关

西水关位于南京市秦淮区三山门南侧，是内秦淮河南支流出城区进入护城河的出口，也是城南主要的排水出口。

西水关的前身是南唐时期的下水门，与上水门（东水关）相应。明初，朱元璋建都南京后改建、设偃月洞。西水关原结构与东水关相同。上下3层，共有大小33座券洞。上面两层为藏兵洞，向城外一侧封堵，以增加水关的防御机动能力；下层十一券通水，中间有一大洞，高5.5米，宽9米，通水、通船两用。现闸、站、船闸合一的西水关泵站于1987年在原址处重建。

图22　西水关

3.北水关

文献资料显示，北水关位于金川门东侧城下，横跨金川河，是沟通内金川河与外金川河的出入口，可使南京城内的船只来往于长江之间，也是城北主要的引排水口。

但北水关在文献记载涉及很少，1907年修筑的“宁省铁路”小火车由此出城至江边的终点站，这样一座水陆两用城门连同小火车在1957年被毁于一旦。本次现场调研未见遗存。

据记载，该水关中间涵洞内设活动金属栅栏一对，上方有向外金属倾斜钩，以防止敌人从水路潜入城内。

（二）涵闸

1.武庙闸

武庙闸位于南京市玄武区玄武湖解放门附近，位于武庙后，是从玄武湖引水入珍珠河的入口。武庙闸经维修后至今仍在使用，是南京使用时间最长的水闸，现为全国重点文物保护单位。

如图23所示，武庙闸临湖进水廊道修建成弯曲形，长达40米，水流其中呈不断滚动状，减缓了入闸湖水的流速。闸前有矩形深槽，宽3.1米，长7米。闸门由两个半圆形闸道组成，湖水通过第一个闸道，经过过滤网，垃圾和水草被拦截下来。随后，湖水湍流直下，进入下一个闸道，穿过涵洞，向城墙下方流去。据记载，穿城涵洞为150节金属圆管，总长140.15米，各节间用企口套接，其中铜管107节（直径约95厘米，节长约104厘米，壁厚约1.5厘米），长103.11米；铁管43节（直径约98厘米，节长约81厘米，壁厚约2厘米），长37.04米。圆管上跨以砖券两重，其中第一重券分布在水闸之间管线处，全长70余米，为三券三伏，相当于水窗做法；第二重券在上部为城垣处，为五券五伏，相当于城门做法。这种砖券结构有利于分担城垣和湖堤重量，避免管道受压破坏。涵洞中还有一把随水流而不断旋转的链刀，能将湖水所携带的杂草斩断，不使水路堵塞。闸身长宽各7.5米，方井深8.5米。临闸口上方城肚内，还有一砖砌瓮室，高约2.5米，有3间居室大小。

文献记载，城墙内出口与铜管紧接处亦为一深井槽，下接出水廊道，在深井中安装有两套正方形可以上下启闭的铜铸件（闸门），每套铸件由上下两片组成，重约5.5吨，铸件边长1.3米，厚0.25米。下片固定有5个排水孔，被称为“阴穴”；上片有5个凸起，被称为“阳角”。两片铸件合并时，凸起与排水孔正好对应，严丝合缝。在上片铸件的正中有一直径约0.09米绳孔的铜钮，以铁索连接地面上的绞关来进行启闭。

图23 武庙闸

2.太平门闸

太平门闸位于太平门西路北，位于紫金山与九华山之间的隘口处，是由玄武湖引水入香林寺沟和九华山沟的入口。太平门闸的券洞顶为三层券，高约3米，宽约2.5米。现在为砖石拱渠道，钢筋混凝土闸墙。

3.琵琶闸

琵琶闸位于琵琶湖南岸、香林寺北侧，是由琵琶湖引（排）水进入香林寺沟的入口。

现场调研时已见不到明显的涵闸洞口，可见琵琶闸闸室和闸门的启闭装置。

图24 太平门闸

图25 琵琶闸闸室和闸门的启闭装置

4.半山园闸

半山园闸位于城内半山寺北侧，是由前湖引（排）水进入香林寺沟、玉带河的入口。现在前湖埋设有城外溢洪道，全长105米，直径900毫米，从明陵路下穿过，以便暴雨季节半山园闸泄量不足，湖水可溢流入东南护城河。

半山园水闸临湖段台基，原隐藏在湖水中，1998年后因铺设城湖之间的道路，又被掩埋在土中。2015年，考古清理台基时，发现该处已有损坏。次年，在实施半山园水闸保护展示工程中，为遵循文化遗产原真性保护原则，对该处缺损进行了加固，并以原状给予展示。

图26　半山园闸

5.朝阳门闸

据《南京都察院志》记载，在朝阳门附近，曾有朝阳门水关。朝阳门与城东南护城河相通，其来水主要源于紫金山西南麓，要保持通船难度较大。而且，该处靠近皇城，若可通航，应主要服务于皇室，但文献中未见相关记载。因此，推测该处应该与琵琶闸和半山园闸类似，也是控制东南护城河进水到御河的闸口。本次调研未发现该闸的遗存。

6.铜芯管闸

铜芯管闸位于城东南护城河（月牙湖）进至五龙桥的水道穿越城垣处，是从东南护城河引水到明御河的控制闸。现场调研时可见该涵闸正在维修。

据记载，铜芯管闸构造与武庙闸相似，有铜制水闸和涵管，闸上下合二为一套，呈阴阳状，系用生铜铸成，每套重约6吨。闸宽0.57米，高0.7米，出水管直径450毫米，钢板闸门，手摇启闭。

图27　铜芯管闸

7.大树根闸

大树根闸位于玄武湖西边，如今正在使用中，是玄武湖连接金川河的控制水闸。入水口在神武路与玄武湖隧道交界处，排水口在中央路边的清源亭处。

图28　大树根闸

8.和平大沟闸

和平大沟闸位于神策门公园内，是玄武湖排往城北护城河、外金川河和主要泄洪通道，本次现场调研可见其进出水口。由于玄武湖水位通常高出城北护城河和外金川河2米以上，因此，推测明代时该处也应有相应涵闸，以控制玄武湖水位。

图29　和平大沟闸

（三）涵洞

本次调研未发现清凉山南涵、四望山涵和挹江门涵，可能是修建虎踞路时将其归并到其他排水管道中了。

1.铁窗棂涵

铁窗棂涵位于内秦淮河中段西端，是城内主要排水口之一。据记载，原涵宽3米，高2.6米，砖砌拱涵长61米。其中城内9米，城墙下20米，城外32米，拱宽3米，高2.6米，底标高4.5米。现铁窗棂泵站于1999年重建，2004年又扩建改造，主要承担内秦淮河中段水系防汛排涝和景观水位控制的功能。

图30　铁窗棂涵

2.乌龙潭涵

位于乌龙潭公园附近，主要汇集清凉山以南、五台山以西片区积水后排入秦淮河。现原址处可见宽2.5米的涵洞。

3.清凉山北涵

清凉山北涵位于清凉门北侧，与外秦淮河交接处，是主城区内排水至外秦淮的出水口。现被新建为清凉山泵站，排水涵管为两个直径为3.5米的混凝土涵管。

图31　乌龙潭涵出水口

图32　清凉山北涵出水口

4.石头城涵

石头城涵位于南京石头城遗址公园西南边，是城内排水至外秦淮的出水口。经实地调研，石头城涵现在仅为一个宽1200毫米的矩形排水口，由混凝土构成。

5.草场门涵

草场门涵位于草场门附近，调研时发现原址附近有并排的两个直径为2米的涵洞，应是修建虎踞路时新建的，主要汇集石头城北侧秦淮街区积水后排入秦淮河。

6.工会干校涵

工会干校涵位于江苏省总工会干部学校附近，汇集现石头城西北侧一带的积水后排入外秦淮河；现工会干校涵已不存，仅存有直径0.8米的混凝土涵管。

图33 石头城涵出水口

图34 草场门涵

图35 工会干校涵

7.定淮门涵

定淮门涵位于定淮门桥南侧，主要汇集定淮门南北两侧、马鞍山西侧的积水排入秦淮河；现存有直径1.5米的混凝土涵管。

8.老虎洞涵

老虎洞涵位于华严岗西南、护城河小桃园东岸游园处，是马鞍山西侧积水排入西北护城河的一个出口；现可见一个混凝土暗涵，具体尺寸不详，现已废弃。

图36 定淮门涵

图37 老虎洞涵

9.归云堂涵

归云堂涵位于归云堂西侧，主要汇集四望山西侧积水排入西北护城河；调研中了解到，在金城花园3栋与4栋之间，曾发现呈阶梯状的砖砌涵洞，后改建为直径1.2米的混凝土涵管。

10.狮子山涵

狮子山涵位于兴中门，主要汇集狮子山西北侧积水排入西北护城河。现可见三个并排的、直径1米的混凝土涵管。

图38 狮子山涵

11.新民门南涵和北涵

新民门南北涵位于新民路与西北护城河的交界处，是城内排水至西北护城河的出水口。经实地调研，新民门南涵为圆形排水口，现在还在使用中。

图39　新民门南涵

图40　新民门北涵

（四）调研小结

本次调研对包括《南京水利志》等记载的26处水关涵闸进行了现场调研，其中包括3处水关、8处涵闸、15处涵洞。这些水关涵闸中，8处进水到城内的水关、涵闸和涵洞均分布在城东，而17处向城外排水的水关、涵闸和涵洞均位于城西及城北。位于明城墙下的水关涵闸中，仍有19座至今仍在用，但大部分经过改建或新建，仅东水关、武庙闸等保存相对较为完好。

图41　明代南京城墙水关涵闸分布图

表8 明代南京城墙水关涵闸汇总

序号	涵洞名称	位置	功能	遗存情况
1	东水关	通济门南侧	进水内秦淮河	改建，在用
2	西水关	三山门南侧	出水外秦淮河	新建，在用
3	北水关	金川门	出水金川河	不存
4	朝阳门水关	朝阳门附近	进水东明御河	不存
5	武庙闸	玄武湖公园南侧	进水珍珠河	改建，在用
6	太平门闸	太平门西路北	进水古清溪	改建，在用
7	琵琶闸	后宰门小区北侧	进水香林寺沟	改建，在用
8	半山园闸	前湖西侧	进水玉带河	遗址，在用
9	铜芯管闸	航空学院东	进水东明御河	改建，在用
10	大树根闸	玄武湖西侧	进水金川河	改（新）建，在用
11	铁窗棂	涵洞门	出水外秦淮河	改建，在用
12	乌龙潭	老石城桥旁	出水外秦淮河	改建，在用
13	清凉山南涵	原轴套厂内	出水外秦淮河	不存
14	清凉山北涵	清凉门北侧	出水外秦淮河	新建，在用
15	石头城涵	原跳伞塔西北	出水外秦淮河	改（新）建，在用
16	草场门涵	原草场门	出水外秦淮河	新建，在用
17	工会干校涵	工会干校附近	出水外秦淮河	新建，在用
18	定淮门涵	定淮门	出水外秦淮河	改建，在用
19	老虎洞涵	华严岗西南	出水护城河	可见暗涵，废弃
20	归云堂涵	归云堂西	出水护城河	改（新）建，在用
21	四望山涵	小桃园	出水护城河	废弃
22	挹江门涵	挹江门	出水护城河	不存
23	狮子山涵	兴中门	出水护城河	改（新）建，在用
24	新民门南北涵	新民门多伦路	出水护城河	改（新）建，在用

三、对明代桥梁的调研

古都南京西临长江，秦淮河穿城而过，通达的江河为南京城提供了便利的水运条件。船只是水运的重要工具，桥梁则从侧面反映了河流的宽度和走向。为了研究南京城河体系的运输功能，本次对南京城内河流上的明代桥梁进行了调研。

（一）南京明代桥梁

《南京古代道路史》记载，在1983年南京市文物普查办公室统计中，当时可寻的明代桥梁有47座（表9），本课题对这些桥梁进行了实地调研。

表9 明代南京桥梁统计

位置	名称	曾用名
杨吴城濠	北门桥	
	浮桥	
	太平桥	
	竹桥	竺桥
	玄津桥	
	复成桥	
	大中桥	

（续表）

位置	名称	曾用名
明御河	百川桥	半边桥
	会通桥	
	五马桥	
	大通桥	
	尚书桥	
	御河桥	
	瑞金路桥	
	外五龙桥	
	内五龙桥	
内秦淮中段	鼎新桥	小新桥
	太平桥	笪桥
	会同桥	景定桥（南宋）、鸽子桥（清）
	中山南路桥	
	内桥	天津桥、虹桥
	四象桥	
	淮清桥	
建邺路	崇道桥	
	大市桥	西虹桥
	昇平桥	东虹桥
	北乾道桥	
	南乾道桥	
	斗门桥	运渎水闸
内秦淮南段	下浮桥	
	仙鹤桥	
	上浮桥	
	新桥	万岁桥、饮虹桥
	镇淮桥	
	武定桥	
	文德桥	
外秦淮	三山桥	
	赛虹桥	
	长干桥	长安桥
	九龙桥	
	通济桥	
	中和桥	
	上方桥	七桥瓮
	高桥	皋桥
其他	来宾桥	
	善世桥	
	江东桥	

注：表中标注为蓝色字体的桥梁出自蔡祥梅论文《明代南京桥梁研究》（共15座）
表中标注为红色字体的为现存但《洪武京城图志》中未提到的桥梁（共14座）

1.杨吴城濠段

（1）北门桥

北门桥位于玄武区估衣廊北端、珠江路西段南侧，南京市文物保护单位。始建于南唐，因横跨都城北门外的杨吴城濠，故名。因旁有清化坊，又名清化桥。原为一座长为30米、宽19米许的三孔桥址。1955年拓宽道路时，保留了明代重修桥梁的半边。桥基、桥墩仍为明代旧物。

图42 北门桥

（2）浮桥

浮桥原为连通国子监成贤街的浮桥，大约在万历年间改建为石桥。1936年改建为钢筋混凝土桥，仿古桥栏造型，颇为精巧雅致。现桥身为2007年改建，长度23米，宽度13米。

图43 浮桥

（3）竺桥

竺桥位于杨吴城濠的东北角，始建于南唐。明代为皇城西护城河最北的一座桥梁，位居水路交通要道，该桥原名竹桥，后改称竺桥。清代曾重修该桥，单拱，用砖石纵向并列砌筑而成，桥体外侧的上、中、下分别用城砖、小砖和条石筑成。现桥面为2000年改建，圆拱单孔结构，长度35米，宽度8米。

图44　竺桥

（4）玄津桥

玄津桥为原杨吴城濠上的一座桥，现为三孔结构。

图45　玄津桥

（5）复成桥

复成桥位于秦淮河东段、瑞金路西口，现在仍在使用，为钢筋混凝土结构。

图46　复成桥

图47　大中桥

（6）大中桥

大中桥位于城东大光路上，跨内秦淮河东段。现为钢筋混凝土圆孔片拱桥，分三孔。

2.明御河段

（1）半边桥

半边桥又名柏川桥，柏川桥始建于明初，现位于南京市体育运动学校旁。据《南京市白下区文物志》记载："公园路明御河上有座小桥，因半边街的旧称，故此桥称作半边桥，明代曾称柏川桥。"

（2）五马桥

五马桥位于御河新村西南侧，横跨明御河，为钢筋混凝土结构。

图48　半边桥

图49　五马桥

（3）尚书桥

尚书桥位于解放南路，横跨明御河。

（4）御河桥

御河桥位于瑞阳街，横跨明御河。

（5）瑞金路桥

瑞金路桥西承瑞金路，东接后标营路。

（6）外五龙桥

外五龙桥位于御道街与瑞金路交界处，为单孔砖砌结构。

图50　尚书桥

图51　御河桥

图52　瑞金路桥

图53　外五龙桥

图54　内五龙桥

（7）内五龙桥

内五龙桥位于午朝门遗址公园内。

3.外秦淮段

（1）通济门桥

通济门桥位于通济门外。

（2）九龙桥

九龙桥位于通济门外，跨外秦淮河，五孔。

图55　通济门桥

图56　九龙桥

（3）中和桥

中和桥位于正阳门外，跨外秦淮河。现为三孔钢筋混凝土桥。

图57　中和桥

(4) 七桥瓮

七桥瓮位于七桥瓮遗址内。明代称上坊桥，是七孔半圆形石拱桥。

图58 七桥瓮

4.内秦淮中段

(1) 淮清桥

淮清桥位于桃叶渡小区，现在为单孔钢筋混凝土结构。

图59 淮清桥

(2) 鼎新桥

鼎新桥位于鼎新路与运渎交界处。南唐始建，初名小心桥，是古运渎河南来北往的交汇口。

(3) 笪桥

笪桥位于南京建邺路与评事街相交处，鸿信大厦附近。

图60 鼎新桥

图61 笪桥

（4）景定桥

景定桥位于绒庄街与运渎交界处。

（5）内桥

内桥位于观城国际下面，为单孔结构。

图62 景定桥

图63 内桥

5.内秦淮南段

（1）武定桥

武定桥位于长乐路与内秦淮交界处。

（2）镇淮西桥

镇淮西桥位于中华门广场（镇淮桥）西侧。

图64 武定桥

图65 镇淮西桥

（3）镇淮桥

镇淮桥位于中华门内，现为两孔结构。

（4）新桥

新桥位于集庆路与内秦淮交界处。

图66　镇淮桥

图67　新桥

（5）上浮桥

上浮桥位于双塘路与内秦淮交界处。

（6）下浮桥

下浮桥位于来凤街与内秦淮交界处。

图68　上浮桥

图69　下浮桥

6.外秦淮段

（1）长干桥

长干桥位于中华门外，钢筋混凝土结构。

（2）赛虹桥

赛虹桥位于长虹路与南河交界处。

图70　长干桥

图71　赛虹桥

（3）三山桥

三山桥位于三山门外。

图72　三山桥

（二）调研结果汇总

本次调研了文献中记载的明代南京桥梁32座，其中现存21座，大部分被改建为钢筋混凝土结构，部分桥梁已经被填平成为道路（表10）。通过本次调研，明代桥梁中现已不存的有：

城内：会同桥、白虎桥（大通桥）、崇道桥、羊市桥（大市桥）、升平桥、乾道北桥（草桥）、乾道南桥（红土桥）、陡门桥（斗门桥）。

城外：来宾桥、善世桥、江东桥。

依据上述调研结果和文献资料，整理汇总了现存明代桥梁分布图。由此可见，明代南京城内及附近桥梁众多，这反映当时南京城内水网纵横、市井繁荣，不难想象当时商贸往来、水运繁忙的景象。

由于现存明代桥梁已经被不同程度地改（新）建过，根据现存桥梁跨度难以准确推测明代时河流的宽度。从本次调研中所得部分桥梁跨度来看，一般大约为几十米，远小于考古发现的仪凤门外秦淮河达百米的宽度。这可能是随着城市发展，河岸不断向河道中延伸，从而导致河道不断束窄的缘故。

表10　明代南京桥梁调研结果汇总

位置	名称	曾用名	位置	是否存在
杨吴城濠	北门桥		珠江路新世界中心	
	浮桥	（明时万历年间改建为石桥）		
	太平桥		太平桥南小区16号—42号	
	竹桥	竺桥	竺桥小区	
	玄津桥		中山东路逸仙桥南侧	
	复成桥		复成大厦下面	
	大中桥		大中桥小区	
明御河	百川桥	半边桥	南京市体育运动学校旁	
	会通桥			否
	五马桥			
	大通桥		长安西门外	否
	尚书桥			
	御河桥			
	瑞金路桥			
	外五龙桥	（明时修建）	御道街与瑞金路交界处	
	内五龙桥	（明时修建）	午朝门遗址公园内	

（续表）

位置	名称	曾用名	位置	是否存在
内秦淮中段	鼎新桥	小新桥	鼎新路与运渎交界处	
	太平桥	笪桥	鸿信大厦下面	
	会同桥	景定桥（南宋）鸽子桥（清）	绒庄街与运渎交界处	
	中山南路桥		中山南路与运渎交界处	
	内桥	天津桥、虹桥	观城国际下面	
	四象桥	（东吴修建称青溪中桥，明改名为四象桥）		
	淮清桥		桃叶渡小区	
建邺路（现）	崇道桥			否
	大市桥	西虹桥、羊市桥	建邺路北侧	否
	昇平桥	东虹桥		否
	乾道北桥			否
	乾道南桥			否
	斗门桥	运渎水闸		否
内秦淮南段	下浮桥		来凤街与内秦淮交界处	
	仙鹤桥		仙鹤街与内秦淮交界处	
	上浮桥		双塘路与内秦淮交界处	
	新桥	万岁桥、饮虹桥	集庆路与内秦淮交界处	
	镇淮桥		中华门内	
	武定桥		长乐路与内秦淮交界处	
	文德桥	（明时修建）		
外秦淮	三山桥	（明时修建）	三山门外	
	赛虹桥	（明时修建）	长虹路与南河交界处	
	长干桥	长安桥	中华门外	
	九龙桥	（明时修建）	通济桥西侧	
	通济桥		通济门外	
	中和桥		正阳门外	
	上方桥	七桥瓮	七桥瓮遗址公园内	
	高桥	皋桥		否
其他	来宾桥		中华门外西街85-87号	否
	善世桥		来宾街西南	否
	江东桥		江东门外	否

注：表中标注为蓝色字体的桥梁出自蔡祥梅论文《明代南京桥梁研究》（共15座）
　　表中标注为红色字体的为现存但《洪武京城图志》中未提到的桥梁（共14座）

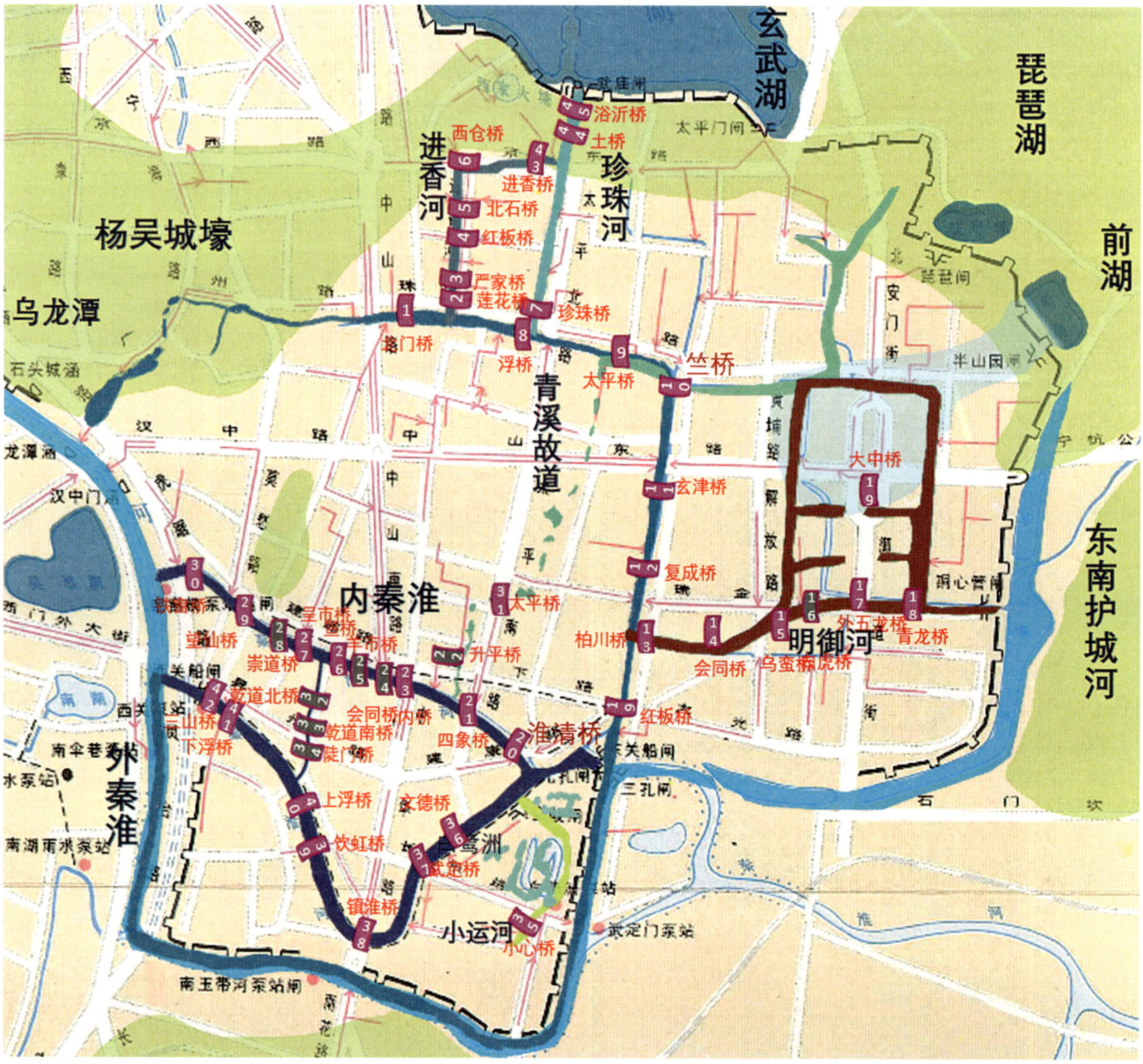

注：1.北门桥；2.莲花桥；3.严家桥；4.红板桥；5.北石桥；6.西仓桥；7.珍珠桥；8.浮桥；9.太平桥；10.竹桥；11.玄津桥；12.复成桥；13.柏川桥；14.会同桥；15.乌蛮桥；16.白虎桥；17.外五龙桥；18.青龙桥；19.大中桥；20.淮清桥；21.四象桥；22.升平桥；23.内桥；24.会同桥；25.羊市桥（大市桥）；26.笪桥；27.鼎新桥；28.崇道桥；29.望仙桥；30.铁窗桥；31.太平桥；32.乾道北桥（草桥）；33.乾道南桥（红土桥）；34.陡门桥；35.小心桥；36.文德桥；37.武定桥；38.镇淮桥；39.饮虹桥（新桥）；40.上浮桥；41.下浮桥；42.三山桥；43.进香桥；44.土桥；45.浴沂桥

图73　明代桥梁分布图（参考《南京古代道路史》和《南京市政建设志》）

四、调研结果及主要结论

本课题围绕明代南京都城城河一体的体系及功能原理组织开展了现场调研，主要进行了如下几方面的调研工作：为了研究明代南京城河一体的防御功能特点，对南京明城墙、护城河等进行了现场调研，重点观测（或观察）了城墙高宽与结构形式、城墙与护城河间距、护城河的宽度以及“龙吐水”结构等；为了研究明代南京城河一体的水系调控功能和方式，对南京明代水关涵闸进行了较全面、细致的现场调研；为了研究明代南京城河一体的运输功能，对南京明代桥梁等进行了现场调研。

通过本次调研，得到的主要结论是：

（1）南京明城墙结构大体可分为5大类型，即：包山墙、墙包墙、条石墙、城砖墙和条石、城砖混砌墙。现场调研测得的城墙高宽尺寸与《南京城墙志》基本相符；南京城墙高、宽均较大，可起到良好的防御作用；还采用了合适的防排水措施以利于墙体安全；城墙与护城河的间距适宜，护城河宽度较大，有利于形成城墙与护城河的协同防御体系。在包山墙段可见疑似“龙吐水”结构，其功能可能是排除墙后山坡汇水。

（2）基于文献资料，对3处水关、8处涵闸、15处涵洞进行了详细的现场调研。调研发现，位于明城墙下的25处水关涵闸中仍有19座至今仍在用，但大部分经过改建或新建，仅东水关、武庙闸等保存相对较为完好。

（3）基于文献资料，对有记载的32座南京明代桥梁进行了现场调研，其中现存21座，大部分被改建为钢筋混凝土结构，部分桥梁已经被填平成为道路。从现存明代桥梁分布来看，这些桥梁集中分布在内秦淮河中段南段，正好与城内居民区、商贸集市以及文化娱乐场所等的分布区域相吻合。由此可见，明代南京的水运交通不仅保证了南京城的漕粮、建材等重要物资的运输，而且也为城区居民生产生活提供了便利条件，为南京城区的发展提供了重要支撑。

课题参与人员：马麟、周源、金连玉、赵晓豹、袁俊平、卢廷浩、赵梦薇、张妙蝶、柳轩、安来昊、王翀、张潇、吕灿灿、刘迎节

南京明城墙砖窑炉烧制原理研究[①]

一、绪论

（一）背景研究

1.南京城墙研究

始建于14世纪中叶的南京城墙是中国古代筑城史上成熟时期的伟大作品，它不仅是中国古代建筑史、军事史上的实物例证和特殊标本，也在探索古代都城形制、建造工程和社会生活等方面具有重要意义。

自20世纪80年代以来，南京城墙作为文化遗产的价值被逐渐认知、肯定，学界对南京城墙的研究、保护也进入了新的阶段。

对于南京城墙的研究大体可以分为考古调查、总体研究、专题研究（城门与瓮城、砖文、建造设计等）、对比研究等，涵盖了考古学、历史学、建筑学、城市规划设计、民俗学、文物保护科学等学科。较有代表性的著作包括杨新华的《南京明城墙》、王克昌等人的《明南京城墙砖文图释》、南京出版社的《南京城垣史话》等；此外，季士家的《明南京城垣略论》，杨国庆的《明南京城墙建造年代考略》《明南京城墙设计思想探微》等文章也为研究南京明城墙保护提供了基础文献资料。其中，杨国庆、王志高合著的《南京城墙志》一书较为系统地记载了南京城墙自春秋战国以来的历史沿革及现存状况，以明代及其后时段为重点，用扎实的史料和调研资料高屋建瓴地介绍了南京城墙的营建、构造、沿革、损毁、修葺、战例等诸多情况。

① 该文为“南京明城墙砖窑炉烧制原理及复原研究”课题报告，课题由南京城墙保护管理中心于2019年完成。

2.城墙砖研究

城墙砖，又称官砖、官璧、砖料、营造城墙砖、税粮城墙砖，是明初建造南京都城城垣工程中建材的大宗，初步估算全城约耗城墙砖上亿块。数以亿计的城墙砖，本身是城墙研究的重要部分，其上铭文更是研究城墙的珍贵资料。

城墙砖质量要求很高，官吏查验城墙砖时须“敲之有声，断之无孔”，这成为明代烧制城墙砖的定例；而且数量惊人，规格基本一致。明初制砖、烧窑的技术水平乃至手工业的发展状况可见一斑。

本课题讨论的城墙砖是大规模使用的、尺寸相近的、重约四十斤的城墙砖。这种城墙砖的规格、体量与几乎是同时期制造的中都城砖相近。明洪武二年，朱元璋诏以临濠为中都，八年，中都罢建后府治迁于新城，即今安徽凤阳县城。滁州博物馆所藏明代凤阳县铭文城砖（如图1）体量与南京城墙砖相当，端面也有铭文，铭文所刻产地在南京城墙砖上多次出现，可以推测二者产地、原料、形制、铭文、制砖工艺方面有共通之处。

图1　滁州博物馆藏的明代凤阳县铭文城砖（2019年7月拍摄）

城墙砖的大规模烧造依赖于完善的管理机构和生产体系。《大明会典》卷一百九十记载了明初烧造砖瓦的机构、物料等信息：“旧制，砖瓦石灰俱隶虞衡司掌行……曰黑窑厂，曰琉璃厂，烧造砖瓦及内府器用。”①关于砖瓦的烧造，“洪武二十六年定，凡在京营造、合用砖瓦。每岁于聚宝山买窑烧造。所用芦柴，官为支给。其大小厚薄样制，及人工芦柴数目，俱有定例……若修砌城垣、起盖仓库营房，所用砖瓦数目须要具奏，着落各处人民共造”。

（1）产地

为方便长途运输，明代南京城墙砖烧制任务基本分派给当时长江中下游水系连接的各府、州、县。按照明代行省划分，南京城墙砖产地大致为长江中下游两岸的直隶、湖广行省、江西行省三地所属近200个府、州、县及明王朝中央工部各窑和军队各卫所之窑，大致分布在今江苏、江西、安徽、湖南、湖北五个省份（见图2）。

（2）形制

明代南京城墙砖大致尺寸为10厘米×20厘米×40厘米，即厚、宽、长为1：2：4的规格。但由于烧制产地、单位众多，各处烧制的城墙砖规格不一，与明王朝规定的尺寸略有出入。据调查，规格最大的出自安徽省安庆府怀宁县，长49.5厘米、宽23.5厘米、厚15.5厘米；其次是江西省南康府都昌县烧制的城墙砖，长47.5

① ［明］李东阳等编纂：《大明会典》卷一百九十物料篇。

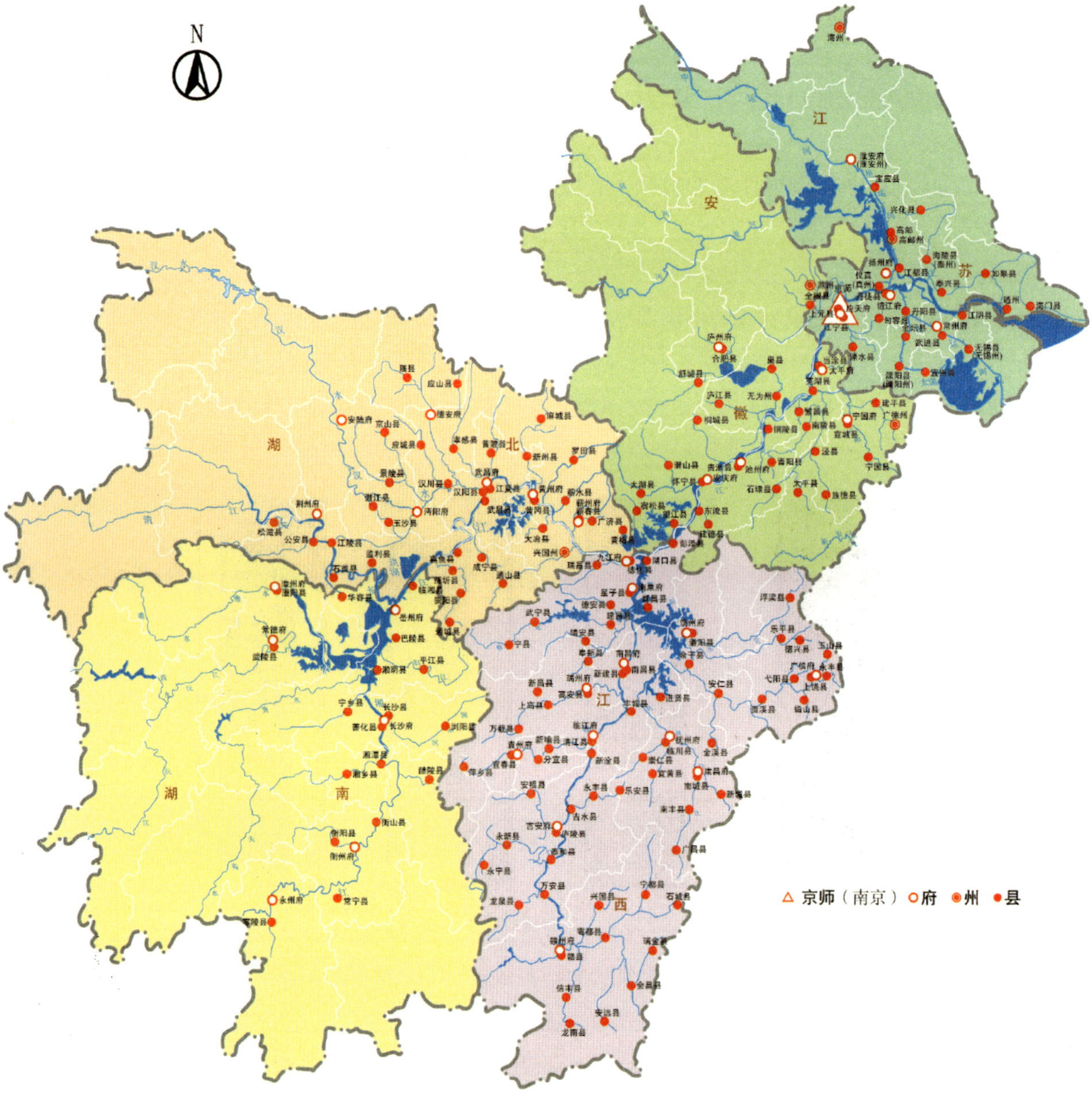

图2　南京城墙砖产地分布示意图

厘米、宽22.5厘米、厚13.5厘米；规格最小的是江西省吉安府庐陵县烧制的城墙砖，长33.5厘米、宽17.5厘米、厚9.5厘米；工部烧制的城墙砖最接近明王朝的规定尺寸，一般长39.5厘米、宽19.5厘米、厚9.5厘米。

（3）制作工艺

城墙砖大多为质地细密的青灰色砖，少量为白色瓷土砖，个别的还有红砖和黄砖。这是由于各地制砖均就地取材，所取土壤的土质不同，烧成的砖也就略显差异。

从现有的城墙砖质地来看，绝大多数是因地制宜，就地取材，用当地的黄黏土、沙土、瓷土烧制而成的。其中用黄黏土烧制的城墙砖数量最多，其次是沙土砖，瓷土砖的数量最少。

黏土砖，糅合黏土造砖，首先要选择黏而不散，颗粒细而不含沙粒的黏土，用水滋润，使人踩或驱赶几头牛踩踏。踏成稠泥后，由制作砖坯的人夫将稠泥填满预先按规定尺寸做好的木模框内，再用弦弓刮平其表面而形成城墙砖的泥坯。将晾干后的城墙砖泥坯装入窑中，经烧制即成城墙砖。其颜色主要呈青灰色或青黑色。砖的质地细密、坚固、吸水性弱，经相关测试，这种黏土城墙砖的平均抗折强度为2.79兆帕，高于现代机制砖；平均抗压强度比目前建筑上大量使用的红砖更高。这种黏土质城墙砖的数量最多，产地亦最广，是修筑南京城墙的城墙砖主体。

用含沙的黏土烧制成的城墙砖即为沙土砖。其颜色呈灰黑色，从现有城墙砖铭文来看，这种砖主要产于南昌府的南昌县、新建县、丰城县、奉新县；瑞州府的高安县、新昌县、上高县；赣州府的宁都县、信丰县、赣县、兴国县、会昌县、龙南县；武昌府的汉阳县；临江府的新淦县；开州府的蕲水县；抚州府的宜黄县、临川县、崇仁县、金溪县；吉安府的庐陵县、安福县、永丰县、永新县、吉水县、龙泉县、泰和县、万安县；广信府的永丰县、上饶县等九府三十个县。这种城墙砖质地坚硬、吸水性较强。

瓷土在民间亦称作白土。实际分为两种：一种民间称粳米土（即高岭土），土性坚硬；另一种民间称糯米土，这种瓷土的土性黏软，将这两种白土混合，如同制作黏土砖坯一样，将其制成瓷土砖坯，烧制后即成瓷土砖。这种城墙砖的颜色呈白色或米黄色，砖的表面光滑、质地紧密。

3.窑炉研究

随着考古发掘的不断深入，国内外研究古代陶瓷烧制及相关问题的论文著作层出不穷。在这浩繁卷帙的成果中，对于烧制陶、瓷、砖、瓦等陶瓷器的生产设施——窑炉的专门研究却并不完备。但窑炉恰恰是陶瓷生产工艺流程中最为关键、重要的部分。

我国对窑炉的研究起步较早，宋代李诫的《营造法式》中就有关于陶瓷窑炉建造的记载。宋代李昉的《太平御览周书》、明代宋应星的《天工开物》和清代朱琰的《陶说》、陈浏的《陶雅》、唐英的《陶冶图说》、许之衡的《饮流斋说瓷》等与陶瓷相关的著书都有提到陶瓷窑炉的情况，但这些记录仅仅是简单的介绍，几乎没有涉及窑炉的详细结构和烧成原理。

新中国成立后，随着陶瓷考古的兴起，窑炉的发掘和研究也得到一定的关注。刘可栋于1976年发表的《我国北方的馒头窑简考》较早涉及这个领域，文章通过翔实的发掘材料，展现了仰韶文化和龙山文化的无固定窑墙和烟囱的直焰窑，殷商有固定窑墙底座和窑床出火孔的直焰窑，西周时期有固定窑室、火膛、投柴口的馒头窑雏形，春秋战国几经变革逐渐定型的窑门、火膛、窑床基本成直线排列的半倒焰式馒头窑，以及历经两汉到明代完善的倒焰式馒头窑，描绘了我国陶瓷窑炉自身的发展轨迹。1979年他根据古代各窑的窑型和燃料的选择情况，提出古代窑场客观条件决定窑型和燃料变化的观点，由此指出古代窑场选址概为依山就水的特点。并且通过以上分析提出“南方多龙窑，北方多馒头窑，南方有馒头窑，北方有龙窑”的结论。

徐元邦等1982年发表的《我国新石器时代——西周陶窑综述》将138座西周前的陶窑作为研究对象，把这些陶窑分为横穴、竖穴、同穴三大类型。其中，“窑室和火膛分别横置地面以下”的横穴型根据窑室、火膛是否在同一平面，是否有窑箅和火眼，是否有窑墩子，是否有窑床火道等不同情况被分为七式；“火膛完全或大部分设置在窑室内，使火膛与窑室共处一穴之内”的同穴型依据火膛是否完全并入室内以及是否有窑床火道被分为五式；“窑室和火膛上下迭置，呈筒状”的竖穴型根据窑箅上火眼的多少，是否有窑柱，是否有操作坑等被分为六式，并分别举例说明。此外，该文还对从裴李岗、磁山文化时期到西周时期的窑炉按照时代分期归纳，得出了各时期陶窑发展演变的概况——横穴型窑是较早的流行形式，同穴窑稍晚，竖穴窑最晚。

1986年，宋百川、刘凤君发表的《山东地区北朝晚期和隋唐时期瓷窑遗址的分布与分期》较早开始了针对某个区域范围内瓷窑遗址的分期研究。截至20世纪80年代末，山东地区发现的北朝至隋唐时期的瓷窑遗址大多分布在山东中南部，且有明显的分布特点：瓷窑遗址多分布在丘陵地区河流的两岸；大多数窑址分布在煤矿区或距煤矿区很近的地方；窑址多分布在瓷土产地附近，而有的瓷土和煤层有叠压关系；发现窑址的地方，其地名往往带有“磁”“窑”二字。这个发现为中原地区窑炉考古研究提供了一定的线索。

杜葆仁1987年发表的《耀州窑的窑炉和烧成技术》以耀州窑遗址各时期的窑炉为对象，分析了窑炉发展的基本序列，提出唐代窑炉应属半倒焰式馒头窑，铜川黄堡窑的燃料是柴不是煤等观点。并从燃烧室结构、装烧方法、燃料等方面论证了宋代窑炉相较唐代的先进之处。另外，还对金元时期耀州窑的窑炉进行总结概述，提出陶瓷窑炉形制的发展大致是从升焰式到平焰式、半倒焰式，随后出现倒焰式。

刘凤君于1988年发表的《山东地区宋金元烧瓷窑炉结构和装烧技术分析》列举了鲁中南地区1987年前发掘的19座宋金元时期烧瓷窑炉的基本形制特点和装烧方法，认为宋金元时期的烧瓷窑炉“主体部分皆呈马蹄形、圆形、椭圆形和U字形”，“皆属半倒焰式窑”，北宋的窑炉从窑床到窑顶不超过2.5米，而金元时期则在3米以上；1997年发表的《山东古代烧瓷窑炉结构和装烧技术发展序列初探》研究了北朝至元代在淄博、枣庄、宁阳县等五处窑址清理的22座瓷窑，按窑室的平面结构把这22座瓷窑分成三型五式，从中总结了这个时间段山东瓷窑的结构特点，并由此做出北方窑炉发展变化的推论。

刘志国于1992年发表的《磁州窑的馒头窑与烧成技术》一文描述了磁州馒头窑的基本结构、筑造关键，描述了当地人对馒头窑各部分的俗称，诸如“牙台、盘柱、穴顶、窑井”等，介绍了磁州馒头窑的装窑及烧成方法，认为馒头窑的定型应该在唐代，且那时开始使用煤作为烧窑的燃料并采用氧化焰烧成。他认为，能源结构的变化是确定馒头窑内外结构与使用特点的主要因素。因而唐以后中国南北方窑炉所用燃料、窑形与窑内结构上形成明显差别，是造成南北方不同陶瓷艺术风格的物质基础。而从陶瓷发展史来看，整个北方陶瓷窑场及部分南方窑场都经历过一个“馒头窑时代”。

李毓芳于1994年发表的《汉代陶窑初论》研究了汉代陕西、河南、辽宁、内蒙古、四川、甘肃、广西、湖南和贵州等地发现的共261座古窑址，分析总结了汉代陶窑主体部分如前室、火门、火膛、窑室、排烟设施和窑门的发展与差异，把汉代陶窑按用途分为砖瓦窑、陶器窑、陶俑窑、烘范窑和多用窑五类；按经营性质来分，可分为官营和民营；在特征方面，按照时期分为西汉初期、西汉中晚期、东汉时期。另外，从窑炉的平面形状、火道、排烟设施等方面进行总结，论证东汉时代陶窑用煤作燃料已不鲜见的观点。

熊海堂1995年的著作《东亚窑业技术发展与交流史研究》是第一部也是现有唯一一部阐述东亚陶瓷技术发展历程和技术交流史方面的学术专著，书中“东亚陶瓷窑炉与窑具的分类及其宏观分布”“中国古代窑炉技术发展与交流史论”“中国古代砖瓦窑及其技术的东传”“中国古代的窑具与装烧技术交流史研究”“文化与技术交流的历史考察”等多个章节从宏观的角度阐述了东亚陶瓷技术发展和交流的历程。他以系统论和文化交流层次论为理论指导，用统计和图表等表述形式展现各技术系统的特征及其所呈现的文化现象，把东亚窑业的区域特征与地区之间的技术交流作了概括性阐述，提供了很多详尽的资料。

1999年郑乃章的《中国传统陶瓷窑炉结构与烧成方法》一文综述了中国传统陶瓷窑炉结构、燃料利用的演变，指出中国传统陶瓷窑炉经过了平地堆烧等阶段，穴窑的出现才使窑床和窑墙的建构形式确定下来。通过对中国传统陶瓷烧成方法的概述，指出燃料、窑具和装烧方法的不断变革是窑炉结构改进的关键。

2000年秦大树的《磁州窑窑炉研究及北方地区瓷窑发展的相关问题》一文对磁县观台窑址进行了考古发掘研究，清理发掘了6座窑炉遗迹。文章较为详细地描述了两座保存比较完好的窑炉，对其外观形式、内部结构、建构特征、使用材料进行了说明，也列举了其余几座窑炉的特殊之处。文中还对宋代两座馒头窑进行复原，总结了北方地区瓷窑的基本特征和窑炉发展变化的总体趋势。

2002年秦彧的《山东古代烧瓷窑炉结构分析》—文对山东地区制瓷窑炉的结构进行了对照分析，根据窑炉燃料的不同分为两段，并把已经清理的24座瓷窑窑炉分为了五式，构想了每式窑炉的烧成状态，分析了各式窑炉结构的利与弊，对中原地区窑炉结构的演变发展研究有一定的启发和借鉴作用。

2003年王望生的《秦兵马俑陶窑形制初探》一文探索了秦陵附近的十座砖瓦窑址，根据发掘材料描述了三座窑址的大小和内部遗留物，提出“秦兵马俑陶窑很可能就是秦时烧制砖瓦和生活用具的半倒焰陶窑”的构想。窑整体可能为半地下式拱顶结构，兵马俑窑可能是规模效应、规范化、标准化程度极高的一批窑群，选址应在秦代自南向北流动的河流一侧，且距大型兵马俑陪葬坑不会太远。

2011年张明东在《黄河流域先秦陶窑研究》一文中从先秦陶窑的分类、分布、发展阶段、陶窑结构、技术考察以及陶窑的源流、演变等方面进行了详尽的论述，根据焰型不同，将已发现的陶窑分为升焰窑和半倒焰窑两大类；根据两类陶窑结构的变化，将黄河流域先秦时期陶窑的发展分为四个阶段，总结了各类窑炉在不同阶段的特征和分布状况。

罗敏的《三峡地区古代陶瓷窑炉的考古发现与窑业技术研究》对三峡地区古代陶瓷窑炉的考古发现材料进行初步统计和分析，介绍了这批窑炉的丰富类型，包括升焰窑、龙窑、半倒焰窑、全倒焰窑等；并对各种窑炉的结构、发展演变及技术源流进行了分析，用直观的图表勾勒出三峡地区从新石器时代到清代的窑业技术发展史。

高兴超在《黄河流域仰韶时代晚期——龙山时代陶窑研究》中依据黄河流域的自然走势，将黄河流域分成甘青地区、河套地区、中原地区和山东地区四个研究区。对考古发现的陶窑进行型式划分，按照分型定式集中对仰韶时代晚期和龙山时代的陶窑进行纵向比较。针对陶窑的结构部位进行纵向比较分析，得出仰韶时代晚期和龙山时代两个时期的陶窑结构差异。

陈永婷的《唐宋时期馒头窑初步研究》认为从馒头窑发展演变的整个过程来看，唐代至北宋初期属于馒头窑发展的初步探索阶段；到了北宋中晚期，馒头窑已日趋合理成熟，不同地区的窑炉既有共同特征又各具特色；金元时期，各地区既有其时代的共性，又具各自的区域性特征。馒头窑窑炉在南北方地区之间及北方地区的内部均存在窑炉技术的交流。

2012年阎飞在《中原古代陶瓷窑炉实验考古研究》中对窑炉考古和研究文献进行梳理，使用类型学方法对已发表的窑炉资料进行型式的划分，并结合田野考古、科技考古、模拟考古、实验考古等方法对中原地区的窑炉进行整理研究。用以讨论中原地区古代陶瓷窑炉的发展过程，描述技术交流的状况及对后世产生的不同影响，更重要的是对不同种类的窑炉进行了复原、重构、试烧。

2015年丁鹏勃在《明代御窑窑炉及烧成工艺探究》中介绍了御窑遗址出土的明早期葫芦形窑和中晚期的馒头形窑，阐明御窑从使用葫芦形窑转变到使用馒头形窑的必然性。结合出土遗迹与文献，总结宣德至万历时期的御窑馒头形窑皆为前窄后宽式，万历中期以后变为前后等宽。此外，对御窑窑炉的分工也进行了考证，如色窑是烧制高温颜色釉的窑炉，而非以往认为的烧造低温颜色釉的窑炉；风火窑是烧造半成品的窑炉，而非诸窑的总称等。

2017年张思桐在《晚唐至北宋时期越窑与耀州窑青瓷工艺比较研究》一文中通过对历史文献资料、越窑及耀州窑的考古发现以及科学技术手段分析发现，晚唐至北宋时期，二窑青瓷在原料、胎釉成分、窑炉、装烧工艺、装饰工艺等方面差异明显。原料胎釉方面，越窑以瓷石制胎，以瓷石与石灰石、草木灰调和制釉，耀州窑使用坩土制胎，釉石和石灰石制釉；窑炉方面，越窑长期使用龙窑烧窑，燃料为木柴，耀州窑在唐末五代时期使用燃柴的蛋壳形窑，北宋时期使用燃煤的蛋壳形窑，窑炉结构也有变化；装烧工艺方面，虽然五代起耀州窑使用与越窑相似的M形匣钵，但在除匣钵以外的窑具及装烧方式上两窑明显不同。

2017年李清临、孙燃发表的《中国古代陶瓷窑炉分类浅议》一文在前人研究的基础上，对中国古代陶瓷窑炉分类进行了梳理，将分类方式归纳为如下几种：按火焰在窑室内的流动方向划分、按窑炉的外形划分、按火膛和窑室的相对位置划分、按窑炉的平面形状划分及依照构筑方式和具体用途的不同来划分。文章详尽阐述了这些分类方法，并对其中部分方法提出了补充和修改，内容丰富，脉络清晰。

梳理以上对窑炉考古、文献研究及窑炉相关问题的研究成果，可以看到，目前我国对窑炉结构、形制方面的研究多基于对瓷窑的探索；关于窑炉的烧造原理研究及对窑炉复原问题的探究并不十分深入；而针对砖瓦窑，尤其是城墙砖砖窑的考古复原研究几乎可以忽略不计。

（二）研究目的

城墙砖烧制技术是使泥坯变成城墙砖的最后步骤，也是最关键的一个环节。窑炉是完成这个环节的关键生产设施。

课题拟选取江苏、江西、安徽、湖南和湖北五省现存不同类型的明城墙砖窑炉遗址进行研究，以明代城墙砖窑炉为主要研究对象，通过分析窑炉的类型和构造、城墙砖特性、烧成温度、火焰特性、原料及燃料等因素，探讨城墙砖的烧制原理与流程，解析窑炉形制结构，为城墙砖窑炉的模拟复原提供科学支撑。

（三）研究方法

1.资料分析

考古文献、发掘报告、文物普查信息表等资料通常以专业人员熟悉的思维模式呈现，这些资料需要被阅读、理解、内化、综合分析、重新组织，才能得到对课题有用的信息。这是文献研究、资料分析的必要性和重要性所在。因此，本课题收集了窑炉研究的相关文献资料进行整合，整理有关城墙砖窑炉的基本信息。

2.分类的研究方法

窑炉的分布范围广、数量大，进行复原研究的第一步工作是对其进行分类。文物学中的分类方法是将各种不同的文物，根据一定的标准分成不同的类群，从而找出文物之间的差异和共同点，获得规律性的认知。这对文物研究工作是必不可少的。在这个基础上，才能进一步认识和研究城墙砖窑炉建造、使用的轨迹。

3.走访调查

根据现有资料，确定调研地点，进行实地走访调查，摸清各地现存窑炉遗址的数量及保存现状，尽可能了解烧砖原料、工艺等，以便有针对性地选择典型窑址进行勘探、测绘工作。

4.实验室考古

实验考古也是科技考古的一部分，具体是运用实验手段复制、重建考古发掘所获得的古代工具、武器、建筑、村落等遗迹、遗物，以便更直接详细地了解古代人类的生产生活方式及思维过程，验证目前对古代部分工艺的推论。

二、南京城墙砖窑炉概况

南京城墙全面且系统的研究起步相对较晚，针对城墙砖烧制窑炉的研究亦然。早期对于南京明城墙的研究多集中于城墙砖铭文方面，主要是收集和判断城墙砖上的文字，并将收集到的标本砖上的砖文制成拓片保存。遗憾的是，由于种种原因，所有标本砖全部散失，仅留下县级以上产地计28府118州县的数据。这项最初的统计数据为人们提供了后续研究的推测依据。20世纪80年代以后，各地文物保护意识增强，开始关注散落在田野的城墙砖窑址。1997年，为筹建南京城墙专题性博物馆，专业研究机构得以组建，由此开始了包括南京城墙砖窑址在内的全面且系统性的基础研究，基本遵循了由点到面，逐步深入推进的原则，主要解决了南京城墙砖烧造产地、砖窑属性等基本问题，而关于窑炉遗址的研究成果则相对较少。

（一）现存概况

近20年来，南京城墙砖窑炉遗址的田野调研足迹先后踏印在江西、湖南、湖北、安徽、江苏五省的部分地区。调研不仅发现了各地的南京城墙窑炉遗址群，还通过砖文中的人名，结合文献或族谱找到了关键的文字论据。经考古调查和发掘发现的南京城墙砖窑炉遗址总计16处，目前尚存10处（见表1）。

表1　南京明城墙砖窑遗址相关信息

省份	序号	遗址名称（位置）	发现时间	保存状况	备注
江苏省	1	南京市栖霞区官窑村官窑遗址群（工农路以东的官窑山）	2002年发现 2016年试掘	保存状况良好。	
	2	工农路西侧新发掘工地及其附近地区	2019年发掘	保存状况良好。	
江西省	3	新余市分宜县砖窑遗址（分宜县官窑遗址群）	2009年发现	分布范围广，保存状况一般，植被覆盖，露出地面1米左右。	被掩埋
	4	宜春市彬江镇砖窑遗址（袁州区彬江镇宋家村）	1984年为县文保 2003年列入市保	分布范围广，保存状况一般，植被覆盖，露出地面1米左右。	被掩埋
	5	抚州市黎川县砖窑遗址群（中田乡渔潭、公村，及日峰镇八都村等地）	2016年发现	保存状况较好，但长期被淹没。	被淹没
	6	上饶市余干县曹家庄窑址（瑞洪镇上湖和下湖之间，一直延伸到傅家塘）	2009年发现	窑址不存，仅一块带铭文城墙砖。	已消失
湖南省	7	岳阳市君山明代南京城墙砖官窑遗址金鸡垄窑群（君山区许市镇横山岭村金鸡垄沿湖一带）	2007年发现 2010年发掘	保存状况一般，植被覆盖。	被掩埋
	8	醴陵市窑下湾官窑遗址群（窑下湾及附近）	1988年列入市保	保存状况一般，植被覆盖。	被掩埋
湖北省	9	武汉市庙山明代官置砖窑遗址（江夏区纸坊街庙山村西潭湾汤逊湖南岸的丘陵台地上）	2000年发掘	土地开发使用，窑址不存。	已消失
	10	武汉市新屋张窑址（江夏区乌龙泉街道办事处土地堂金海村新屋张东面约1000米林场西边）	2009年发现	土地已被平整，不存。	已消失
	11	武汉市锁石凹窑址群（江夏区法泗镇沿河村锁石凹湾西北部的岗地上）	2009年发现	分布范围广，部分有满窑砖，已回填。	已回填
	12	武汉市新洲县明初城墙砖窑址群［新洲区辛冲镇杨铺村（又称杨家湾）杨家圩的圩埂下方］	2009年发现 2011年列入市保	保存状况一般，植被覆盖，未发掘。	未发掘
	13	孝感市应城市黄滩官窑遗址（黄滩镇艾堤村罗湾及其周边）	20世纪50–70年代，仅存的少数窑口遭破坏。	所在地现为黄滩镇中心区，发展较快，建有大量房屋，遗址已消失。	已消失
安徽省	14	芜湖市繁昌县新港镇窑址（新港镇的东北侧），从新港镇砖瓦厂起至官山（今繁昌县二窑厂）的长江岸边坡地或丘陵处，均是明代砖窑遗址	1998年调查	已回填。	已回填
	15	芜湖市繁昌县新淮乡窑址（新淮乡董仓村的村头通往南陵县的淮宁路路基东侧，滨临漳河的西岸，窑址顺漳河堤岸）	1998年调查	文物普查与日常工作中未见，不存。	已消失
	16	池州市青阳县童埠、朱家渡砖窑址（童埠乡陀龙村朱家渡西南）	发现时间不明，2005版《青阳县志》记载窑群存在。	村民说有朱元璋烧砖的传说，曾经也有砖窑，已经被破坏殆尽。	已消失

（二）分布特点

南京城墙砖窑炉遗址的地理位置分布见图3[①]。根据资料与现场调研发现，窑炉的选址与分布具有以下特点：

（1）窑址附近水源充足，近河流湖泊，便于烧窑。窑址旁的水系很大概率最终汇入长江，利于城墙砖的大规模运输。如新余和宜春的明代城墙砖窑址位于袁河北岸，袁河贯通两地，与赣江汇合进鄱阳湖后入长

① 图3由课题组成员制作。

江；抚州市黎川县砖窑遗址基本沿黎滩河分布，黎滩河与抚河相汇，注入鄱阳湖，最终流向长江；醴陵窑下湾官窑遗址靠近渌水，最终汇入湘江、长江。

（2）窑址多分布于丘陵岗地的台地上，一则附近有丰富的林木资源，薪柴充足，为砖窑烧造城墙砖提供所需燃料；二则便于利用地形地势，方便地穴式、半地穴式窑炉的筑造，节省建筑及工程成本。

（3）城墙砖烧造大多因地制宜、就地取土，要求当地土质较好。目前发现用黄黏土烧制的城墙砖数量最多，调研窑址当地土壤也多是黄黏土。仅江西发现了白色黏土。

（4）砖窑遗址基本以窑群形式存在，数量较多，且相互之间距离较近，便于统一晾坯、搬运、运输等，或许和当时的管理制度有关。

图3　明代南京城墙砖窑遗址分布示意图（图中标号对应表1序号）

（三）现存数量

由于自然环境变化、大规模的基础建设和快速的城镇化进程等因素，窑炉遗址遭受的自然损坏及人为破坏无时无刻不在发生，现存窑炉的数量逐渐减少。

根据此次课题的实地调研情况，截至目前尚存南京城墙砖窑炉遗址总数为10处，分别为：江苏省南京市栖霞区官窑村官窑遗址群（保存状况较好）、工农路西侧新发掘工地及其附近地区（考古发掘工作尚在进行中）；江西省新余市分宜县砖窑遗址（植被覆盖）、宜春市彬江镇砖窑遗址（植被覆盖）、抚州市黎川县砖窑遗址群（长期被水淹没）；湖南省岳阳市君山明代南京城墙砖官窑遗址（植被覆盖）、醴陵市窑下湾官窑遗址群（植被覆盖）；湖北省武汉市锁石凹窑址群（已回填）、武汉市新洲县明初城墙砖窑址群（未发掘）；安徽省芜湖市繁昌县新港镇窑址（已回填）。另有6处曾存在的遗址——江西省上饶市余干县曹家庄窑址；湖北省武汉市庙山明代官置砖窑遗址、武汉市新屋张窑址、孝感市应城市黄滩官窑遗址；安徽省池州市青阳县童埠、朱家渡砖窑址、芜湖市繁昌县新淮乡窑址，已确定消失。

三、南京城墙砖窑炉解析

（一）城墙砖窑炉类型

1.分类依据

目前，砖窑的分类没有可依循的专用类别划分标准。因此参照中国古代陶瓷窑炉的分类方式，窑炉类型基本按照火焰在窑室内的流动方向、窑炉的外形、火膛和窑室的相对位置、窑炉的平面形状，或按构筑方式和具体用途等来进行划分。

（1）按火焰在窑室内的流动方向划分

按照火焰在窑室内流动方向的不同，可将窑炉分为升焰窑、半倒焰窑、平焰窑和倒焰窑四种。

①升焰窑：升焰窑即火焰在窑室内呈自下而上、垂直上升走向的窑炉。包括横穴窑、竖穴窑和升焰式室形窑。共同特点是吸烟孔或烟囱均设置在窑顶。这种类型的窑炉升温较快，但火焰在窑室内流经距离、停留时间较短，不易控制，也难达到较高的烧成温度。西周起逐渐为半倒焰窑所替代。

②平焰窑：平焰窑即龙窑。窑身狭长，一般筑于山坡之上，窑身与水平面有一定夹角，窑头（火膛所在部位）位于最低处，窑头与窑尾间存在一定高差，保证其中对火焰的抽力。

③半倒焰窑：半倒焰窑均为室形窑，即火膛与烧成部（坯件放置处）同处一个窑室内。此类窑在窑室之后设置烟道或烟室、烟囱，烟道下方开有一个或多个吸烟孔与窑室相通。与升焰窑相比，半倒焰窑的火焰在窑室内流经距离长、时间长，烧造温度有所提高。目前所知最早的半倒焰窑出现于商代，进入周代后，半倒焰窑快速发展，逐渐成为北方等广大地区陶瓷烧造最主要的窑炉类型。

④倒焰窑：亦名“全倒焰窑”，由半倒焰窑演变而来。倒焰窑的火膛与窑床在平面上合为一个圆形，窑壁直立，窑顶呈穹隆状，外观呈圆形馒头状。窑床上以砖（坯）等材料纵向等距离砌制数条烟道；烟道上方再以砖横向平铺，砖与砖之间保持一定间距，宽度略同于烟道，从而构成一较密的吸烟孔网。窑室后壁下方开吸烟孔，与窑床上的烟道和后面的烟囱相通。与半倒焰窑相比，倒焰窑更能充分利用热量，缩小窑室内各部位的温度差。

（2）按窑炉的外形划分

根据外形的不同，可将陶瓷窑炉按整体形状或平面形状进行划分，分为馒头窑、龙窑、圆形窑、方形窑、马蹄形窑等。

（3）按火膛和窑室的相对位置划分

按照火膛和窑室相对位置的不同，可将窑炉划分为横穴窑、竖穴窑和室形窑。

①横穴窑和竖穴窑：横穴窑和竖穴窑是相对而言的。横穴窑的窑室与火膛彼此独立，且相互间没有上下叠压关系，吸烟孔或烟囱位于窑顶。竖穴窑的窑室与火膛彼此独立，且相互间有完全或部分的上下叠压关系，吸烟孔或烟囱位于窑顶。

②室形窑：室形窑的坯件烧成与燃料燃烧空间直接相连，共同被窑顶和窑壁包围形成一个封闭空间，即窑室。室形窑的窑室由燃烧部和烧成部共同构成。通常所说的馒头窑、马蹄窑、阶级窑、葫芦窑、蛋形窑等，均属于广义上室形窑的范畴。

（4）按构筑方式划分

按照构筑方式的不同，可分为地穴式、半地穴式和地表式。

①地穴式：窑炉的全部结构，包括窑顶、窑壁、火膛、窑床、窑门以及排烟系统等各个部位均在土层中

挖掘而成。

②半地穴式：窑炉的下半部分在土层中挖掘而成，上方用其他材料砌筑。具体建法是先在地表向下挖出一个土坑并修整出火膛、窑床等部位，再以泥土、枝条、砖瓦等材料封砌窑顶或部分窑壁。尽管都是于土层中挖掘而成，地穴式和半地穴式窑炉在内部处理上仍有许多变化。如夯打土坑周壁以加固，在原土壁上涂抹一层或多层草拌泥或夹砂泥，以砖（砖坯）等材料沿土壁砌墙等。

③地表式：窑炉的全部构造均以砖、石、泥土等为材料，于地面之上建造而成。一般而言，由于建造成本的关系，地穴式和半地穴式窑炉多用于烧造陶制品，如日用陶器、砖瓦、陶俑等；而地表式窑炉则大多用于烧造瓷器。

除上述分类方式外，还有按照烧制品用途、窑炉的所在地、所处时期、燃料、所辖家族或皇帝年号、主要官员姓名分类的方式，但并不是对窑炉本身性质的描述。

因而，从不同的角度出发，窑炉可以划分为多种类别，故实际研究中采用多种类型相结合的方式进行表述。

2.窑炉类型

就目前获取的资料和实地调研结果来看，各地南京城墙砖窑炉的大体形制较为统一，局部构造有所差异：

（1）从外形来看，明代南京城墙砖烧造窑炉均为馒头窑

从火膛与窑室的位置关系来看，城墙砖窑炉均属于室形窑，即坯件摆放与燃料燃烧的空间直接相连，共同处于窑顶和窑壁包围形成的封闭空间内。

从构筑方式看，尽管城墙砖窑炉的保存状况不甚理想，但依据现状推测，窑体一般因循自然坡体就势开挖，有部分位于地表之下，为地穴式或半地穴式窑炉。

关于火焰在窑室内的流动方向，根据调研现场所见，几乎所有保存情况较好的城墙砖窑炉的吸烟孔都位于后壁（如图4①）；但现场发现的部分窑床上有纵向整齐排列的砖块（如图5）通向后部吸烟孔和烟道②。判

图4　吸烟孔位于后壁情况

图5　窑床砖块排布情况

① 图4和图5由课题组成员于2019年6月在南京市工农路西侧新发掘工地及其附近地区拍摄。

② 比较半倒焰与全倒焰窑的火焰走向，推测当时可能直接用砖（坯）在窑床上垒成烟道，使得火焰流向路线改变——从完全倒向窑炉后部变为倒向整个窑床，窑炉类型也随之由半倒焰型变成全倒焰型窑炉。

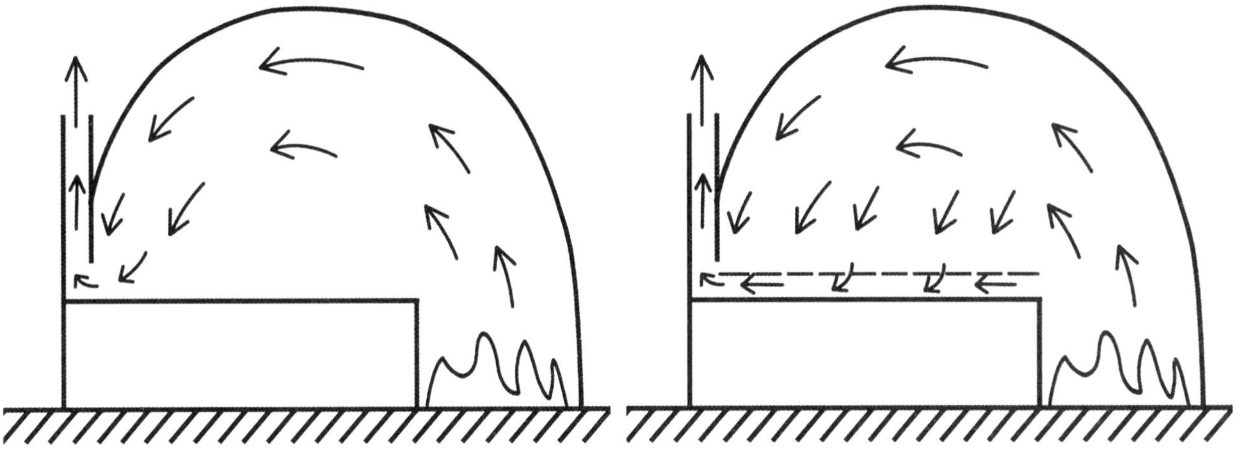

图6 半倒焰（左）与全倒焰（右）馒头窑示意图

断有全倒焰和半倒焰两种情况（如图6[①]）。

（2）就目前的调查研究资料，南京城墙砖烧造的窑炉大体可概括为两种类型

①一种以南京市栖霞区官窑村官窑遗址群（工农路以东的官窑山）、工农路西侧新发掘工地及其附近地区的窑炉为典型。

此处发掘的窑炉顶部皆不存，是以大多呈现口大底小、斜壁内收的形态。窑壁泥筑，经过长时间焙烧，内壁形成坚硬的烧结面，呈青灰色、略发白，窑壁外圈及烟道内部呈红色（如图7[②]）。

窑门较小，高度在1米左右，宽度几十厘米，人需要半蹲侧身才能进入窑室。因而这种窑炉的窑门应当不是砖坯进入窑室、成砖搬出窑室的主要通道，可能仅仅作为燃料投放口、掏灰口使用。结合目前所有窑顶都缺失的情况，推测窑顶原本是城墙砖（坯）搬运的出入口，每次烧窑时封闭窑顶，烧成冷却后再次打开。

窑门与窑门外两旁挡火墙均为砖石砌筑（如图8），起到稳固窑体的作用。小图a与b中挡火墙的主要材料是接近城墙砖大小的青砖，而小图c的砖块体积更小且颜色杂乱。根据小图b和c的墙体残留形态，推测挡火墙原本的范围不局限于窑门两侧，可能在窑体外围有更高、更长的延伸。

这种类型窑炉的窑床有泥筑和砖砌两种，泥筑窑床呈现的状态与窑壁类似；少部分窑床以青砖（最初可能是砖坯）垒砌而成（如图9），窑床平面更为平整。

后部窑壁设置一或三条烟道（如图10），就目前的资料来看，烟道的数量与形制与窑炉的类型、窑炉的其他部分没有特定的对应关系。

小图a中窑炉后壁基本等距排布了三条烟道，左侧一条下部仍保留有吸烟孔，与窑床上目前排布的砖块对接；推测原本利用窑床上砖坯的排布，使窑床成为吸烟孔网。燃烧时，气流经过烟道上口，气压降低，使窑炉内的空气向吸烟孔和烟道流动，火焰受到吸引能够倒向整个窑床；从而提高热量的利用率，也使窑炉内各部分温度更均匀，成砖质量更稳定。

小图b是窑炉后部正中设置的单烟道，中上部较窄、下部扩宽，整体呈喇叭状，这种形状的单烟道在已发现的城墙砖窑炉中较为常见；类似小图c中不规则近圆形的烟道则相对发现较少，但其与窑床交界的部分也变宽。因此，参考小图d和e，推测单烟道窑炉中烟道下部应有由竖立的薄砖（或土坯）分隔出的一排吸烟

① 图6由课题组成员绘制。
② 图7—10由课题组成员于2019年5—6月在南京市栖霞区官窑村官窑遗址群、工农路西侧新发掘工地及其附近地区拍摄。

图7　窑壁状况

图8　青砖砌筑的挡火墙

图9　左图为青砖（砖坯）砌筑的窑床，右图为泥筑窑床

图10　烟道
（a为三条烟道；b、c为不同形状单烟道；d、e展示吸烟孔、烟道、窑壁的关系）

孔，若单烟道的宽度足够，一些窑炉中上部和烟道口被纵向分隔成几部分，这时的单烟道更像几条烟道的集成体。

②另一种是湖南、江西两省的城墙砖烧造窑炉，以抚州市黎川县砖窑遗址群的窑炉为典型。

这种窑炉顶部留存下来的数量较多，但基本被土体和植被掩埋，只露出高于地表1米左右的窑体（如图11[①]），因此窑炉整体情况难以勘察。

就目前所得资料推测，窑炉前部的开口为窑门，窑门原本应为泥筑，现在呈现出坚硬的烧结土状态，上部呈弧形，通常在其上方留有观察或注水用的小孔（如图12）。

湖南、江西两省的城墙砖烧造窑炉内窑床部分难以辨认，窑床部分与火膛的高度差几乎可以忽略不计（如图13[②]）。推测有几种可能，一是砖坯烧成位置与火膛几乎没有高度差，即原本窑床与火膛近乎处于同一平面，则窑炉属半倒焰型；二是目前发现的“窑床”为原本窑床仅存的基底，上面由砖块垒砌形成吸烟孔网（参考图14[③]），这种情况下，窑炉属全倒焰型；三是由于河流冲刷等原因，原本窑床的高度被削减。

图11 露出地表的窑炉顶部

图12 窑炉顶部小孔

图13 黎川窑炉整体结构

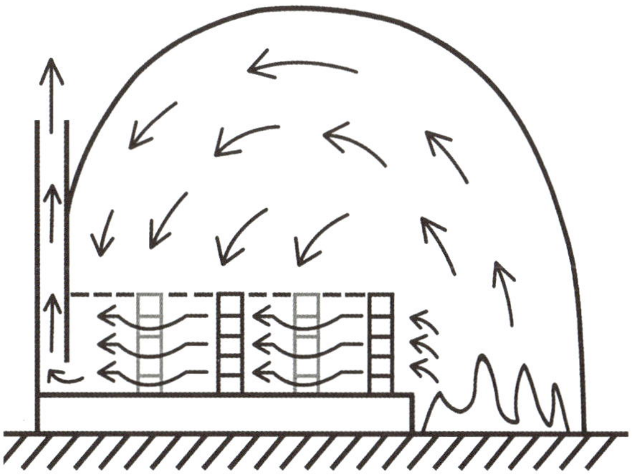

图14 “窑床”为基底的窑炉结构示意图

① 图11和图12由课题组成员于2019年8月在宜春市彬江镇砖窑遗址拍摄。

② 图13由南京城墙保护管理中心提供。

③ 图14由课题组成员绘制。

窑炉多有三条烟道，等距设置在后部窑壁，后壁弧度不大，多近平直。现有资料中窑炉吸烟孔的形态暂不明确。湖南岳阳、醴陵两地已发现窑炉的保存状况不足以推断窑顶原本是否存在烟囱；而江西黎川、余干两地的窑炉曾被发现有突出窑顶的烟囱，这是其他地区的窑炉所未见的。另，余干有一处窑的烟囱设在窑顶中部，极为特殊。但目前上述两地窑址，一处现已消失，一处长期被淹没，无法进行进一步调查。

据旧有调查资料，醴陵曾发现的一口卧式窑是特例，窑口很小，高0.3米，宽0.5米。整个窑大致呈圆形，直径4.7米左右，烟道所在的后部窑壁为一平面，可见三条烟道。由于此次实地调研中，这座原本在文保碑附近的窑炉已不复存在，无法界定“卧式窑”与其他窑炉的区别。

③湖北与安徽两省的窑炉目前基本处于消失与回填状态，难以判断细部结构的材质、类型、窑炉局部与整体的比例关系等。

从文献推测的可能存在南京明代城墙砖烧造窑炉的地区看（参见图2），江苏位于东北端，湖南、江西两省位于南部，这两块区域的窑炉虽然同属馒头窑，却存在不可忽视的差异。但由于保存状况的差异、发掘信息的不足等原因难以判定目前窑炉呈现的差异是否与地理位置、建造时间、使用时长等因素相关。

可以明确的是，安徽、湖北两省正处在这两种有所差别的窑炉类型中间，因此，这块区域内城墙砖烧造窑炉的信息可能对南京明城墙砖烧造窑炉的类别划分具有重要的参考价值。

（二）城墙砖窑炉结构

因为保存现状不理想，目前仍存的部分南京城墙砖窑炉结构并不明晰。结合相关考古资料、部分窑址的现场勘查信息，下文尽可能还原南京城墙砖窑炉的结构组成，并对上述南京城墙砖烧造窑炉的两种典型构造分别进行结构解析。

窑炉本体的构成一般包括窑门、火膛、窑床、烟道，有些窑炉会设置吸烟孔、掏灰坑、排水槽等。有些窑炉会在窑体外设置操作间、挡火墙。

1.以南京官窑村附近窑炉为典型的窑炉结构

（1）城墙砖窑炉一般由操作间和窑体两部分构成。窑体一般由窑门、火膛、窑床、吸烟孔、烟道等部分组成（如图15①）。此外，还有排水槽、掏灰坑等细部结构。复原模型见图16②。

（2）城墙砖窑室平面整体多呈圆形、椭圆形或马蹄形，现存口底大小不一，多为口大底小，斜壁内收。窑壁可见靠近窑室内部的一侧有一二十厘米厚的青灰色、灰白色烧结面，而外圈烧结土呈红色。窑室的内部口径普遍长3—4米、残深2—3米。

（3）窑体前发现操作间、挡火墙遗迹。

（4）窑门位于火膛和操作间之间，呈拱形。目前留存有砖筑券顶和泥筑两种。窑门高约1米，不适合砖（坯）的搬运。焙烧时其上半部分封闭，仅做燃料投放之用，当砖焙烧到需要的火候后就全部封闭（俗称闭窑）。

（5）火膛深入窑室前部，平面近似长方形，或略呈喇叭形。多可见灰黑色草木灰遗迹。发现掏灰坑遗迹。

（6）窑床高于火膛1米左右，平面呈喇叭形、近圆形或半月形，径长2—3米。

（7）窑床与窑壁之间及窑床中部或有稍低于窑床的平底沟槽，与吸烟孔、烟道相连，作抽火及转釉时排水所用，同时具备了抽火道及排水槽的功能。

① 图15由课题组成员绘制。
② 图16由课题组成员制作。

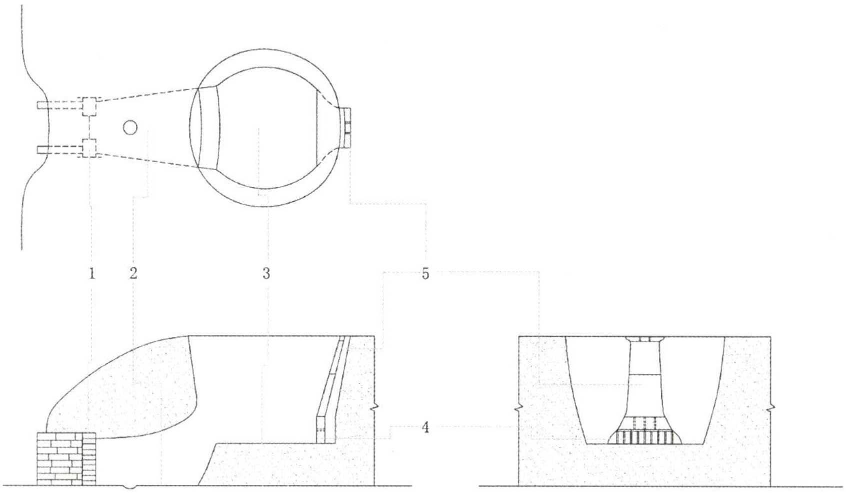

图15　以南京官窑村附近窑炉为典型的窑炉结构示意图
（1—5分别为窑门、火膛、窑床、吸烟孔、烟道）

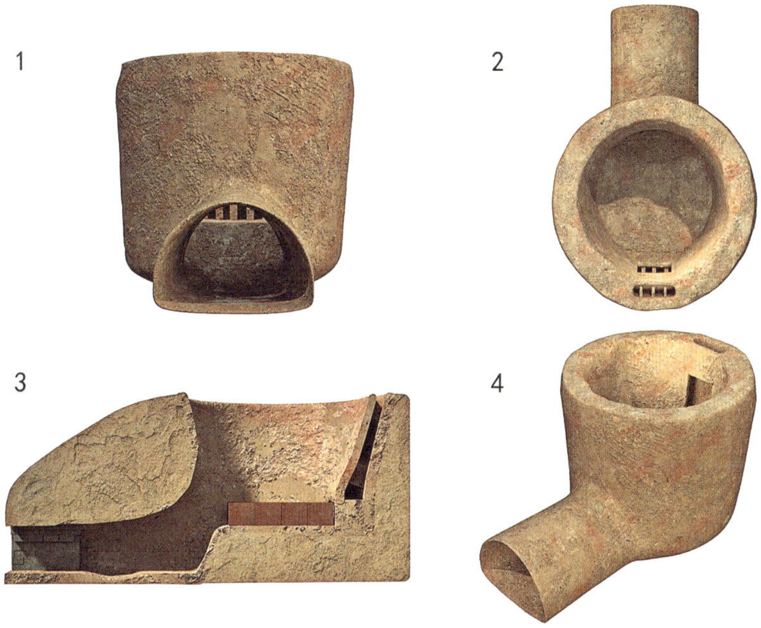

图16　以南京官窑村附近窑炉为典型的窑炉复原模型图
（1—4分别为正视、俯视、剖面和整体视角）

（8）烟道部分的情况较为复杂，调研中发现几种不同的形式。

烟道位于窑室后部，上口稍稍向外凸出，平面略呈长方形。内壁规整，自上而下呈喇叭形或近圆形外扩，至底部与窑床外围排水沟槽相接。烟道靠窑室一侧清晰可见凹槽，有一条或三条烟道。

一条烟道的建造方法应是先于窑室后壁开缺口，于缺口靠近窑床一侧砌砖或糊泥与窑室相隔，底部可能分隔成几个吸烟孔，再于窑床上立砖（坯）形成吸烟通道，其上平铺砖（坯）形成吸烟网，最后在此平面上安排砖坯的摆放。

三条烟道的窑炉在窑室后壁有三个烟道向外凸出，等距分布，上口部均略呈方形，应当分别通向后壁吸烟孔。推测的砌筑方法为：先在窑室后部开三处缺口，再于每处缺口靠近窑床一侧砌砖或糊泥与窑室相隔，于底部中间竖立几块小砖形成吸烟孔，之上铺一薄砖后再用砖侧立叠砌（或泥筑）形成烟道。

可见一条或三条烟道的构筑方法基本相同，但目前已发掘城墙砖窑炉的烟道部分保存状况不是很好，烟道多少有坍塌和脱落的迹象，各种烟道中间段的构造仍不明确。

（9）窑壁多为泥筑，均有受火痕迹，表面局部酥粉。窑壁厚度十几至几十厘米，内侧可见烧结面，且颜色多有变化。泥土筑窑壁由于长期受窑炉高温焙烤，窑壁坚硬，充分接触空气的部分呈紫红色或褐色，靠近窑炉内侧部分则多呈青灰色。

（10）南京官窑山附近遗址群的窑炉顶部都不复存在，推测顶部原本经历反复拆建，每次烧窑时封闭，结束后打开。

缪松兰等[①]经过史料翻阅、实地考察和测绘，认为近代砖瓦土窑与明代砖瓦窑的结构同出一辙，曾模拟建造一座微型土窑用于“金砖”烧成试验，其窑顶为穹窿形顶（见图17[②]）。

根据现代窑炉结构研究[③]，穹窿形顶和平顶结构相比较，窑炉上部空间增大，烟气辐射率和截面中间部位的热力更大；可以加快对流换热效率，增加窑体表面积，提高热利用率，有助于提高产量、降低能耗。且穹窿形顶窑炉的温度均匀性较平顶窑炉更好。

鉴于穹窿形顶能够增大窑炉内部空间、引导火焰流向、使窑温更为均匀，推测城墙砖烧造窑炉应有穹隆形顶。且南京官窑山附近一带考古发现的窑炉旁均没有窑顶遗迹，推测窑顶应由泥土和有机物构筑。

2.以抚州黎川县窑炉为典型的窑炉结构

（1）窑体一般由窑门、火膛、窑室、烟道等部分组成（如图18[④]）。复原模型见图19[⑤]。

（2）城墙砖窑室平面整体多呈圆形、椭圆形或马蹄形，后壁平直。窑壁为坚硬烧结面，外部烧结土呈红色。各地城墙砖烧造窑炉的体量有所差异。体量较小的馒头窑如黎川窑群的部分窑炉，窑室长、宽不到3米，进深2米左右，部分内高在1—2米之间。

（3）窑体前未发现操作间、挡火墙遗迹。

（4）窑门大部分呈拱形，未见砖砌，而是泥筑。从大致比例看，江西几处窑址群的窑炉窑门较大，可

图17 窑顶示意图

① 参考缪松兰，徐乃平. 砖瓦土窑结构的研究[J]. 陶瓷学报，1996(02):42–48。
② 图17见缪松兰，徐乃平. 砖瓦土窑结构的研究[J]. 陶瓷学报，1996(02):44。
③ 参考程婧. 超宽体辊道窑烧成带半圆拱顶与平顶结构下的数值模拟分析[D]. 景德镇陶瓷学院，2013。
④ 图18由分宜县博物馆提供。
⑤ 图19由课题组成员制作。

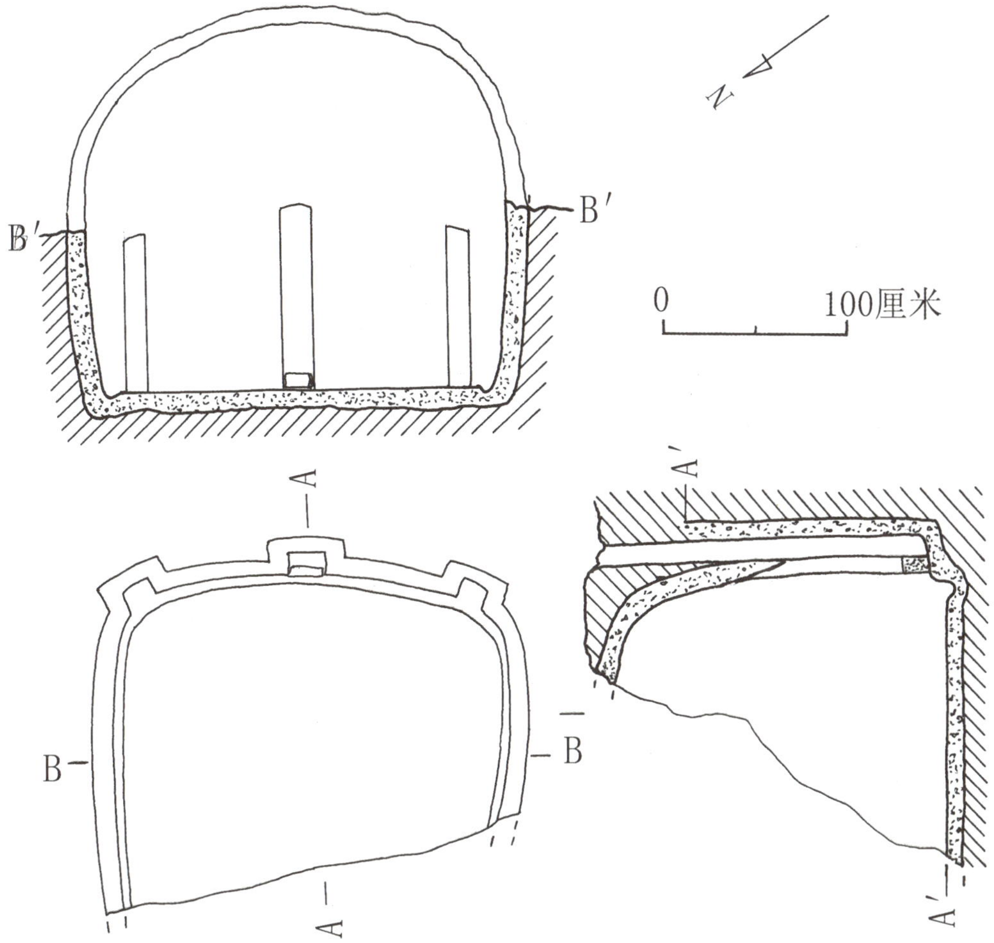

图18　以抚州黎川县窑炉为典型的窑炉结构示意图（不含烟囱）

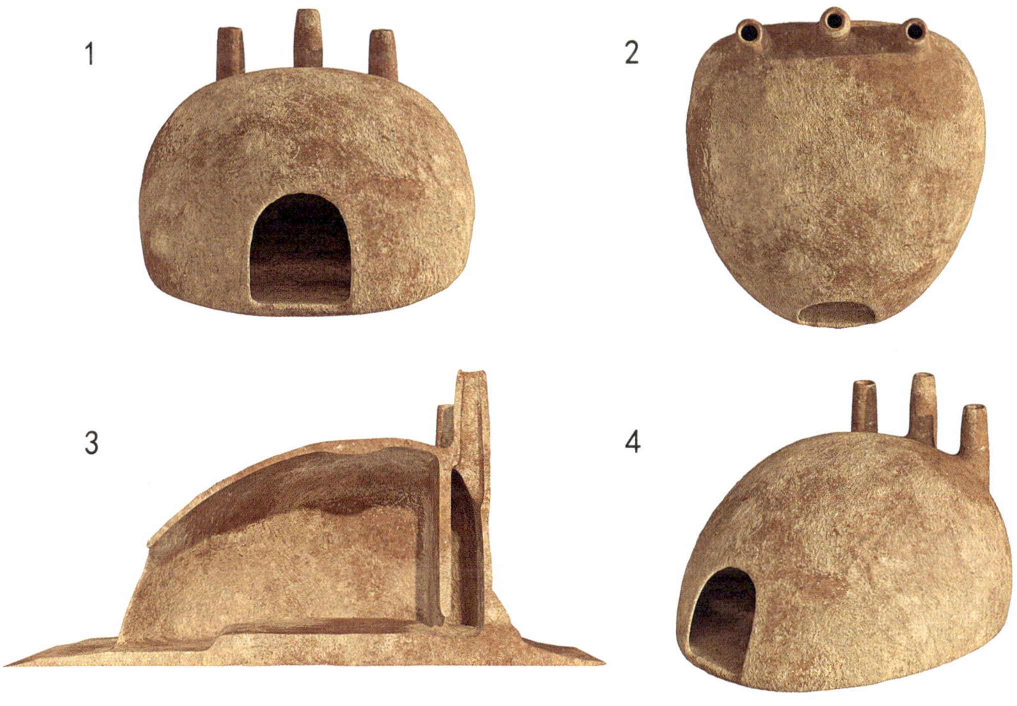

图19　以抚州黎川县窑炉为典型的窑炉复原模型图
（1—4分别为正视、俯视、剖面和整体视角）

供投送燃料或砖坯、成砖进出窑。推测焙烧时其上半部分封闭，仅做添加燃料之用，当砖烧好后就全部封闭（俗称闭窑）。

（5）由于保存状况并不理想，未见挡火墙、掏灰坑、排水槽等局部结构。

（6）湖南、江西两省现存窑炉的“窑床”部分相对不明显，一些“窑床”几乎与火膛处在同一个水平面上。

（7）多在窑室后壁有三个烟道，烟道向外凸出，等距分布，上口部均略呈方形，应当分别通向后壁吸烟孔。

（8）目前发现保留有烟囱部分的窑炉遗址如江西黎川日峰镇八都村、中田乡公村窑址。窑室后壁平直，设有三条等距的竖直方形烟孔，上与窑顶三个烟囱相连，烟囱突出地面。余干县曹家庄窑址曾发现的窑炉后壁有三条烟道，但窑的烟囱在窑顶的中部，突出窑顶约0.2米，有烧结物。因为黎川县砖窑遗址群位于洪门水库下游淹没区，窑址长期被淹没，客观上形成一种保护；而其他遗址窑炉顶部保存下来的数量极少，难以判断烟囱这个结构存在的必然性及其普遍形式。

（9）窑壁为泥筑，均有受火痕迹，表面局部酥粉。

（10）江西、湖南两省的窑炉顶部大多残缺窑体前面部分的窑顶，有些窑炉的窑门上方仍保留有小孔，直径4厘米左右，不同于江苏南京官窑村一带的窑炉。

四、城墙砖烧造原理

（一）城墙砖制作流程

参考《中华人民共和国文物保护行业标准WW/T 0049—2014文物建筑维修基本材料 青砖》中“青砖的传统生产工艺参考流程”，以及宋应星《天工开物》“陶埏”篇内容，结合苏州御窑金砖博物馆、无锡窑群遗址博物馆、景德镇御窑厂国家考古遗址公园（御窑博物馆）等地的实地调研资料，并在安徽六安市叶集现代砖窑厂对烧窑老师傅进行了访问，梳理、总结南京城墙砖的烧制工艺。主要包括九个步骤：选泥、练泥、分割、制坯、阴干、装窑、烧窑、窨水、出窑。

（1）选泥：选取没有翻搅过的黄泥，观察黏性。南北方制砖原材料特性不一，土的黏性不一（图20[①]为现代砖厂所用黏土）。从《天工开物》[②]“凡埏泥造瓦……皆以粘而不散、粉而不沙者为上”可见制砖对原料性质的普遍要求。

（2）练泥：冬天挖泥、冻土，经过风化，冻过的泥变成细泥，开春做坯。开春后用冻过的细泥练泥，人工搅拌，用耙子、铲子将泥一片一片切下来、一片片劈好堆放。“和泥”，一边稍稍加水，一边和泥，反复多次。其间手工过筛，挑出杂草、石子，闷发（闷泥），反复多次。之后“竖泥”，人在1.5米高（长宽各1米）的泥堆上踩踏（参考图21[③]）。

（3）分割：用切泥的弦弓将泥堆分割成大小一致的块。根据吸水率（大约8%）计算，如最终得到的城墙砖尺寸为100毫米×200毫米×400毫米，则砖坯尺寸在105毫米×215毫米×430毫米左右。

（4）制坯：砖坯尺寸不一，需根据所定尺寸放大一定比例。譬如成砖尺寸为100毫米×200毫米×400毫

① 图20由课题组成员于2019年7月在安徽六安市叶集区洪集镇苏明园林仿古建材厂拍摄。

② 见潘吉星. 天工开物[M]. 北京：中国国际广播出版社, 2011:143。

③ 图21由课题组成员于2019年8月在苏州御窑金砖博物馆拍摄。

图20 六安现代砖厂进行的选土取土

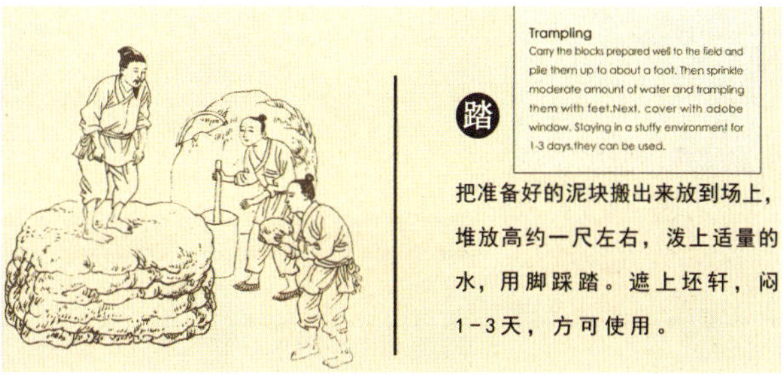

图21 苏州御窑金砖博物馆所示练泥工艺的“踏”

图22 泥造砖坯

图23 六安现代砖厂手工制坯过程

米，则模长按吸水率需定为432毫米。按所需尺寸将炼好的泥填入制作砖坯的模具，压实。模具内撒细沙，防止和砖泥黏结。填满木框后，用弦弓和刮板平整坯面（见图22[①]）。

塑形后不断拍平，在砖坯上刻制或拍印铭文（参考图23[②]）。

（5）阴干：将制好的砖坯置于阴凉通风处，等待水分逐渐蒸发，达到可烧制程度。因为水向下沉，阴干时砖坯要不断翻面。砖坯不可露天放置晾干，必须盖布保湿，使砖坯内水分均匀蒸发，以防烧造时炸裂。

（6）装窑：将阴干后的砖坯垒垛立放在砖窑内并用泥将窑顶封严。由于窑炉内各部位的温度并不完全相同，需要根据窑温安排好砖坯的码放（参考图24[③]）。

（7）烧窑：升温过程需要用小火熏焙，使温度缓慢升高，砖坯内外受热均匀，水分得以蒸发；若温度突然升高会导致砖块炸裂。因此整个升温过程的火力变化为：微火—小火—中火—大火（参考图25[④]），其间最高烧窑温度约为900℃。

烧制周期与窑炉大小及烧制数量有关。用薪柴烧制，方便易得，便于控制火候；用煤做燃料则成砖含硫量高且易风化。烧制过程中，需不时观察烟道内的回火，一般来说，火的亮度能表示火温的高低。

（8）窨水：“凡转釉之法，窑颠作一平田样，四围稍弦起，灌水其上。”[⑤]（参见图26[⑥]和图27[⑦]）

实地调研所得“窨水”方法为：等大火烧至砖坯烧结熟透，从烟道撒泥巴进行封窑，将窑炉封口，在顶部打钎（参考图28[⑧]），使水缓慢渗入窑炉，转化为水蒸气，保证窑内还原气氛，使砖的颜色变成青灰色。

（9）出窑：城墙砖完全冷却后方可出窑，否则也会引起开裂。按从上往下、由外而内的顺序出窑。

---

① 图22见潘吉星. 天工开物[M]. 北京：中国国际广播出版社，2011:144。

② 图23由课题组成员于2019年8月在六安现代砖厂拍摄。

③ 图24为安徽繁昌城墙砖窑炉遗址调研资料中某处窑炉内砖的摆放方式。见南京城墙保护管理中心编. 南京城墙砖官窑遗址研究[M]. 南京：南京出版社，2019:15 图四。

④ 图25由课题组成员于2019年7月在无锡窑群遗址博物馆拍摄。

⑤ 见潘吉星. 天工开物[M]. 北京：中国国际广播出版社，2011:145。

⑥ 图26见潘吉星. 天工开物[M]. 北京：中国国际广播出版社，2011:145。

⑦ 图27由课题组成员于2019年8月在苏州御窑金砖博物馆拍摄。

⑧ 图28由课题组成员于2019年7月在安徽六安市叶集区洪集镇苏明园林仿古建材厂拍摄。

图24　窑炉内砖的摆放方式

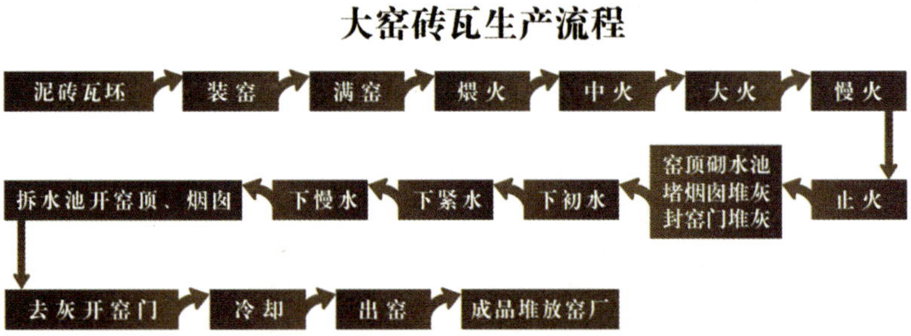

图25　无锡窑群遗址博物馆展示的砖瓦生产流程

图26　砖瓦济水转釉

图27　苏州御窑金砖博物馆展示的窨水场景

图28　六安现代砖厂的窑炉窨水

（二）城墙砖烧制原理解析

城墙砖的烧制与装窑、烧窑、窨窑工序紧密相关。把握城墙砖的烧制原理，重点在于把握装窑方式、窨窑方法，以及烧窑过程中窑炉的构造、所用燃料、烧制技艺对窑炉内烧制温度及气氛的影响。

1.装窑原理解析

装窑方式主要会影响城墙砖的烧制温度。传统窑炉利用明火对砖坯加热，通过气流将热量带给所有的坯件，因此装窑时砖坯的摆放必须能使热气较为均匀地流经所有砖坯。此外，装窑时还需要考虑窑炉形制、砖坯尺寸、窑内温差，才能合理布置砖坯的摆放，使不同部位砖坯得到的热量较为均匀，且空隙能满足窑内气体合理流动、传热均匀的要求。

结合现代砖窑装窑时砖坯的摆放方式（如图29①）与考古发现的实物例证（如图30②），推测城墙砖装窑阶段安排的砖坯摆放方式应是不用装烧工具，直接将砖坯交错相叠（参考图31③），尽量减少砖坯之间的接触面，增大砖坯与烧窑时气流的接触面，使窑炉内温度分布均匀，砖坯容易烧结烧透。

2.烧窑原理解析

（1）烧制温度的控制

①窑炉结构对烧制温度的影响

传统窑炉主要利用明火加热，通过气流将热量带给所有的坯件，故火焰与热气的流动是必须的，对窑炉

① 图29由课题组成员于2019年7月在安徽六安市叶集区洪集镇苏明园林仿古建材厂拍摄。

② 图30由南京城墙保护管理中心提供。

③ 图31由课题组成员绘制。

图29　现代砖窑内砖坯摆放方式

图30　考古发现的摆放方式

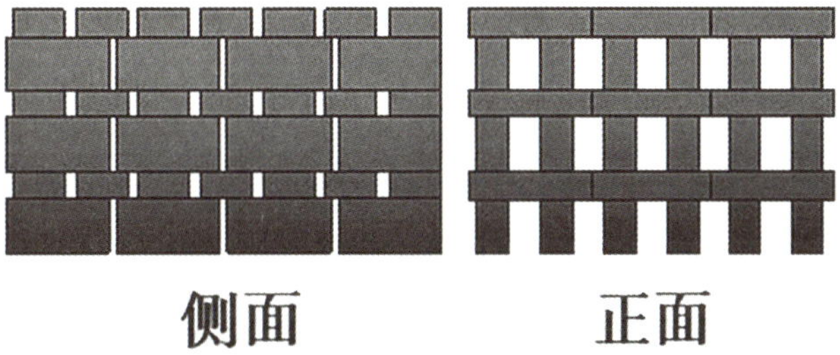

图31　砖坯摆放方式示意图

结构的通风及通风量的把握就显得格外重要。通风状态与窑炉内部的升温速度密切相关，进而也影响着城墙砖的烧制时长。

分析各地烧造南京城墙砖窑炉的结构组成，虽在烟道等细节方面有所差异，但大体构成是一致的。窑室内主要包括火膛、窑床、吸烟孔和烟道（如图32①）。

一般来说，半倒焰窑在窑室之后设置烟道，烟道下方开有一个或多个吸烟孔与窑室相通。烧窑时，火焰首先自火膛斜直升至窑顶，由于受到窑室后壁下方吸烟孔的吸引，转而倒向窑室下后方（如图33②）。烟则经吸烟孔进入烟道、排出窑外。

而倒焰窑亦名全倒焰窑，系由半倒焰窑演变而来。倒焰窑的火膛与窑床在平面上合为一个圆形，窑壁直立，窑顶呈穹隆状，外观呈圆形馒头状。窑床上以砖（坯）等材料纵向等距离砌制数条烟道；烟道上方再以砖横向平铺，砖与砖之间保持一定间距，宽度略同于烟道，从而构成较密的吸烟孔网。窑室之后设一平面呈矩形或圆形的较大的烟囱。窑室后壁下方开吸烟孔，与窑床上的烟道和后面的烟囱相通。烧窑时，火焰首先从火膛斜直喷至窑室顶部，继而因为气压影响，在窑床吸烟孔的吸引下全部倒向窑床（如图34③），烟则从吸烟孔进入烟道，随后经窑室后壁下方的吸烟孔进入烟囱，排出窑外。

总之，全倒焰窑与半倒焰窑的主要差别在于全倒焰窑在吸烟孔排布及其导致的热量利用方面比半倒焰窑更进一步。

① 图32见武汉市文物考古研究所，武汉市江夏区博物馆. 武汉江夏庙山明代官置砖窑调查发掘简报[J]. 江汉考古，2016(6):31 图三右下角。

② 图33见李清临，孙燃. 中国古代陶瓷窑炉分类浅议[J]. 江汉考古，2017:62 图二。

③ 图34见李清临，孙燃. 中国古代陶瓷窑炉分类浅议[J]. 江汉考古，2017:63 图四。

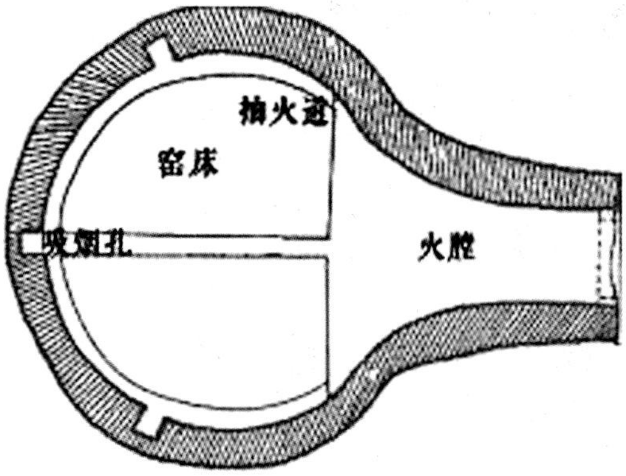

图32　窑炉结构组成示意图

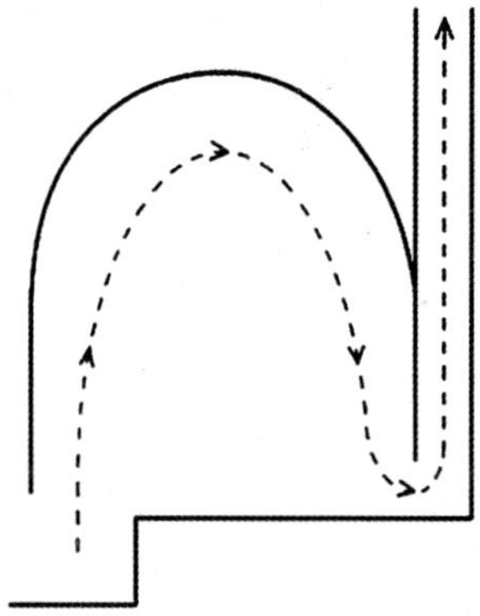

图33　半倒焰窑火焰走向示意图

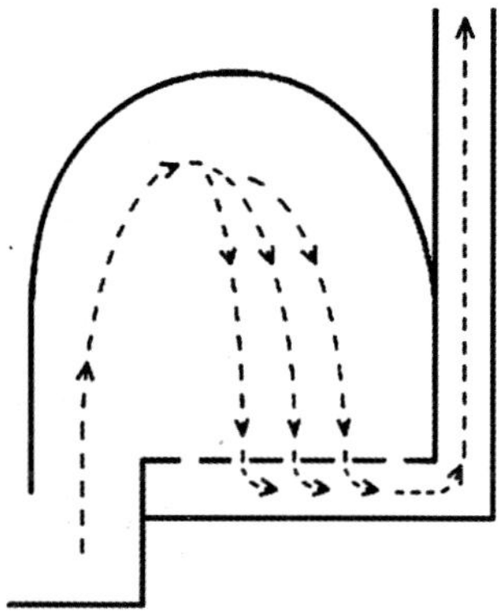

图34　倒焰窑火焰走向示意图

将（半）倒焰窑与升焰窑的结构做一个对比，更能体会前者结构的优越性。升焰窑中，因为大气压和吸烟孔吸力导致火焰自然上升，没有其他外力束缚，火焰流向是从火膛上升通过窑室，直接由窑顶部吸烟孔排出（如图35[①]）。

而（半）倒焰窑烧制城墙砖时，窑顶几乎封闭，在窑室后壁或窑床上开挖吸烟孔，与后部的烟道、烟囱相连，由于气压的影响，火焰流向是从火膛通过窑室上升到窑顶，被迫顺窑顶弧度倒向后下方，由吸烟孔吸入烟囱或者烟道，使火焰在窑室内的流经途径大大延长，增加了火焰与窑床上器物热交换的机会。（半）倒焰窑的进步和发展主要表现在内部结构的变化和对火焰流向的变化控制上。这种情况下，火焰的流向更加合理，热量利用更为充分，使城墙砖烧成温度的提高以及成品质量的优化成为可能。

同时期的琉璃窑也有倒焰与半倒焰两种类型的遗存。琉璃瓦是一种低温铅釉建筑材料，胎的烧成温度一般在1000℃左右，釉的烧成温度一般在800—880℃，烧制温度与城墙砖相近，可作参照类比。

安徽凤阳府城镇岗集村乔涧子明代琉璃窑遗址距离明皇陵仅3公里，出土的龙纹瓦当、滴水和花卉纹雕砖均应为高等级建筑的用材，很有可能是明初营建皇陵和明中都城的建筑材料。从窑址形态来看，各部分保存基本完好。窑内堆积和出土器物的时代比较明确，推测窑址的时代应为明代早中期。琉璃窑形制基本相同，由操作坑、窑门、火膛、窑室和烟道等部分组成，窑壁为灰褐色烧结面，窑床为青灰色烧结面或砖铺底，窑室后部的烟道、吸烟孔由砖坯砌筑（见图36[②]）。窑床平整，后部设置吸烟孔，目前所见遗存为半倒焰窑。

南京雨花台窑岗村明代琉璃窑址是文献所载聚宝山琉璃窑址的一部分，目前整体搬迁至南京市博物馆展

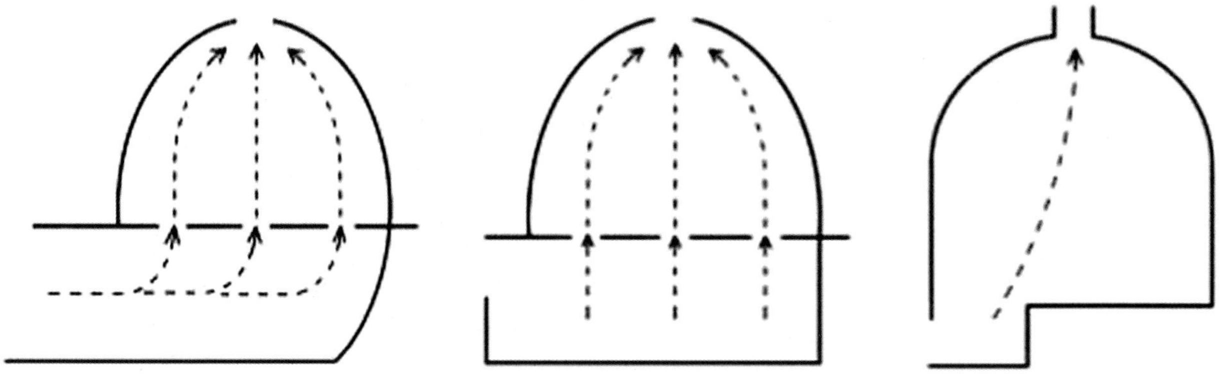

图35　升焰窑火焰走向示意图

① 图35见李清临，孙燃. 中国古代陶瓷窑炉分类浅议[J]. 江汉考古，2017:63 图一。
② 图36由凤阳县博物馆提供，为乔涧子窑考古资料。

图36　乔涧子窑址Y1琉璃窑

图37　窑岗村明代琉璃窑址Y10

示的一座是其中保存最好、规模最大的。窑炉由窑门、火膛、窑室、烟道组成，门外有砖砌挡火墙。窑床上有通道通向后部吸烟孔（见图37[①]），是一座全倒焰窑。吸烟孔控制火焰不单纯倒向后部，使坯件受热均匀，提高琉璃烧造成功率。

至迟到汉代，窑床后壁的吸烟孔就由一个发展到三个，而烟道还是维持一个不变，使两侧的烟火通路形成内向弯曲，汇集到中间的通路后再排出窑外。即将原先的中部单个孔洞进烟，变为两侧的两个孔洞或者中部及左右两侧的三个孔洞同时进烟。因而推测设置三条烟道主要是为了使窑内温度分布更为均匀，从而提高城墙砖的烧成质量。城墙砖窑炉烟道数量及结构的不同，可能导致窑炉内温度分布均匀程度的不同。

②燃料选择对烧制温度的影响

《大明会典》所载明初专门烧造砖瓦的黑窑厂使用燃料情况，“每中窑一座、装到大小不等砖瓦二千二百个。计匠八十八工、用五尺围芦柴八十八束”[②]。

其实自北宋以后，煤炭的开发和使用就已逐渐普及，对高温有追求的制瓷业开始使用煤炭作为燃料，并针对燃料的变化改进了窑炉的部分结构，如增大烟道面积、增加炉栅等。明代，煤炭更是成为日常生活的重要燃料，但明初到正德年间（公元1368—1521年），各地煤炭开发规模不是很大。[③]

城墙砖窑炉的结构和窑址中大量发现的草木灰遗存表明，各地城墙砖的烧造依然选择以薪柴为主要燃料[④]。由于大部分窑炉遗址被掩埋或半被掩埋，难以对燃料遗迹取样分析。

根据已发表的考古资料和实地调研过程中与各地文保人员的交谈可知，目前发现的所有明代南京城墙砖窑炉的燃料遗存基本为草木灰，尚未发现煤炭的燃料遗存，符合文献所载使用芦柴等薪柴作为燃料的情况。

推测使用薪柴做燃料有以下原因：首先，根据实地调研资料，烧制城墙砖需要的最高温度大约为900℃，用薪柴做燃料可以满足温度需求。其次，由于窑炉选址多在水边的丘陵台地上，薪柴相较于煤炭更易获取。并且，在几乎完全依靠经验控制城墙砖烧造温度和时长的时代，薪柴的燃烧和熄灭比煤炭更为容易，把控整个燃烧过程相对来说更为简单。结合明初的煤矿开采政策，在明城墙砖各烧造地就地开采煤矿，或是集中供应煤炭的可能性都不是很大，符合薪柴为主要燃料的调查结果。

① 图37由课题组成员于2019年5月在南京市博物馆东山园林拍摄。

② ［明］李东阳等编纂：《大明会典》卷一百九十物料篇。

③ 根据李进尧，吴晓煜，卢本珊. 中国古代金属矿和煤矿开采工程技术史[M]. 太原：山西教育出版社，2007:303–306。

④ 《工部厂库须知》卷五中有关于砖料用柴的数据资料，如烧制一块重约60斤的尺七方砖所消耗的木柴量约为90斤，而烧制一块城砖则需要木柴50斤。

③烧制技艺对烧制温度的影响

烧窑过程中，在装窑的基础上，预留一定通风、观察孔隙的前提下，为减少热量损失、达到烧成温度，需尽量将窑室封闭，即传统青砖烧造工艺中俗称“闭窑”的过程。封闭窑炉的环节也为后续使用“窨水法”得到品质相对稳定的青砖提供了便利。

（2）烧成气氛的把握

烧成气氛与烧成过程中窑炉内气体中O_2、CO、H_2、N_2等的含量及其比例有关。对于普通陶瓷、砖瓦的烧成，当燃料充分燃烧时，燃烧产物主要有CO_2、H_2O。而在实际燃烧操作中，进入窑炉内的O_2总是不足或过量。进入O_2过量时燃烧产物中存在过剩的O_2，这种与坯件接触的气体环境被称为“氧化气氛”；而送入O_2不足时，燃烧产物中存在未完全燃烧产生的CO，这种含有一定量具有还原作用的CO的气体环境被称为“还原气氛”。

结合制砖工艺流程，可利用与砖坯接触气体的氧化或还原作用来影响砖坯组分在烧成过程中的某些物化反应，即可人为控制窑内的火焰性质。氧化焰是指燃料完全燃烧的火焰，火焰完全燃烧必须有大量空气供给，这时窑中的氧气充足，CO较少，能使阴干后砖坯中的水分及一切有机物都蒸发、挥发排出，使砖坯正常收缩。所以在烧窑过程中必须经过氧化气氛阶段。还原焰是不完全燃烧的火焰。这时窑中所产生的CO和H_2多，没有或极少有游离氧的存在。由于还原焰能使砖坯内的高价铁（Fe_2O_3）得到充分还原转变为低价铁（FeO、Fe_3O_4），使得城墙砖变成青灰色，因此在城墙砖的烧窑过程中，最后阶段多采用还原气氛烧成。

①窑炉结构对控制烧成气氛的影响

砖是黏土烧制而成。黏土中含有铁，一般黏土呈红褐色。铁元素在900℃高温并且有充分氧气的条件下会氧化成Fe_2O_3，呈红棕色。所以一般开口的窑、不设顶的窑、不封闭的窑烧出来的砖是红砖。同样是铁元素，在缺氧的情况下铁元素发色改变，所以一般经过密闭阶段的窑炉可以烧制青砖。

而半倒焰窑和倒焰窑使得排烟系统逐步完善，能更有效把握空气的进出，使窑内还原气氛的烧成技术趋于普遍使用和掌握。

②烧制技艺对控制烧成气氛的影响

烧窑过程中火力的变化表现为：微火—小火—中火—大火，使窑温缓慢升高，即对火候的把握实际包括以下几个阶段：

低温阶段：这是烧窑的开始阶段。需要将温度从常温慢慢升高，砖坯内残余的水分进一步蒸发并且不使坯体炸裂，但并不发生化学变化。这时要加强窑炉的通风以便水分排出。

高温阶段：城墙砖坯体内的水蒸气已经完全排除，将温度缓慢升到需要的烧成温度，500—600℃是石英晶型转化温度[①]，保持窑内温度的均匀有重要意义。这时坯体会发生分子结构的变化和化学变化，排出分子结构内的结晶水，进行氧化、分解。

保温阶段：这个阶段需要使温度保持与高温时一样，让其中发生的化学和物理反应持续进行，使城墙砖内的石英、二氧化硅等排列更加完善、平衡。

注水阶段：窑炉内生成CH_4、CO、H_2等还原性气体，CO和Fe_2O_3发生反应，夺走Fe_2O_3中的氧，生成CO_2；Fe_2O_3则被还原，大部分铁转化成了Fe^{2+}，改变发色，即得青灰色城墙砖。

冷却阶段：窑内温度从高温逐步降至常温，若温度骤降可能引起城墙砖内外温度不一、膨胀与收缩程度不一，进而导致破裂。

① 参考喻珍，闵国强．浅谈倒焰燃气窑的工作原理与操作调控[J]．中国陶瓷，2012(04):53-54+58。

3.窨窑原理解析

城墙砖的烧造工艺与普通青砖的烧制工艺相差无几。

一般情况下，烧造红砖的工序较为简单，相较青砖的烧制工艺少了最后的“窨窑”步骤。砖瓦原料中的铁元素在窑内氧气充足的情况下，被氧化成暗红色的Fe_2O_3，这是砖瓦通常显红色的原因。

早期青砖烧制的方法是在烧造的末期采取封窑的方式，阻止新鲜空气进入窑内，使窑内形成还原气氛以获得青砖。而封窑和开窑的时间点完全取决于烧窑师傅对烧造技术的掌握，一旦有偏差便容易影响成砖的质量，如产生杂色砖、砖体开裂等。

随着青砖生产技术的不断发展，“窨水法”这种既可保证成砖质量，又可缩短烧制周期的技术出现了。明代《天工开物》将其称为“济水”。原理是在烧造末期到封窑冷却的这段时间，由窑顶向窑内慢慢渗水，水从窑顶下渗时遇到高温便会化为水蒸气。水渗入窑室，一方面，水蒸气的大量产生保证了在砖窑温度下降的情况下，窑内不会出现负压的情况，窑外的新鲜空气无法进入窑内，从而使得窑内直到冷却完成都处于还原气氛的状态，进而确保了成砖颜色的统一、纯正；另一方面，水转化为水蒸气时，能够吸收大量的热量，使得砖窑的温度快速下降，大大缩短了烧造的周期，提高了生产效率，有一举两得的效果。

窨窑时窑炉内生成CH_4、CO、H_2等还原性气体，CO和Fe_2O_3发生反应，夺走Fe_2O_3中的氧，生成CO_2；Fe_2O_3则被还原，大部分铁转化成了Fe^{2+}，改变发色，即得青灰色城墙砖。FeO是铁的氧化物中氧含量最低的化合物，发生还原反应时的温度和时间不同，铁的几种氧化物会以不同的比例存在。Fe_2O_3的含量是影响砖瓦颜色的主要因素，其含量越高，氧化烧结后的砖瓦颜色越红、越紫。还原烧结后，Fe_2O_3铁由于O_2在还原反应中丢失，变为FeO，纯净的FeO呈黑色，FeO含量直接影响青砖瓦色泽的深浅浓厚。若原料中含有0.1%—1%的铁的氧化物，在氧化气氛下这些氧化铁以Fe_2O_3形式存在坯体中，使烧制品发黄；而在还原气氛中被还原成FeO，含量>0.8%时在还原烧结后会出现淡淡的青灰色①。

五、总结与成果

本课题选取江苏、安徽、湖南、湖北、江西等地现存的明代南京城墙砖窑炉遗址进行实地调查，补充、更新了各地窑炉遗址的遗存现状，包括每个窑群所处的地理环境、窑炉总体数量、分布情况、窑炉现状等信息；比照实地调研资料、考古资料和数据，对明代南京城墙砖窑炉进行类型、结构解析；同时结合科技实验手段，对调研采集的样品进行成分和结构分析，从原料本身、城墙砖制作流程与烧制技艺、窑炉烧制温度及气氛等方面探索城墙砖的烧制原理与流程，为城墙砖砖窑实验考古及复原提供科学支撑。

各地明代南京城墙砖窑炉均属馒头窑，基本结构组成差别不大，选用泥土均为较理想的黏土，燃料皆以薪柴为主，结合当时掌握的窑炉烧造工艺，各地城墙砖的烧制过程类似，烧制原理相同。

位于江苏南京和江西、湖南两地遗址群中窑炉的构造方式、装窑方式有所差异，我们将其归纳为两种典型的窑炉结构，进行了三维模型的复原，并用动画进行窑炉结构和城墙砖烧制工艺的演示。进一步挖掘各地窑炉的构造细节、原料遗存，能够为南京城墙砖窑的研究提供更多实物例证和复原依据。

课题参与人员：郑孝清、贺云翱、马麟、周源、赵梦薇、万联佳、袁悦、黄亮、朱青、董欣欣、李新民、张妙蝶、于帆、吴超、伍雅涵

① 参考张海恩，李雯雯. 烧结路面砖（青砖）隧道窑的操作原理[J]. 砖瓦世界，2019(15):50–52。

南京城墙与良渚古城遗址价值对比研究[①]

一、南京帝都与良渚古城的选址研究

古人建都，历来很重视都城的选址，选址的好坏将直接影响城市和国家发展的前途和命运。《管子·乘马》篇对城市具体选址有专门的论述："凡立国都者，非于大山之下，必于广川之上，高毋近旱而水用足，下毋近水而沟防省。"

（一）南京帝都的地理环境条件和选址研究

1.南京的地理环境条件

南京，江苏省省会，位于北纬31° 14'—32° 37'、东经118° 22'—119° 14'之间，总面积约6600平方公里；地处长江下游，跨长江两岸，主城区在江南。南京素来就有"东南门户，南北咽喉"之称，是连接中国东部和西部、南方和北方的重要纽带。

南京主城区位于长江以南，影响主城区的水系主要是长江以南的沿江水系和秦淮河水系（图1）。

长江以南的沿江水系是指宁镇山脉以北和以西区域，直接汇入长江的水系。除主流长江外，可依据水系与南京城的相对位置大体分为城东、城北以及城西三部分。其中城东部分主要包括七乡河、便民河、九乡河、东十里长沟、西十里长沟等；城北部分主要是金川河；而城西部分位于现在的河西地区，是长江西移后留下的浅滩，该区域内主要河流有惠民河、南河等。

秦淮河古称淮水，有东、南两源。东源出自句容的宝华山和茅山；南源出自溧水的东庐山。两源在江宁方山附近的西北村汇合，经上坊门流至通济门，于通济门外分为内外两支，为"外秦淮"与"内秦淮"。秦淮河干流自西北村北流的过程中，在江宁境内有云台山河、牛首山河等河流汇入，而在进入南京城区前又有响水河、运粮河等河流汇入。

① 该文为"南京城墙与良渚古城遗址价值对比研究"课题报告，课题由南京城墙保护管理中心于2019年完成。

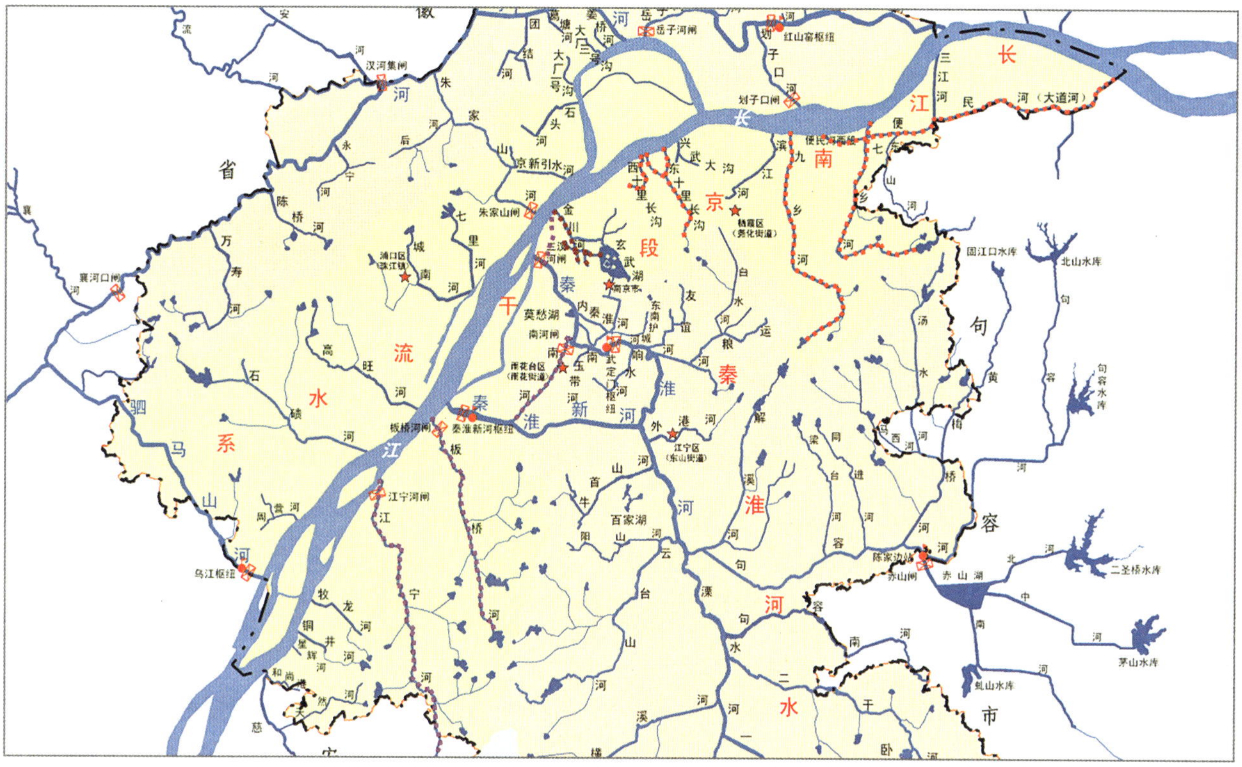

图1 长江以南的沿江水系和秦淮河水系

宁镇山脉延伸到南京城内可分为三支。北支沿长江南岸伸展，自东向西依次为栖霞山、幕府山和狮子山等；中支自紫金山，经九华山、鸡笼山、鼓楼岗直至清凉山，在城中形成一道划分南北的丘陵岗地；南支在城东由汤山向西南延伸，包括青龙山、黄龙山、大连山、雨花台、方山、祖堂山和牛首山等，其中邻近城区的是雨花台和菊花台等岗地。上述三支山脉将南京城区围合成“三山两盆地”的地貌（图2）。

南京城区的水系可分为北盆地水系、南盆地水系和城外环城水系三部分（图3）。

北盆地水系由西部的金川河和东部的玄武湖组成（城墙内只有金川河）。金川河发源于鼓楼岗、清凉山和五台山北麓，上游连通玄武湖，下游进入长江，是贯穿南京城区仅次于秦淮河的第二条大河。金川河自明代建都开始有了内外之分，城内部分叫内金川河，其北流至金川门外与西北护城河和城北护城河汇合后称为外金川河。

南盆地水系由西部的内秦淮河和东部的御河与玉带河组成。目前，内秦淮河分为北段、东段、中段和南段四部分。北段沿珠江路东流至竺桥入东段；东段自竺桥南流至东水关入南段；中段自淮清桥向西至铁窗棂出城；南段自东水关流至西水关出城，为原秦淮河主流，史称“十里秦淮”。御河和玉带河是明代皇宫的护城河，通过涵闸受玄武湖、前湖、琵琶湖、东南护城河的来水，向南向西排入内秦淮河。

城外环城水系为南京城的护城河系统，包括玄武湖、琵琶湖、前湖、东南护城河、外秦淮河、西北护城河、城北护城河。玄武湖位于钟山之阴，主城区以北，又被称成为后湖、北湖。玄武湖受南十里长沟、紫金山沟和唐家山沟等处来水，西北通过和平大沟与城北护城河相连，湖西经大树根闸与内金川河相通，湖南经武庙闸和太平门闸与南盆地水系沟通。琵琶湖和前湖在钟山西南麓，为原古燕雀湖的一部分，现通过琵琶湖闸和太平门闸与城内水系联通。东南护城河发源于紫金山南麓，南流至光华门和通济门处入外秦淮河，其间也可通过铜心管闸与城内水系沟通。外秦淮河围绕南京城的东南、南面和西面，自通济门外绕中华门和水西

图2　南京城区“三山两盆地”的地貌

图3　南京城区水系分布

门至三汊河入江。西北护城河过挹江门入外金川河，受鼓楼区城墙下涵洞来水。城北护城河自玄武湖和平大沟，受张王庙沟和郭家山沟来水，至金川门节制闸入外金川河，是南十里长沟和玄武湖的泄洪通道。

2.南京城区重要水系的演变

从史前时期发展到现在，南京城区的水系变化巨大，按其影响因素可分为自然演变和人工改造两大类。

（1）自然演变

基于大量的勘察资料，研究人员发现南京城区地下存在一条距今35000—6000年左右的埋藏型古河道（图4）。该河道先由西向东横亘城南，然后又从东南至西北纵贯城区的南北，全长约16公里。古河道中河床砂带的宽度一般在500—800米，长乐路至通济门一带最宽处在1500米以上，鸡笼山与九华山之间最窄处仅300余米，在平面上呈藕节状。古河道总面积约为28平方公里，占城区面积约40%。从基岩埋深、全新世沉积物和地下富水地段的分布来看，该古河道一度与城外古长江相通，早期该古河道可能是长江的分汊河道，即地质历史时期，秦淮河口曾在通济门外七里村至武定新村一带。后由于古长江西移，冰期后基面上升、差异性升降运动和人类活动的影响，该古河道逐渐淤塞埋藏。在城区古河道淤塞之初，秦淮河可沿古河道北向和西向入江；而当古河道淤塞较为严重，特别是鸡笼山与九华山之间的隘谷形成门槛后，阻滞了秦淮河水的北上，迫使其仅在水西门附近入江。城内古河道虽被淤塞埋藏，但仍在地面留下了众多的汊河、湖沼和池塘等遗迹，同时也使南京城区南北盆地的水系相对独立，并留下相对低洼的隘口，其在历史时期被加以利用，开凿人工河道用于沟通南北盆地的水系。

长江从南京主城区西北绕城而过，其河道形态的演变对南京的影响极大。据学者研究得知，中全新世以来长江南京段两岸岸线的变化主要受河流堆积作用影响。堆积的发展过程大体是先沉积心滩、边滩，再扩

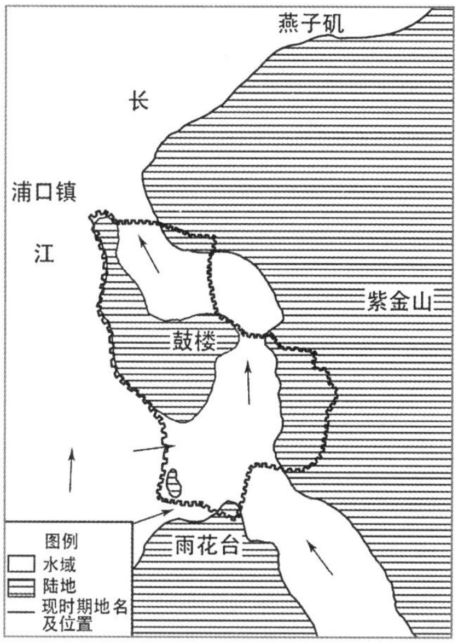

图4 史前古河道示意图（据《金陵古今图考》改绘）

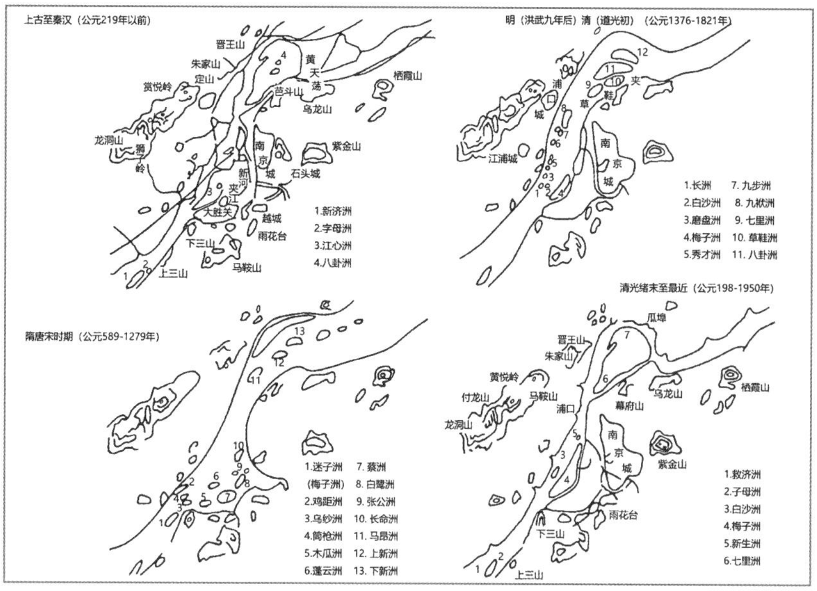

图5 长江南京段河道变迁图（据《金陵古今图考》改绘）

大增高成为江心洲，演变成多洲多汊的分汊形河道，随后边滩、沙洲并岸成陆或相互合并形成大型沙洲（如江心洲、八卦洲、兴隆洲等），逐渐向单汊、双分汊过渡。全新世早–中期，长江的东岸大致到今天的外秦淮河一线，玄武湖只是秦淮河入江水道的一部分，金川河流域还是一片汪洋。先秦时期的长江水岸，要比今天偏东，而秦淮河的入江口，在今莫愁湖一带。六朝时期，长江直抵清凉山石头城下，秦淮河从石头山附近入江。此时莫愁湖还在江流之中，尚未形成，这一带长江中淤积有梅子洲、白鹭洲、蔡洲、长命洲等江心洲渚。直到宋代以后，长江江岸西移，江中沙洲连成大片陆地，形成今天的河西平原及莫愁湖和南湖等湖泊，而原先的夹江水道也成为外秦淮河河道。至明代时，河西地区已成为南京城不可分割的组成部分（图5）。

（2）人工改造

南京城区水系受到大量人工因素的影响始于孙吴建都南京。而后由于各代城市建设的需要，都有进行人工改造，其中又以六朝、南唐和明代在南京建都时对城内水系的改造最大。

赤乌三年（240），孙权为沟通秦淮河与太初宫北面的仓城，在城西南开凿了运渎，北连潮沟，西南接秦淮河。经历代变迁，运渎故道现已基本废弃，仅存一段于内秦淮河中段近铁窗棂附近。

青溪，又作清溪。原是一条天然河道，发源于紫金山，汇合于前湖，后注入秦淮河，是六朝时城东最大的河道；由于迂回蜿蜒，逶迤九曲，有“九曲青溪”之称。据杨国庆等人分析，六朝时的青溪有两支：一支为青溪故道，是天然河流；另一支为赤乌四年（241）开凿的东渠。青溪西向与潮沟合流，汇水后沿都城东墙南下，至淮清桥汇入秦淮河。南唐筑城后，将部分青溪划入城内，青溪上下游因而断续不通。到明代，朱元璋填燕雀湖修筑皇宫，使青溪河水内外断绝。现今的青溪仅指后宰门玉带河经黄埔路涵洞、庭市桥至竺桥的这段河道。

潮沟北连玄武湖，东接青溪，西南通运渎。关于潮沟故道的位置目前尚未有统一认识。从方便开凿的角度考虑，秦淮河古河道在富贵山和九华山之间，以及九华山与鸡笼山之间的两处隘口是当时最可能自玄武湖引水的位置，也就是潮沟之所在。据《建康实录》记载：“（赤乌四年）冬十一月，诏凿东渠，名青溪，通城北堑潮沟。”其下注详记：“潮沟亦帝所开，以引江潮。其旧迹在天宝寺后、长寿寺前。东发青溪，西行经都古承明（为延熹之误）、广莫、大夏三门外，西极都城墙，对今归善寺西南角，南出经闾阖、西明等二门，接运渎，在西州之东南，流入秦淮。”因此，结合杨国庆等人的分析，潮沟大约应从太平门闸附近引玄武湖水，随后转向西，再转向南接运渎；“城北堑”很可能就是武庙闸附近自玄武湖引水的河道。

宝鼎二年（267），吴主孙皓开城北渠引后湖水流入新宫，巡绕殿堂，现今城北渠故道残存部分对应的是珍珠河。

杨吴城濠是杨吴和南唐筑城所开凿的护城河。唐朝灭亡后，杨吴将金陵城周扩大20里，将秦淮河纳入城内，并将城外落马涧拓宽挖深，接引秦淮河水，作为城濠。明初筑城，把杨吴城濠截为两段，城外一段自通济门外绕城墙西南流，即为现在外秦淮河的一段。城内一段南起大中桥，经复成桥向北至竺桥，向西流入乌龙潭，与外秦淮河水汇合。参照1898年法国传教士方殿华绘制的《江宁府城图》（图6），可清楚地看到杨吴城濠北段的痕迹，但该段西部从北门桥至乌龙潭区间，现已大部分干涸，俗称“干河沿”。

进香河原为六朝时潮沟的一段，宋代时湮没。明初，为便于人们去鸡笼山上的庙宇进香，沿着运渎疏浚原潮沟的一段河道，进香者可由此水路而来，故名进香河。现改建为排水暗沟，在河道上面盖板铺路，名进香河路。

燕雀湖与玄武湖是南京古代两大湖泊，因燕雀湖位于紫金山南，也被称为前湖。明朝朱元璋在城东建造皇宫，填埋了大部分的燕雀湖，仅留下现在的琵琶湖和前湖。明御河、玉带河及城外护城河皆为明代修建宫城、皇城和京城时人工开凿或改造而成。

综合现代南京城区水系分布图（图3）、1898年江宁府地图（图6）及主要河流的演变过程，图7给出了明代南京城区主要水系示意图，对比图3和图6可以发现，明代南京城区的主要水系与现今差别不大。

图6　法国传教士方殿华绘制的《江宁府城图》（1898年）

图7　明代南京城区水系图

3.历代都城山水形势简介

南京是中国南方的政治、经济和文化中心，也是著名的历史文化名城，素有“六朝古都”“十朝都会”之美誉。

（1）六朝都城

据文献记载，孙吴时期建业城所处位置“其地据高临下，东环平冈以为固，西城石头以为重，带元武湖以为险，拥秦淮、青溪以为阻”，可见其都城处于平冈、石头山（今清凉山）、元武湖（今玄武湖）、秦淮河及青溪等山水实体共同围绕的区域之中。从建业城的周边地理形势看，其西有建于石头山上的石头城拱卫，东北则分布有钟山及其余脉富贵山、九华山、鸡笼山等，南北两面分别有秦淮河及玄武湖。这些山水共同影响着建业城的形态。

孙吴建业城奠定了整个六朝时期都城的基础，东晋及南朝时的建康城在其基础上并未作大的变更，故有言“孙吴建业城，东晋及齐、梁因之。虽时有改筑，而其经画皆吴之旧”（图8）。

（2）南唐都城

《客座赘语》记载南唐江宁府“前依聚宝山（今雨花台），后枕鸡笼山，东望钟山，而西带冶城、石头，四顾山峦，无不攒簇，中间最为方幅”。可见其选择在四面环山、中间相对平坦的地带建城，且南唐江宁府相较六朝时期的都城位置南移，范围更大（图9）。

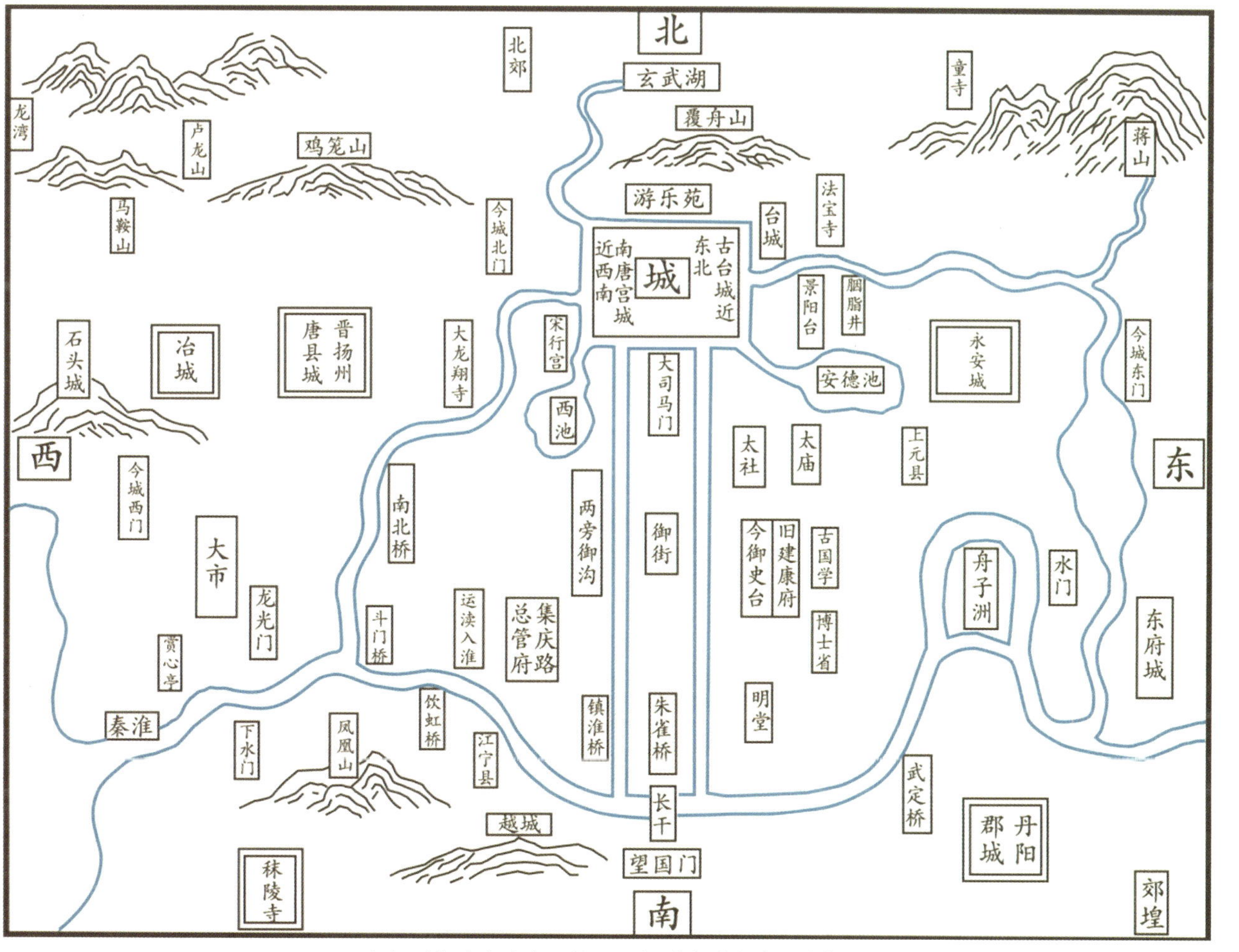

图8 六朝时期建康山水形势图（据《金陵古今图考》改绘）

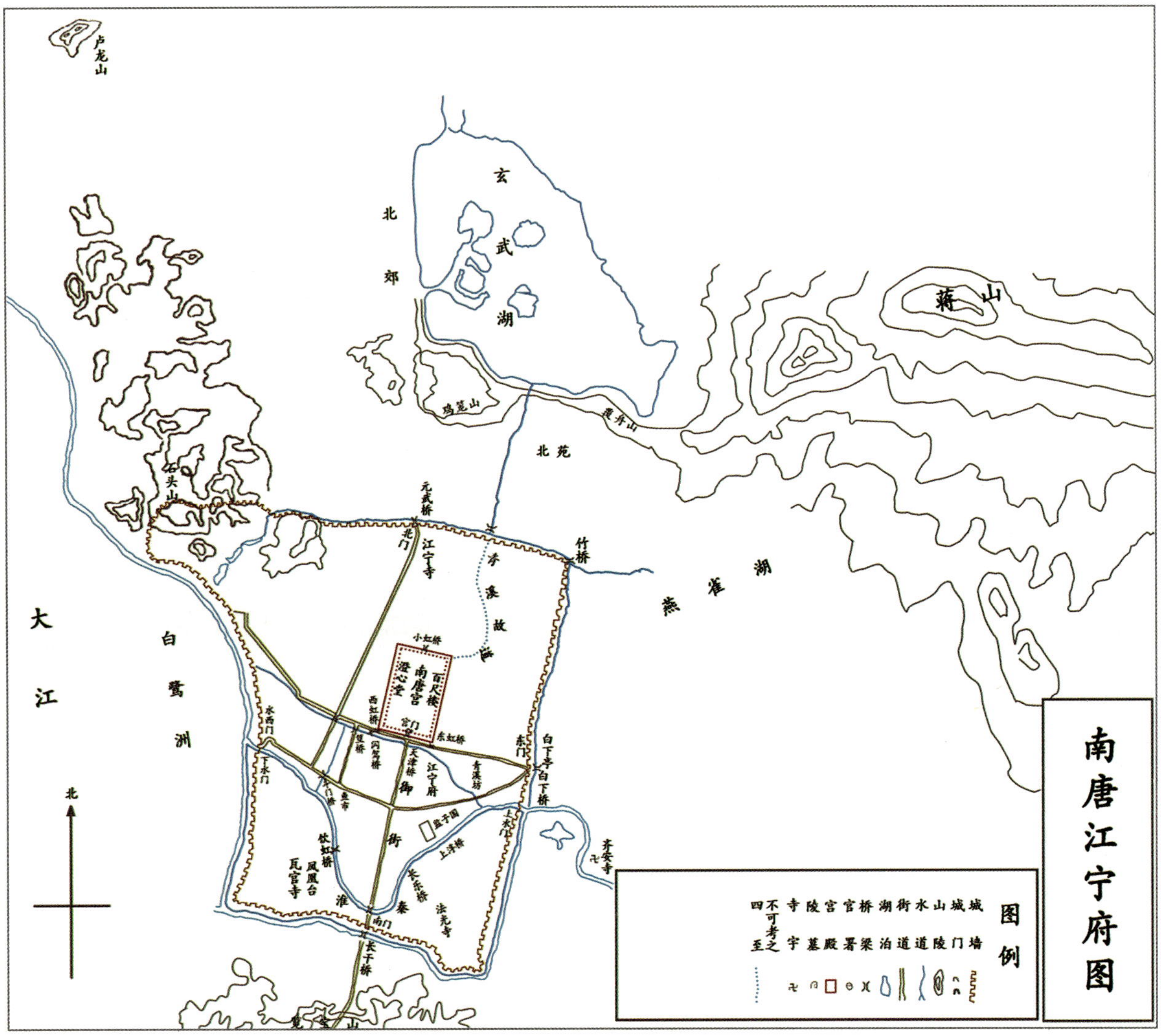

图9　南唐江宁府图（据《金陵古今图考》改绘）

六朝都城在隋代被毁后，南部秦淮河沿岸仍为经济繁荣地区。南唐前的各个时期，秦淮河一直被视为城南的护城河而具有显著的军事防卫功能；南唐江宁府城将工商业最为繁荣、人口最为密集的城南地区（沿秦淮河一带）并入城内，使秦淮河成为城市内河。同时将城外原为一条独流入江的小水涧（时称落马涧）拓宽挖深，并与东城壕相通，引秦淮河水成为城壕南段。至此，秦淮河特指一河的局面被打破，有了内秦淮和外秦淮之分。

江宁府城的西面城墙大致沿江岸呈与长江基本平行的走向由南向北延伸，至石头山转而向东，将石头城纳入城内，而原六朝时的建康城遗址处于府城之北，辟为“北苑”。

（3）明代都城

南唐所筑城墙一直沿用至宋元。明代建都南京后，在南唐城的基础上，向东和向北拓展，修筑了南京城墙，形成“东尽钟山之南岗，北据山控湖，西阻石头，南临聚宝，贯秦淮于内外”的形态。明代南京城在功能上，大体可分作城东的皇城区、城南的商市区及城北的军事区三个区域（图10）。

从上述内容可以看出，六朝和南唐的都城皆选择在南京的南盆地内，而明代京城在南唐城的基础上进行了拓展，但城市主要功能区（皇城区和商市区）还是位于南盆地内，北盆地仅为军事区（图11）。

图10 明代南京都城功能分区图

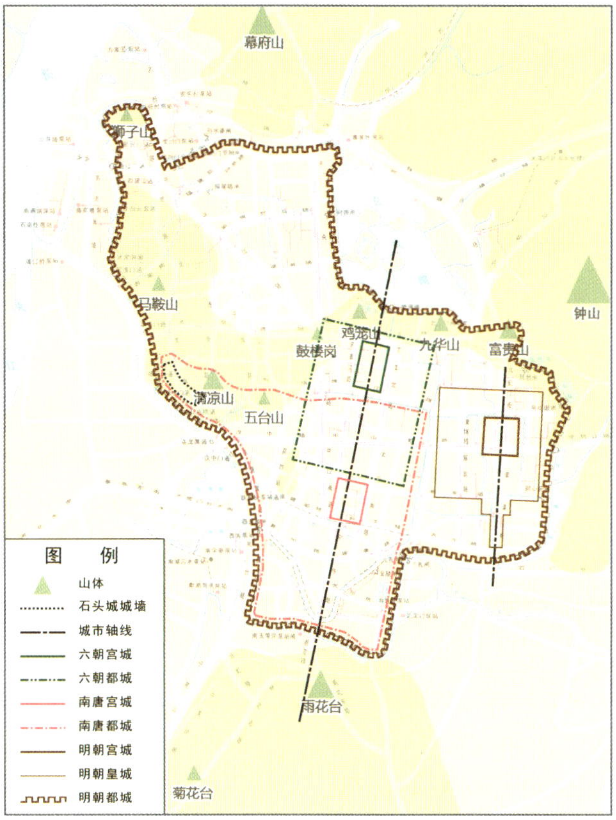

图11 历代南京城的位置及范围示意图

4.南京都城选址研究

（1）都城选址南京研究

南京先后被十个朝代选作都城，究其原因与南京的地理位置、交通条件、经济因素、社会因素和军事因素等有关。十个朝代中又以东吴首次选择南京作为都城最为关键，后期皆是在其基础上再作发展。

①地理位置和交通条件

南京地处长江下游，北控中原，南制闽粤，西扼巴蜀，东邻吴越，是连接中国东部和西部、南方和北方的重要纽带。南京城区紧临长江，内有秦淮河，西向可达长江中游地区甚至四川境内，向东可至淮河和太湖流域，水路交通便捷。如此的区位和交通使得南京能够辐射广大区域，具有不可多得的地理交通条件。

②经济因素

对于南京城而言，2600多平方公里的秦淮河流域可作为其小范围的供给腹地；而作为南京都城而言，富庶的太湖流域和皖南地区可整体作为其大范围的供给基地。

江南气候适宜、土壤肥沃、降雨丰沛，适合农业生产和经济发展。自泰伯奔吴，江南历经春秋战国的吴、越、楚三国，及秦汉两朝开发，经济发展迅速，多地已成为鱼米之乡。江南以三吴地区（吴郡、吴兴郡和会稽郡）最为富庶，六朝时常将其与北方的关中、河东地区相提并论。孙吴所需的钱粮大多仰仗三吴地区供应，为其经济之根本。孙吴建都之初，建业与三吴之间有茅山山脉相隔，水运不同，陆路交通不便。赤乌八年（245），孙权命人开凿破岗渎连通秦淮河流域与太湖流域，使三吴地区的物资不需经过江宽水急的镇江，直接运抵南京，减少了水运风险，确保了南京的物资供给。据顾祖禹《读史方舆纪要》，都城建业"盖舟车便利，无限险之虞；田野沃饶，有转输之籍；进可以战，退可以守"，连接荆州军事区和三吴经济区，成为江南地区建都的最佳地点。与此类似，后期的南朝梁武帝开凿了上容渎沟通秦淮河流域和太湖流域。明初定都南京以后，为了开辟直达南京的水运通道，朱元璋在溧水开凿胭脂河，并疏浚高淳境内的胥溪河，建立了从南京秦淮河流域–水阳江流域–太湖流域的水路交通。

③社会因素

孙氏家族是江东地区以军功出名的次等士族，而协助孙权建立帝王基业的多是南迁的北方豪族，因此孙权想以江南为根据地拓展势力，必须得到当地三吴望族的支持。为了使南北士族能携手共同扶植其政权，孙权既要迎合三吴望族的乡土观念，又要避免选择三吴望族的聚居地作为都城引起北方士族的不满。在此种情况下，孙权选择从未做过都城的建业为都城，以便团结各方力量与曹魏和蜀汉抗衡。与此类似，西晋末年五胡乱华，北方人口大量迁移到南方。晋元帝司马睿也是在得到江南门阀士族支持和协调好南北士族关系的基础上，才能建立起东晋王朝。当时的建康作为南北士人云集之地，成为都城也就顺理成章了。

④军事因素

南京三面环山、一面临水，成山环水抱之势，周边的山岗是冷兵器时代的天然堡垒，它们与长江天险一起，共同组成了拱卫南京的防线。春秋战国时期，南京先后出现了越城、金陵邑等军事性质的城堡。这些城堡皆位于临江控淮、居高临下的地势险要之处。孙吴定都南京，南京的险固地理优势起到重要作用。同时东吴的水军优势明显，孙权只有凭借长江天堑才能发挥其擅长水战的特点，达到割据称霸的目的。而后期的六朝、南唐及明代在选择南京为都城时，也都考虑了其优越的地理形势所造就的军事因素。

⑤风水因素

在科技尚未昌明的时代，风水因素对于古人确立城址也会起到一定的作用。《景定建康志》中写道："石头在其西，三山在其西南，两山可望而挹大江之水横其前；秦淮自东而来，出两山之端而注于江，此盖建邺之门户也。覆舟山之南、聚宝山之北，中为宽平宏衍之区，包藏正气，以容众大，以宅壮丽，此建邺之堂奥也。自临沂山以至三山，围绕于其左，自直渎山以至石头，溯江而上，屏蔽其右，此建邺之城郭也。玄武湖注其北，秦淮水绕其南，青溪萦其东，大江环其西，此又建邺之天然之池也。形势若此，帝王之宅宜哉。"正因为南京有如此优越的风水条件，才能引得诸葛亮发出"钟山龙盘，石头虎踞，此乃帝王之宅也"的赞叹。

（2）都城南京城内选址研究

历代都城在南京城内的选址与南京城的山水形势密切相关。

①南盆地面积较大，且其中地势平坦、较为高亢的区域较大；近源丘陵来水较少，水患威胁较小，适合都城布置

南京城区的地貌呈现"三山两盆地"特征，并以中支丘陵岗地紫金山–九华山–鸡笼山–鼓楼岗–清凉山为分界线，划分为南北两个盆地，该中支丘陵岗地也成为南北两盆地水系的分水岭。由南京市古河道分布（图4）可知，早期古河道与城外长江相通，可能是长江的分汊河道。此时南北两盆地的水流可通过位于鸡笼山与九华山之间的隘口相通，宽度300余米。后期在多种因素影响下，城内古河道逐渐淤塞埋藏，特别是在鸡笼山与九华山之间的隘谷形成门槛后，南北两盆地的水系不再相通，南盆地的秦淮河仅在水西门附近入江。

参照图3可知：相比南盆地，北盆地内平坦区域面积较小。北盆地中玄武湖面积较大；而据史料记载，六朝时期的玄武湖面积比现今更大，且与长江直接相通。东晋大兴三年（320），晋元帝曾在玄武湖训练水军；同时受盆地内的地势影响，北盆地的水自东南流向西北入江，因此六朝时期北盆地内地势平坦且较为高亢的区域面积较小。南盆地西部的内秦淮河区域大于东部的御河和玉带河区域；明代以前，盆地东部有燕雀湖，

面积较大，因而盆地东部的陆地面积较小；南盆地的地势呈北边高、南边低，东部高、西部低的趋势，该地势使盆地中的水向南和向东流，因此南盆地内（特别是西部）地势平坦且较为高亢的区域面积较大。

南京多年平均气温在15.4℃，平均降水量为1059.8毫米，其中最大年降水量达1713.9毫米（1991年），而最小年降水量仅448.0毫米（1978年），年际间极值比达3.8。南京降水多集中在5—9月的汛期：4—5月春雨期的平均降雨量为189.7毫米；6—7月梅雨期的平均降雨量为347.7毫米；8—9月受台风影响秋雨期的平均降雨量为205.4毫米；三期总雨量占全年雨量的70.6%。每年6月中旬到7月上旬为南京的梅雨季节，南京多年平均梅雨日数23天，平均梅雨量达244.2毫米，最大达971.8毫米。梅雨特别是涝黄梅由于雨量大，容易导致严重的洪涝灾害。

北盆地的玄武湖汇集了幕府山南麓、紫金山西部和西北部大片区域的来水，汇水面积较大，而南盆地的古燕雀湖仅汇集了紫金山西南麓的来水，汇水面积较小。玄武湖和古燕雀湖的来水皆属于近源丘陵来水，此种水源在洪水时具有源短流急的特点，极易造成水患灾害。现今南京城外东郊接受紫金山南麓来水的南京理工大学区域，在暴雨期间还会受到水患的影响。南京市为解决城市东部的排水问题，正在准备施工秦淮东河，将东郊的水通过运粮河、秦淮东河引到七乡河和九乡河，排入长江。因此，从南北盆地近源汇水面积和排水路径上可以看出，南盆地内（特别是西部）遭受近源山区洪水的威胁较小。

除近源丘陵来水之外，南盆地还有秦淮河的来水。秦淮河的水量虽远比南盆地内近源丘陵来水量要大很多，但秦淮河从源头至南京城长达110公里，城外流域面积为2600多平方公里，其间有不少沟塘湖泊可对来水量起到调节作用；同时六朝时期的秦淮河比现在要宽阔得多。据《建康实录》记载，东晋时建于秦淮河上的朱雀桥“长九十步，广六丈”，换算可得桥长约130米（古时一步约为1.45米）。正是因为水面宽阔，秦淮河与青溪交汇处的桃叶渡，时常出现大风浪，王献之的小妾桃叶才会有“风波了无常，没命江南渡”的感叹。此外，六朝时秦淮河的宽度也为近年的考古发现所证实。南京市博物馆考古部在老城南颜料坊地块拆迁后的考古勘测中，发现了秦淮河岸的古码头变迁遗迹：六朝时期两岸码头之间的距离宽达130米（恰好与文献记载的朱雀桥所反映的河宽一致）；南唐时，两侧河岸各收窄了约5米；到了宋代，河面大幅度收窄，仅余50米左右；而现存的秦淮河宽度为20米。南唐建都时将秦淮河并入城内，使秦淮河成为城市内河，并开凿落马涧形成城壕南段，同时设置上下水关，至此外秦淮河水可从城壕东段绕行南段西入长江。此外，南盆地西侧即是长江，纵使南唐和明代时大江已经西移，沙洲并岸，但残留的夹江仍较为宽广，明代在河西设置宝船厂时就考虑了当时的夹江条件适合建造几千吨吨位的远洋大船，因此南盆地中秦淮河的泄水通道较为舒畅。综合上述内容可整体判断，秦淮河来水造成的水患威胁没有近源丘陵来水的威胁大。

②主要河道流经南盆地，可为都城提供充足的水源和便利的交通

文献记载，六朝时期的建康城是当时世界上最大的城市，人口达百万，与当时的罗马城并称为“世界古典文明两大中心”；而明代南京城更是大明王朝的政治、经济和文化中心，至明代中叶，南京城人口达120万。城市的发展需要稳定、充足的水源和便利的交通。

北盆地的水源主要来自周边丘陵，近源丘陵来水会呈现“来水猛、去水快”的特点，如果没有人工干预，极易造成水资源的供需矛盾。自南京城区古河道淤塞埋藏后，秦淮河仅在南盆地水西门附近入江，秦淮河的水量远比近源丘陵来水要大很多，可为城市发展提供充足的水源。

秦淮河入江口宽阔，江中沙洲发育，自东吴起石头城下秦淮河入江口就是南京的重要港口；同时秦淮河流域较大，从南京都城通过秦淮河和历代开凿的运河可直达都城的经济腹地（太湖流域），因此南盆地兼有长江和秦淮河的交通便利。

明以前的南京都城面积不大，建于南盆地内的平坦且较为高亢之地就足够了。而明代京城在南唐都城的基础上东扩皇城区，北拓军事区，但城市主要功能区（皇城区和商市区）还是位于南盆地内。上述山水形势的影响，应是明代南京城功能区布局的重要考虑要素之一，当然还可能与当时的城市现状、统治者思想观念、军事因素、功能区联系、人工改造能力和城市需求及风水等因素有关。

（二）良渚古城的地理环境条件和选址研究

1.良渚文化和良渚古城

良渚文化遗址最早发现于浙江省杭州市余杭区良渚镇，后夏鼐先生于1959年将之命名为良渚文化。良渚文化距今5300—4300年，是长江下游环太湖地区继马家浜文化（距今7000—6000年）、崧泽文化（距今6000—5300年）之后发展起来的具有代表性的新石器晚期文化，是中国古代文明的重要源头之一。

良渚文化分布广泛，以太湖流域为中心，南至浙南，北跨长江到达苏北，西起皖东，东达舟山群岛，分布面积约15万平方公里。目前良渚文化共发现近600处遗址，主要分布于环太湖的平原地区（面积约3.65万平方公里，图12）。良渚古城遗址是整个良渚文化的核心，是良渚文明的都城，位于浙江杭州余杭区瓶窑镇和良渚镇附近，处于一面积达1000平方公里的C形盆地北部（图13）。

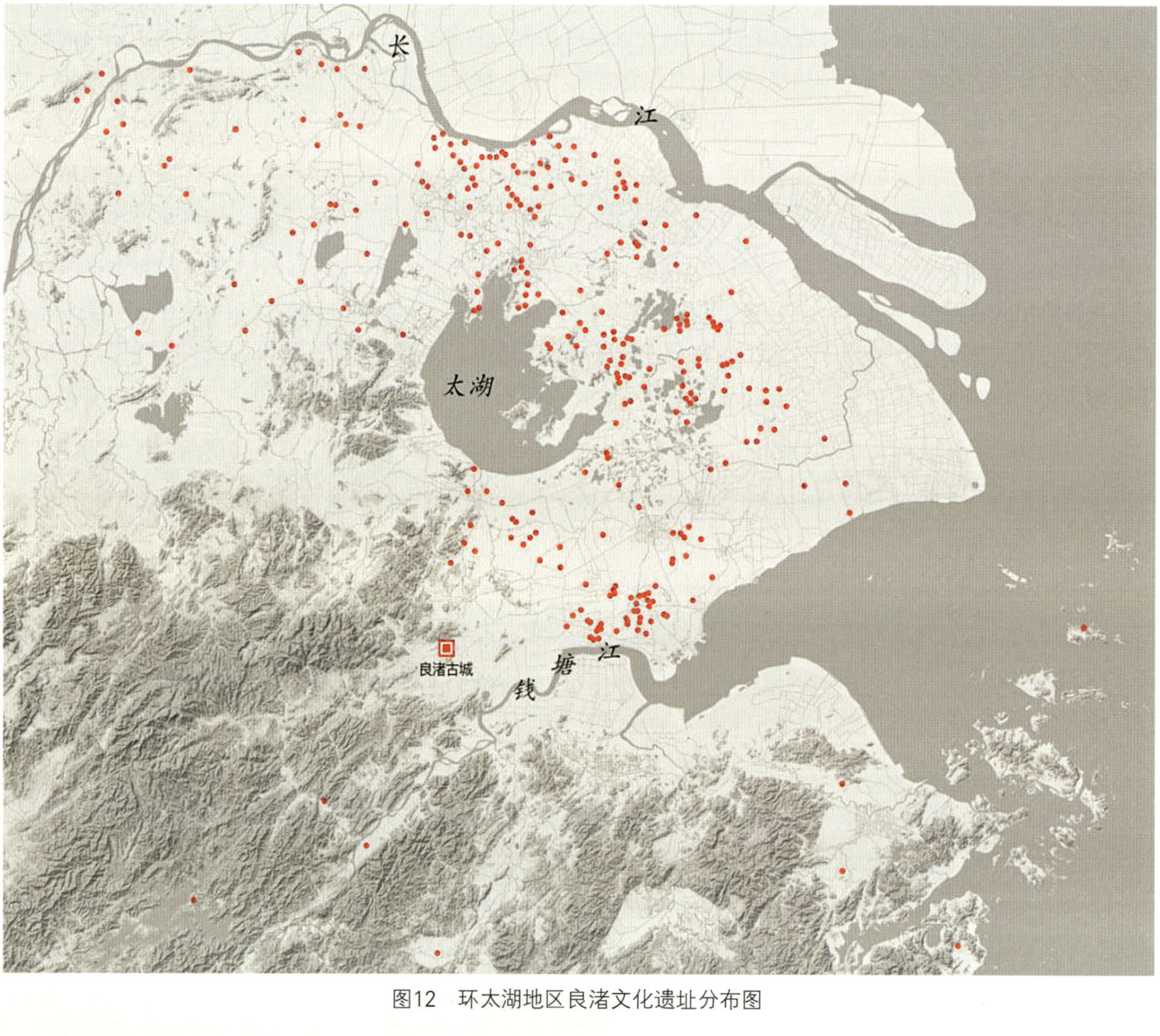

图12　环太湖地区良渚文化遗址分布图

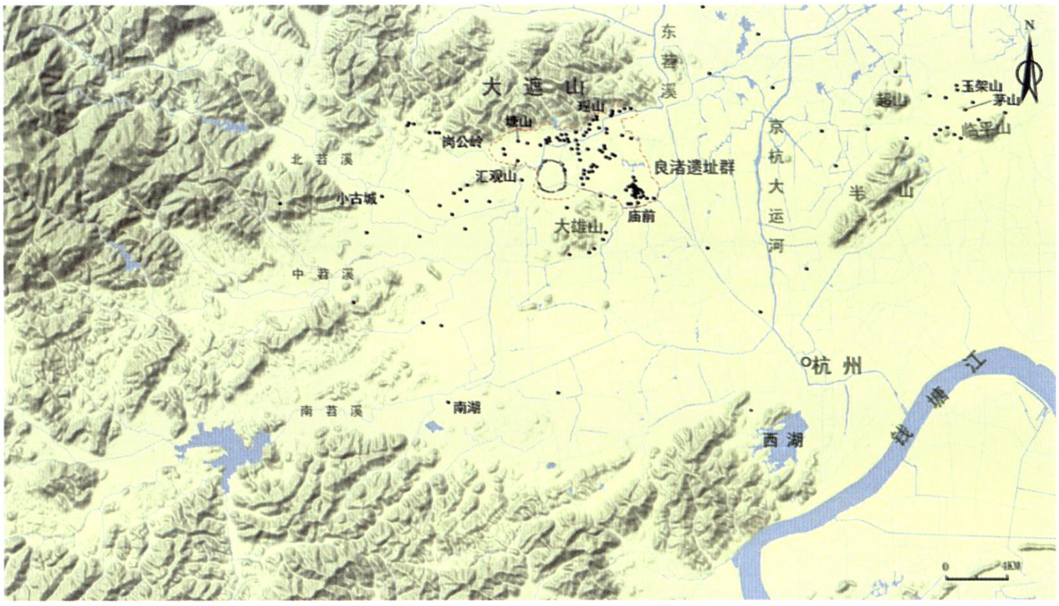

图13　C形盆地及其内良渚文化遗址分布图

自2007年良渚古城发现和确认之后，经过多年不间断的考古发掘、调查和勘探，考古人员对良渚古城的结构布局和格局演变有了一个基本的认识。良渚古城的核心区可分三重，中心为面积约30万平方米的莫角山宫殿区，其外分别为面积约300万平方米的城墙和面积约630万平方米的外郭所环绕（图14）。同时古城西北部和东北部还分布着规模宏大的水利系统和与天文观象测年有关的瑶山、汇观山祭坛，在古城外围也存在着广阔的郊区，良渚古城核心区、水利系统、外围近郊总的占地面积达到100平方公里，规模极为宏大（图15）。

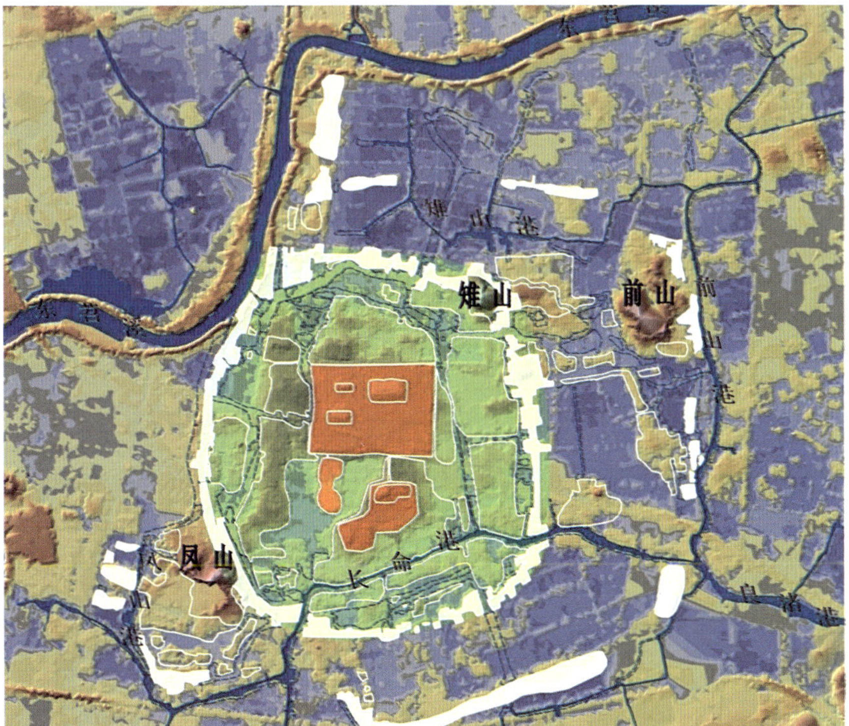

图14　良渚古城三重结构体系

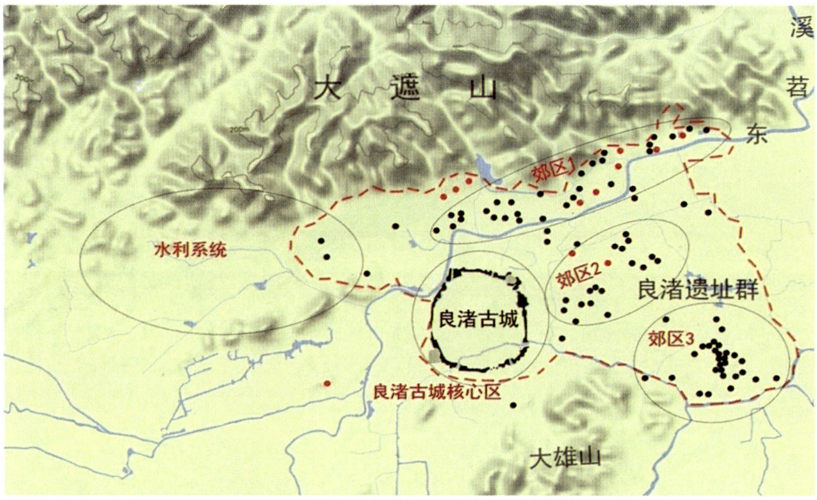

图15 良渚古城、水利系统、外围近郊分布示意图

2019年7月6日，第43届世界遗产委员会会议通过决议，将良渚古城遗址列入《世界遗产名录》，成为中国第55处世界遗产。良渚古城遗址由瑶山遗址区、谷口高坝区、平原低坝-山前长堤区和城址区四部分组成，并从城址、外围水利系统、分等级墓地（含祭坛）和以玉器为代表的出土物4大类人工要素，以及与遗址功能直接关联的自然地形地貌，展现了一个存在于中国新石器时代晚期以稻作农业为经济支撑，存在社会分化和统一信仰体系的早期区域性国家形态。良渚古城遗址的成功申遗，填补了东亚地区新石器时代城市考古遗址在世界遗产名录当中的空白，同时也标志着中华五千年文明史已经得到国际社会的公认。

2.良渚的地理环境条件

（1）良渚古城区域的地貌条件

良渚古城位于长江下游环太湖地区的南部，一个南北约24公里、东西约42公里、面积约1000平方公里的C字形盆地内。该盆地处于浙西丘陵山地（天目山余脉）和杭嘉湖平原的过渡地带，北、西和南三面为山地包围，东向敞开，整体地势呈西北高、东南低的趋势。地貌可概略的分成三种类型（图16）：平原及残丘（A）、低山丘陵复合山地（B）和丘陵（C）。

①平原及残丘

区内的平原属于浙北平原的西缘部分，由冲积、海积和剥蚀等多种成因混合作用而成。地形平坦，河网密集，海拔主要为3—4米。瓶窑的北湖、余杭的南湖和五常湿地、德清的下渚湖等湖沼地带是平原上地势最低的区域，海拔高程2.5—3米。良渚古城遗址的主要部分即分布于这片水流环绕、地势低平、河荡密布的水网平原之上。

残留在平原上的丘陵主要有窑山、五郎山、防风山、半山等高丘及凤山、雉山和乌山等孤立低丘。高丘的海拔在200米以下，孤立低丘的海拔低于50米。上述丘陵坡麓的角度一般较缓，且常与低矮台地（高5—10米）相连，该类区域也是良渚文化遗址及前期马家浜和崧泽文化遗址分布的重要地带。

②低山丘陵复合山地

低山丘陵复合山地位于良渚古城的西北方向，可细分成3块区域。其中B1是大遮山南坡、B2是北苕溪流域区、B3的水系流向其南侧的丘陵。B1区的大遮山主峰460米高，主脊线上的山峰多在300米以上。该区域沟谷呈北东和北西走向，山坡坡度较陡，裸岩较多，坡面重力碎屑流和流水片流活跃。B2区域被北西向的北苕溪分成两块，西南侧的径山山脉海拔较高，最高峰820米，主脊上500—800米的山峰较多。东北侧的佛陀山脉相对较低，主峰440米，主脊上的山峰多数为300—400米，并与西苕溪（B4）、湘溪及余英溪（B5）流域共享分水岭。

③丘陵

中苕溪和南苕溪两侧的丘陵（C）主要由北东向和北东东向的山丘及宽谷组成。这片丘陵的主脉位于中苕溪和南苕溪之间，最高峰398米，主脉两侧的地形分别向中苕溪和南苕溪低伏，过渡为20—150米高的缓丘。在中苕溪北侧，这些平缓丘陵约有4公里宽，然后与500—800米的低山山地截然接壤。这种截然的分界与新生代断层及两侧山地的岩性差异有关。中苕溪和南苕溪干流沿北东东向延伸，两侧支流呈树枝状伸入丘陵山地中。

（2）良渚古城区域的水系条件

从现代水系分布来看，本区从南到北发育有三支干流，分别为南苕溪、中苕溪和北苕溪。三支水系在良渚古城上游的瓶窑镇附近汇合形成东苕溪，而后流经古城西北边缘往东，在仁和镇附近拐北流向太湖。河流分布会极大影响良渚先民的出行、采猎、种植、制玉、选择居址墓地以及抗洪防旱等活动。据地方志记载，现在的苕溪走向是汉唐时期人工改造而成。那么良渚时期的水系是如何分布的，该问题成为古城环境考古中的一个重要问题。

①全新世早期的水系

考古和研究人员根据周边地貌、地层资料和水文分析，推测了全新世早期（该时间段内，末次冰期已结束，但本区尚未受到海侵影响）当地的水系分布情况（图17）。当时平原上发育有一系列深切河谷地形，主河谷位于临平–湖州一线，称为太湖深切谷。良渚平原及西侧山地的河流为其支流，它们把良渚周边更新世末的地形切割得起伏不一，古河床埋深20—30米。

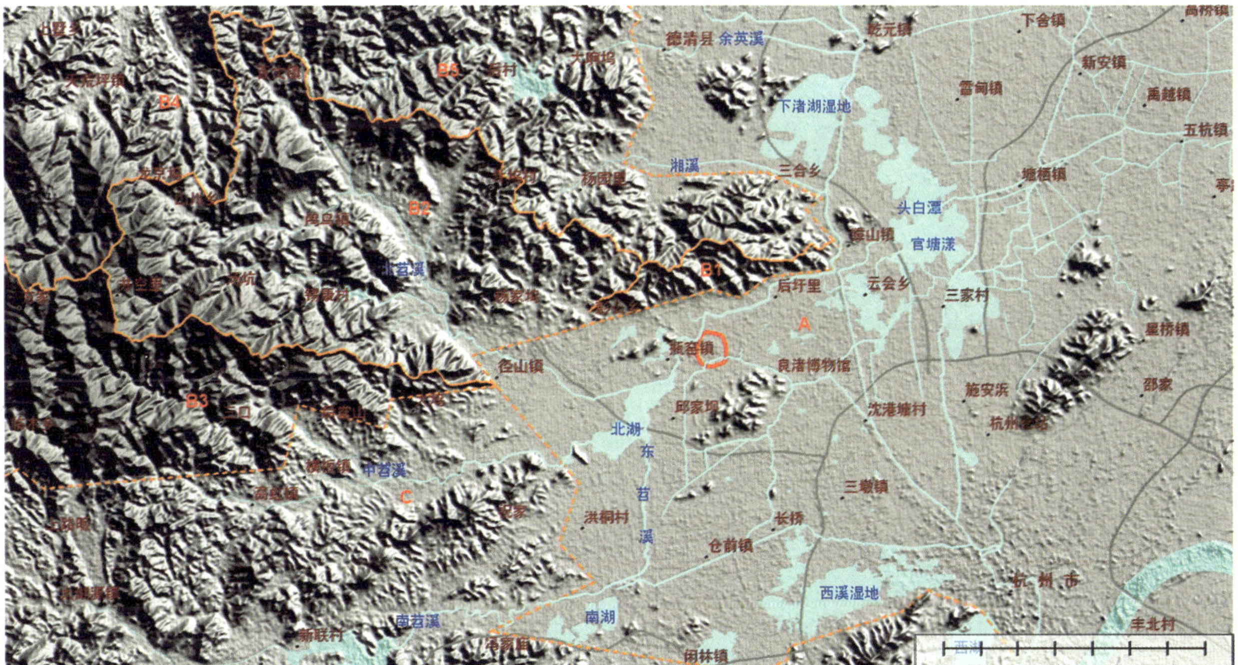

图16 良渚古城周边山地地势及水系分布图

红圈为良渚古城墙；棕黄线为分水岭，棕黄虚线为地貌类型分界线，红字为地貌分区（说明见正文）；浅蓝线为河流，浅蓝色块为水域从窑山-子母墩-黄泥口-扁担山-莫角山-凤山-乌山-大雄山一线断续相连的基岩残丘可以推断，晚更新世末-全新世早期，该线低丘连接成为当时的一支分水岭，其西侧的北苕溪、中苕溪要往南绕过该山地与南苕溪汇合后东流，经塘栖一带进入太湖深切谷河口湾。在该分水岭的东侧，大遮山南坡、莫角山东坡及大雄山北坡的溪流汇集在一起，形成一条经西良村往东或北东东方向的深切河谷，该河谷也可能在塘栖一带流入太湖主河谷。由于大雄山丘陵海拔低、面积小，它提供给周边的地表径流少、动力小，因此在其周围可能存在一个未遭受强烈深切的台地。

②良渚时期的水系

地层资料显示，全新世大暖期时，海平面迅速上升，良渚地区被海水淹没并沉积了相当厚度的海相淤泥。7000—5000多年前，由于气候波动变化（甚至出现多次小幅降温事件）和河流的泥沙沉积作用，海水逐渐退出良渚地区，良渚成陆，同时区域内的河道也与海隔开，不再受海水的影响，但前期的深切河谷所造成的低洼通道仍为良渚时期河道的主要发育区，而这些与山地溪流相接的河道会进一步演化为现代平原上的湖泊及河流。

考古和研究人员对现代河网特征进行了分析，并结合20世纪60年代卫星图片及其他资料，绘制了良渚文化时期古城周边的河流及湖沼分布图（图18）。该时期水系具有以下特征：

北湖及其至老余杭一带。北湖在良渚文化时期也与现今状况类似，存在一个湖沼湿地。它的北侧、西北侧和西侧应为山前曲流河，是主要的补给河流。东侧与良渚港等结网状河相连，高水位时，洪水可通过这些河网往东泄出。北湖区的南侧是全新世初期苕溪深切谷干流的下游方向，因此良渚时期必然存在潮沟系统，并演化成北湖流向老余杭一带的结网状宽河，承担比良渚港等东侧河流更大的泄洪功能。由于南侧存在较通畅的水道，推测北湖区的湖沼湿地不会很深，甚至是季节性的，只在洪水季节有较大、较深的水面，枯季可能会成为沼泽或干地。

良渚古城区。该区在全新世初期存在一支小分水岭，黄泥口、子母墩、扁担山一带基岩或风化土丘是分

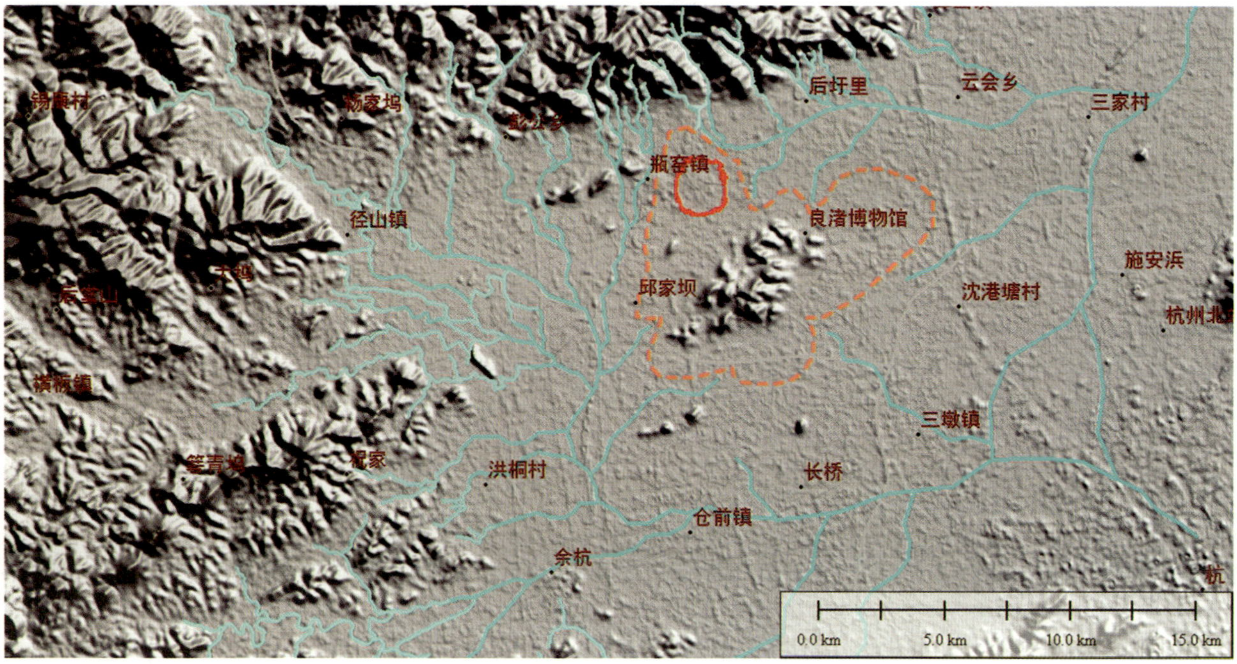

图17　良渚周边平原全新世早期水系图
亮蓝色为山溪，暗蓝色为推测深切河谷线；黄虚线圈闭区推测未遭受强烈深切；红色圈为良渚古城墙

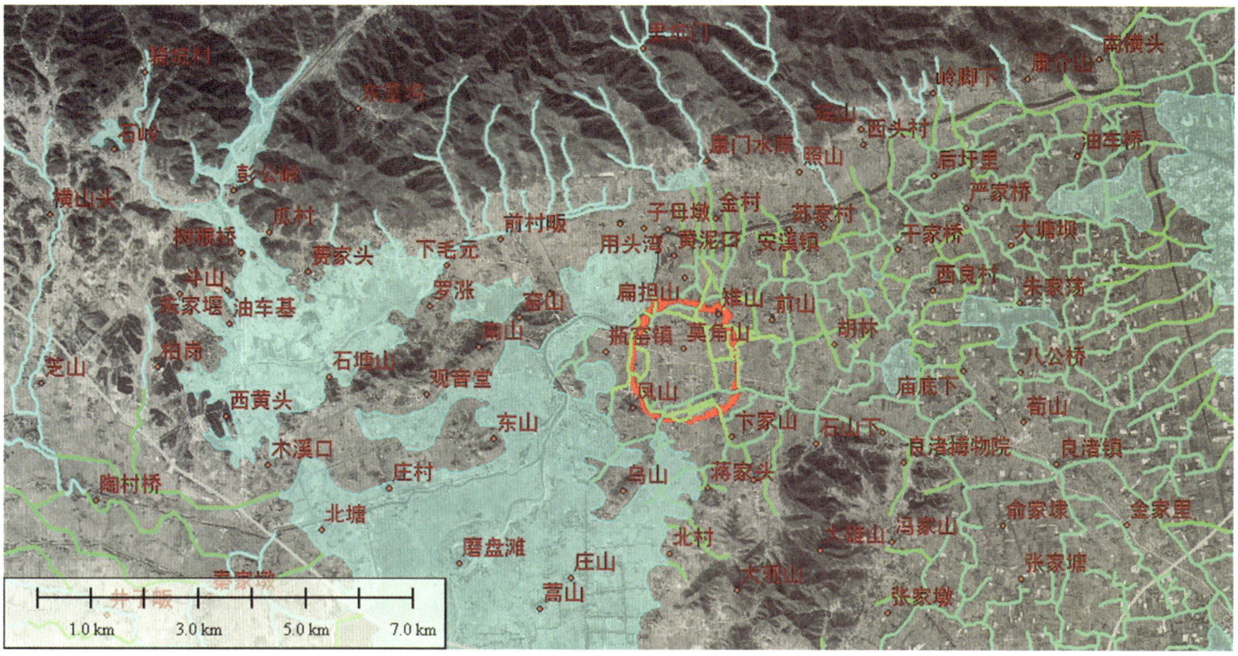

图18　良渚文化时期水系分布图

蓝色块为水库和湖沼湿地，亮蓝色线为山间溪流及部分山前河，蓝绿色线为残存的结网状河，草绿色线为恢复的河流，黄绿色线为古城考古发现的河流；其他区域为低山、丘陵、低矮台地、土丘和平原上的堆土台和季节性湿地，未予区分；红色圈为良渚古城墙

水岭上的高地。高海平面时期，窑山、扁担山、雉山、莫角山、凤山和乌山等矮丘之间都被海水淹没，其间必然发育有潮沟系统。随着海积平原的形成，这些潮沟会逐渐演化为结网状河流。现今位置上的高级别干流——东苕溪在当时并不存在，代替的是几条类似良渚港的结网状河，通过上述土丘之间，如良渚古城北墙南侧、下家山南侧等。由于没有深切河谷作为演化基底，这些河流都应比北湖往南的河流小得多，北湖水通过这些河流往东的泄洪量应当很少。由于北湖泛滥的影响，良渚古城西侧、南侧的低洼区域应当为沼泽湿地或者成为北湖的一部分，这已被一些浅钻证实，推测这种湿地应该是季节性的。

安溪一带。大遮山南坡的水流受山谷走向控制，其东南向水系与平原现存的北西-南东方向河网遥遥相接。因此可以判断良渚文化时期，它们是相接的，但被后来的东苕溪筑堤干河分隔。即良渚文化时期，大遮山南坡的诸多山溪都会穿过当前的东苕溪大堤，往东南进入良渚平原，它们把山前的低矮台地侵蚀成近南北方向的条垄状土丘。这些土丘是良渚先民的重要生存地点，也可能发展出良渚先民从山边低矮台地筑条状土台进入湿地平原的交通和居住模式。特别是从冯家头经过黄泥口到莫角山，必然是良渚古城的一条交通要道。目前，沿东苕溪发现大量良渚文化遗址的事实也说明这一区域少湖沼或洪水的影响，地势相对较高。照山溪和康门溪是大遮山南坡最大的溪流，它们出山后呈曲流形式进入平原，建立较低平的冲积扇，并使湖沼湿地和结网状河往南移。良渚北墙北侧的钻孔未见到厚的细砂或粉砂层，推测康门溪进入平原后主流可能往东与照山溪合流，经西良村（西良村黄粉土层位很低，并且发育有4米厚的粉砂层）流向东部骨干河流。

3.良渚古城选址研究

良渚古城作为整个太湖流域良渚文化的都城，为什么会选择在这个看上去地理偏狭的半封闭之地呢?

从比较大的地理环境来看，良渚古城遗址所处的1000平方公里C字形盆地三面都被天目山的支脉所包围，盆地的西北部平原上还矗立着以大雄山为主的一组群山，并散落着窑山、汇观山、雉山、前山、凤山、羊山、全山、树山、乌山、茅山、金顶山、荀山等孤立的小山。这1000平方公里的平原湿地，是良渚古城可以直接依托的稻作农业与采集捕鱼经济的来源，而西面与北面的广袤山地，则有取之不尽的山禽野兽和野果珍馐，及营建城市和生产生活所需的土木玉石等原料。

在大C盆地内，良渚人最终选择在大雄山与大遮山之间一个相对独立的南北约5公里、东西约10公里，面积约50平方公里的地理单元中建设他们的都城。考古和研究人员结合良渚时期本区的山水条件和古城布局，参照现代城市选址原则，对良渚古城的选址问题进行了研究，发现良渚古城的选址具有以下特点：

（1）古城选址在小C区域可避免水患的影响

天目山系是浙江省最大的暴雨中心，每到雨季，一旦大雨三天，则山洪涌下，溪满成灾。目前该地区的西险大塘还是杭州市抗洪排险的重点区域。城市选址首要的是安全问题，如何避免水患的影响应是良渚人考虑古城选址的重要问题之一。

大C盆地三面环山，东向敞开，整体地势呈西北高、东南低的趋势。大区内存在一支沿窑山-子母墩-黄泥口-扁担山-莫角山-凤山-乌山-大雄山一线由基岩或风化土丘组成的分水岭，可将大区划分为2个水文区，小C区域的汇水面积较小，约占总体汇水面积的7%左右，而大C其他区域的汇水面积约为93%左右。受该分水岭和整体地势的影响，全新世早期古城西侧的北苕溪和中苕溪要往南绕过大雄山与南苕溪汇合后东流，经塘栖一带进入太湖深切谷河口湾。全新世中期，良渚地区虽受海侵和海退的影响沉积了相当厚度的海相淤泥，但前期深切河谷所造成的低洼通道仍应为良渚时期河道的主要发育区。古城西部的来水，包括大遮山南麓、彭公区域、北苕溪和中苕溪（该部分汇水面积占总体的40%）皆受山谷走向和地势控制流向北湖（见图17和图18），而北湖南侧是全新世初期苕溪深切谷干流的下游方向，良渚时期必然演化成北湖流向老余杭一带的结网状宽河，承担北湖绝大部分的泄洪量。

古城处于大雄山与大遮山之间。虽然南北山区来水受谷口走向限制大致呈南北流向，但因谷口位置、古城附近高地（黄泥口、扁担山和和尚地）和总体地势的影响，水流直接冲击古城的概率较低，加之小C区域总体汇水面积较小，区内河网密布，区东部存在骨干河流，泄洪能力较强，因此古城选址在小C区域可避免水患的影响。

（2）小C区域地势平坦、面积较大且地势较高，适宜进行古城布局

良渚古城的核心区可分为三重，中心为面积约30万平方米的莫角山宫殿区，其外分别为面积约300万平方米的城墙和面积约630万平方米的外郭所环绕，面积巨大。此外，古城东部还发现了分布面积更为广阔的良渚遗址，并依据其聚落性质和距离古城的远近将其定义为古城的近郊。目前，考古人员在古城内的池中寺台地发现了古城的官仓，储有大量的稻米；但并未在古城内发现稻田，因此认为稻米来源于古城以外的良渚文化控制区。2009年，考古人员在C字形盆地东部的临平茅山遗址发现了面积达80多亩的良渚稻田遗迹，而茅山遗址的聚落等级与古城东部近郊的水平相当（考古人员将临平附近的聚落定义为古城的远郊），因此考古人员推断良渚人在古城东部近郊也会进行稻作生产。

基于上述对古城和近郊的分析，其选址必然要求一块具有较大面积的平坦地区进行城市和郊区布置，以及开展稻作生产，同时区内地势还需相对高亢，不能存在类似北湖、南湖和西溪湿地类型的大片低洼地带，以确保可利用的土地面积，而小C区域满足上述要求。

（3）小C区域依山傍水，资源丰富且交通发达

小C区域三面环山，一面临水（东部存在骨干河道），区内水网密布，是建立都城的极佳之所。①区内南为大雄山，北为大遮山，南北相距仅5公里；西面为黄泥口-扁担山-莫角山-凤山-乌山一线基岩分水岭，其外距窑山和南山等平原丘陵仅2—3公里；西北方向面积更为广阔的彭公区域和北苕溪流域也距小C区域不远。

周边山区可为古城营建和良渚人日常生产生活提供丰富的诸如木、石、玉、漆和动植物等资源。②区内河网密布，有利于良渚人的日常饮用、捕鱼、稻作和手工业等工作的开展。③考古人员发现良渚时期还没有发明轮式交通工具，其交通运输主要依赖于水路。小C区域内河网众多，利于交通，同时顺流而下，即可进入东部骨干河流，其与古城远郊（如临平遗址区）及太湖地区良渚文化遗址间的交流极为便利；相较于此，良渚时期大C内其他区域虽也可能存在较密的河网，但其河道的主水路方向却需绕大雄山东南而行，而后才能再与相应区域发生联系，其水路交通明显没有小C区域方便。

（4）小C区域西部由基岩或风化土丘组成的分水岭可用于营建良渚古城

考古人员发现，良渚人为避免平原地区地势低洼和地下水位高的影响，习惯于湿地平原上堆筑人工台地作为居住地，而堆土则需考虑土的来源和堆筑工作量两个方面。良渚古城工程量巨大，仅莫角山一处的土方量就达228万方。小C区域西部为黄泥口–扁担山–莫角山–凤山–乌山一线基岩或风化土丘组成分水岭，依靠该分水岭堆筑古城内主要台地既可节省建城时的填筑土方量，又可保证充足的良好填筑用土。此外，小C区域内古城布置在西部，而近郊布置于东部，有利于将重要功能区布置于区内地势较高处，次要功能区布置于区内地势较低处；与外围水利系统配合，重要功能区布置于水源上游，次要功能区布置于水源下游。

综合上述4项条件，良渚人将其都城选择在小C区域。这里看似为地理偏狭的封闭之地，实则为安全和资源丰富的理想之所，此外，本地还具有退可依山据守，出则通江达海的地理优势。从良渚古城沿河道顺流而下，到达太湖只有60多公里，进入太湖则可以上下长江，通达四域。当理解了这种交通之便与地理资源之优势，便理解了良渚古城作为太湖流域良渚文化这个族群之都的选择——隐于山野，兼济天下。因此5000年前，良渚的先王们率领族群，沿着河流，来到了这里，从而开启了良渚古城千年的辉煌文明。

（三）小结

本章基于南京和良渚的地理环境条件，对南京帝都和良渚王城的选址问题进行了分析，发现两城：在区域选址上，皆布置于山环水抱之间，资源丰富，易于防守；外部水路发达，可达广袤的经济腹地；而在区域内具体城址选择时，又综合考虑了水患威胁、建城所需平坦且相对高亢土地面积的要求，以及水源和交通条件等因素，与《管子·乘马》篇中对城市选址的论述相合。

二、南京帝都与良渚古城的形制与功能布局

城市是人类文明发展的物质标志。一座古代城市的营建，是一个规模宏大、布局合理、功能完备的科学体系，是当时人类思想与智慧的结晶。

（一）南京帝都的形制与功能布局

明代南京城具有四重城垣结构，由内向外依次是宫城、皇城、京城和外郭。其中宫城和皇城位于京城偏东位置，规制方正、中轴对称；而京城和外郭没有形式上的中轴线，形状也极不规则。

宫城位于南京四重城垣最里边的一重，坐北朝南，平面略呈南北稍短、东西稍长的长方形，周围有御河环绕，是皇帝日常起居、办理朝政、接受中外使臣朝觐和皇室成员居住的大内禁地。据《大明会典》载：“宫城南至午门，以及左掖门、右掖门，北至玄武门，东至东华门，西至西华门，南北各二百三十六丈二尺，东西各三百二丈九尺五寸。”换成今制，南北长约0.75公里，东西宽约0.95公里，周长3.4公里。宫城高三丈，约为现在的9.6米，而城门所涉城墙高度，比宫城城墙还要高出1米以上。

明初南京的皇城稍晚于宫城建成，是南京四重城垣由里向外的第二道城垣。洪武初年，皇城城垣以宫城

中轴线对称，环宫城等距而筑，坐北朝南，平面呈倒“凸”字形，环以护城河。皇城范围南至洪武门，北至北安门，东至东安门，西至西安门，周“二千五百七十一丈九尺”，折合今制为8.2公里。皇城城墙的高度与厚度未见文献记载，但据皇城西安门遗址的考察，发现其基础宽3米。古建筑专家依据《营造法式》计算，其墙高约6米，顶宽约1.8米。永乐三年（1405），朱棣下令拓展皇城西垣，将西安门向西止于杨吴城濠东侧的地方纳入皇城内，从而使西安门与西华门间的距离，要比东安门至东华门之间的距离长一倍左右，原先宫城处于皇城的正中位置变成略偏于皇城以东的格局，相应皇城的周长也增加了约2公里，为10.3公里，而朱棣如此改建的原因不详。

皇城是中央行政机构和国家宗庙的所在地，也是封建统治中枢的象征。皇城南面正门为洪武门，正对京城的正阳门。进入洪武门后，是一条纵贯南北的御道，并以此为中轴线。宫城外至御道中部两侧分别建有太庙和社稷坛，是标准的“左祖右社”的格局。御道东侧按从南至北的方向分布着工、兵、礼、户、吏等五部及宗人府（唯有刑部置于西北太平门外）；西侧则依次有太常寺及包括后、前、右、左、中等“五军都督府”。这些机构基本是按左文右武的格局进行分布。

南京皇城和宫城所形成的布局继承中国营建皇宫的传统，在利用建筑语言及强化皇权思想方面进行了创新，形成有明一代的宫阙制度，对明中都（凤阳）与北京城的皇宫营建产生很大的影响。

京城，今简称“南京城墙”，是明代南京四重城垣由里向外的第三道城垣，其营建自元末起一直延续整个洪武一朝，历时28年才得以完成。京城城墙东连钟山，西据石头，南阻长干，北带后湖，全长35.267公里（现存25.091公里），城墙所围面积41.07平方公里，是南京四重城垣中保存最为完好的一道城垣。

朱元璋定都南京后，命刘基勘察建造皇宫所在地。刘基最后将皇宫位置卜定于城东的燕雀湖，据说该地是龙盘虎踞的龙头位置，在此修建皇宫能占尽南京的帝王之气。除风水一说外，从当时的现实情况考虑，将皇宫修建于城东也是明智之举。南唐都城为宋、元两代沿用。南唐宫城狭小且贴近居民商市区，而皇宫是有一定规格和面积要求的；若将皇宫置于旧城南部，则需大量拆迁而劳民伤财。此时恰处于建国之初，百废待兴，朱元璋很可能为了避免对旧城的大拆大建，而将皇宫选在城东燕雀湖这一空旷地区进行建设，如此也便于实现朱元璋“非古之金陵，亦非六朝之建业”的都城营建思想，而这一决定也影响了南京城墙的形状。

朱元璋出身行伍，极其重视都城的防卫功能。南京的六朝和南唐都城皆位于城市南部，距离城北的长江天堑较远，留下了巨大的军事防御弊端。有鉴于此，朱元璋将城北靠近长江的区域包入城内，圈山据岗垄之脊筑城。最终明代京城城垣在继承前朝城垣的基础上，在城的东、南、西三面利用南唐旧城进行加高和增固；城东延伸将宫城和皇城包入直至玄武湖南岸；城北则沿玄武湖西岸将城墙向北筑，至湖的西北角转向西逼近长江将狮子山包入，再向南将马鞍山、清凉山纳入，与西面城墙相连，形成了如今北部窄、南部宽的极不规整形状。

明代南京京城内由城东皇城区、城南商市区和城北军事区三大功能区组成，其中皇城区的功能已在前述内容中有所介绍，此处不再赘述。

城南商市区是历代繁华之地，秦淮河两岸居民密集、手工业和商业发达。明初，朱元璋从全国调集大量富民和匠户至京。外迁而来的商人租用政府专门修筑的“廊房”居住和经商，形成了专门的商业街，如现今城南的糖坊廊、裱画廊、书铺廊、绸缎廊和毡货廊，朝天宫附近的红纸廊，城中的明瓦廊和估衣廊等。同时城南一带设有许多作坊区，制造业发达，门类齐全。通常作坊区按工种分类，一个作坊区中可能包括几个编户坊，这些坊既是专业匠户的生产基地，又是他们的聚居地，如城南的鞍辔坊、银作坊、铁作坊、弓匠坊、毡匠坊、箭匠坊和皮作坊等。

明代南京城的北部为城防军事区，其西面和北面濒临长江，山岗起伏，地形险峻，利于防守。明代南京城常年驻军有42卫左右（洪武时期达48卫），20余万人。当时的军事布置分江防、城防、京卫、宫卫四部分。皇城内有羽林左、右卫，皇城周围有锦衣卫、府军等十卫，城防区则有相关各卫营房、军储仓库、教场及其他军事设施等。城北区在当时也是京师粮仓的主要分布地，朱元璋曾下令在此实行军垦，开垦出的田地多达48万亩，建有大型粮仓37处。

外郭是明代南京四重城垣由里向外的第四道城垣。“都城既建，环以外郭；西北据山带江，东南阻山控野。”外郭的建造是对原有南京三重城垣的补充和完善，是朱元璋对南京城战略防御思想的再现，其对后世的都城营建产生了一定的影响。外郭的范围大致从城西的江边向东南过江东门，至夹岗门转向东北，将南郊雨花台一线岗阜制高点圈入郭内，并延伸至外郭最东端麒麟门，转向西北，将钟山及其余脉和玄武湖等河道湖泊全部囊括郭中（其间有明孝陵、皇册库等重要机构），沿郭垣至最北端观音门，顺江岸转向西南，于京城金川门外筑外金川门，并将郭垣延伸至江边，把京城北面的幕府山等“高岗逼岸，未易登犯”的江防高地悉数收入郭内。外郭形状呈菱形，长度约为60公里，郭内面积达230平方公里。由于外郭是利用丘陵岗阜的有利地形建造的，墙体构筑以土墙为主，所以又有“土城头”之称。外郭西临长江，设有诸码头及商贸客栈及驿站；郭内的北面和东面为大片农田和军队卫所驻扎地；郭垣内的南面，有双桥门所延伸南北之垣，分为东西两个相对独立的空间，东面为天地坛、神乐观、山川坛等重要祭祀场所和外秦淮河水道；西面有大报恩寺、天界寺、天隆寺等寺庙和居民的坊、厢。

（二）良渚古城的形制与功能布局

良渚古城略呈圆角长方形，正南北方向，南北长约1910米，东西宽约1770米，总面积约300万平方米。小C区内依托着凤山、雉山和前山的这片绿洲面积最大，周边分布着大片的水域和湿地。绿洲的边缘散布着黄泥山、江家山、皇坟山等低矮的小山，凤山和雉山之间的这片土地，正好处在南部大遮山、北部大雄山与西面窑山的三山居中位置，距离三面的山都有将近2公里，有一种以山为郭的感觉，而这种山环水抱的位置，正是建城的理想之地。

城内中心位置为高十几米的莫角山宫殿区基址，其中古尚顶土台呈规则的长方形，东西约630米，南北约450米，面积近30万平方米（占古城面积的十分之一），其上继续堆筑了大莫角山、小莫角山和乌龟山三个宫殿台基，莫角山宫殿区堪称中国最早的宫城（图19）。

反山位于莫角山宫殿区的西北部，是一座东西约120米、南北约80米，海拔约12米的人工堆筑土墩。考古工作者于1986年在反山发掘出11座良渚文化早中期的大墓。墓主人是集首领与巫师于一体的显贵统治者，而且有着明显的职能分工与位次高低。其中M12大墓最为显贵，其墓葬位列各墓中间，墓坑规格最大，出土了良渚著名的玉钺王和玉琮王。

莫角山宫殿区西面的姜家山、南面的桑树头和皇坟山等高台，据推测也都为与莫角山同期的不同功能宫殿区建筑基址，其具体内涵还有待以后的考古认识。2017年，考古工作者在莫角山宫殿区南面的池中寺台地发现了大量碳化米遗存（图20），分布范围约5000平方米，平均厚度0.63米，估算有20万公斤，可称为国家官仓。莫角山宫殿区、反山土陵、姜家山、池中寺、皇坟山等大型高地围合的面积约占城内面积的1/3多，构成了城内的核心区。城内其他人工堆筑的高地一般呈长条状与古河道相间分布，形成沿河而居的建筑模式。该种模式可充分利用江南水网的优势，既有交通运输之便，又利于生产生活。

古城城墙周长约6000米，宽20—150米，高约4米，围合呈圆角长方形，正南北方向。在城墙的选址设计时，良渚人有意将凤山和雉山两座较高的石头山，设计为城墙的西南角与东北角，并沿着原有的陆地边缘堆

图19　良渚古城范围及周边示意图

图20　池中寺出土的碳化稻米

筑起四面呈长条弧形的城墙，而在两座山的制高点处可以清楚地观察城内外的情况。城墙共设水城门8座，每面城墙各2座（仅在南城墙中部发现了1座陆路城门）。通过上述水门，可将城内外河道连接起来，并与外部更大的水域相通。通过考古勘探发现，良渚古城的四面城河中都有大量良渚晚期的生活废弃堆积，这些废弃堆积持续了约几百年。

良渚古城外围北、东、南以及西南，分布着许多长条形的高地，它们呈现一种半围合的状态，唯西北部原来分布大面积的沼泽水面，所以未修筑台地。这些长条形台地一般都是在沼泽地上由人工堆筑而成，宽40—50米，高2—3米，内外临水，是良渚人的居住区。上述台地构成良渚古城的外郭城形态，南北相距约2700米，东西相距约3000米，围合面积约6平方公里。

从2009年开始，考古工作者在对城外区域进行勘探的同时，也对北部的扁担山，东部的美人地、里山等地点进行了解剖发掘。古城西南部的文家山、仲家山及南部的卞家山在良渚古城发现之前已做过发掘。其中在卞家山遗址的河道中发现了数以万计的陶器残片和大量石、木、骨、漆、竹等制品，说明其应是主要的手工业作坊区；文家山遗址地层中发现了20多件石质钻芯，这些石器加工中产生的废弃物说明文家山存在手工业作坊区。结合卞家山遗址、文家山遗址、西城墙葡萄畈段出土的漆木器残件和玉石加工废弃料，钟家港河道出土的玉石钻芯以及木盘半成品，以及目前考古尚未在古城范围内发现良渚稻田遗迹等信息，考古工作者推测良渚古城除居住有贵族和统治者外，还应主要居住着大量的手工业工匠。相对古城东部的近郊和远郊，良渚时期产生了明显的城乡分野现象。

古城规模庞大，其城内大量的人口必然需要发达的农业进行支撑。目前考古尚未在古城内发现良渚稻田的遗迹，而城内核心区的池中寺台地却储存着大量的粮食，是良渚王城的官仓所在。考古人员通过对古城所需稻米和代表性遗址临平茅山遗址（图21）可供稻米的计算，及池中寺稻米粒型大小的分析，推测城内稻米的来源地有很多处，应是由古城郊区的居民以及良渚遗址群以外的居民提供的（即当时产生了类似贡赋的制度），而粮食通过古城内外发达的水路运输到达。

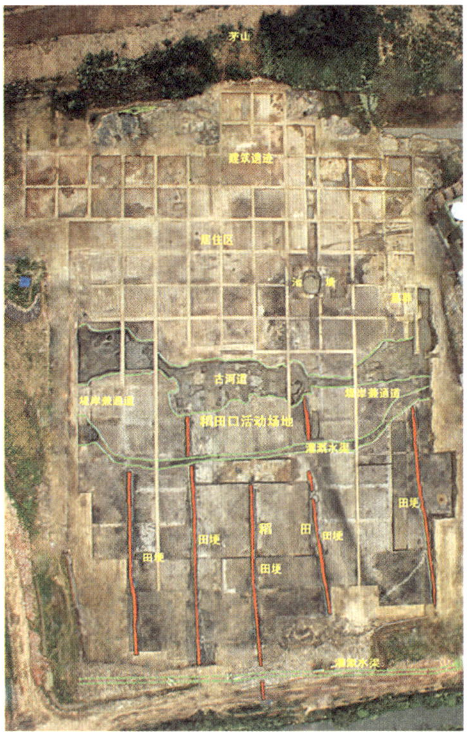

图21　良渚古城远郊茅山遗址水稻田

（三）小结

本章对南京帝都和良渚王城的形制和功能分区进行了阐述，发现两城：皆为多重结构，核心区域位于最内重；既崇尚居中对称，又顺应自然山水，同时重视对制高点的控制；皆为同时期最大城市，城内功能布局合理，具有城乡分野和外部供给的特征；良渚古城是在湿地平原上营建而成的，其城墙和外郭的主要功能是良渚人的居住地，而南京城墙的主要功能是防御，因而才有其“高坚甲于海内”之说。

三、南京帝都和良渚古城的水利工程

水是地球上生命赖以生存的基础，无论是干旱还是洪水都会给人类的生命和生存带来直接的威胁。世界上许多民族都有关于洪水的传说，而对水的治理和利用是人类文明的标志。

（一）南京帝都的水利工程

1.明代南京城墙的水关涵闸

明代修筑南京城时，为便于城内外水系的沟通和控制，在南京城墙上留有若干通水涵洞。《南京水利志》《南京市政建设志》《南京城墙志》等文献对城墙上的水关涵闸有所记载。河海大学受南京城墙保护管理中心委托于2019年对南京城墙的水关涵闸遗存情况进行了现场调研，见表1。所调研的25处涵闸中，8处为位于城东的进水涵闸，17处为位于城西及城北的出水涵闸（图22）。通过上述水关涵闸，玄武湖向西经大树根闸与北盆地的内金川河相通，向南经武庙闸和太平门闸与南盆地水系沟通；琵琶湖、前湖和东南护城河通过琵琶闸、半山园闸、朝阳门水关和铜心管闸与城内水系相连；东水关控制内外秦淮河的连通；西水关、铁窗棂涵和乌龙潭涵承担南盆地的排水作用，清凉山函–新民门涵等承担北盆地的排水作用。

水关涵闸包含两种类型：（1）水关，既可通水也可过船。南京城墙在跨越内秦淮河的东、西两端处，

图22　明代南京城墙水关涵闸分布

分别设置了结构基本类似的东水关和西水关；在金川河东侧城下设置了北水关；在东南护城河处设置了朝阳门水关。（2）涵闸，只沟通和控制水系，不可过船。南京城墙于内外河流、湖泊进出水处设置了多达20余处的涵闸。上述水关涵闸中，有19座至今仍在使用，但大部分经过改建或新建，仅东水关和武庙闸保存较为完好。

表1　明代南京城墙水关涵闸汇总表

序号	涵洞名称	位置	功能	遗存情况
1	东水关	通济门南侧	进水内秦淮河	改建，在用
2	西水关	三山门南侧	出水外秦淮河	新建，在用
3	北水关	金川门	出水金川河	不存
4	朝阳门水关	朝阳门附近	进水东明御河	不存
5	武庙闸	市政府内北侧	进水珍珠河	改建，在用
6	太平门闸	太平门西路北	进水古青溪	改建，在用
7	琵琶闸	后宰门小区北侧	进水香林寺沟	改建，在用
8	半山园闸	前湖西侧	进水玉带河	遗址，在用
9	铜心管闸	航空学院东	进水东明御河	改建，在用
10	大树根闸	玄武湖西侧	进水金川河	改（新）建，在用

（续表）

序号	涵洞名称	位置	功能	遗存情况
11	铁窗棂	涵洞门	出水外秦淮河	改建，在用
12	乌龙潭	老石城桥旁	出水外秦淮河	改建，在用
13	清凉山南涵	原轴套厂内	出水外秦淮河	不存
14	清凉山北涵	清凉门北侧	出水外秦淮河	改建，在用
15	石头城涵	原跳伞塔西北	出水外秦淮河	改（新）建，在用
16	草场门涵	原草场门	出水外秦淮河	新建，在用
17	工会干校涵	草场门附近	出水外秦淮河	新建，在用
18	定淮门涵	定淮门	出水外秦淮河	改建，在用
19	老虎洞涵	华严岗西南	出水护城河	可见暗涵，废弃
20	归云堂涵	归云堂西	出水护城河	改（新）建，在用
24	四望山涵	小桃园	出水护城河	废弃
22	挹江门涵	挹江门	出水护城河	不存
23	狮子山涵	兴中门	出水护城河	改（新）建，在用
24	新民门北涵	新民门多伦路	出水护城河	改（新）建，在用
25	新民门南涵	新民门多伦路	出水护城河	改（新）建，在用

2.明代南京城水系调控分析

（1）水系调控措施

根据文献资料，明代南京城进行水系调控措施主要包括“疏、防、蓄、控”等四个方面。可以看出，除了当时没有泵站，明代的水利调控措施基本已经与现代无异了。

①疏浚排水

明代非常重视对护城河、玄武湖等环城水系及城内水系的疏浚，这类疏浚工程在文献中多有记载。洪武元年（1368）冬十月丁酉，浚后湖（今玄武湖）及石灰山龙湾（今下关一带）河道。洪武五年十二月甲申，大体完成京城护城河的修浚工程。洪武七年十二月辛丑，“凿石灰山河，开民地六千余亩。上命给白金偿之，除其税”。永乐元年（1403）曾派民夫对淤塞的“龙江复成桥”处进行疏浚。对河道的疏浚，不仅能够保证水系的交通运输功能，还能改善河道水流流态，增强南京城的防洪排涝能力。

明代南京城内设置了完善的排水体系，利用地形走势，使得城内积水由高处流向低处，最终经涵闸排出城外。据文献记载，东晋时期南京城内即开始采用“开御沟”来解决御道路面积水的问题。六朝至南唐时期，南京城内就设有排水的暗沟和明渠。明清时期，城南秦淮河两岸的街巷建有用于排水的砖砌方盖沟，如门东和门西官沟。而明故宫还在地下设有多条排水沟道，用条石铺成，采用分区排水方案，雨水可迅速排出宫外。

②修建堤防

早在东吴时期，秦淮河沿岸就设有“横塘”（河堤），还修建了夹淮立栅（用木、石等修筑的栅栏）工程，以保障秦淮河沿线不受水患威胁。梁武帝也曾在今光华门至石头城以南一带筑“缘淮塘”（沿秦淮河南、北岸的河堤），以防河水涨溢而伤害城区百姓。明代不仅对河堤进行维修加固，还曾在南京京城城垣的太平门外修筑太平堤，以备（玄武）湖水潦溢。

③湖泊拦蓄

明代为了避免洪涝和干旱灾害，与现代一样，利用河湖进行拦蓄，以便在枯水期及旱季用水。明代南京城附近的湖泊主要有玄武湖、前湖和琵琶湖等。这些湖泊不仅可以拦蓄紫金山的洪水，避免对城区的侵袭，还可以通过武庙闸、太平门闸、琵琶闸和半山园闸将水导入珍珠河、香林寺沟、玉带河、青溪和御河等，进而保证城市的用水。

自东吴以来，北盆地的玄武湖即被作为南部城区的调蓄水库，可经武庙闸等自流到南盆地水系。公元240年，孙权命人凿运渎以向宫中运送物资，其水源主要引自秦淮河，但宫城地势较高，河水常有不济，于是又开凿潮沟自玄武湖引水连通运渎，以确保其水长流不衰。而作为反例，北宋王安石曾采用“泄湖为田”以图解决玄武湖逐渐淤浅、趋于荒废的问题。于是在玄武湖中开挖了十字河，设立了4个斗门，排去湖水，改湖为田。然而，由于少了玄武湖这样一个大型湖泊（水库）的调蓄，周围地区抗灾害能力明显下降，南京城陷入“雨则涝，旱则涸”的尴尬境地；城内不少河道因缺水而淤塞，很多地方甚至连饮水都成了问题。

④涵闸取控

明代南京城水系调控最直接和有效的措施是利用水关涵闸对城内外的水流进行控制，以实现对城内稳定的供水，保证生产生活、交通、环境等需要。其中，主要依靠东水关、武庙闸等进水涵闸，从玄武湖、秦淮河、东南护城河等处引水入城，从西水关、铁窗棂等出水涵闸将城内积水排至护城河，从而实现灵活调控城内水系的效果。

（2）水系调控运行方式

明代防洪排涝方式分可根据秦淮河和长江洪水的遭遇情况分为三类：如果仅南京秦淮河流域发生暴雨洪水，可关闭城东的东水关、武庙闸等8处进水涵闸，避免外秦淮及玄武湖的洪水进入城内，同时打开城西和城北的西水关、铁窗棂等17处出水涵闸，将城内积水排入护城河；如果只是长江发生洪水（从水文统计资料来看，这种情形较为少见），则需关闭西水关，以及城北的北水关，避免江潮倒灌入城；如果长江和秦淮河同时发洪水，这将导致南京城外护城河水位高于城内河道水位，而明代缺少泵站强制排水手段，城内积水无法向护城河自流排出，因此难免会遭受较大的洪涝灾害。

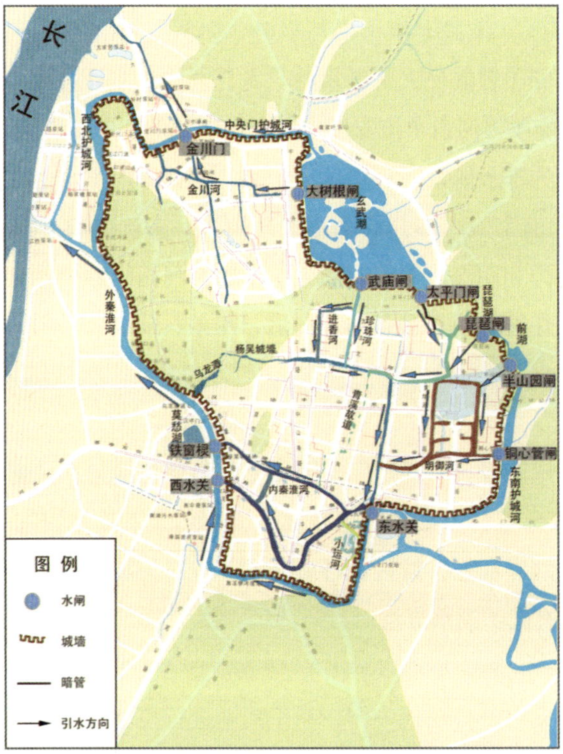

图23　推测的明代南京调引水路线示意图

明代南京城调水排水主要有4条路线（图23）：从玄武湖经武庙闸引水，入珍珠河及进香河，经杨吴城濠、东水关、内秦淮河后，由西水关和铁窗棂排入护城河；从玄武湖经太平门闸引水，入明御河，经杨吴城濠、东水关、内秦淮河后，由西水关和铁窗棂排入护城河；从外秦淮经东水关引水，入内秦淮河后，经西水关和铁窗棂排入护城河；从玄武湖经大树根闸引水，入内金川河后，经北水关出城到外金川河。

3.明代南京城的水路运输

明代南京城的外围水系包含长江水系和秦淮河水系。其中，长江是横贯我国东西的第一大河，自古以来就是我国东西商贸交通的黄金水道。经由长江，从南京向西逆流而上可通达湖北、湖南、四川等地，向东顺流而下可抵达长江口各城市；同时通过京杭运河，南京可方便地到达浙江、山东、河北、天津、北京等地。

为了保证水路运输，南京周边地区曾在历史上开凿过不少沟通水系的古运河（图24）。如春秋时期开凿的胥溪河，六朝时期开凿的破岗渎和上容渎，宋元时期修建了新开河和阴山河。明代又进一步疏浚和开凿了胥溪河、胭脂河、上中下新河、惠民河、会通河、运粮河、阴山河等。这些运河实现了水系之间的沟通，为水路运输提供了便利。其中，胥溪河沟通了水阳江水系和太湖水系，而胭脂河则连通了秦淮河水系与水阳江水系。因此，明代通过胭脂河和胥溪河，将秦淮河流域与水阳江流域、太湖流域连通起来，形成了以秦淮河水系为主干，沟通皖南和两浙地区的水路交通网络。

明代从外地到南京都城的水运路线，大体有三条（图25）：

（1）从上游沿长江顺流而下到南京。安徽、江西、湖北、湖南、四川等地位于长江上游，从这些地方沿长江顺流而下可直达南京。如位于南京长江上游侧的上新河，凭借长江的便利运输条件，成为明代南京城重要的码头和木材市场，也因此成为龙江关大关所在地。

（2）利用京杭运河，从下游沿长江逆流而上到达南京。来自江南、苏北等地，包括苏州、无锡、常州、镇江、扬州、淮安、徐州等地的货物，均可利用京杭运河，从镇江、仪征等河口处进入长江，再沿长江逆流

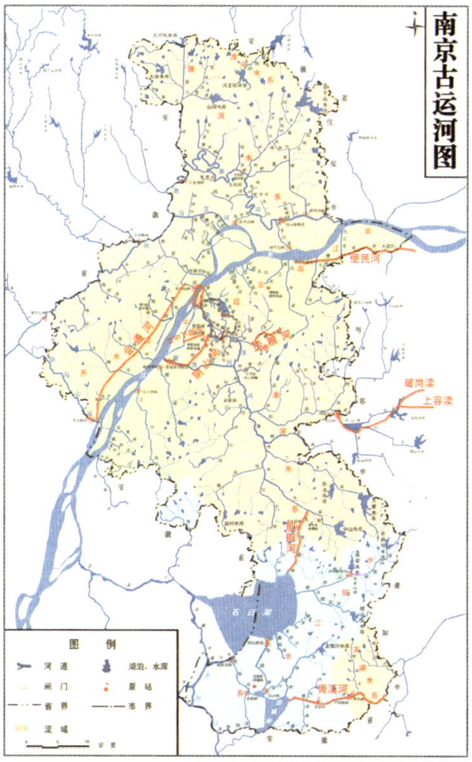

图24 南京的古运河

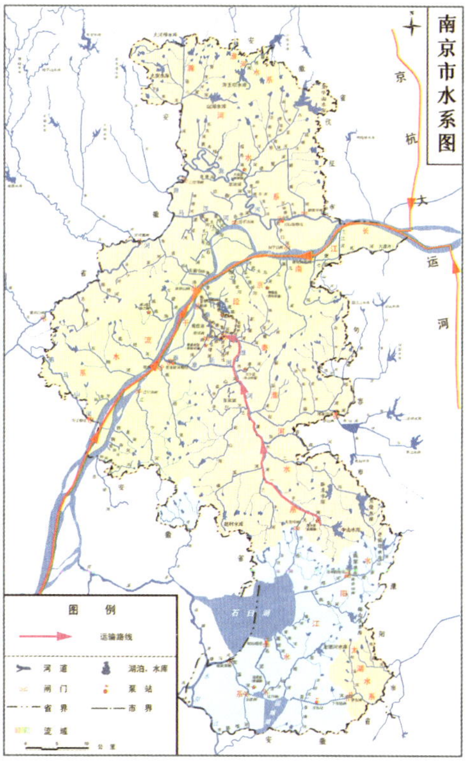

图25 明南京城外的水路运输路线示意

而上抵达南京。

（3）从太湖，经胥溪、胭脂河等，沿秦淮河到达南京。明太祖朱元璋定都南京后，两浙、苏南地区的物资既可由上述第二条路线运达南京，也可先经过江南运河水运到丹阳，再转陆路运至南京。然而前者易受长江风浪影响，“风涛之险，覆溺者多”，而后者“转输甚艰”，因此“两浙赋税，漕运京师，岁费浩繁”。《明史·李新列传》中载，胭脂河凿成后，“西达大江，东通两浙，以济漕运。河成，民甚便之”。可见凿通胭脂河后，从两浙、苏南及皖南等地可沿第三条路线到达南京，运输条件得到了极大改善。方山埭等沿线码头的兴盛正是当时这条运输路线往来繁忙的结果。

明代南京城墙有多达25处水关涵闸，其中有3处重要的通航水关，即东水关、西水关和北水关，该3处水关是从水路出入京城的关口（图26）。东水关位于京城的东南角、秦淮河入城处。来自两浙、苏南、皖南以及秦淮河上游等地的物资，经由胥溪、胭脂河、秦淮河等水路到达南京时，可经由东水关进入城内。西水关与东水关相对应，位于京城西侧、十里秦淮的出城处。从长江上游，特别是从大胜关、上新河大关等处运来的物资，从西水关进入京城是较为便捷的方式。北水关位于京城北侧、金川门东侧城下，内金川河由此出城，并与西北护城河、城北护城河汇合后，汇入外金川河，北流入江。北水关在文献中的记载较少，难以准确考证其通航能力。有学者认为，“明初，金川河作为京城运输航道，有小型运粮船只进城。河道东达狮子桥，南至阴阳营，西抵古平岗”。可见明代金川河具有出入城的航道和通航能力。因此，货物自外地沿长江到达京城，特别是从下游逆流而上抵达南京时，可从北水关进城。除可由上述3座水关直接入城外，外地货物运抵南京后，还可沿护城河运至沿河各码头，后改由陆路运入城内。

图26　明代水路进出京城的主要关口

图27　明代京城附近卫仓分布示意图

（二）良渚古城的水利工程

1.良渚古城外围水利系统概况

20世纪90年代，考古人员发掘证实了古城北部的塘山遗址为良渚时期人工修筑的长堤，并初步推断其为沿山修筑的防洪大堤。2009年由于彭公岗公岭挖山取土，考古人员发现这一高大土山竟然是人工堆筑而成，并从堆筑方式和土质结构判断其是良渚人堆筑的水坝；2010年经碳十四测年证实岗公岭水坝的年代为距今4900年左右。经过连续数年的调查勘探至2014年，考古人员共发现了10条水坝，它们与原来发现的塘山长堤共同组成良渚古城外围水利系统。

整个水利系统位于古城的西北侧（图28），其中6条坝体位于古城西北部山体的谷口处，由于所处位置相对较高称为“高坝”，高坝又可分为东、西两组，每组各3条坝体；4条坝体位于古城西侧平原孤丘之间，由于所处高程相对较低，称为“低坝”；山前长堤（塘山长堤）则位于古城北部山体坡脚地带。

高坝东组从东往西分别为岗公岭、老虎岭和周家畈；其中岗公岭水坝是6条高坝中体量最大的，坝长达209.8米，坝底宽达161.3米，目前残高12.6米；这3条水坝的坝顶高程约为30米。高坝西组从东往西分别为秋坞、石坞和蜜蜂垄。这3条水坝的坝顶高程约为40米。高坝东西两组各自封堵一个山谷，形成水库。

平原低坝从东到西分别为狮子山、鲤鱼山、官山和梧桐弄。其中，鲤鱼山是低坝中体量最大的，坝长401.7米，坝底宽142.2米，残高6.4米。这4条水坝的坝顶高程约为10米。

塘山长堤位于古城北侧，呈东北-西南走向，全长约5千米，是古城外围水利系统中最大的单体遗存。整

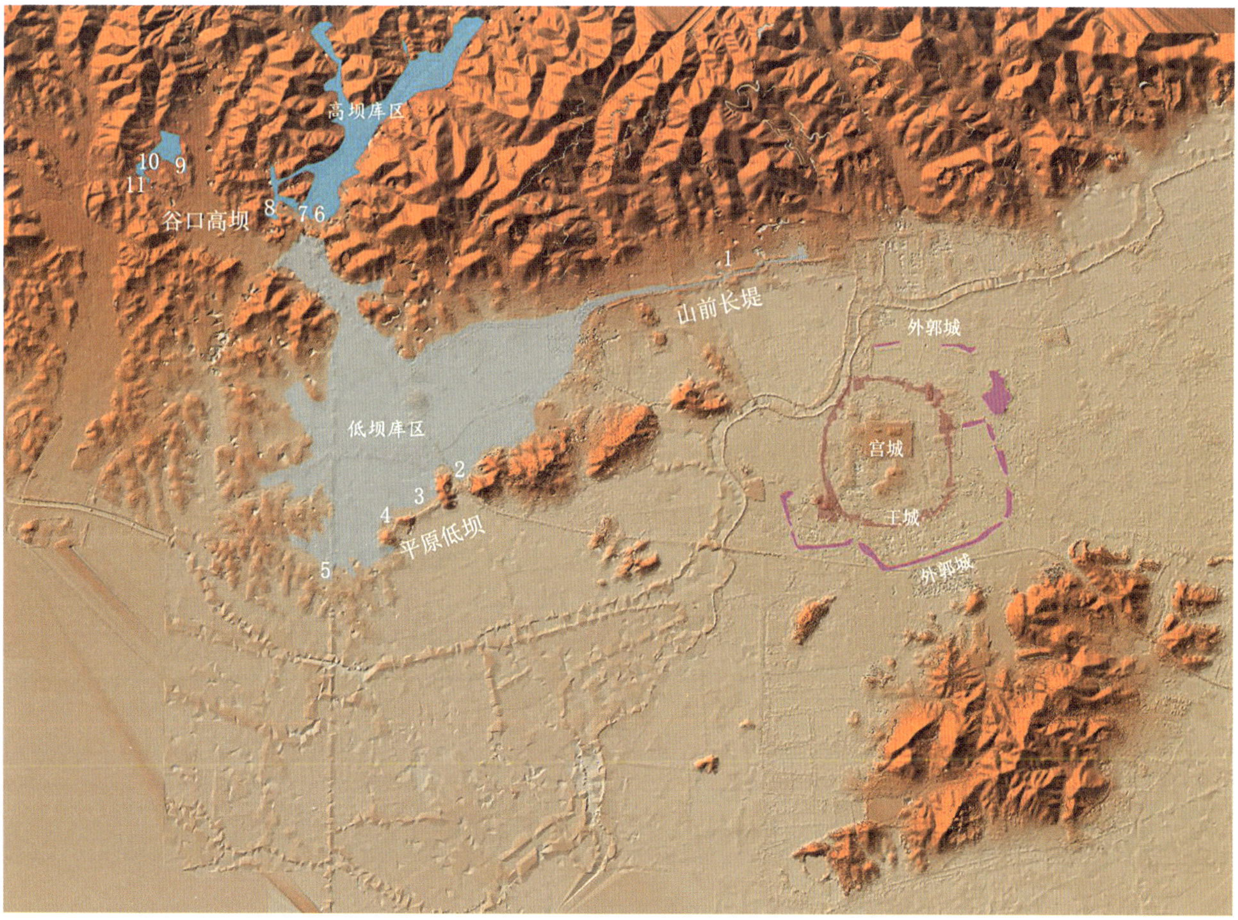

图28　良渚古城及外围水利系统分布图
1 塘山 2 狮子山 3 鲤鱼山 4 官山 5 梧桐弄 6 岗公岭 7 老虎岭 8 周家畈 9 秋坞 10 石坞 11 蜜蜂垄

个塘山长堤从东到西可分为三段。东段为接近直线的单坝结构，长约1千米，向东连接到罗村、葛家村和姚家墩一组密集分布的土墩，向西与由大遮山向南延伸的高垄相接。高垄以西为中段，南北双坝结构，东西长约2千米。北坝坝顶高程15—20米，南坝坝顶高程12—15米，略低于北坝。两坝间保持平行并同步转折，双坝间距约20—30米。双坝西侧属西段，矩尺形单坝结构，其东端与双坝的南坝相连接，西端逐渐向南转接到毛元岭。

11条水坝围成3座水库，根据位置高低和水流方向，将高坝围成的两个水库称为“上游库”，将低坝和塘山长堤围成的水库称为“下游库”。古城城址和已发现的遗址点总体分布在整个水利系统的东侧，在水库库区内尚没有发现遗址点。

考古人员对所有坝体取样，并送到北京大学年代学实验室进行C14测定，结果显示，高坝建造的时间约为距今5100—4600年前，低坝建造时间约为距今5000—4600年前，与古城中重要建筑遗址的时间一致，均属于良渚早–中期。

整个水利系统规模庞大。其中，距离古城最远的坝体为蜜蜂垄，与古城间的直线距离约11千米。高坝与低坝间距离达3.5千米。塘山长堤距离古城最近，约在城北2千米处。整个水利系统控制和影响的面积超过100平方千米。

11条坝体所围成的3个水库中，西高坝围成的水库最小，库容约为34万方。东高坝围成的水库居中，库容达到1310万方，壅水上溯距离约3千米。平原低坝和塘山长堤所形成的下游库最大，库容为3290万方，约为上游库容的2.5倍，水库面积达10.2平方千米。这意味着，若将上游库的水全部放到下游库中，下游库的水位将上涨约1.3米。各水库汇水面积、蓄水水面面积以及库容等参数汇总见表2。

根据目前对各水坝的钻探和量测结果，统计了填筑各坝体所用黄土和淤泥（包括草裹泥）的土方量（表3）。从表中数据可以发现：各水坝主要是采用黄土填筑的；一些坝体内部填筑了淤泥（或草裹泥），如鲤鱼山水坝和岗公岭水坝，两者分别是低坝和高坝中体量最大的坝体，其对应的淤泥填筑量也最大；所有坝体的土方量总计约288万方。

表2　各水库特征参数汇总表

水库位置	汇水范围（×104米^2）	蓄水水面面积（×104米^2）	库容量（×106米^3）
西高坝库区	53.7	17.8	0.34
东高坝库区	1289.5	115.4	13.1
低坝库区	3010.1	1020	32.9

表3　各水坝填筑土方量汇总表

名称及位置		黄土（×103米^3）	淤泥（×103米^3）	合计（×103米^3）
低坝区	狮子山	124.8	0.0	124.8
	鲤鱼山	210.6	37.1	247.7
	官山	28.3	0.0	28.3
	梧桐弄	29.6	0.0	29.6
东高坝	岗公岭	23.1	77.0	100.1
	老虎岭	26.1	28.6	54.7
	周家畈	41.8	4.8	46.5
西高坝	秋坞	31.4	20.2	51.6
	石坞	47.4	16.3	63.7
	蜜蜂垄	21.8	8.2	30.0

（续表）

名称及位置		黄土（×103米^{3}）	淤泥（×103米^{3}）	合计（×103米^{3}）
塘山长堤	西段	389.3	0.0	389.3
	中段北坝	758.0	0.0	758.0
	中段南坝	506.9	0.0	506.9
	东段	448.5	0.0	448.5
合计		2687.5	192.1	2879.7

2.良渚古城外围水利系统功能分析

测年结果显示外围水利系统和古城内重要建筑的建造时间基本一致，均属于良渚文化早-中期。同时考虑到外围水利系统与古城的关系，考古和研究人员认为外围水利系统很可能是良渚古城建设之初，统一规划设计并服务于古城的城外有机组成部分，是服务于良渚古城的大型水资源管理系统。因此研究外围水利系统的功能作用必须将水利系统和古城作为一个系统整体来研究。

从前述良渚古城选址中内容可知：天目山地区是浙江省最大的暴雨中心，每到雨季，山洪涌下，溪满成灾，目前该地区的西险大塘还是杭州市抗洪排险的重点区域；古城西部存在一条黄泥口-扁担山-莫角山-凤山-乌山一线基岩或风化土丘组成的分水岭，将大C区域划分为2个水文区——小C区和其他区域。小C区的汇水面积较小，约占总体汇水面积的7%左右；而小C区西部的来水，包括大遮山南麓、彭公区域、北苕溪和中苕溪（该部分汇水面积占总汇水面积的40%）受山谷走向和地势控制流向北湖，并主要经北湖南侧至老余杭一带的结网状宽河排泄洪水。因此古城选址在小C区内可避免洪水的威胁。

（1）小C区内供需水分析

考古人员发现，良渚人为避免平原地区地势低洼和地下水位高的影响，习惯于在湿地平原上堆筑人工台地作为居住地。因此依据良渚古城内所有土台面积，考古人员采取聚落人均占地面积的方式，粗略估算出古城（城内台地、城墙和外郭）的人口规模大致在15200—22900人之间（中间值约为19000人）。此外古城东部存在着面积更为广阔的近郊，其间遗址分布密集，良渚时期也应居住着较多人口。小C区域内良渚人口众多，其生产生活和交通运输等方面必然存在着较大的用水需求。

良渚古城依水而生，古城九座城门中只有一座陆城门，其余均为水城门，并通过这些水城门实现城内外水系的沟通。从古城内的出土物可以判断，当时城内存在着大量的手工业作坊（如玉器、石器、漆器、木器、陶器等作坊），因此古城内良渚人的生产生活需要持续稳定的水源供给。

稻米是良渚人的主食。城内池中寺遗址出土了大量的碳化米，被认为是良渚古城的官仓所在；2009年在古城东部远郊的临平茅山遗址发现了良渚稻田，总面积达80多亩，田块规划整齐，每隔20米左右有一条红烧土田埂，单一田块的面积有20米×100米左右。这些都证明了良渚文化具有发达的稻作农业。前期勘探结果表明古城遗址内未发现任何水稻田的遗迹，因此考古人员推断良渚古城中居民很可能不从事农业生产，古城中的水稻应是由郊区的居民以及良渚遗址群以外的居民提供的。古城东边存在范围较大的近郊，良渚人在该区域内很可能进行稻作农业。水稻种植需要大量的水源，同时水源供给的量和时间还需与水稻生产面积和需水期相适应（如水稻拔节孕穗期约30天，该期间属于对水的敏感期，旱时需灌溉，大雨时需排水，蒸腾量最高；而抽穗开花期约7天，该期间属于需水期），因此古城东部近郊稻作生产的需水要求是不容忽视的。

相应上述城乡的需水要求，小C区的供水具有以下特点：小C区汇水面积较小，总供水量有限；小C区三面环山，山区水文具有“来水猛、去水快”的特点，进而造成本区供水时间上的不平衡，易引发洪水和缺水现象；良渚地区降雨受亚洲东南夏季风的影响，季风到来的早晚和强弱会影响降雨年内和年际间的不稳定。

郑肇经先生在《太湖水利技术史》一书中，按是否容易发生洪涝旱灾，将环太湖地区分成5类区域。其中良渚古城周边区域属于第5类区域，既容易出现洪涝，也容易遭受大旱。此外，《太湖水利技术史》中统计了太湖周边区域公元300年至公元1800年一千六百年间发生的水旱灾害。结果显示，该区域历史上水旱灾害的发生频率很高，其中大水（包括特大水灾）79次，平均20.2年一次，大旱（包括特大旱灾）45次，平均35.5年一次。水旱灾害所发生季节的统计结果显示，该区域内水旱灾害主要发生在夏季、秋季。这与夏、秋两季降水量和蒸发量都较大有关。

由上述分析可知，小C区内（包括古城及东部郊区）存在一定的供需水矛盾，需要建造水利工程进行供需水调节。

（2）材料运输需求分析

考古发掘证实良渚时期还没有发明轮式交通工具，其运输主要是通过水路来实现的，对应的运输工具为竹筏和独木舟。古城的建造和良渚人日常生活皆需要大量材料，其水路运输网包括小C区内的运输和区外运输。前期考古对城墙垫石的来源进行了调查分析，发现这些石料主要来源于古城东部附近的大遮山南麓和大雄山北侧等处。良渚人在这些地点采集了石块以后，通过竹筏由相应水路运输到古城。同时考古人员认为城内池中寺（官仓）中储存的大量稻米是由郊区居民以及良渚遗址群以外的居民提供的，稻米的运输也需要经由水路。但小C区内河网可供运输的前提是其河道必须保持一定的水位来满足运输需求。良渚古城中随处可见的木质护岸、埠头木桩，大莫角山台基下的垫木，钟家港河道中的大木头等遗存都显示了古城对木材具有大量需求。这些木材部分可由小C区内的山区提供，而古城西北部山区面积更为广大、资源也更为丰富。但西北山区地势陡峭，夏季山洪暴发，冬季则可能断流，大多时候不具备水运条件。

由上述分析可知，小C区内的河网需要建造水利工程进行调节，而古城西北部建造水库可提供便捷的水路交通，使良渚人深入西北山区获取资源。

（3）古城西北部山区建造水库的可能性分析

古城西北部建造水库具有以下优势：古城西北部的大遮山南麓和彭公区域是距离古城最近的山区，同时该区域汇水面积较大，占总体汇水面积的12%；本地区的降雨量呈现由东部平原往西部山区递增的趋势，山区降水量丰沛；古城西部和山谷谷口存在较多的平原丘陵和残丘，可用于筑坝节省土方量，同时提供良好的筑坝材料。

考古和研究人员对水利系统进行调查后发现：水利系统中的低坝由4条坝体组成，对应的土方总量约为43万方，而其围成的下游库蓄水量达到3300万方，土方量与蓄水量的比值约为1：80；如考虑到塘山西段的围合作用（塘山西段的土方量约为39万方），则对应的土方量与蓄水量的比值为1：40。该数值即使以现代土石坝工程的标准来衡量也是非常高效的。4条低坝的坝高设置为10米，其蓄水后可直达高坝东区的岗公岭下方。如果将4条平原低坝的坝高提升1.3米左右，此时周边山体不存在围合不住的问题，多蓄的水量即与高坝东区的蓄水量相当，而提升1.3米坝高带来的多填筑土方量却远小于高坝东区三个坝体的填筑土方量，由此可见高坝东区的作用是以运输为主，而以蓄水为辅的。如此水利系统建成后，可通过上下游两级水库、原有河道和水域，形成了从古城到下游库区、再到高坝以北3千米远处的水路运输通道（图29）。

综合上述分析，考古和研究人员认为良渚人建造古城外围水利系统的主要目的是：利用水坝系统将古城西部的来水拦蓄起来，以供东部古城和郊区使用；在古城西北部建造梯级水库，建立便捷的水路交通，使良渚人可深入西北山区获取资源。

图29 良渚水利系统形成的运输通道示意图

如前所述，古城的营建充分考虑了小C区西部分水岭的作用，并将其用于构筑城内主要台地，由此古城的布置跨越了小C区分水岭，并造成从分水岭以西大遮山南麓倾泻而下的洪水会对古城具有较大影响。相应的，良渚人建造了塘山长堤，尤其是长堤的中段对分水岭以西正对古城的防洪具有重要作用。此外，小C区内正对古城的大遮山南麓谷口为康门溪，良渚人也建造了塘山长堤东段工程。该工程既可防止洪水对古城的直接冲击，也可在日常将水引流向东至金村玉器作坊区加以利用。从该部分防洪功能的设计，也可以看出古城外围水利系统是良渚人在古城建设之初，就与古城一起进行统一规划设计的。

整体而言，外围水利系统是服务于良渚古城，具有防洪、运输、灌溉和调节城内外水系等多种功能的综合性水资源调配管理工程。

（三）小结

本章对南京帝都和良渚王城的水资源管理系统进行了介绍，并分析了其水系的运输功能，发现两城皆结合自身的山形水势、城市布局进行了大型水管工程建设，以满足城市用水和防洪排涝的需求；水路运输对两城的建设和发展发挥了重要作用，建城与日常生产生活所需的物资均可通过周边和城内发达的水网运达。

四、南京帝都和良渚古城的营建技术

都城的营建乃王朝大事。自古以来，任何王朝都会不遗余力地营建帝都，王朝的统治者想用华丽的宫殿、宏伟的城池彰显皇权的威严和天子的至高至大，并希冀王朝万世传承。

（一）南京帝都的营建

1.南京城墙的营建

南京城墙东连钟山，西据石头，南阻长干，北带后湖，全长35.267公里，城墙所围面积约41平方公里。明代顾起元称之“南都城……高坚甲于海内。……吾行天下，未见有坚厚若此者也”。南京城墙的坚具体可体现在三个方面：一是令人赞叹的高宽尺寸；二是高质量的墙体建造；三是包含瓮城、千斤闸、藏兵洞等精巧设计的城门防御。

（1）城墙的高宽尺寸

关于南京城墙的高宽尺寸，历史文献在这方面没有确切的记载，即便有也都含混不明。《南京城墙志》列出了南京城墙部分区段的高宽数据（见表4）。由表中数据可知：南京城墙的外侧高度主要在12—20米之间，最高可达26米；城墙顶宽可分为2组，一组宽度在3—6米之间，对应范围从清凉门顺时针至通济门，另一组在13—18米之间，对应范围从通济门顺时针至集庆门。南京城墙的高度较大，可以有效阻隔当时攻城器械的进攻，如云梯、吕公车、飞车、长木桥等，其对应攀缘高度在10米以下。城墙断面为梯形，唐宋时期构筑城墙的经验为墙高=2底宽=4顶宽。按照上述数据可知大多地段的南京城墙顶宽皆大于上述比例确定的宽度，由此可见朱元璋对南京城墙厚度尺寸的重视。

表4 《南京城墙志》中记录的城墙外墙高度和顶宽

序号	地点	外侧高度（米）	城顶高度（米）	备注
1	清凉门-定淮门	12—20	5—8	1954年
2	定淮门-绣球公园	12—15	4—5	1954年
3	绣球公园-狮子山	12—15	4—5	1954年
4	狮子山-小东门	12	5—6	1954年
5	金川门-油嘴油泵厂	12	5—6	1954年
6	油嘴油泵厂-和平门	12	5—6	1954年
7	和平门-小红山	12	5—6	1954年
8	小红山-太平门	18	12	1999年
9	太平门-中山门	最高26	2.6—5	2005年
10	中山门-南无	15	3—4	1954年
11	南无-光华门东	15	3—4	1954年
12	光华门东-通济门	15	3—4	1954年
13	通济门-东水关	16	17—18	1954年
14	东水关-武定门	16	17—18	1954年
15	武定门-中华门东	16	17—18	1954年
16	中华门东	20.5	13.4	1995年

注：本表仅摘录了城墙部分数据，城门数据未摘录

（2）高质量的墙体建造

①城墙基础

南京城墙高宽尺寸较大，要保证墙身的稳定，必须具有坚实的基础。由于南京的地质情况较为复杂，明初在建造南京城墙时，根据不同地段的地质和环境条件，城墙墙基采取了不同的地基基础方式，具体可分为3种类型：以山体岩石直接作为墙基，利用城区周边丘岗，削其外侧，直接利用裸露或未裸露的山体岩石作为墙基，如狮子山段城墙；少数地段的城墙基础直接建在地面上，如龙蟠里-汉中门段城墙；对土质松软或临河湖地段，采用砖石深筑基础或圆木构筑的筏式基础形式，如通济门至正阳门段，三山门至石城门段和集庆门段城墙。

②城砖

明代《武备志》记载：“凡城身，第一砖，第二石，第三土。盖石本耐久，今为第二者，可以火粉之也。”城墙作为防御功能的建筑，其在建筑材料上需选择坚固不易毁坏的材料。土遇水则变软，石遇火则易碎，因此砖是建造城墙的首选材料。宋代开始，实战火器得到快速发展，为了防御火攻，宋代及后期的城墙多为砖城墙。

城砖是南京城墙最主要的建筑用材，经初步估算全城约耗城砖上亿块。这些城砖不仅规格基本一致，绝

大多数城砖长40—45厘米，宽约20厘米，厚10—12厘米，大致符合4：2：1的规格；而且质量要求很高，由官吏查验时，要求“敲之有声，断之无孔，方准发运”。

南京城砖可依据砖泥质地分为瓷砖、黏土砖和砂土砖3大类。以高岭土烧制的城砖，俗称“瓷砖”，在南京城墙的城砖中，具有很强的地区特征。这种城砖色泽为白色、米黄色或灰白色等，质地强于其他土质烧造的城砖。黏土砖要选择黏而不散，颗粒细而不含沙粒的黏土，用水滋润，而后人踩或驱赶牲畜去踩踏，踏成稠泥后，由制作砖坯的人将稠泥填满按规定尺寸做好的木模，再刮平表面制成砖坯。将晾干后的砖坯装入窑中，经烧制后即为城墙砖。该类城砖颜色呈青灰色或青黑色，质地细密、坚固、吸水性弱，比目前建筑上大量使用的红砖强度要高很多。这类城砖数量最多，产地亦最广，是修筑南京城墙城墙砖的主体。当砖泥黏土中掺杂有部分沙粒时，其烧制成的城砖即为沙土砖。这种城砖质地坚硬、紧密、吸水性稍强，其数量少于黏土砖而又多于瓷土砖。

明城砖的制作过程包括取土、浸泡、踩踏、澄浆、沉积、制坯、晾坯、装窑、烧窑、窨水、出窑、包装等十余道严格工序，任何一个环节都不能出现纰漏，否则将留下难以预测的质量隐患，因此南京城砖采用了“物勒工名”的制度作为其质量监督和数据统计的手段（图30）。砖文内容包括烧制城砖的地方政府各级提调官的官吏职务和人名、基层各级组织负责人的姓名，还有造砖人夫和窑匠姓名，层层责任人多达九级。例如南京明城砖砖文上有“长沙府提调官经历高耀 司吏杨原善 浏阳县提调官知县傅理 司吏周仲威 总甲刘祖仁 甲首胡添云 小甲李茂功 窑匠王继孙 汤祥 造砖人夫谢辛”。这是一个严密的技术质量监管体系。每一处工程都有制砖的窑匠、造砖夫与提供劳役的人户来承担质量上的直接责任，由基层组织负责人（总甲、甲首）承担担保责任，并且监工的官吏也负有连带责任。一旦日后出现质量问题，一并追查相关责任，明朝因质量问题最高可处死刑。正是如此严格的责任制，才保证了南京明城墙建造的高质量，使得城墙可以屹立600余年而不倒。

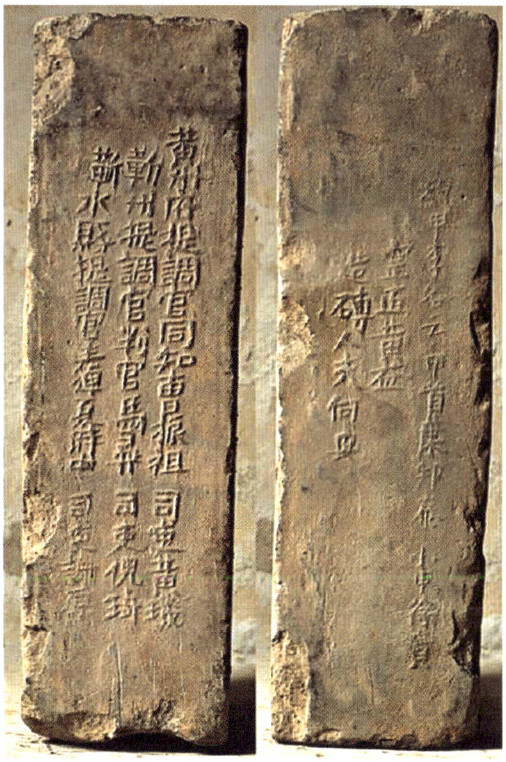

图30　黄州府蕲州蕲水县为南京城墙烧制的城砖

③黏合剂

砖石城墙要具有较高的整体强度，必须采用合适的黏合剂将砖石块体有效地黏结起来，现今建筑行业常用的砌体结构黏结剂为水泥或水泥砂浆。关于南京城墙采用的黏合剂，正史中未有详细记载。《大明会典》涉及建造城墙的黏合材料仅有石灰。诸多研究者对于南京城墙黏合剂中采用了石灰这一材料没有疑义，并认为黏合剂除石灰外，还应包含其他材料，但对于添加的其他材料却各有不同观点。

多年来，人们凭借墙体上色泽乳白、掐之坚硬、凝结体上有气泡眼的感性认识，使“朱元璋用糯米汁筑城”的传说故事成了代代相传的口碑，流传甚广。明朝马生龙在《凤凰台记事》中写道：“太祖筑京城，用石灰秫粥锢其外。”这段记载说明，南京城墙采用了石灰和高粱粥作为黏结剂来增加城砖和条石之间的连接，与民间传说使用糯米汁略有不同。明朝宋应星所著《天工开物》记载：“凡石灰经火焚炼为用……用以襄墓及贮水池，则灰一分，入河砂、黄土三分，用糯粳米、杨桃藤汁和匀，轻筑坚固，永不隳坏，名曰三和土。”同时指出，我国古代建筑早在唐宋时期就已普遍使用石灰和糯米汁等作为黏合材料。杨宽在《中国古代都城制度史研究》中称：“南京城墙以花岗石作基础，并在砖缝内灌入桐油、糯米汁和石灰汁，因而十分坚固。”蒋赞初在《南京史话》中亦称：“南京城墙顶部和内外两壁的砖缝里，都浇灌一种‘夹浆’。这种夹浆用石灰、糯米汁（或高粱汁）或再加桐油掺和而成，凝固后黏着力很强，使城墙能够经久不坏。”此外，部分学者根据石灰属于“气硬材料”，在没有与空气接触状态下很难固化的特点，并依据墙体内部黏合材料仍然是软的实例（图31），初步认为黏合材料是以石灰为主要成分，至于其他掺和物质，尤其是否有糯米汁，目前尚难定论，持相对谨慎态度。

图31　南京城墙墙体内部砖层之间使用的黏结剂

（3）精巧的城门防御

南京城墙共有13座城门，自东部朝阳门起，顺时针方向为正阳门、通济门、聚宝门、三山门、石城门、清凉门、定淮门、仪凤门、钟阜门、金川门、神策门和太平门（图32）。

城门是城池的咽喉，战时是进攻方的主要目标，也是防守方的重点。城门的防御系统主要包括城门、城楼、箭楼（镝楼）、瓮城及藏兵洞等，其中南京城墙最具特色的是城门、瓮城和藏兵洞等部分的设置。

①城门

西汉以来，城门通常采用过梁式木门洞，而以砖为材料的拱券砌筑工艺建造城门始于宋代，但在当时的应用并不普遍。随着明代制砖技术的提高，砖结构建筑得到普遍发展。南京城墙的城门皆为砖砌拱券结构，表明该项技术已在宋代基础上通过不断发展和完善，于明代趋于成熟和定型。砖券门洞不仅可有效地防御火器对城门的破坏，同时结合支模施工和石灰浆砌造技术，使城门的跨径和坚固性大大增加。

南京城墙一般选用高质量的硬木制作对开城门，木质城门外包铁皮，并钉上粗大的铜钉加以固定，如此既增加了城门的强度，又可起到防火的作用。此外，南京城墙在城门和瓮城中常设置多道可上下启闭的闸门（俗称“千斤闸”，见图33）。以中华门为例，现今千斤闸已不存在，但从现存的石槽来看，其宽22—23厘米、深18—22厘米，主城门门洞宽6.5米、高11.05米，由此可见千斤闸的巨大尺寸和重量。

②瓮城

为了避免城门直接暴露在敌人的攻击下，常在城门外侧或内侧再添筑一道、两道甚至三道城墙，以形成一个面积不大的防御性附郭，称为瓮城。瓮城从形状上看，好像古代生活器皿中的“瓮”，故称为瓮城。瓮城有内外之分，筑于城门外的为外瓮城，筑于城门内的为内瓮城。瓮城形状有矩形和半圆形两种，其墙体较

图32　明南京京城城墙、城门及护城河分布示意图

图33　中华门现存千斤闸石槽

主城墙体稍低稍薄。通常瓮城的城门与主城城门不呈直线对应，而是交错布局，以有利于防守，但都城的主要城门及其瓮城城门通常位于同一轴线上，以确保皇家车马可迅速通行。瓮城的设置不仅可用于屯聚守城军队和武器，也大大提升了城门的防御性能。

南京城墙13座城门中有6座设置了瓮城，其中三山门、聚宝门和通济门设有三道内瓮城，石城门设有两道内瓮城，正阳门设有一道内瓮城，神策门设有一道外瓮城。

内瓮城的制式在南宋以前极为少见，在都城城门内设置多道内瓮城则始于明初的南京城墙。最早提出开筑内瓮城设想的是南宋的陈规，他在《守城机要》中从理论上提出了设置内瓮城的构想。朱元璋及南京城墙建造者对前人“内瓮城”的构想不仅付诸实践，而且在实践的同时进行了发展和创新。

③藏兵洞

由于南京城墙大量采用了内瓮城形制，因此就有条件设置瓮洞（藏兵洞）以加强城门守御。藏兵洞是明代筑城技术的一大创新，士兵可从洞内瞭望孔观察外部敌情，进而判断并采取对敌应变的措施，对城门防守起到重要作用。藏兵洞除在战时隐蔽和充实城门防御力量外，平常也可用于储存军备和物资。目前已知，南京城墙的藏兵洞主要分布在聚宝门和东水关等处。

当有敌兵攻入南京城时，主城和瓮城的千斤闸会迅速放下，切断敌人退路，将其困在瓮城中；同时城上守军和藏兵洞内的伏兵可四处出击，将被围困的敌兵分别歼灭，恰如瓮中捉鳖。

2.南京城墙护城河的营建

城墙与护城河的关系密不可分，“城池”就包含城墙和护城河两部分。朱元璋在建造南京城墙的同时，护城河的开挖与疏浚工程也在一并进行。洪武元年（1368）十月，覆后湖（今玄武湖）及石灰山龙湾（今下关一带）河道，达千余丈。洪武五年十二月，大体完成京城护城河的修浚工程。《明太祖实录》记载，当年十二月“甲申，时浚修京师城濠，上幸三山门观之”。对太平门外未浚的护城河，也于洪武六年十一月动工，“其地并（滨）湖，多侵民田。乃诏以公田给之（交换）；有麦苗者，（每）亩给银五钱赏之”。洪武七年十二月，“凿石灰山河，开民地六千余亩。上命给白金偿之，除其税”。洪武十九年十二月，新筑后湖城，利用玄武湖作为天然护城河。

南京城墙的护城河水系由三部分组成：利用自然水体改造而成，主要是城东北的玄武湖、燕雀湖和琵琶湖和城西的秦淮河；整修五代十国时期杨吴城濠南边的一段（又称外秦淮河），作为城南的护城河；开凿新河，如城东自中山门向南、转至东水关外与秦淮河相连的部分，以及城北自玄武湖始，向西沿城墙转至定淮门的护城河。这三部分护城河连成一体，并与长江、秦淮河及金川河相互沟通。南京城墙护城河蜿蜒屈曲，形态近于自然，说明当时的城墙设计者充分考虑到人工构筑的城墙需与南京山水完美结合。目前，南京城墙护城河保存完好。

南京城墙护城河最宽处位于玄武湖段，其现今宽度约2000米；而一般地段的现宽为60—100米。参照1898年法国传教士方殿华绘制的《江宁府城图》，对南京护城河进行测量可知，当时护城河一般地段的宽度约为40米。2015年和2018年，南京市考古研究院在热河路沿线发现了明代护城河仪凤门段的东西驳岸遗址。依据测量数据可知，明代南京城墙下关一带的护城河宽度超过100米。目前南京城墙外秦淮河的水位为7—8米，河底标高在1米左右，因此该段护城河的深度约在6—7米之间，而明代南京城墙护城河的深度数据未见文献记载。表5中列出部分朝代都城护城河的宽度和深度，由表中数据可知明代南京城墙护城河的宽深尺寸在历代都城护城河中均位居前列。

表5 历朝都城护城河演变

朝代	都城	护城河宽度（一般段）	护城河深度
西汉	长安城	约8米	约3米
汉魏	洛阳城	18—40米	3—4米
宋	东京城	80米	4.8米
元	大都城	40米	6.5米
明	南京城	28—1743米	6—7米（现今）
明清	北京城	30—50米	6—7米

（二）良渚古城的营建

1.良渚古城城墙的营建

2007年，考古工作者发现了良渚古城的四面城墙，宽20—150米、高约4米，以凤山和雉山为支撑点，南北约1910米、东西约1770米、全长6公里，围合面积近300万平方米。城墙底部普遍铺垫石头，上部由黄色黏土分层夯筑而成，坡脚位置有良渚文化堆积，从堆积中所包含的陶片看，均属于良渚文化晚期。四面城墙在结构、堆筑方式和生活堆积年代上都是完全一致的，这为证明四面城墙的整体性和同时性提供了可靠依据。

城墙底部的垫石层有20—40厘米厚，40—60米宽（城墙凸出位置会宽达百余米），仅在接近凤山、雉山和黄泥山等地段由于地势较高、基础较好，没有铺垫石头地基。城墙底部垫石大小、质地不一，既有磨圆的砾石，也有棱角分明的块石（图34）。考古和研究人员从工程技术角度分析，认为该层垫石可起到如下作用：形成人工硬层，增强城墙稳定性；增加基底的透水性，有利于加快施工速度，提高效率；减小地基沉降和侧向变形，减少土方填筑量；阻断墙体与地下水的联系，避免地下水向上渗湿墙体堆土。现场探查发现，城墙基础垫石呈条垄状分布，每一条垄的石头都略显不同。考古和研究人员对四面城墙解剖点的石头与周边山谷的石头进行了对比鉴定，证明大部分石材取自卢村北面的山谷，而每两立方米左右条垄块的形成，恰好反映了一条船（或竹筏）的运载量。

要在这片湿地上建城，城墙必须要坚固以及可以抵御雨季洪水的浸泡。沼泽平原上的淤泥黏性大、强度低、易变形，不是修筑城墙的良好材料，而良渚人通过生产实践已知道山坡上的黄色黏土对洪水有着很好的抵御性和牢固度。直到现在当地人仍然知道，修建水库大坝和加固河堤时还必须要用山上的这种黄土。

良渚古城采用石头铺垫地基，黄色黏土堆筑城墙的做法，在中国以及世界同时代的遗址中尚属首见。一般的城墙做法都是直接开挖城河，以开挖出的土来堆筑墙体。良渚人之所以采用这样的筑墙方式，与他们选

图34 北城墙墙底垫石情况

择建城的环境密切相关。

2.良渚古城河道的营建

良渚古城城墙的内外侧都有城河，形成“夹河筑城”的结构。城墙每隔一段距离都有凸出的缓坡伸入内外城河，其形态并没有统一的规范，宽窄长短也有很大的随意性。考古人员推测城墙的凸出段应是良渚人沿着水边地势有意修筑而成，每两段间可形成一个小小的河湾，凸出部分可作为码头使用。

经考古勘探，在城墙外的北、东、西三面均发现有外城河，总长约3050米，宽约13—40米，深约0.5—2米，只有南城墙外地势较高，未发现外城河。外城河将这些小港湾连接起来，并与外部更大的水域相通。外城河应是沿沼泽水边人工开挖形成的，而挖掘出的沼泽淤泥，正好铺垫在城墙垫石基础的底部，起到找平、黏结与防渗漏的作用。沿着四面城墙内侧均发现内城河，呈环状相互贯通。良渚人利用区域内原有的一些小河，修成了环绕城内的内城河，全长约6488米，宽5—80米，深约0.5—5米，其中北城墙的内城河大部分保留完好，现在当地居民仍在使用，称为“河池头”，其他内城河区域往往仅见局部残留的水塘。

除了沿着城墙的河道外，在城内共发现古河道51条。其中以莫角山遗址北、东、南三面河道为主河道，呈“工”字形布局，而后良渚人在内城河与主河道之间开挖支河，与主河道、内城河共同形成城内的河道网，纵横交错，构成完整的水路系统。

依据考古勘探，上述河道以及内外城河大多数为人工开挖而成，而开挖河道形成的淤泥则主要用来堆筑莫角山等台地的基础。城内外古河道总长度达31562米，其中内外城河的总长度达9538米，城内其他河道总长度达11733米，外郭内的河道总长度10291米。其中，位于古城内南侧的东西向主河道（现名良渚港）应是利用了原有自然河道改造而成的。十分神奇的是，这条河道经历了五千年仍完好保留至今，如果不是在现今河岸下面发现有良渚时期文化堆积的古河岸，真是让人无法想象。

内外城河通过8个水城门相连，每面城墙有2个，水城门一般宽30—60米（西城墙的两座水门稍窄），整个良渚古城犹如一座水城，水路交通是当时最主要的交通方式，舟楫交通之便，令人可以想见。城墙南部地势略高，未发现外城河，相应在南城墙的中部良渚人设计了一座由3处小型夯土台基构成的陆城门，呈对称状布局，形成4条出入城墙的门道。这种夹河筑城的方式在江苏常州春秋战国时期的淹城，以及许多后代江南古城也都可见其遗风。

良渚古城是座水城，河岸的稳定也随之成为良渚人施工的重点之一。通过现场发掘，考古工作者在城内钟家港河道和外郭美人地台地周边河道皆发现了做功考究的河道护岸。

图35　美人地木板护岸

图36　江南水乡临河而居

外郭美人地台地的发掘显示，古城东面原为较低洼的沼泽湿地，良渚人在沼泽中堆筑起几条东西向的台地作为居住地，而在堆筑台地的同时形成了河道水系，这些长条形的台地在使用过程中逐渐被加高和拓宽。美人地台地的河岸采用了以木板作为护岸的做法（图35），其组成结构可以大致分为三个部分：最下部是南北向的枕木，长45—65厘米、宽25—35厘米、厚20厘米，枕木间距170—440厘米；其上放置东西向垫木，长110—540厘米、宽25—35厘米、厚10—18厘米；垫木上竖置木板，残高105—155厘米、宽10—45厘米、厚10—20厘米。木板护岸形成人工垂直河岸，这样船只便可以直接靠泊在岸边，与目前江南水乡临河而居的景象十分相似（图36），也为我们理解江南水乡居住生活模式的文化渊源，提供了十分珍贵的资料。

（三）小结

本章对南京帝都和良渚王城的宫殿、城墙和水系的营建进行了介绍，发现两城的营建特点：都有庞大的规模、考究的用材，无处不体现着帝都王城的权威与强盛；都具有因地制宜的工艺、精巧的设计、卓越的质量，彰显出其灵活与智慧。

五、结论

本报告通过对南京帝都和良渚王城在都城选址、城市形制和功能布局、水资源管理，城市营建、王权礼制和大型工程组织管理等方面的研究，发现：

（1）在区域选址时，两城皆布置于山环水抱之间，资源丰富，易于防守；外部水路发达，可达广袤的经济腹地。而在具体城址选择时，两城又综合考虑了水患威胁、建城所需平坦且相对高亢土地面积的要求以及水源和交通条件等因素，与《管子·乘马》篇中对城市选址的论述相合。

（2）两城在形制和功能分区方面皆为多重结构，核心区域位于最内重；既崇尚居中对称，又顺应自然山水，同时重视对制高点的控制；皆为同时期最大城市，城内功能布局合理，具有城乡分野和外部供给的特征。良渚古城是在湿地平原上营建而成的，其城墙和外郭的主要功能是良渚人的居住地，而南京城墙的主要功能是防御，因而才有其“高坚甲于海内”之说。

（3）两城皆结合自身的山形水势、城市布局进行了大型水管工程建设，以满足城市用水和防洪排涝的需求。而水路运输对两城的建设和发展发挥了重要作用，建城与日常生产生活所需的物资均可通过周边和城内发达的水网运达。

（4）两城的营建既有庞大的规模、巍峨的宫殿、考究的用材，无处不体现着帝都王城的权威与强盛；又具有因地制宜的工艺、精巧的设计、卓越的质量，彰显出其灵活与智慧。

综合上述结论可知，良渚王城到大明帝都乃一脉相承，实证了中国历史和文化源远流长。五千年前的良渚王城如今建成了国家遗址公园，大明帝都经历六百年的风雨沧桑，发展为现代化的都市。雄伟壮丽的南京城墙至今依然雄踞在长江之滨，成为极其珍贵的文化遗产。

课题参与人员：马麟、周源、金连玉、赵晓豹、袁俊平、赵梦薇、张妙蝶、柳轩、安来昊、王翀、张潇、吕灿灿、刘迎节

试析南京城墙保护利用的法制建设沿革

◎考 薇

城墙是人类冷兵器时代的重要标志，也是文明发展的阶段性产物。作为人类重要的文化遗产，始建于明代的南京城墙，今天虽然丧失了肇建之初的军事防御功能，但文化历史价值却随着时代进步而不断凸现。时至今日，“城护人”已经转型为“人护城”，并在保护城墙、延续城墙文化根脉的基础上，不断提升文化遗产的法制建设水平。

《南京城墙保护条例》是根据《中华人民共和国文物保护法》《江苏省历史文化名城名镇保护条例》等编制而成的法律法规，对南京城墙的保护、利用、监督、管理及法律责任等诸多方面进行有效界定。它不仅是《南京市人民政府关于保护城墙的通告》《南京市人民政府关于保护城墙的通知》《南京城墙保护管理办法》等前身法律文件的传承与发展，也与《中国文物古迹保护准则》等文物保护指导性文件的修订完善相协调。

本文将通过对上述法律条文的梳理，结合近年来南京市法制建设相关举措，梳理南京城墙保护利用的法制建设沿革之路，为下一步南京城墙保护利用开放及申遗工作提出积极建议。

一、南京城墙保护利用的法制建设之路

文物的依法保护是大势，也是一条雄关漫道的大路。以作为中国文物保护发展重要标志的《中国文物古迹保护准则》为例，其对照文物保护标准及原则的变迁，经历了多次修订，直至2014年才形成终稿。修订反映了对文物价值认识的更新发展，也反映了中国文物保护向文化遗产保护不断推进的趋势。

南京城墙作为重要的历史文化遗产，其法制建设之路也经历了异曲同工的变迁过程。

（一）雏形的确立

1982年6月10日，南京市委、市政府有关领导牵头，各方面专家、学者和负责人齐聚一堂，召开了“南京市历史文化名城保护工作会议”，会上有多位专家、学者对保护城墙提出了自己创见，明确了南京城墙的重要历史地位以及保护城墙的必要性和紧迫性。在这次会议上，市有关领导明确指出：“明令禁止再动城墙的一砖一石，对违反者严惩不贷。”

认识的提高对行动具有重要指导意义，同年7月16日，《关于保护城墙的通告》及《南京市人民政府关于保护城墙的通知》出台，南京城墙也在这一年被列为江苏省省级文物保护单位。长期被作为防御工事的南京城墙终于得到了历史文化价值的认可，也得到了应有的重视和保护。

依法保护，既要有法可“依”，更要明确依法保护的对象，圈定保护的范围。1983年，经过多次的实地调查和反复研究，南京市文物管理委员会（南京市文物局前身）会同南京市规划局、南京市勘探设计院划定了城墙的三级保护范围。这次保护范围的划定为1992年颁布的《南京城墙保护规划》提供了重要依据，城墙保护的对象和范围更加明确，同时也从单纯保护本体上升到了对整体以及周边的保护。

1988年，根据《国务院关于公布第三批全国重点文物保护单位的通知》，南京城墙正式被列为全国重点文物保护单位。南京城墙的重要意义再次得到了强调。同年成立了南京市城墙管理处，为依法保护城墙提供了组织机构上的保证。

至此，南京城墙法制建设初具规模，虽然未形成明确的法律，但已提升了认识高度、明确了保护范围、建立了保护机构，出台的《关于保护城墙的通告》《南京市人民政府关于保护城墙的通知》也成了城墙保护相关法律的前身。

（二）法律的正式颁布

无论是《关于保护城墙的通知》《南京市人民政府关于保护城墙的通告》还是《南京城墙保护规划》，均未通过人民代表大会审批，不能够称为是真正意义上的法律。效力的有限，也给执法造成一定困难。正因如此，出台正式法律成为迫在眉睫的重要问题。

1989年，南京市第十届人大常委会第八次会议制定、江苏省第七届人大常委会第八次会议批准，于同年5月15日公布施行的《南京市文物保护条例》中，第十三条提及了关于南京城墙保护的相关内容，具体如下：

> 第十三条　南京城墙实行重点保护。墙基两侧的保护范围各不少于十五米，现有非文物建筑物与构筑物应逐步拆除，不准扩建、改建、新建。墙基两侧的建设地带各不少于五十米。
>
> 城砖是国家文物，任何机关、组织和个人不得占为己有，不得买卖和擅自处理。散失城砖由市城墙管理部门无偿收回。①

《南京市文物保护条例》将城墙保护提至法律层面，但并未形成有关城墙保护的独立法律。

1995年11月28日，南京市第十一届人民代表大会常务委员会第二十次会议制定了《南京城墙保护管理办法》，并在次年的4月12日经江苏省第八届人民代表大会常务委员会第二十次会议批准。《南京城墙保护管理办法》的出台，才真正实现了南京城墙保护的有法可依。

2014年2月，南京城墙保护管理中心正式挂牌成立，结束了南京城墙多头管理分散局面，又一次为依法保护城墙强化了组织保证。

① 见《南京市文物保护条例》，1989年。

依法保护始终在路上。2015年1月，江苏省第十二届人民代表大会常务委员会第十四次会议批准通过了《南京城墙保护条例》，4月1日起正式施行，同时1995年制订的《南京城墙保护管理办法》废止。

新颁布《南京城墙保护条例》结合了城墙实际，并根据《中华人民共和国文物保护法》《江苏省历史文化名城名镇保护条例》等法律法规所制定，适用于南京城墙全线的规划、保护、利用及管理。本次条例以法律条例的权威，更加明确、全面地规范了城墙的保护管理。

至此，南京城墙的法律建设经历了从无到有、从雏形到成熟的发展历程，历时30多年，路漫漫兮，但成果显著，意义深远。

二、从《通知》到《条例》的完善发展

从最初的《关于保护城墙的通告》《南京市人民政府关于保护城墙的通知》以及界定城墙保护范围的《南京城墙保护规划》，到1995年制订的《南京城墙保护管理办法》、2015年制订的《南京城墙保护条例》，颁布的主体不断变化，经历了从南京市人民政府到南京市人民代表大会常务委员会，再到江苏省人人民代表大会常务委员会的变革。主体更加权威，相应文件性质发生了变化，逐渐上升到了法律高度。

如今，任何违反《南京城墙保护条例》的行为均可追究法律责任。这是南京城墙法制建设最重要的变革，也是城墙保护愈加完善的重要体现，除文件性质外，依法保护城墙还经历了以下几个方面的发展。

（一）保护对象的趋于完善

南京城墙有较为广义的外沿。因此，对于保护范围的界定也经过了多次修订变化，如下表所示。

表1　南京城墙保护范围界定的变化

时间	文件	对保护范围的界定
1982年	《南京市人民政府关于保护城墙的通告》	一、凡现有城墙、城门、敌楼和城墙内外十五米内的坡地，均为文物古迹的保护区…… 四、距保护区五十米以内，如需兴建、改建建筑物，其高度、体量等应事先征得市文特事业管理委员会的同意，报经市规划局批准，才能施工。
1982年	《南京市人民政府关于保护城墙的通知》	四、今天一律不准利用城墙构筑人防工事，对于城墙沿线列有的人防工程，如有危险城墙或将造成严重破坏的，要分别予以改造加固或者填塞复原，以确保城墙安全。
1995年	《南京城墙保护管理办法》	第三条　本办法所称的南京城墙，系指明代都城，包括现在城墙（城门）、城墙遗迹及城墙遗址。 第六条　现存城墙的保护范围，分为一般地段和特殊地段。一般地段为墙基两侧各不少于15米地段按照《南京城墙保护规划》规定的范围确定。现存城墙的建设控制地带，墙基两侧各不少于50米 第十条　南京城墙的城砖（包括砖、条石，下同）属国家文物，任何单位和个人不得占有、使用和买卖。
2015年	《南京城墙保护条例》	第二条　本条例所称南京城墙（以下称城墙）是指原都城城墙（含宫城、皇城、京城、外郭及附属建筑），包括城墙（城门）、护城河、城墙遗迹和城墙遗址。 第十一条　城墙保护应当划定保护范围。京城城墙按照南京城墙保护规划分为一般地段和特殊地段，一般地段城墙保护范围由墙基两侧各向外延伸不少于十五米，特殊地段城墙保护范围根据城墙保护规划确定。 宫城、皇城保护范围根据南京明故宫跨越保护总体规划确定。 外郭本体保护范围由墙基（体）两侧各划定三十米至五十米。

1982年颁布的《南京市人民政府关于保护城墙的通知》和《南京市人民政府关于保护城墙的通告》互为补充，二者的保护范围基本相同，均是以“城墙、城门、敌楼和城墙内外十五米内的坡地”作为文物保护范围，并辐射保护区五十米以内。

1995年的《南京城墙保护管理办法》，将城墙本体进行了新的限定，指出城墙本体系指“明代都城”，将城墙遗迹和遗址也纳入了保护范围。同时，参照了《南京市文物保护条例》，将“南京城墙的城砖（包括

砖、条石）”作为保护对象，并明确了南京城墙砖的归属。

2015年《南京城墙保护条例》，城墙保护的范围在原有《办法》的基础上，将原都城城墙的概念细化为“含宫城、皇城、京城、外郭及附属建筑”，范围更加扩大，并首次加入了“护城河”这一概念。与《办法》相比，《条例》不仅强调了对城砖本身的保护，还对城墙铭文的拓印权限有所限定：

第十九条 城墙的城砖、条石、内包夯土、门楣、碑石、擂石及古建构件等属文物，任何单位和个人不得买卖，城墙上的城砖铭文不得擅自拓印。

这种转变，进一步体现了对城砖文化价值的认同，印证了文化遗产保护对物质遗存所承载的历史信息的重视。

经历多次完善，南京城墙的保护对象的限定更有明确性和整体性，也更加细致和规范。

（二）加入对“完整性”的强调

“完整性”，是一个基于世界遗产保护而提出的概念。《实施保护世界文化与自然遗产公约的操作指南》中，对世界遗产的“完整性”提出了明确要求：

所有申报列入世界遗产名录的遗产都应满足完整性的条件。

完整性用来衡量自然和/或文化遗产及其特征的整体性和无缺憾性。①

《中国文物古迹保护准则》修订版中也对完整性原则做出了这样的表述：

文物古迹的保护是对其价值、价值载体及其环境等体现文物古迹价值的各个要素的完整保护。文物古迹在历史演化过程中形成的包括各个时代特征、具有价值的物质遗存都应得到尊重。②

可见，对完整性的强调是从文物保护过渡至文化遗产保护必提之义。对比1995年的《南京城墙保护管理办法》，2015年《南京城墙保护条例》创造性地加入了对“完整性”的要求，如下：

第二十条 市、区人民政府应当按照保存世界文化遗产整体性、真实性的要求，实施城墙周边环境整治，提升城墙及周边文化展示、旅游观光、市民休闲等功能，保持城墙本体与周边环境和谐、统一。

除第二十条内容外，由于“完整性”实际包含范围和时间两个维度，范围指涉及保护对象价值的所有载体，时间是指从保护对象被创造到它生命延续的整个过程。从这两个维度来考量，《南京城墙保护条例》将护城河纳入保护范围，便是强调完整性的重要体现：尽管护城河现已失去“护城”意义，但它曾经与城墙相辅相成的依存关系是不可分割、不可被遗弃的。

（三）提高合理利用的比重

合理利用是中国文物保护方针的重要组成部分。2014年修订的《中国文物古迹保护准则》专门为此增加

---

① 见《实施保护世界文化与自然遗产公约的操作指南》（2013年版）第88条。

② 《中国文物古迹保护准则》修订版第十一条。

了章节，对合理利用做了界定和阐释：

合理利用是保护文物古迹在当代社会生活中的活力，促进保护文物古迹及其价值的重要方法。

合理利用是以不损害文物古迹价值为前提，在文物古迹能够承载的范围内，不改变文物古迹特征的，突出文物古迹公益性的利用。

利用会引发社会对文物古迹的进一步关注，在产生广泛的社会效益的同时也产生经济效益，促进地方经济的发展。文物古迹作为社会公共财富，应当通过必要的程序保证其利用的公平性和社会效益的优先性。①

《中国文物古迹保护准则》从定义、利用方式、社会效益与经济效益间的关系等诸多方面对合理利用进行阐释。

在这条准绳下，2015年《南京城墙保护条例》加强了对“合理利用”的比重。《南京城墙保护条例》总则第一条便明确指出，要“加强城墙保护”，也要“促进城墙合理利用，彰显历史文化名城特色”。并分列第二章单独作为“保护与利用”专题，允许对城墙周边环境进行整治，提升城墙及周边文化展示、旅游观光、市民休闲等功能：

市人民政府就应当组织相关部门编制城墙利用方案，明确与城墙保护和发展相适应的利用方式和要求，发掘和合理利用城墙的历史文化资源，发展文化旅游。②

《条例》对城墙作为物质遗存的展示利用也做出了新的强调，鼓励“通过建立博物馆、遗址公园等形式，展示城墙沿革及建造工艺等城墙文化”，从关注个体文物（城墙本身）转向了作为整体的文化和中国文化多样性的传承与弘扬（城墙及其相关）。

新颁布的《南京城墙保护条例》较之以往更强调保护与利用兼顾。这种强调并非空穴来风，而是与国家文化遗产保护的新原则新标准相呼应，反映了文物保护的一种新趋势。

三、完善法制建设的深远意义

至此，基于对文化遗产保护以及南京城墙申遗的需求，南京城墙的法律建设在多方面发展与完善，更加权威、明确和规范。城墙保护有法可依、有法必依，对未来的保护管理及城墙申遗将有重要的推动意义。

（一）体现了从文物保护向文化遗产保护的转变

文物保护强调的是对被保护对象所蕴含的价值的保护，而文化遗产保护倾向于对物质遗存及其所承载的历史信息的保护。③南京城墙作为南京亮丽的历史文化名片，作为“中国明清城墙”联合申遗项目的重要组成部分，其文化遗产价值是不言而喻的。随着南京城墙全面保护体系及各长效化管理体制机制的建立，针对城墙的法制建设也在不断地发展，这种发展不仅结合了南京城墙独特的实际，也结合了世界文化遗产对普适

---

① 《中国文物古迹保护准则》第四十条。

② 见2015年《南京城墙保护条例》第二章保护与利用。

③ 吕舟：《〈中国文物古迹保护准则〉的修订与中国文化遗产保护的发展》，《中国文化遗产》2015年2期。

性、完整性、真实性等方面的要求，这种依法保护体系的建立，与中国文物保护转向文化遗产保护的必然趋势相呼应、相融合、相促进。

（二）实现了对南京城墙价值的再认识

从《南京市人民政府关于保护城墙的通知》一路走到《南京城墙保护条例》，这种变迁也反映了对城墙价值的再认识。在保护对象层面，越来越关注完整性，从单一保护城墙本体，走向将南京城墙与相关遗址、护城河结合，形成统一的整体进行全面保护；在保护方法层面，更加关注物质遗存对其所承载的历史信息的保护，如城墙铭文等，同时也加强了对城墙砖、城墙砖拓印权及周边地带的管控；在保护原则层面，更着重与国际接轨，呼应申遗，在实现保护的同时向全世界彰显南京城墙的独特魅力。

（三）加快了“让文化遗产活起来”的步伐

《条例》的颁布，使文物保护的范围从本体扩大到其文化价值，并更加重视对传播文化途径的保护和倡导，既有对有形传播空间的倡导——鼓励整治环境、建设南京城墙专题博物馆等，又有对无形文化价值的保护——限定城砖铭文拓印版权、研发相关文创产品、打造文创中心等，同时还开展了一系列与城墙相关的特色文化体育活动，如“城门挂春联，古都开门红”“环城七十里，健步助申遗”等，从而丰富文化遗产与市民游客的接触形式，拉近文化遗产与人民的心理距离。

图1　以南京城墙铭文为主题设计的文创产品

综上，近年来南京城墙保护利用的法制建设进程，不论是法律地位的提升还是条文的持续细化，都越来越将城墙纳为全人类世界遗产的一部分，将城墙的保护上升到对文化完整性的保护、传承与弘扬。法制建设的发展，实则是人与城、城与人新关系的缩影，是从文物保护向文化遗产保护发展的物化体现，更是文化遗产对文化自觉、文化自信效能促进的一次彰显。

摩洛哥“拯救非斯”计划对南京城墙文化遗产保护管理的启示

◎刘 斌

全球性的世界遗产保护运动源自人类为保存自身历史文化和生存环境的意愿，自1972年联合国教科文组织通过《世界遗产公约》以来，世界遗产保护的观念不断变化、更新和调整。世界遗产保护的基本目标从对自然资源和文化资源的保护，已经扩展为促进人类社会的可持续发展。城市作为人类文明形成的重要标志之一，伴随人类社会的进步而逐步发展，保存有大量文化记忆的历史城区往往成为城市的精神文化载体。2006年和2012年，“中国明清城墙”项目两次列入《中国世界文化遗产预备名单》。2014年，南京正式作为牵头城市共同推进“中国明清城墙”联合申遗项目。

一、联合国教科文组织框架下的世界遗产保护体系

在现代社会发展过程中，世界各国普遍面临着历史遗产快速消失以及自然环境不断遭受破坏的情况。联合国教科文组织（UNESCO）成立于二战之后的1945年，它是联合国旗下的专门机构之一，其宗旨是促进教育、科学及文化方面的国际合作，以利于各国人民之间的相互了解，维护世界和平。20世纪70年代，遗产保护是国际社会共同关注的领域。1972年，联合国教科文组织提出针对文化和自然遗产的世界遗产保护项目，由世界遗产委员会确认并登录《世界遗产名录》加以严格保护。联合国教科文组织以《世界遗产公约》这一国际公约的形式，号召世界各国参与世界遗产保护项目。

世界遗产是指被联合国教科文组织和世界遗产委员会确认的人类罕见的、目前无法替代的财富，是具有突出普遍价值的文物古迹及自然景观。根据《世界遗产公约》规定，把“突出普遍价值”作为世界遗产的基本标准，建立《世界遗产名录》以及《濒危遗产名录》。列入《世界遗产名录》的遗产项目应当具有突出的全球性价值和影响，具有稀缺性、唯一性、独特性、不可再造性和不可替代性等特点，是全人类可持续发展的宝贵资源和共同财富。

世界遗产保护作为一个重要的全球实践，深刻地影响着世界各国对自身遗产的认知和保护。世界遗产这一保护体系具有先进性、普世性和规范性，得到国际社会普遍认同且影响日益扩大。经过四十多年的发展历程，几乎所有的联合国成员国都参与到世界遗产保护运动当中，在世界遗产这一平台上展现各个国家与民族的历史，表达对文明发展的认知，探索人类可持续发展的途径。世界遗产已经成为一个世界性的资源保护、文明对话、国际治理和文化表达的重要平台。

中华文明在人类文明中占有特殊重要的地位，对世界文明进程有着重要而深刻的影响。1985年中国正式加入《世界遗产公约》，承认并接受以世界遗产为中心的国际文化遗产保护体系，把原本相对独立的中国文物保护体系与国际文化遗产保护体系连接在一起。遵守和执行遗产保护的国际准则，依照公约的标准保护世界遗产项目，是中国对国际社会做出的庄严承诺和应尽义务。自加入《世界遗产公约》以来，中国政府高度重视世界遗产保护工作，将遗产保护与改善民生、发展经济相结合。通过世界遗产这个全球性平台，不断促进中国与其他国家的对话交流与文明互鉴，促进世界可持续的和平发展。中国在世界遗产的申报、保护和管理方面取得了举世瞩目的成就，成为拥有世界遗产数量最多的国家之一，为全球世界遗产保护事业做出了积极贡献。

（一）《保护世界文化与自然遗产公约》

1972年11月16日，联合国教科文组织大会第17届会议在巴黎通过了《保护世界文化和自然遗产公约》。它是一项具有广泛意义和深远影响的国际公约，对世界遗产的保护影响巨大。《世界遗产公约》规定了世界遗产的定义、范围和标准等，明确了国家保护与国际社会的责任，设立了世界遗产委员会，建立了保护世界文化和自然遗产的完整体系。《世界遗产公约》具有前瞻性，表达了世界各国把具有世界性价值的文化财产和自然资源作为人类共同遗产进行保护的共识，使各个国家和地区的文化和自然遗产得到了有效保护。至2021年7月第44届世界遗产大会闭幕，全球世界遗产总数达到1154项，其中文化遗产897项，自然遗产218项，自然与文化双遗产39项。

进入21世纪，联合国教科文组织坚持通过不同文化之间的对话，促进不同文明之间的相互尊重，促进世界和平；坚持通过对遗产的保护促进人类社会的可持续发展。2003年和2005年，联合国教科文组织在保护文化多样性的框架下，先后通过了《保护非物质文化遗产公约》和《保护文化多样性的表达方式的公约》，这两个公约与《世界遗产公约》共同形成了一个新的遗产保护与人类发展的系统，以保护世界文化的多样性并把遗产保护和人类可持续发展紧密联系在一起。至2021年，全球范围内共有193个国家或地区加入《世界遗产公约》。目前该公约成为缔约国最多的国际公约之一，构成了有着广泛代表性的国际文化和自然遗产保护事业。

（二）世界遗产委员会

1972年，联合国教科文组织根据《世界遗产公约》设立了世界遗产委员会，由《世界遗产公约》缔约国中的21个成员组成。世界遗产委员会每年在不同的国家举行一次世界遗产大会，主要决定哪些遗产可以列入《世界遗产名录》，对已列入名录的世界遗产的保护工作进行监督指导。

联合国教科文组织世界遗产委员会是目前世界上规模最大的政府间组织，设有“世界遗产基金”和“世界遗产中心”（又称为“公约执行秘书处”）。“世界遗产中心”协助缔约国具体执行《世界遗产公约》，对世界遗产委员会提出建议，执行世界遗产委员会的决定。世界遗产委员会还设立了“国际古迹遗址理事会”和“国际自然及自然资源保护联盟”两个专家咨询机构，负责世界遗产保护和申报中的科学评估等专业问题。国际古迹遗址理事会总部设在法国巴黎，负责文化遗产的科学评估。国际自然及自然资源保护联盟总部设在瑞士，负责自然遗产的科学评估。对于同时涉及文化和自然两方面的遗产，则由两个机构共同完成申报评估并向委员会提出咨询报告。此外，世界遗产委员会在意大利罗马还设有“国际文物保护与修复研究中心”，作为教育培训和科研机构。

2017年11月，在联合国教科文组织法国巴黎总部举行的《世界遗产公约》缔约国大会第21次会议上，中国当选联合国教科文组织世界遗产委员会委员国。中国被国际社会公认为世界遗产工作成绩最显著的国家之一。截至2021年7月，中国已经拥有56处世界遗产。通过参与世界遗产保护，中国的文化遗产保护理念不断完善，文化遗产保护实践不断拓展，文化遗产保护的能力逐步达到了国际水平。

（三）世界遗产大会

世界遗产大会，全称为“联合国教科文组织世界遗产委员会会议”，它是世界遗产委员会的例会，每年召开一届。世界遗产大会主要议题是审批列入《世界遗产名录》的遗产项目，并对已列入名录的世界遗产项目的保护管理进行监督指导。世界遗产大会的内容和形式都必须严格按照《世界遗产公约》《实施世界遗产公约操作指南》和《世界遗产委员会议事规则》的规定进行。

二、世界遗产保护要遵守相关国际准则并接受国际社会的监督

联合国教科文组织制定的《世界遗产公约》是最具普遍性的国际遗产保护公约，设立《世界遗产名录》的目的是在全球范围内正确确认、保护、管理和展示具有突出普遍价值的遗产项目，并将其代代相传。世界遗产项目的保护是国际社会高度关注的工作，全球范围内世界遗产的保护状况受到广泛的重视和关注。保护和传承全人类共同的自然与文化遗产，将促进世界遗产的永续利用，为人类社会的可持续发展做出贡献。

世界遗产的核心是确立以价值为基础的保护框架。“突出普遍价值”是达到世界遗产标准的核心概念，世界遗产申报的最根本条件就是遗产项目要具有“突出普遍价值”。根据《世界遗产公约操作指南》第49条规定，“全球性的突出普遍价值”的定义指的是文化和／或自然遗产价值如此罕见超越了国家界限，对全人类的现在和未来均具有普遍的重要意义。“突出普遍价值”是世界遗产的核心价值，是决定遗产项目能否列入《世界遗产名录》的主要依据。世界遗产“突出普遍价值”要符合真实性和完整性的要求，并具备相应的保护和管理机制。《世界遗产公约操作指南》指出：“真实性和完整性既是衡量遗产价值的标尺，也是保护遗产所需依据的关键。”评估世界遗产“突出普遍价值”的标准不断地修订，也反映了世界遗产保护运动的发展轨迹。

遗产项目申报世界遗产可以增加全球公众对该遗产地重要性的认识，增加遗产地国家的文化自信，同时保护世界各国的文化多样性。由于《世界遗产公约》是国际性的法律体系，遗产项目列入《世界遗产名录》可以吸引国际援助，获得国际性的资金和技术支持。通过申遗还可以带动遗产地国家，特别是发展中国家的地方经济和旅游业的发展。《世界遗产公约》以价值为基础，以保护为核心，其中对文化和自然遗产的保护有很完整的体系，申遗有助于遗产地建立这样的保护和管理体系。作为世界遗产的缔约国，各个国家都需要履行承诺对世界遗产进行有效保护和管理。同时世界遗产委员会每年都要审议遗产地的保护状况。

遗产项目列入《世界遗产名录》后，应完成《世界遗产公约》对遗产保护和管理状况的定期报告和反应性监测的要求。通过监测强化对遗产地的保护，通过监测实时掌握遗产地面临的战争、自然灾害、过度开发、非法捕猎等各种危险。在此基础上，世界遗产委员会每年都要审议遗产地的保护状况。那些受到威胁的或需要救援的世界遗产项目将被列入《濒危世界遗产名录》，以引起国际社会的关注，动员国际社会对世界

遗产进行有效保护。世界遗产列入《濒危世界遗产名录》后，世界遗产委员会提出一系列整改措施和时间表。遗产地经过相应时间整改，保护状况达到标准之后就可以回到正常的《世界遗产名录》里。

世界遗产的申报需要对遗产价值进行深入分析，寻找最能突出遗产价值的表述角度和表述方式，同时对遗产进行比较研究，以确认遗产所具备的突出普遍价值。为证明遗产所具备的价值，需要对遗产的完整性和真实性进行说明。对遗产项目的深刻认识和保护状况与遗产项目的真实性和完整性密切相关。遗产项目列入《世界遗产名录》之后，需要进行定期监测并随时进行反映性监测，以证明遗产项目得到有效保护，实行监测预警可以最大可能地保障遗产项目的安全。如果遗产项目保护状况不佳，并且影响到遗产价值，则可能被列入《世界濒危遗产名录》，甚至从《世界遗产名录》上被除名。

联合国教科文组织框架下世界遗产保护的发展进程对中国的文化遗产保护事业产生了巨大而深远的影响，推动了中国从文物保护向文化遗产保护的跨越。一方面，世界遗产极大地促进了中国文化遗产保护理念的发展，在文化遗产保护方法上也提供更多的借鉴和提升的空间；另一方面，世界遗产成为向世界展示中华文化的重要舞台。中国具有促进世界遗产发展的意愿和能力，希望通过世界遗产促进世界各国间的文化交流与对话，促进世界和平与可持续发展。

三、世界文化遗产保护实例：摩洛哥“拯救非斯”计划的实施

世界遗产的长期保护管理已成为全人类的共同责任，日益受到国际社会的普遍关注，成为一项国际化的重要工作。目前，世界遗产保护逐渐从单纯建筑、自然资源保护演变为跨区域的多元文化、环境乃至传统生活习惯等的复杂综合课题，成为人类可持续发展的核心。

世界各国留存的文化遗产是人类世代劳动创造的成果，它们在现代社会中也是促进人类社会可持续发展的宝贵财富。“历史城区”是指城镇中能够体现其历史发展进程的整体风貌或某一发展时期特色风貌的地区。世界遗产委员会强调“历史城区”的价值标准：被认定为世界文化遗产的城市，不是因为它过去的地位或是作为历史象征的价值，而必须是因为现在所保留的建筑群的布局、结构、材料、形式和功能等各个方面，都必须是能反映它过去时期实际的文明和文明的延续。

1976年，联合国教科文组织通过《关于历史地区保护及其当代作用的建议》（简称《内罗毕建议》），把人类活动、现代城镇生活与文化遗产的保护密切联系在一起，为世界遗产城市的保护和管理奠定了重要的基础。《内罗毕建议》提出：历史地区及其环境应被视为不可替代的世界遗产的组成部分。每一历史地区及其周围环境应从整体上视为一个相互联系的统一体，其协调及特性取决于它的各组成部分的联合，这些组成部分包括人类活动、建筑物、空间结构及周围环境。因此一切有效的组成部分，包括人类活动，无论多么微不足道，都对整体具有不可忽视的意义。《内罗毕建议》还提出：历史地区是世界各地人类日常生活环境的组成部分，它们是历史形态的活的见证，提供了与社会多样性相对应的生活背景多样性，而且基于这些使得它们既获得了自身的价值，又具有人性的尺度。（历史地区）其所在国政府和公民应把保护该遗产并使之与我们时代的社会生活融为一体作为自己的义务。

1978年，联合国教科文组织遗产委员会通过第一批世界遗产名录，其中包括厄瓜多尔首都、著名历史城市基多城以及波兰克拉科夫历史中心。此后，连续有多个历史城市或历史城区被列入世界遗产名录。对这些历史城市的保护，在保护其突出普遍价值的同时，还需要考虑延续着原有的城市功能，改善现代居民的生活条件，以保持历史城市的活力。

世界遗产保护与当地社区民众的关系是世界遗产促进历史城市可持续发展的一个重要方面。1987年，国际古迹遗址理事会（ICOMOS）通过《保护历史城镇与城区宪章》（《华盛顿宪章》），其中提出：历史城镇和城区的保护规划、保护计划应以确保历史城区和城镇的和谐完整性为目标，保护计划必须得到历史区域的当地居民的支持，为了鼓励当地居民的参与，必须从学龄儿童起对居民进行教育。《华盛顿宪章》里强调居民参与是历史古城保护的重要部分，强调对历史古城的保护要适应现代生活以及相关房屋的改进，界定了新建建筑与原有环境的关系标准，体现了社会参与文化遗产保护的新思路。2007年第31届世界遗产大会决议在世界遗产全球战略中增加有关社区的内容，特别强调社区在世界遗产保护管理中的作用，强调世界遗产保护管理应当造福当地社区。

以摩洛哥非斯古城保护为例，1981年联合国教科文组织将摩洛哥“非斯的阿拉伯人聚居区”作为文化遗产列入《世界遗产名录》。位于摩洛哥北部的非斯古城，一千多年来是摩洛哥宗教、文化与艺术的中心，主要文化遗迹有城墙、城堡、门楼、要塞、桥梁等军事防御设施，还有清真寺、礼拜堂、伊斯兰高等学府、装饰性雕刻群等宗教建筑，以及制革、造马具、烧陶瓷器的手工作坊。

世界遗产委员会对非斯古城的描述是：“非斯城建于公元9世纪，那里有世界上最早建立的大学。在公元13世纪至14世纪时，非斯代替马拉柯什成为马里尼德王国的首都，从而到达了它的鼎盛时期。聚居区中的城市建筑和主要遗迹都可以追溯到那个时期，其中包括伊斯兰学校、集市、宫殿、民居、清真寺、喷泉等等。尽管国家的政治首都于1912年迁到了拉巴特，但非斯仍然是最主要的文化中心和宗教中心。”世界遗产委员会对非斯古城的评语是：“非斯曾是一个令人惊异的全城性的大博物馆和伊斯兰世界最大的都会之一，其多样的社会阶层决定了它的建筑形式和城市景观异常丰富。”

非斯古城兴建于公元808年，是摩洛哥第一座皇城，长达17公里的城墙基本完好。非斯古城以精湛的伊斯兰建筑艺术而闻名于世，非斯古城居民至今还保持着中世纪的传统风俗和生活方式，堪称“活着的天方夜谭”。非斯古城选址在非斯河肥沃的谷地中，非斯的阿拉伯语为“金色的斧子”“肥美的土地”之意。发源于阿特拉斯山脉的非斯河在此分支，东西两侧广阔的平原适宜农耕。非斯老城是著名的阿拉伯人聚居区和伊斯兰教圣城之一。

1978年，波兰克拉科夫成为全球第一个以“历史中心”命名的世界遗产城市。摩洛哥非斯这一世界名城，同样也拥有“世界遗产城市”这一称号和殊荣。1993年，联合国教科文组织世界遗产城市联盟在摩洛哥非斯正式成立，至今全球两百多座城市成为世界遗产城市联盟的成员。世界遗产城市联盟的宗旨是负责沟通和执行世界遗产委员会各项会议公约和决议，借鉴各个世界遗产城市在文化遗产保护和管理方面的先进经验，进一步促进各遗产城市的保护工作。

1993年9月，首届世界遗产城市大会在摩洛哥非斯召开。“世界遗产城市”即“城市类型的世界遗产”。世界遗产城市大多是历史悠久的传统城镇和街区，其突出普遍价值在于城市建筑群整体性的历史、艺术和科学价值，这种整体性体现在建筑群和街道的空间尺度、密度、界面以及单体建筑的材料、色彩、形式等。世界遗产城市的突出普遍价值还在于它作为一种传统的人类居住地的杰出范例，充分体现了先民们在这一片土地上处理“人地关系”以及“人人关系”的智慧。世界遗产城市在历史上是一个生活场所，构成了这个城市重要的功能。世界遗产城市在今天仍然容纳着城市日常生活，是一种处于生长和变化之中的“活态文化遗产”，居民的保护意愿与安居乐业是世界遗产城市能够得到更好保护与可持续发展的根本。建设适宜人居的“世界遗产城市”，对该城市未来的发展具有重要的现实意义。

珍贵而且脆弱是每一项世界遗产的共同特质，为保护摩洛哥非斯古城这一世界文化遗产，联合国教科文组织在20世纪80年代初曾发出“拯救非斯”的呼吁，将非斯古城城区整体指定为“世界文化遗产”保护地区、世界重点文物紧急抢救项目，主要包括：军城墙、城堡、门楼、要塞、桥梁等事防御工程；清真寺、礼拜堂、伊斯兰高等学府、伊斯兰思想及科学传播中心、装饰性雕刻群等宗教建筑；宫殿、府邸；制革厂、马具厂、鞣皮厂、陶瓷器厂等保留着最古老制作技术的手工艺作坊。

摩洛哥非斯是世界遗产城市联盟成员，在文化遗产保护和老城环境治理等方面独具建树。1981年非斯古城列入《世界遗产名录》之后，联合国教科文组织和摩洛哥政府经过长达五年的总体可行性研究，最终拟定了全面修复古城的计划。1989年，全面修复古城的工程开始实施。摩洛哥政府组建了一个实体机构“埃德非斯”，负责实施和协调这项救援计划，整修项目包括大约50处最古老和最有意义的纪念性建筑。“埃德非斯”这个机构任用了当地最好的工匠，完全按照传统技术去修复，重现建筑物最初的建筑风格。

水是城市的生命，非斯古城坐落在摩洛哥最肥沃的河谷之一的塞布河流域，充沛的降水流经河谷，水网密布，灌溉良田。这里是发源自高阿特拉斯山脉的地表水的入海通道，拥有多样的生态系统。随着工农业生产污染的加剧，农作物、土壤和地下水都面临着巨大的污染危险。非斯河污染严重、不见天日，人们甚至忘却了它的存在。水也象征着纯净，在摩洛哥人宗教生活中发挥举足轻重的作用，每况愈下的水环境威胁着非斯古城。

摩洛哥成立了一个名为“拯救非斯河”的非政府组织，鼓励社会各界参与促进非斯河治理。摩洛哥人以复兴非斯河作为非斯古城保护的关键，制定了非斯河复兴的战略规划，不仅要解决非斯河的生态修复，而且考虑解决困扰非斯老城的诸多问题，包括：公共服务缺乏、公共开放空间不足、人口密集、基础设施老化、重要的文化和历史场所的破坏、环境恶化、非法倾倒垃圾及越来越多的机动车辆进入禁车的老城等社会问题。非斯河复兴战略规划通过分期实施来逐步改善水质、修复受污染场地、创建开放空间并利用现有资源来推动经济发展。

多年来，在联合国教科文组织和国际上几十个国家的积极参与下，摩洛哥政府制定的“拯救非斯”计划得到有效实施，整修古迹，修理和加固老屋，重修街巷和治理非斯河污染等工作都进行顺利。从整体上把非斯河提升为多功能的城市基础设施，既满足现代非斯居民生活需求，又符合世界文化遗产保护的要求。摩洛哥非斯作为世界遗产城市联盟成员，在文化遗产保护和老城环境治理等方面成果突出。

四、遵循遗产保护国际准则对南京城墙文化遗产实施整体保护

《世界遗产公约》将遗产项目的核心价值——全球性的“突出的普遍价值”及评估标准作为评选并列入《世界遗产名录》的主要依据。申遗项目必须具有全球性的突出价值，遗产本体得到真实而完整的保护，拥有比较合理的法律保护和专业保护管理体系，体现了遗产价值与保护管理的最高水平等。保持遗产的真实性和完整性是《世界遗产公约》的核心内容。真实性和完整性是关于世界遗产的两个重要概念和基本原则，在《世界遗产公约操作指南》中有明确规定。真实性和完整性既是衡量遗产价值的标尺，也是保护遗产必须遵守的关键性依据。

在世界遗产领域，“真实性”概念最早出现于1964年的《威尼斯宪章》。《奈良真实性文件》（1994年）和《世界遗产公约操作指南》（1997年）对“真实性”概念有比较详细的阐述。《世界遗产公约操作指南》中指出，“列入《世界遗产名录》的文化遗产应符合《世界遗产公约》所说的具有突出普遍价值的至少一项标准和真实性标准”，每项被认定的项目都应“满足对其设计、材料、工艺或背景环境以及个性和构成

要素等方面的真实性的检验”。

“完整性”概念是指对体现文化遗产价值各个要素的完整保护，文化遗产在历史演化过程中形成的包括各个时代特征、具有价值的物质遗存都应得到尊重。遗产的“完整性”主要包括：物质结构的完整性、视觉景观的完整性和社会功能的完整性。相对于“完整性”原则，文化遗产保护的“整体性方法”是指通过经济、政治、社会、文化等方面的措施，从政策制定、规划引导和管理实施三个层面延续遗产地的社会功能特征，落实文化遗产的“完整性”原则。“整体性方法”超出一般意义上的“控制与管理”，包含对当代建设行为和功能变化的引导，以达到保持社会稳定和激发社会发展的最终目标。

“完整性”原则以及“整体性方法”传达了国际社会在遗产保护领域的重要成果，遗产保护是为了更好地发展而采取的积极行动，融合于整个城市的发展与现代化的进程之中，使历史遗存以其独特的方式以及自身的历史文化价值在城市发展以及经济、社会发展中发挥重要作用。

在世界遗产保护领域，随着“天人和谐”及“可持续发展理念”被广泛认同，1992年联合国教科文组织世界遗产委员会提出“文化景观”的概念，世界遗产体系中增加了“文化景观遗产”这一新类型。“文化景观”是指人类文化与自然环境相互影响、相互作用的结果，是自然和人文因素的复合体。“文化景观遗产”的核心要素是人与自然之间持续互动的力量。“文化景观遗产”代表人与自然相互共同作用下的杰作，反映人与环境和谐互动的传统，体现人类在长期生活生产中处理人地关系的智慧，表达人与自然之间和谐平衡的精神联系以及可持续发展的意愿。

“文化景观遗产”是人类创造与自然天成相互结合而形成的文化财富，具有重要的历史、科学、艺术、审美、生态等多元价值。世界遗产保护领域“文化景观遗产”的概念使人们以一种全新的角度来认识文化遗产价值，促进了人们对遗产完整性的重新思考，把人们对历史的关注延伸到对人类文化多样性的关注，强调对非物质文化和“活态的”文化的关注，强调人与自然的互动，强调可持续发展的潜力。这一概念给中国文化遗产的保护带来了新的思路，文化遗产不仅是被动受保护的对象，而且也是可持续发展的资源与推动力量。

“文化景观”集中体现着人与自然辩证统一的关系，中国传统城市、村落、建筑群、墓葬、礼制建筑、宗教建筑往往等都含有文化景观的意义。中国传统哲学特有的“天人合一”理念，对中国传统城市和建筑影响深远。早在先秦之际，中国古人就模拟天象格局制定都城规划，通过模拟天上的秩序来规划都城的物质形态，体现皇权的尊贵，营造天、地、人三者之间高度和谐。“象天设都”是中国数千年都城和宫殿规划营建的传统，它集政治目的、建筑意图和天文崇拜为一体，形成中国建筑独特的规划传统、基本格局和基本风貌。明初都城南京的营建，沿袭中国自周代以来数千年“象天设都”规划传统，体现天地人之间紧密的内在联系。作为珍贵的历史文化遗产，保存至今的南京城墙充分体现了中华传统文化丰富的内涵与鲜明的特色。世界遗产保护强调人与自然的和谐，保护南京城墙文化遗产除了保护现存城墙本体外，还要保护护城河和相关遗址、遗迹以及城墙所在的地形地貌、自然环境、历史环境、天际线等自然风貌，以达到南京城墙遗产项目真实性和完整性的协调统一。

近年来，世界遗产领域从纯粹的古迹遗址保护专业探讨，到强调时代变迁进程中的问题应对，再到重新发现人、精神等要素对遗产价值的重要性。从“物”到“人”，从“专业议题”到“理念研讨”，强调要让“人”“社区”更好参与遗产的保护。遗产项目申遗必须获得当地居民社区的支持，符合社会公众参与遗产保护的要求，实现遗产保护的社会化、公众化，这也是世界遗产保护的基本原则。南京城墙“申遗”工作必须正确处理好遗产保护与当地居民及各方利益相关者的生产、生活的关系，兼顾城市的可持续发展的需要。

申遗本身不是终极目标，需要通过遗产保护来确保民众利益，实现人类社会的可持续发展。

五、结语

2021年7月第44届世界遗产大会之际，国家主席习近平在致贺信中写道：“世界文化和自然遗产是人类文明发展和自然演进的重要成果，也是促进不同文明交流互鉴的重要载体。保护好、传承好、利用好这些宝贵财富，是我们的共同责任，是人类文明赓续和世界可持续发展的必然要求。”近年来，联合国教科文组织将世界文化遗产视为推动经济发展、增强社会凝聚力、实现和平共处的关键要素，发展世界文化遗产事业的目标已不再是单纯的文化遗产保护，而是要推动文化对话，保护文化多样性，助力可持续发展。

世界遗产代表着一个进步的、文明的、美好的、崇高的理想体系。世界遗产事业给中国文物保护事业带来了巨大的进步，中国已经成为世界遗产大国，正向着建设世界遗产强国的方向迈进。建设世界遗产强国最首要的任务是宣传弘扬世界遗产的精神和理念。以世界遗产城市——摩洛哥非斯古城为参照，借鉴世界遗产领域中城市城墙的保护实践，对南京城墙申遗、保护管理、区域可持续发展以及构建人类命运共同体的未来都将有所裨益。

关于南京明外郭城墙若干问题的探讨

◎ 朱明娥[①]

南京城墙是目前世界上保存最长、地面建筑规模最大的都城城墙，也是南京的文化符号和城市名片。明朝南京城从内到外由宫城、皇城、京城、外郭四重城垣构成，不仅在我国历史上绝无仅有，在世界城市建筑史上也是盖世无双。其中总长度约60公里的外郭城墙更是明代南京被称为世界第一大城的重要载体与物证。

关于外郭城门的数量、名称、形制，以及城墙的形状和采用的建筑材料等，一直以来缺乏全面、深入、系统的研究，而且说法不一。现针对以上若干问题，根据历史文献资料和当代学者的研究成果，并结合本人多年来的实地调查及研究，作一探讨。

一、外郭城门的数量和名称

外郭，又叫外城、罗城，俗称土城头。明朝洪武二十三年四月（1390年5月），明太祖朱元璋下令在京城外围建造外郭城墙，修筑外郭城门。外郭号称周长“一百八十里”，实际长度约60公里。关于明朝南京外郭城门的数量、名称，史料记载不一，专家们说法也不一致。

（一）史料记载

现选择最具代表性的史料分述如下。

1.15门说

明朝洪武三十一年（1398）九月敕修的《明太祖实录》卷201记载：“庚子，置京师外城门驯象、安德、凤台、双桥、夹冈、上方、高桥、沧波、麒麟、仙鹤、姚坊、观音、佛宁、上元、金川，凡十五门。”

明朝陈沂（1469—1538）《金陵古今图考·国朝都城图考》记载：“外郭西北据山带江，东南阻山控野，辟十有六门。东五，曰姚坊、仙鹤、麒麟、沧波、高桥；南六，曰上方、夹冈、凤台、驯象、大安

① 作者简介：朱明娥，现为南京城墙保护管理中心藏品保管部主任、研究员，南京城墙研究会理事，南京城市文化研究会理事。

德、小安德；西一，曰江东；北三，曰佛宁、上元、观音。周一百八十里。”陈沂说有16门，但文中只出现15门。

明朝范景文修、张可仕纂《南枢志》卷51《形胜部》记载，南京有16座城门。但是，列举的只有15座，它们是：东五，曰姚坊、仙鹤、麒麟、沧波、高桥；南六，曰上方、夹冈、凤台、驯象、大安德、小安德；西一，曰江东；北三，曰佛宁、上元、观音。

2.16门说

洪武二十八年（1395）成书的《洪武京城图志》记载的南京外城门有16个，即“沧波、高桥、上方、夹冈、凤台、大驯象、小驯象、大安德、小安德、江东、佛宁、上元、观音、姚坊、仙鹤、麒麟”。

明代马生龙撰写的随笔《凤凰台记事》记载：“其外城则因山控江，周回一百八十里，别为十六门，曰麒麟、仙鹤、姚坊、高桥、沧波、双桥、夹冈、上方、凤台、大驯象、大安德、小安德、江东、佛宁、上元、观音。”

清朝初年张廷玉修纂的《明史》卷40《地理志》记载：“其外郭，洪武二十三年四月建，周一百八十里，门十有六：东曰姚坊、仙鹤、麒麟、沧波、高桥、双桥，南曰上方、夹岗、凤台、大驯象、大安德、小安德，西曰江东，北曰佛宁、上元、观音。”

清朝《考工典》卷20记载：“其外郭西北则据山带江，东南则阻山控野，辟有十六门：东南北六，曰姚坊、仙鹤、麒麟、沧波、高桥、上方；西南六，曰夹冈、双桥、凤台、驯象、大安德、小安德；西一，曰江东；北三，曰佛宁、上元、观音。周一百八十里。”

民国南京朱偰《金陵古今图考》写道：“外郭西北据山带江，东南阻原控野，辟十有六门。东五，曰：姚坊（今称尧化）、仙鹤、麒麟、沧波、高桥；南七，曰：上方、夹冈（或添入双桥）、凤台、大驯象、小驯象、大安德、小安德；西一，曰：江东（或添入栅栏门）；北三，曰：佛宁、上元、观音（或添入外金川）。”

3.18门说

明朝陈沂《金陵古今图考·国朝都城图考》中《明都城图》上，标出了外郭18座城门，即江东门、驯象门、小安德、安德门、凤台门、双桥门、夹冈门、上方门、高桥门、沧波门、麒麟门、仙鹤门、姚坊门、观音门、佛宁门、上元门、外金川门，以及江东门北的栅栏门。这是南京最早的18门记载。

明朝顾起元（1565—1628）《客座赘语》卷6《外郭门》写道：“（南京）西北据山带江，东南阻山控野，辟十有六门：东南北六，曰姚坊、仙鹤、麒麟、沧波、高桥、上方。西南六，曰夹冈、双桥、凤台、驯象、大安德、小安德。西一，曰江东。北三，曰佛宁、上元、观音。周一百八十里。此《京城图志》所载也。今俗云‘里十三，外十八’，西面又有栅栏门二，一在仪凤门西，一在江东门北，共十八门。”

明朝范景文修、张可仕纂《南枢志》卷48《形胜部·外门事宜》记载：“外十八门关，设有字号鱼尾令牌二面，状贮在门。江东、驯象、大小安德、凤台、双桥、夹岗、上坊、高桥门并小水关、石城关，隶于留守前卫；沧波、麒麟、仙鹤、姚坊、观音、佛宁、上元、外金川门，隶于留守后卫。封验锁钥，属之该卫镇抚，而撞锁系各所百户验。镇抚之责，与里门事例不同。”这里出现了一个新的城门名字——“石城关”。明朝万历年间徐必达领修、施沛等人协纂的《南京都察院志》卷24《职掌十七》记载的“外十八门关”与《南枢志》完全一致。

清末民初徐寿卿《金陵杂志》之《城垣志》记载：“（东）姚坊门、仙鹤门、麒麟门、沧波门、高桥门；（南）上方门、夹冈门、双桥门、凤台门、驯象门、小安德门、大安德门；（西）江东门、栅栏门；

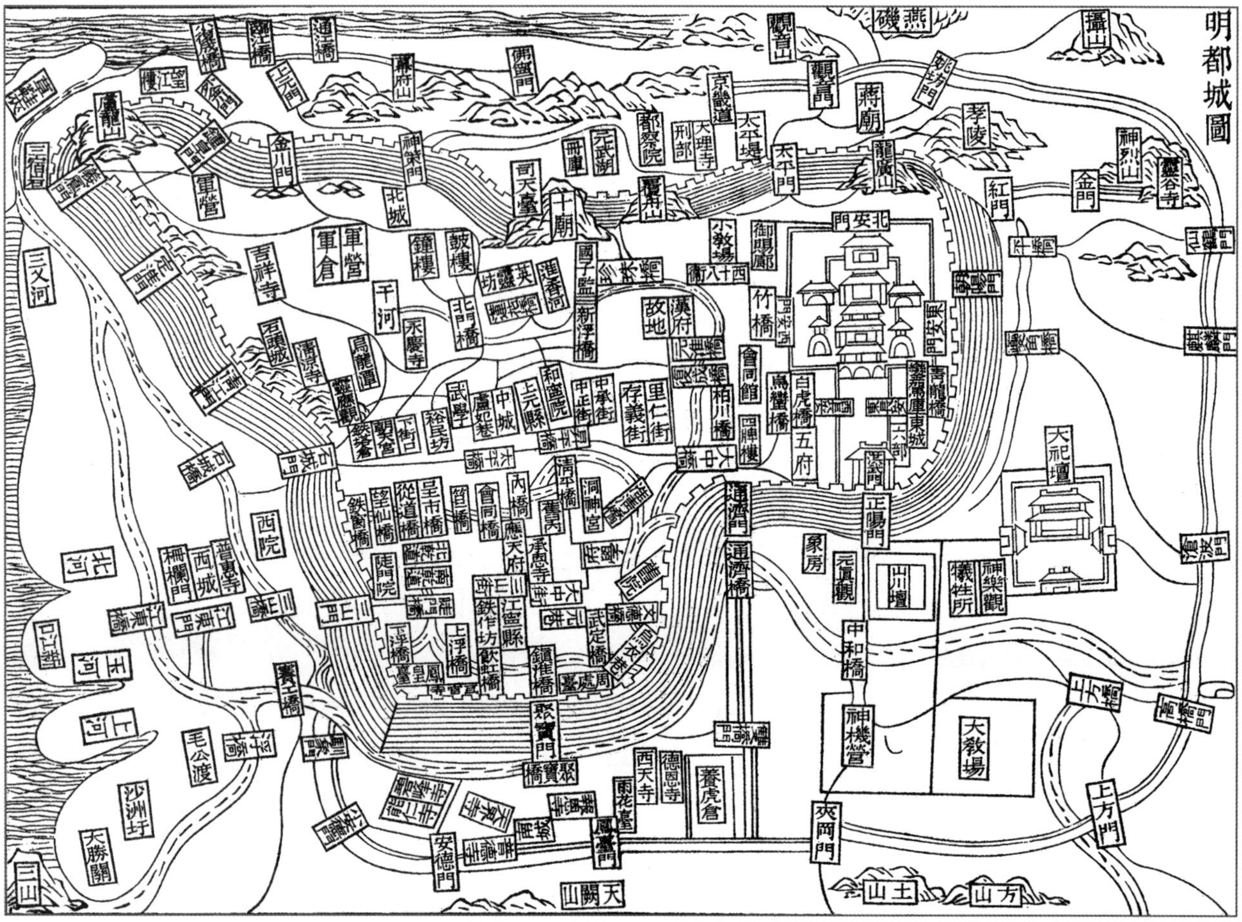

图1　《明都城图》中外郭18门关（明朝陈沂《金陵古今图考》）

（北）上元门、观音门、佛宁门、外金川门。以上城外十八门。”

清末民初陈作霖《元宁乡土合志》中有关明朝外郭18门的记载：“辟十有八门，东面五：曰仙鹤、麒麟、沧波（今讹为菖蒲）、高桥、上方；南面六：曰夹冈、双桥、凤台、驯象（今讹为徐小）、大安德、小安德；西面二：曰江东、栅栏［即石城关］；北面五：曰上元、观音、佛宁、外金川、姚坊（今讹为尧化）。”

民国孙濬源、江庆沅编辑的乡土教材——《江宁县乡土志》第二十课“城垣二”专门介绍南京明城墙外郭18座城门：“外郭门有十八。东面五：曰姚坊［即尧化］、曰仙鹤、曰麒麟、曰沧波、曰高桥；南面七：曰上方、曰夹冈、曰双桥、曰凤台、曰驯象、曰大安德、曰小安德；西面二：曰江东、曰栅栏；北面四：曰上元、曰观音、曰佛宁、曰外金川。”

民国胡祥翰《金陵胜迹志》卷一《城郭》写道：“明初，又于城之四周，因山据隘，辟郭门十八。东六门，曰姚坊、仙鹤、麒麟、沧波、高桥、双桥；南六门，曰上方、夹冈、凤台、驯象、大安德、小安德；西南二门，曰石城关、江东；北四门，曰外金川、佛宁、观音、上元。”

民国王焕镳《首都志》一书写道：“外垣倍焉。门十八。东六：曰姚坊，曰仙鹤，曰麒麟，曰沧波，曰高桥，曰双桥；南六：曰上方，曰夹冈，曰凤台，曰驯象，曰大安德，曰小安德；西南二：曰石城关，曰江东；北四：曰外金川，曰佛宁，曰观音，曰上元。”

民国陈迺勋、杜福堃《新京备乘》“都门外郭”记载：“都门既建，环以外郭。西北则据山带江，东南则阻山控野。辟十有八门。东面六：曰姚坊（今尧化），曰仙鹤，曰麒麟，曰沧波，曰高桥，曰双桥；南面六：曰上方，曰夹冈，曰凤台，曰驯象，曰大安德，曰小安德；西面二：曰石城关，曰江东；北面四：曰外金川，曰佛宁，曰上元，曰观音。”

（二）专家观点

到目前为止，专家们对于明朝外郭城门的数量、名称均有不同看法。一方面是因为明清以来相关的史料记载多有出入，甚至同一本书中也有不同的说法。例如明朝陈沂编纂的《金陵古今图考·国朝都城图考》一书中关于外郭城门数量就出现了15座与18座两种截然不同说法。另一方面，是因为查找文献困难。例如明朝的《南枢志》《南京都察院志》这两部记载南京城墙最为详细的文献，长期以来被束之高阁，使研究者难以一睹真容，导致看法不一。

蒋赞初《南京史话》一书认为明外郭有18门：“朱元璋又于1390年下令建造外郭城。……从东郊的麒麟门起，向北经过仙鹤门、姚坊门（今尧化门）、观音门、佛宁门、上元门，直到江北的外金川门；从麒麟门往南，经过沧波门、高桥门、上方门、夹岗门、凤台门、大小安德门、大小驯象门、江东门和栅栏门，也止于江边。”

季士家《明清史论集》一书认为明外郭只有十六门：“门十有六：东曰姚坊、仙鹤、麒麟、沧波、高桥、双桥，南曰上方、夹岗、凤台、大驯象、大安德、小安德，西曰江东，北曰佛宁、上元、观音。”“加上清代新开的栅栏、外金川二门，合计十八门。”

杨国庆《南京明代城墙》一书认为明代初年开辟的外郭城门有16座，即“沧波、高桥、上方、夹冈、凤台、大驯象、小驯象、大安德、小安德、江东、佛宁、上元、观音、姚坊、仙鹤、麒麟”，“明代中晚期，又在外郭北面和西面城垣上，分别增辟了外金川门和栅栏门，构成了18座城门”。

杨国庆、王志高《南京城墙志》一书认为：“明初南京外郭实际存在并得到认可的城门，合计18座：江东、大驯象、小驯象、大安德、小安德、凤台、双桥、夹岗、上坊、高桥、沧波、麒麟、仙鹤、姚方、观音、佛宁、上元、（外）金川。”

（三）明朝“外十八门关”

那么，明朝外郭城门到底有多少座，又分别是哪些城门呢？

通过对以上所引述的明代史料的分析，笔者认为明代外郭城门的记载之所以数量有多有少，名称有所差异，在不考虑时代因素的情况下，很可能与编写者的重视程度相关。南京外郭城规模巨大，不可能每位编写者都认真地进行实地调查，极有可能通过他人的叙述或参考相关的记载直接进行记录。例如，明朝《南枢志》卷51《形胜部》记载，南京有16座城门，但实际列举的只有15座；而卷48《形胜部·外门事宜》则仔细记载了18座城门。这充分说明了这部书中的不同部分应为不同人所编写，且后者因涉及军事防御更为准确。

此外，我们还发现《金陵古今图考·国朝都城图考》中的《明都城图》与《南京都察院志》卷24《职掌十七》，以及《南枢志》卷48《形胜部·外门事宜》这三部明代中后期的文献对外郭城门的记载存在惊人的相似，只是“栅栏门”与“石城关”的名称记载略有差异。而结合清末民初陈作霖《元宁乡土合志》的记载，我们推测“石城关”应该就是明代石城门外的“栅栏门”。因此，笔者认为明朝南京外郭城门在明代中后期共有18座，按逆时针顺序分别是：石城关、江东门、驯象门、小安德门、大安德门、凤台门、双桥门、夹冈（岗）门、上方（坊）门、高桥门、沧波门、麒麟门、仙鹤门、姚坊门、观音门、佛宁门、上元门、外金川门。另，因在《南枢志》《南京都察院志》文献中，凡是提到外郭18座城门，几乎一律称作“外十八门关”，故我们也应更为准确地称为“南京外郭十八城门关”。

二、外郭城门的形制

迄今为止，由于明朝外郭城门无一保存下来，而历史文献中也没有专门的记载，因此，关于外郭城门的形制也就难以确认。尽管如此，我们从历史文献中仍然可以发现一鳞半爪的记载，这对于我们进一步提升外郭的保护、利用具有重要的指导意义。

（一）史料中的外郭城门

《南京都察院志》卷24《职掌十七》记载，南京外郭城门一般是门券（门洞）一座，“城门二扇”，用的是“坚实板枋”，只有外金川门是个例外，有门券（门洞）三座。外郭城门不仅有垛口（雉堞），还建有城楼。尽管《南京都察院志》只记载江东门、沧波门、麒麟门、仙鹤门、姚坊门、上元门六座城门有城楼，然而结合相关图片资料，以及南京京城城门均建城楼的情况，我们认为，明朝外郭城门也都建有城楼。

民国年间，阮宗瑗的《游观音门谯楼记》（收入胡祥翰《金陵胜迹志》）可作为旁证。该游记写道：“门上谯楼甚隘。从磴道上，见楼有侧户，叩之，僧启扉迎焉。楼三楹，中供佛像，虚其左待客，其右即僧卧所，一榻一灶几不得。”这段文字中提到观音门的门楼为三楹，即三开间。

（二）图片中的外郭城门

明代葛寅亮撰写的《金陵梵刹志》、朱之蕃编绘的《金陵图咏》，以及清代王翚绘制的《康熙南巡图》和于成龙、王新命纂修的《康熙江南通志》中均有观音门的线描图。在这些线描图中，观音门无一例外地为拱形门洞，有的还绘有单檐人字顶的城楼。

图2　朱之蕃等《金陵图咏》中的观音门城门楼

图3　明朝朱之蕃等《金陵图咏》（局部）中的观音门城门楼

三、外郭城垣的形状

南京外郭城墙的平面布局突破了我国古代都城传统的方正形状，从军事防御的需要出发，因地制宜，西北据山襟江，东南阻山带岗，透迤曲折，蜿蜒起伏在自然山水之间，呈现出有缺环的不规则菱形。

外郭城墙环绕在京城周围，规模宏大，蔚为壮观。16世纪，意大利传教士利玛窦（1552—1610）三次来到南京，他在所著的《利玛窦中国札记》中描述道："第三重和最外层的墙是不连续的。有些被认为是危险的地点，他们很科学的利用了天然防御。很难确定这重墙四周的全长。"其中提到最外层的墙是不连续的，而且在某些危险地段，很科学地利用了天然防御。那么，明朝的外郭城垣在哪些地段是"不连续的"并利用了"天然防御"呢?

我们结合实地调查与文献记载，发现在没有天然山脉可资利用，但有河流可作防御的地段，外郭城墙有两段是不相连的。

一段是外郭西北部的石城关至外金川门之间，利用护城河和长江支流形成一道天然屏障，所以没有相连。清朝《同治上江两县志》卷27《明应天府外郭门图第九》注云："石城关俗曰栅栏门，以接木栅也。其北清江、定淮、仪凤三门，西濒大江，故无外郭门。"

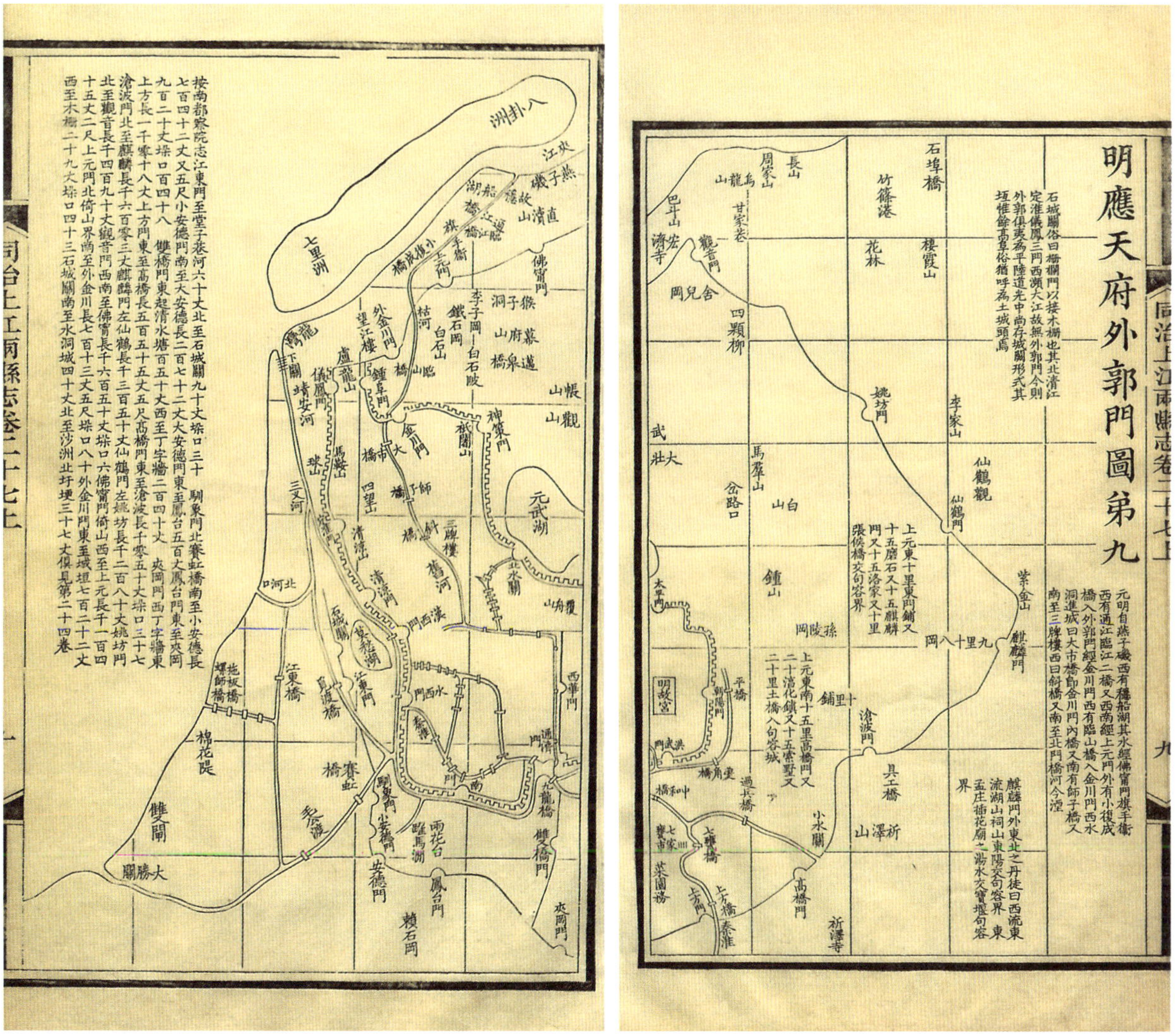

图4　清朝《同治上江两县志》卷27《明应天府外郭门图第九》

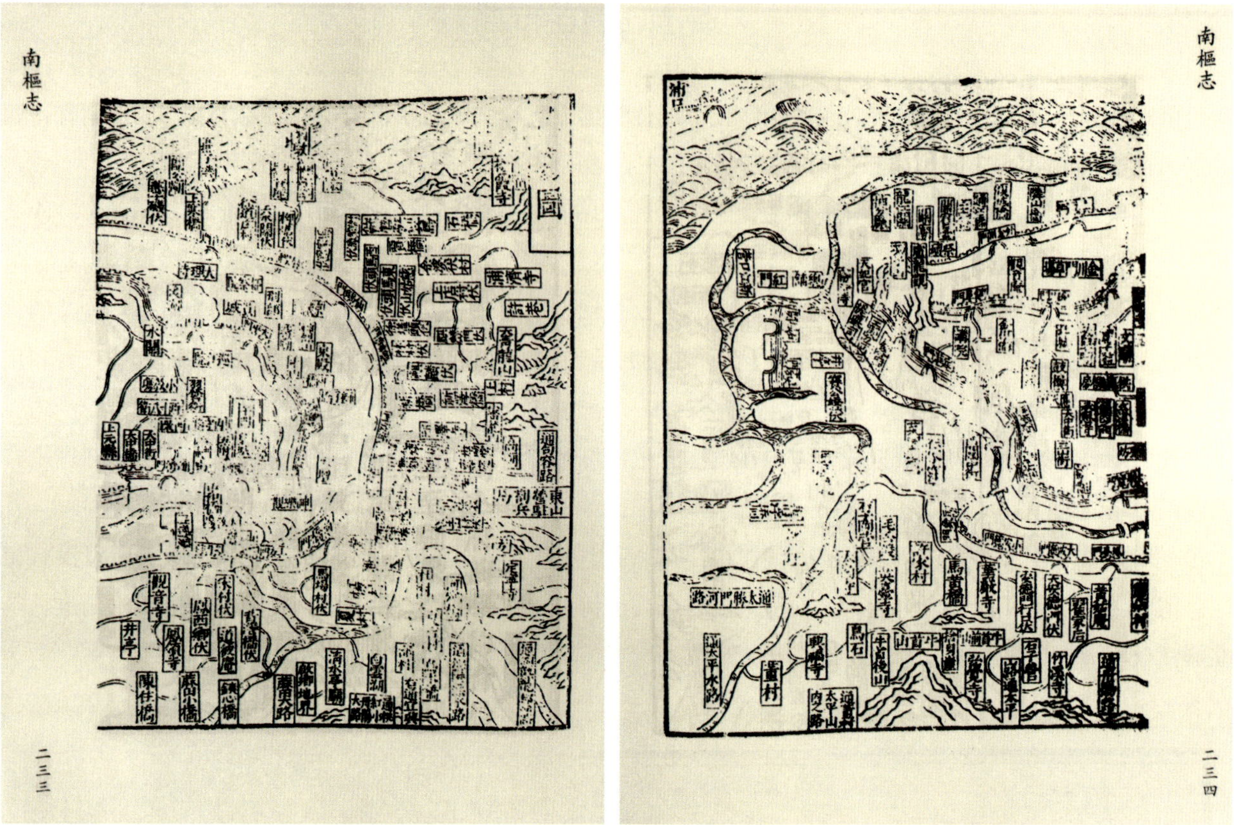

图5 《伏场图》中的外郭城门
（明朝范景文修、张可仕纂《南枢志》卷47《形胜部》）

此外，外郭西部江东门至驯象门之间，也有一段利用了河流作为屏障。《南枢志》卷48《形胜部·外门事宜》记载："江东门：南边城垣六十丈，至堂子巷河止；北城垣九十丈，接石城关界。……驯象门：北至赛公桥，南至安德小门，长七百四十二丈五尺。"因此，我们推断江东门以南堂子巷至驯象门以北赛公桥之间没有城墙连接。

另外，通过《金陵古今图考》中的《明都城图》、《南枢志》卷47《形胜部》中的《伏场图》，我们可以清楚地看到，石城关——江东门连为一体，两端与河流相接，屹立在南京城的西面；外金川门——上元门——佛宁门——观音门——姚坊门——仙鹤门——麒麟门——沧波门——高桥门——上坊门——夹冈门——双桥门——凤台门——大安德门——小安德门——驯象门，连为一体，环绕在南京城的北、东、南三面。南京城西南面的江东门与驯象门之间则是利用河道、湖泊、水塘作为防御屏障，并未完全连接。

四、明外郭城垣所用建筑材料

关于明朝外郭城墙究竟使用何种材料建造，史料中仅有零星的记载。

（一）城垣所用材料

《明太祖实录》卷208记载：洪武二十四年（1391），"应天府江宁县沙州乡修筑土城"。这里的"土城"就是外郭城墙。

明朝南京兵部尚书张时彻《修筑墩堡以便防御疏》（《芝园别集》卷五《奏议》）记载：嘉靖三十四年（1555），"该尚书（指的是南京工部尚书）杨等题称，会同南京内外守备、参赞等官，亲谒南京城外墙观音等门周围阅视，看得城外东、南、北三面设有城垣约九十余里，中间如观音、上元、佛宁、外金川四门皆以山为墙，其有缺隙通人去处，则砌以砖石补之。其余沧波等一十四门，墙垣俱是用土筑成，累年修理，间或包以砖坯，上架蜈蚣木，覆之以瓦，通无垛口，高仅丈余，厚才数尺，一梯可逾，委实低薄”。

明朝南京工部尚书王樵《阅外城记》（《方麓集》卷七）记载：“万历二十一年（1593）十一月二十一日，同内外守备、参赞部臣阅外城。予以摄工部事，出太平门；尚书徐公以摄兵部事，出神策门。予以五鼓尽，至观音门官厅，俄而守备邢太监泰宁、陈侯相继至，既而尚书徐公至。黎明，循垣内东行。垣皆国初蒸土所筑，极坚厚，上以蜈蚣木出檐，覆之以瓦。”

明朝马生龙《凤凰台记事》记载：“又于城外起土城，以为不测屯守之计。宫中阴沟，直通土城之外。”

民国孙濬源、江庆沅编辑的乡土教材《江宁县乡土志》（中华书局1916年6月版）中记载：“（外郭）基址久夷，今惟土阜络绎，俗犹呼为‘土城头’云。”

我们根据这些史料记载，结合实地考察，可以判断，明朝南京外郭城墙在大多数地方都是依据自然山丘地形，就地取材，用土夯筑垒砌而成，没有垛口，高度只有一丈余，厚度只有几尺，在土墙的顶部，搭有出檐的“蜈蚣木”，上覆以瓦，以保护墙体。在后来维修的过程中，有些地方使用了砖坯包在土城外面，只有在重要的具有标志性的城门位置才用砖石砌筑。

（二）城门所用材料

《南京都察院志》卷24《职掌十七》记载：“上元门，北边倚山为城，至佛宁门山界原无丈尺，南边砖石城至外金川门界止，长七百一十三丈五尺。水洞一座，垛口八十座，城楼一座，官厅三间，神庙二间，直房二间。”

图6　明朝外郭城门观音门墙体和墙基分别用砖、石砌筑

其中“南边砖石城至外金川门界止”明确表明使用的建筑材料是“砖石”。在这部文献中，记载其他城门时，多次提到“垛口”一词。据此我们可以确信，明朝南京外郭城门及其与相邻位置用砖石建造。

需要着重指出的是，清末民初留下的明朝唯一一座外郭城门观音门的图片，其中有一张在剥落的城门上部，露出了城砖，城门过道铺满石头。我们推测城门的墙体和墙基分别用砖、石砌筑。

五、结语

南京明外郭城墙因大部分是“用土筑成”“蒸土所筑”，在明代二百多年间，由于维护不善，已经遭受了一定程度的损坏。明朝嘉靖年间南京兵部尚书张时彻《修筑墩堡以便防御疏》写道：“欲增筑恃以为险，比如城垣之制而后可，则周围九十余里，工程浩大，未敢轻议也。”明朝万历年间南京工部尚书王樵《阅外城记》记载：“岁久，土有剥落，木瓦有颓坏，则修之，至今垂三百年，外郭周百八十里，包罗山谷，诚前代所未有也。”

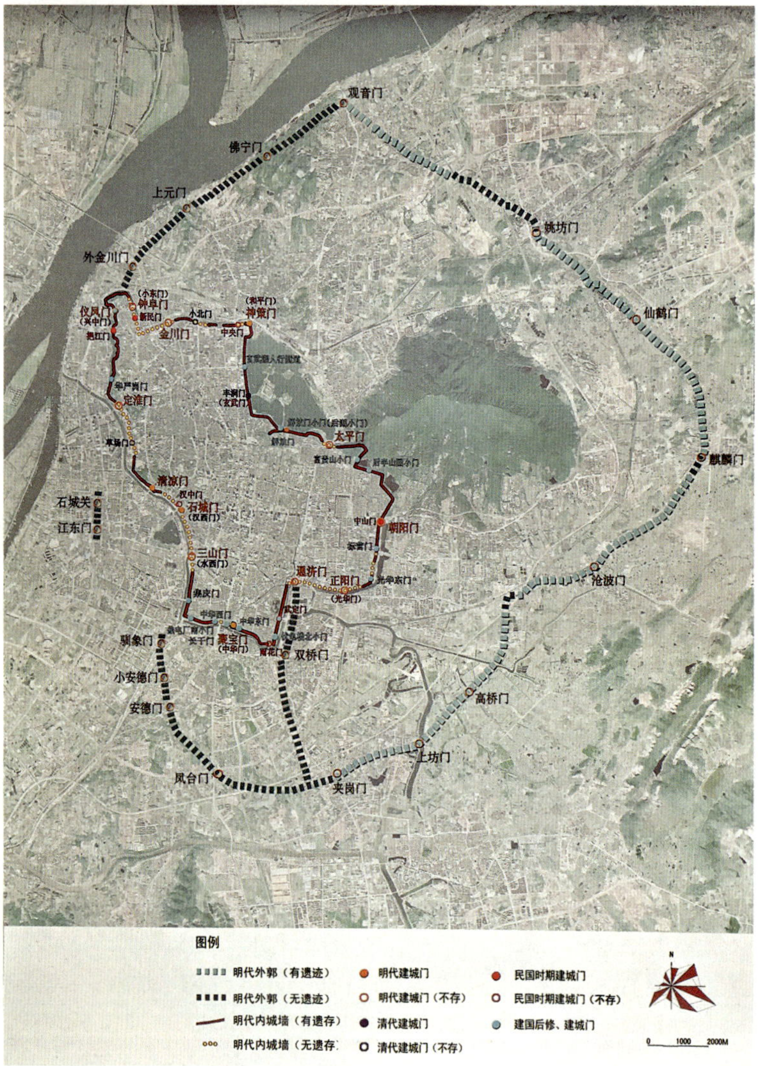

图7　南京明外郭示意图

（根据东南大学建筑学院、东南大学城市规划设计研究院《南京百里绿廊——明城墙外郭城墙沿线综合规划设计》中的相关图片绘制）

外郭城门到清朝已经所剩无几。《康熙江宁府志》卷1《国朝省城图考》记载：“外郭门城垣，旧多颓毁，所存者仅高桥、沧波、江东二三处。”

民国年间，由于保护意识薄弱，外郭城门和城垣再次遭到损毁。20世纪30年代，朱偰经过实地调查后，在其所著《金陵古迹图考》中写道：“外郭周一百八十里，利用天然土坡，未起城垣，然外郭城门，（如高桥门）尚有存者，重关屹立，形势嵯峨，惜今日因筑路关系，渐次拆毁，（如观音门，三年前尚存）亦可叹已。”如今，外郭遗迹大部分已不复存在，城门更是踪迹难寻。然而，许多外郭城门的名称，如麒麟门、仙鹤门、夹冈等，依然作为地名沿用至今，在民间留下了深深的印记。

总之，南京明外郭城垣的建造和“外十八门关”的设置，充分体现了中央集权统治下的城市建设等级次序。明朝南京外郭城墙范围之广、形状之特以及城门数量之多，不仅在中国城建设史上绝无仅有，在世界城市建设史上也是无与伦比。

参考资料

1.（明）礼部编、（明）陈沂撰：《洪武京城图志·金陵古今图考》，南京出版社2006年版

2.（明）官方修：《明实录》，中华书局2016年版

3.（明）徐必达领修、施沛等协纂：《南京都察院志》，南京出版社2015年版

4.（明）范景文修、张可仕纂：《南枢志》，收入《金陵全书》“乙编·史料类”，南京出版社 2015年版

5.（清末民初）陈作霖编：《元宁乡土合志》，江楚编译局1910年版

6.（民国）胡祥翰撰：《金陵胜迹志》，南京出版社2012年版

7. 蒋赞初：《南京史话》，江苏人民出版社1980年版

8. 季士家著：《明清史事论集》，南京出版社1993年版

9. 杨国庆、王志高著：《南京城墙志》，凤凰出版社2008年版

“南京城墙记忆”数字化项目
——中国明清城墙文化遗产活化利用的新尝试

◎ 金连玉[①]

南京城墙始建于公元1366年，是明太祖朱元璋组织修建的明初重要国家工程，也是我国现存体量最大、保存最完整的古代都城城墙，在中外筑城史上具有无可替代的地位与影响。随着现代化城市的发展，南京城墙原具备的军事防御功能逐渐消失，独特的历史价值与文化魅力日益凸显。今天，南京城墙不仅是南京地面现存体量最大的文物，也是整个南京城市的筋骨，更是南京人的血脉记忆与不可缺少的精神家园。

2017年12月，南京城墙保护管理中心联合南京大学文化与自然遗产研究所，应《国家文物事业发展“十三五”规划》保护国家优秀记忆资源、建立全民共识的国家精神标识需要，发起“南京城墙记忆”数字化口述史公益项目。该项目前后历时三年，首次采用口述史学的新型资源收集方法，围绕“南京城墙记忆”为主题，共计采访了101位保存有珍贵城墙记忆的个人（含群体），通过面对面访谈，深度挖掘、提取、保存与南京城墙有关的记忆资源。口述内容涵盖南京城墙修缮保护历程、规划与申遗工作、南京民俗、传说及个人生活记忆等多方面内容，形成以南京城墙为中心的全方位、多角度的珍贵记忆资源体系。

“南京城墙记忆”项目首次依托口述史、影像史学等新型资源采集方式，利用口述访谈的形式，记录、保存有关南京城墙的珍贵记忆资源，不仅是我国国家记忆工程项目开展的重要组成内容，也是中国明清城墙文化遗产活化利用的新尝试。本文通过对口述史学、影像史学发展回顾的探讨，结合“南京城墙记忆”口述资源构建特点，总结“南京城墙记忆”新型资源体系建设中的创新经验与收获，探寻口述史资源在南京城墙文化遗产活化利用中的影响与意义，并为未来记忆资源利用提出基本构想，以期抛砖引玉，为中国明清城墙文化遗产活化利用开辟新路径。

① 作者简介：金连玉，考古学博士，现为南京城墙保护管理中心副研究馆员，南京城墙研究会理事。

一、引言

口述史又称口述历史（Oral History），起源于古代先民的口耳相传与民间传说，是文献传播出现以前记录历史的主要方式。作为现代历史学的分支，口述史学兴起于20世纪40年代，以1948年亚伦·芮文斯在美国哥伦比亚大学（Columbia University）创建的第一个口述史专门机构——哥伦比亚大学口述历史研究室为标志。[①]随后，加州大学伯克利分校（University of California Berkeley）、加州大学洛杉矶分校（University of California Los Angles）等美国高校相继成立口述史档案馆与口述史项目，至1966年美国口述历史学会（Oral History Association）正式成立，[②]口述史学研究已推广到社会生活的各个领域，受到了多学科的空前重视。中国大陆现代口述史学的实践与理论建设自20世纪80年代以后逐渐兴起，钟少华作为最早的"田野作业"者之一，于1982年开始做口述访问，并于1989年写成《中国口述史刍议》。[③]随后口述史在中国大陆发展迅速，2004年12月成立了中华口述历史研究会。[④]鉴于口述史"为历史本身带来了活力，也拓宽了历史的范围"[⑤]，口述史学作为主要研究方法，在历史学、人类学、社会学、政治学等多学科领域里遍地开花。

影像史学是现代历史学的一个分支，诞生于20世纪80年代，美国历史学家海登·怀特（Hayden White）在《书写史学与影像史学》一文中，正式提出与书写史学（Historiography）相对的影像史学（Historiophoty）这一新概念，并指出影像史学是"以视觉影像和电影话语来表现历史和我们对历史的见解"[⑥]。这种当代西方史学的新方法，随后在美国以外的区域继续开展，北京师范大学张广智教授首次向中国大陆学界推广了这一新概念。[⑦]与传统书写史学不同，影像史学主要借助摄影、电影、电视等新媒介，来记录与传达历史事件与历史人物，因而与书写史学在材料收集、传播媒介等方面均有所不同。同时，经影像史记录与表现的历史材料，并不局限于少数重要历史人物，不仅拓宽了材料的收集，且因其表现形式鲜活直接、富有生气，具有普及较快等突出特点。

总体看来，口述史、影像史学作为现代历史学的重要分支，在20世纪80年代前后传入中国大陆，并在历史学、社会学、人类学、档案学等诸多学科领域都产生了较大影响，成果丰硕。近年来出版的《新中国文物保护史记忆》，阐述了新中国成立后到20世纪90年代中期中国文物事业的发展历程、新中国文物工作重要起草出台过程及重大方针政策的研究颁布过程等，被誉为新中国文物事业的第一步口述史。[⑧]就文化遗产保护与利用来看，口述史在非物质文化遗产中的应用已引发了一场革命，不仅为非遗研究与保护保存了大量鲜活的第一手资料，并且为非遗技艺向公众更好地推广搭建了桥梁。[⑨]正如冯骥才指出："口述史与非遗有共同之处，口述史面对的是活着的人，非遗的主角就是活着的传承人，口述史挖掘个人记忆，非遗保存在传承人的文化记忆中，口述史调查是非遗最重要的抢救手段和保护方式。"[⑩]

相较于非遗中对口述史资源的活化利用，物质文化遗产的保护与利用多注重文物本体，对于保存与文物

---

① 全根先：《口述史、影像史与中国记忆资源建设》，《国家图书馆学刊》2015年第1期。

② http://www.oralhistory.org/。

③ 傅光明：《口述史历史价值与方法》，《甘肃社会科学》2008年第1期。

④ 熊卫民：《中华口述历史研究会成立》，《中国科技史杂志》2005年第1期。

⑤ [英]保尔·汤普逊：《过去的声音：口述史》，辽宁教育出版社，2000年，第24页。

⑥ Hayden White, Historiography and Historiophoty, American Historical Review, Vol. 93, No.5 (December 1988), pp1193–1199.

⑦ 张广智：《影视史学：历史学的新领域》，《学习与探索》1996年第6期。

⑧ 《新中国文物事业的第一步口述史——〈新中国文物保护史记忆〉出版座谈会发言摘要》，《中国文物报》2016年11月29日。

⑨ 目前较有代表性的成果，包括《北京非物质文化遗产传承人口述史丛书》《成都市非物质文化遗产传承人口述史》《国家级羌族文化生态保护试验区绵阳地区非物质文化遗产传承人口述史》《金陵话艺：非物质文化遗产代表性传承人访谈录》等。

⑩ 冯骥才：《中国木版年画传承人口述史丛书总序·年画艺人的口头记忆·凤翔年画邰立平》，天津大学出版社，2009年。

图1　20世纪30年代南京城墙神策门及外瓮城旧影（南京城墙保护管理中心藏）

图2　20世纪30年代南京城墙中华门东南拐角旧影（南京城墙保护管理中心藏）

本体相关的个人记忆资源关注较低。然而作为中国乃至东亚地区古代城市城墙集大成者，南京城墙的价值并不局限于地面存留的文物本体，与之相关的个人记忆资源更是构成南京城墙650余年沧桑历史的重要组成部分，是亟待提取、保护的国家优秀记忆资源。特别是在现代化城市发展进程中，为南京城墙保护做出过巨大贡献与努力的重要人物，亲历城墙保护、修缮历程的工作人员乃至生活在城墙周围、保存着个人独特城墙记忆的"老南京"、普通市民，他们脑海中存留的有关南京城墙记忆信息，是构成南京城墙突出文化价值体系的重要来源。通过对留存在现代人脑海中的城墙记忆资源的提取、保护与利用，形成围绕南京城墙为主，包含多角度、多视角的完整的记忆资源建设，是面向公众分享个人记忆、汇聚城墙发展历史的新手段，也是探寻口述史资源在物质文化遗产活化利用方面的新途径与新拓展。

二、"南京城墙记忆"资源特点与建设原则

"南京城墙记忆"数字化项目以建立南京城墙独特记忆资源数据库为最终目标，通过口述采访及现场拍摄等手段，将存留在现代人脑海中，具有珍贵研究价值的记忆资源提取、挖掘出来，进行归档保存。同时，"南京城墙记忆"数字化项目属于南京城墙遗产价值的创造性转化，通过大力拓展南京城墙合理、适度利用的有效途径，不断拉近城墙与人的距离，是南京城墙文化遗产活化利用开展的重要内容。

（一）资源特点

首先，通过口述采访形式，拉近了城墙与人的关系，促进南京城墙文化遗产活化利用。口述史、影像史作为"南京城墙记忆"资源建设的基本工作方法，其特点在于强调"眼光向下"，正如保罗·汤普森所说，"口述史使英雄不仅来自赫赫有名的领袖，也可以来自默默无闻的平民"①。资料获取对象并不局限于重要历史人物，普通人脑海中的记忆资源同样注重挖掘，让城墙历史保存更多的个人声音，也促进了普通人对南京城墙的关注及保护参与，推动了南京城墙文化遗产活化利用。比如，生活在南京，经历过近代南京城墙拆、建的老市民，以及亲历南京城墙近代保护、修复工作的维修人员，他们脑海中保存的城墙记忆，均是亟待挖掘、提取、保护的重要资源。

其次，有关南京城墙的口述记忆资源填补了文献资料中遗产真实性、细节性的缺陷，形象还原了南京城墙遗产保护、研究与修缮利用工作历程，为中国明清城墙保护、研究、利用工作提供了新资源与新思路。自20世纪50年代以后，南京城墙的拆除、保护与修缮工作伴随着南京城市建设发展，相关工作内容也是探讨我国历史文化名城保护发展历程、探寻近现代南京城市发展史的宝贵材料。特别是南京城墙修缮保护工作历程，是中国明清城墙保护发展史、近现代南京城市史研究的重要组成部分，通过对亲历南京城墙保护与修缮工作的相关负责人采访，生动再现出南京城墙修缮保护过程的"历史境域"。

最后，"南京城墙记忆"数字化项目成果利于传播，为形象展现南京城墙保护修缮历程、传播南京城墙文化遗产价值提供重要途径。相较于传统文献材料的叙述与表现范围，本次数字化项目主要采用录音、摄像方式对记忆资源素材进行采集，并拟通过电影、电视及视频多媒体、互联网等现代技术进行展示，不仅拓展了素材的收集方法，素材表现形式更为生动、形象，也更易于素材加工后的成果传播，便于将成果更为直观地回馈给大众。同时，口述采访获得的南京城墙记忆资源丰富了博物馆的馆藏，也为南京城墙博物馆新馆展示提供了新的视角，从而实现以记忆资源为契机，探求多角度跨界协作的模式，促进了南京城墙文化遗产的活化利用。

① Paul Thompson: The Voice of the Past: Oral History, London: Oxford University Press, 2000:24.

（二）建设原则

本次“南京城墙记忆”数字化资源建设，坚持保护为主、保用结合。资源建设基本围绕前期主题策划、采访对象选取，中期开展口述采访，以及后期科学归档采访素材三个步骤开展。

1.前期——主题策划与对象选取原则

“南京城墙记忆”数字化项目依照采访对象成长背景不同，专业有异，基本围绕南京城墙，涵盖南京城墙保护、规划与申遗工作，南京城墙修缮保护历程，南京民俗、传说及个人记忆等几大主题，留下珍贵的南京城墙记忆资源。访谈对象选取是本次数字化项目顺利展开的重要前提，基本依据重要性、紧迫性、专业性、多样性等原则，筛选出具有代表性的采访对象。在一对一采访时，根据对象的身份背景、个人经历、专业差异等，具体采访内容又有所侧重。

首先，重要性。对经历过与南京城墙有关的重大事件，对南京城墙保护、研究、规划、利用等工作产生过较大影响、做出过突出贡献的重要人物，是本次记忆数字化项目的主要对象。如亲历20世纪拆城、保城风波，为保护南京城墙奔走呼吁的谢辰生、梁白泉、蒋赞初等诸位先生，他们对南京城墙的保护与发展做出过突出贡献，也是“南京城墙记忆”项目采访的首要对象。

其次，紧迫性。记忆最基本的载体是人，对于记忆工程项目而言，时间是最大的制约条件。许多为南京城墙保护事业做出巨大贡献的老专家、学者，多已进入耄耋之年，亲历南京城墙维修、保护、规划等事件的专家、学者也多已退休，步入晚年。因此，通过口述采访的形式，提取、保存他们头脑中珍贵的南京城墙记忆材料，具有抢救性意义。

再次，代表性。采访时有针对性地选取文物保护、遗产研究、城市规划、城市考古，及南京历史、文化、民俗等与南京城墙密切相关的研究领域内的代表性专家、学者，进行一对一访谈，记录下他们儿童时期、求学时代，对南京城墙的个人记忆。同时，因学科专业不同，诸位学者也从各自学科研究视角，对南京城墙的历史价值、南京城墙保护研究与利用、南京城墙与中国明清城墙申遗工作等谈了各自看法与认识。

最后，多样性。除专家学者外，注重对留存在普通民众记忆中的南京城墙历史信息的提取。通过有针对性地选取专家学者、维修保护工作人员、普通市民与热心人士，通过分享个人记忆、汇聚集体记忆，保存南京城墙有关的珍贵记忆资源。就专家学者来讲，也并不集中于某一特定领域，而是注重采访对象的多样性。

综上所述，在前期采访对象选取时，以重要性为首，紧迫性其次，最后注重对象的专业性、多样性。对于同时具有“重要性”“紧迫性”“专业性”等特点的对象，则是采访工作中最重要的采访对象。

2.中期——采访过程真实性原则

在口述采访过程中，无论采访大纲的拟定，还是整个采访过程，基本秉承真实性原则，保证口述采访真实、有效，注重资源原真性提取。在正式采访开始前，积极做好基础准备与调研工作，通过多次与访谈对象接触，为其“量身定做”口述采访提纲。同时，就草拟的采访大纲征求被采访人意见，商定访谈范围，并在沟通后将修改好的采访大纲提前发给每一位受访者，让他们充分准备，以期获得最佳的现场采访效果。

在采访当天紧扣采访主题，对采访对象进行1—2小时的专访，全程采用摄像记录。在采访中，结合受访者身份背景、个人经历、专业差异等，采访内容相应地有所侧重，注意把握前后问题的连贯性，保证受访者记忆和叙事内容的完整，引导受访者积极、主动地完成采访，尽量保证采访对象记忆与叙述内容的真实性。口述访谈结束后，利用现场录音整理采访内容，形成文字材料，并辅以现场录像进行复查，确保采访过程与内容的真实、可靠。

图3 “南京城墙记忆”数字化项目组成员与陈薇教授合影

图4 采访前项目组成员与孟凡人先生就采访提纲进行沟通

3.后期——资源档案科学归档原则

鉴于“每一份个人的记忆，都是一份独一无二的人性档案”[①]，在采访结束后，为每一位被采访者建立独立的口述采访档案，永久保存，并注意对影音资源进行归档，为未来记忆资源进行多元开发与利用建立科学的数字资源档案库。一方面，根据音频、视频材料整理被采访者的口述文本，并在文稿处理中，仅将明显的口误、重复多余的言语，或者不符合逻辑的地方挑出，通过与被采访人核对、交流，确认最终文稿，并由被采访人签字，进行统一归档收藏。同时，由被采访者签署相应的授权证书，作为档案永久保存。另一方面，将口述提纲、整理好的电子文稿，以及音频、视频、图像等原始影音素材，进行一体化编目、储存、整理，作为“南京城墙记忆”基础材料形成电子档案。此外，在口述史资源整理中，注意标记具有重大意义的节点性事件，采用标签形式做好记录，便于后期快速检索与查找相关音频、视频材料，为筹备《南京城墙记忆口述史》出版及纪录片剪辑、制作提供重要素材。

总体看来，通过口述材料归档与资源库建设，将采访中录制的音频、视频，以及整理好的口述文本（被采访人签字版）、授权证书，被采访人在采访过程中自愿捐赠的文物信息，进行统一归档，建立可供检索的资源信息库。日后将利用新媒体等手段及互联网等媒介，将口述史资料进行多元利用与开发，积极将口述史成果及时、有效地回馈给公众。

三、“南京城墙记忆”数字化项目基本内容

“南京城墙记忆”数字化项目针对被采访对象不同，相应地访谈内容也不一致，基本围绕南京城墙，涵盖南京城墙保护、规划与申遗工作，南京城墙修缮保护历程，南京民俗、传说及个人记忆等几大主题：

（一）南京城墙遗产保护、规划与申遗工作

南京城墙遗产保护、规划与申遗工作是本次数字化项目中的重要内容，多位文保、历史、考古、文化遗产等领域专家，从各自专业视角入手，梳理了近现代南京城墙保护、规划与申遗工作的发展历程。

如负责《南京城墙保护规划》编写工作的陈薇教授，重点回忆了保护规划制定与编写历程，并指出保护规划首先要强调研究工作，通过对南京城墙历史、文化、科学、艺术、军事、工艺等诸多方面价值的认知理解，搭建研究平台，在此基础上进行客观评价，再通过保护措施与规划衔接保护目标与现状的差距，确保

① 陈墨：《口述历史——个人记忆与人类个体记忆库》，《当代电影》2012年第11期。

《保护规划》在实际工作中真正起到统筹作用。曾任南京市文物局局长、分管南京城墙维修与申遗工作的杨新华先生，则详细回顾了南京城墙申请世界文化遗产初期阶段的工作历程。从1998年首次在《南京日报》将南京城墙与世界文化遗产联系在一起①，到2004年南京城墙风光带规划建设、城墙周边环境整治，再到2006年南京城墙列入《中国世界文化遗产预备名录》城墙维修工作常态化，开始着手对申遗材料进行收集、整理，2007—2012年“中国明清城墙”联合申遗队伍逐渐扩大，申遗工作逐步开展，整体回顾了南京城墙及“中国明清城墙”申遗工作的开展。

此外，谢辰生、蒋赞初、梁白泉等亲历近现代拆城风潮，为保护南京城墙、北京城墙奔走的中国历史文化名城捍卫者，从城墙保护角度，回忆了南京城墙及中国历史文化名城保护与规划发展历程，及朱偰先生等仁人志士为保护城墙不懈努力的珍贵历史。因此，相较于传统的历史文献材料，本次数字化项目以口述资料为主，使得南京城墙遗产保护、规划与申遗历程首次以口述采访与摄像形式得到记录，成为中国历史文化名城保护史研究的珍贵资料。

图5 谢辰生先生接受“南京城墙记忆”数字化项目采访

图6 蒋赞初先生接受“南京城墙记忆”数字化项目采访

图7 梁白泉先生接受“南京城墙记忆”数字化项目采访

图8 杨新华先生接受“南京城墙记忆”数字化项目采访

① 《首次公开提出南京城墙申遗问题》，《南京日报》1998年3月10日。

图9　1958年南京城墙光华门段拆城旧影（南京城墙保护管理中心藏）

（二）南京城墙修缮保护工作历程

南京城墙修缮保护工作历程，也是中国明清城墙保护发展史、近现代南京城市史研究的重要组成部分。本次数字化项目通过对亲历南京城墙保护与修缮工作的相关负责人采访，生动再现出南京城墙修缮保护过程的“历史境域”。他们多以亲身经历，回忆了自20世纪90年代以后南京城墙修缮、保护工作的来龙去脉，梳理了南京城墙保护与发展过程，有助于加深对南京城墙保护史的认识，并对日后南京城墙乃至世界城市城墙修缮及保护工作，提供了宝贵经验与借鉴作用。

如原南京城墙管理处处长葛维成、杨孝华，分别回顾了自20世纪90年代至2016年的南京城墙修缮保护工作，回忆了维修保护过程中遇到的实际困难与解决经验，形象还原了南京城墙维修历程。葛维成先生指出，受罗哲文先生影响，清凉门鬼脸城段城墙的维修借鉴了长城司马台维修方法，采用钢架直接撑起鬼脸城段原塌陷的石头，并在石头下做好基础建设工作，使得城墙里原包含的红砂岩、江水冲刷痕迹等得以显露，城墙原真性一览无遗，为日后依照文物原真性原则进行城墙修复提供了珍贵借鉴。

建材来源是维修工作首先要解决的重要问题，城砖则是南京城墙维修工作中使用的最主要建材。杨孝华先生指出南京城墙维修工作的最大特点是尽量使用回收的明城砖维修，经过多年、持续的城砖回收工作，2006—2012年城墙维修时共使用了700多万块回收的明城砖。在雉堞、女儿墙维修时尽量使用明城砖，只在城砖数量不足时，在城墙内部使用新烧制的城砖维修。因此，通过新、老城砖的结合，使得城墙文物本体建筑

图10　葛维成先生接受“南京城墙记忆”数字化项目采访

图11　杨孝华先生接受“南京城墙记忆”数字化项目采访

远看一致、和谐，最大限度地保留了古都风貌。

利用口述史与影像史资料收集的方法，城墙修缮过程中鲜为人知的事件与特殊经历，维修工作的艰辛与收获，从一位位“城墙人”的口述过程中流露，使得城墙维修看似平凡又枯燥的工作，以更为形象的方式得以保存与展示，并为科学记录中国明清城墙维修保护工作提供了新方法。

（三）南京城墙民俗、传说及个人记忆

作为南京城墙发展变化的亲历者，生活在城墙周围的南京人，来自不同国家、地区到南京工作、上学的学生及社会人士等，都真切地目睹了南京城墙的历史变化与保护发展，在其个人成长中，保留了各种各样有关南京城墙的珍贵记忆。比如，从小生长在南京的朱元曙先生回忆了少年与青年时期两次应战备需要，在琵琶湖、玄武湖段城墙内挖建防空洞的经历，并回忆当时曾在玄武湖段城墙意外发现过“墙中墙”遗存，为南京城墙研究工作提供了新线索与新资料。

南京民俗专家陶思炎先生是生长在南京的第四代“南京人”，其家族在南京生活长达百余年，留下了大量的珍贵记忆资源。陶先生回忆、解读了老南京“正月十六上城头”的民俗活动，指出这一活动是南京保留下来的比较独特的文化习俗，其形成原因与明初定都南京，调集安徽、江苏、浙江等多地农民进城，将原来农村正月十六“走三桥”的习俗带到南京，并为适应新的城市生活，将城墙与城门作为三桥的替代品，产生了民俗变迁。这一习俗在明初形成以后，目前仅在南京一地保留，是南京极具特色的民俗资源。

这些保存在“现代”南京人记忆中的历史，随时间飞逝正慢慢褪色，通过对其进行保护与挽救，将为南

图12　朱元曙先生接受“南京城墙记忆”数字化项目采访

图13　陶思炎先生接受“南京城墙记忆”数字化项目采访

京城墙留下大量鲜活、直观的历史信息。并且，通过数字化项目的积极开展，也带来了较大的社会影响，拉近了城墙与人的距离，使得城墙不仅仅是伫立在南京的历史文物，而是与南京人生活紧密相关的"活"的历史。

四、"南京城墙记忆"资源利用构想

"南京城墙记忆"数字化项目依托口述史、影像史学资源收集方法，采用一对一访谈形式，运用先进的影音技术，对留存在个人大脑里的南京城墙记忆资源进行开采，旨在建立科学、系统的南京城墙记忆资源信息库，以达到"为城存史""为墙立传"的根本目的。本项目累计保存超过60小时的口述史料和影音文献，整理采访文稿58万余字，并在采访过程中受到广泛关注，取得了较大的社会影响。[①]为加强文化遗产活化利用，促进南京城墙文化遗产价值的传播与影响，未来拟利用互联网等技术，整理口述资源档案，建立"南京城墙记忆"数字资源库，实现"南京城墙记忆"口述资源在线浏览。同时，结合记忆资源自身特点，应用于博物馆展览展示中，从而拓展博物馆馆藏资源，活化展览展示手段，并结合多媒体网络等新型传播手段，借助出版物、纪录片等途径，将本次数字化项目成果及时回馈给公众，实现"南京城墙记忆"资源成果的有效传播、转化与利用。

（一）"南京城墙记忆"数字资源库建设与使用

"南京城墙记忆"口述史是南京城墙保护管理中心独立采集、收藏的有关南京城墙的记忆资源，保存了南京城墙拆建、维修、保护、申遗等诸多珍贵的第一手信息。未来将通过对"南京城墙记忆"口述资源的收集、整理与归档，建立"南京城墙记忆"数字资源库，并利用互联网技术，筹建"南京城墙记忆"专题网站，将整理好的南京城墙记忆资源开放给全球用户，实现记忆资源的在线浏览、观看与检索，促进"南京城墙记忆"成果的有效传播与利用，也为未来构建在线"数字城墙"提供资源。利用互联网技术也便于口述史资源的传播，目前多家博物馆、图书馆等公众服务机构，相继开展了口述史网站，将口述资源上传至网络供全球用户查询、观看。如影响较大的"北京记忆"[②]，将有关老北京民俗、生活、建筑等记忆资源上传至互联网，利用互联网有效促进了口述资源传播。因此，通过互联网将有关南京城墙的珍贵个人记忆上传至网络，使得居住在世界各地的游客均能足不出户共享有关南京城墙的珍贵历史记忆，实现南京城墙记忆资源共享，扩大南京城墙的影响力。

此外，现代博物馆馆藏资源并不局限于实物资源，与展览展品相关的影像资源，以及包含重要历史信息的口述资源越来越受到重视，"博物馆的藏品不仅包括实物，也包括反映和记录客观真实存在和发生的现象与过程的非物质记录。如记录某客观存在的现象与过程的文字、图像、音像和数码记录等资料"[③]。利用口述采访形式，采集、归档与保存相关的口述史材料，也是南京城墙博物馆新馆的重要馆藏资源，不仅丰富了博物馆的馆藏资源，也便于后期应用于多种形式的展览展示中。

（二）口述史资源在博物馆中的展览展示

鉴于"口述历史有助于解读关乎展品的社会历史情境，可以促进诠释方式和诠释主题的多元化，还能拉

① 朱凯：《"南京城墙记忆"数字化项目启动》，《南京日报》2018年2月6日；金连玉：《南京城墙记忆数字化项目——历史文化名城保护与研究的新尝试》，《中国文物报》2018年4月27日。

② http://www.bjmem.com.cn/.

③ 陈嘉：《对博物馆藏品的再认识》，载《广西博物馆文集》第八辑，广西人民出版社，2011年。

近博物馆与观众的距离”[①]，在目前国内外博物馆展览中多有对口述史材料的利用。比如，英国苏格兰国家博物馆“苏格兰：不断发展的民族（Scotland: A Changing Nation）”展览，通过口述历史方法的合理运用，生动且全面地展示了本土近现代民族史；[②]美国史密森学会（Smithsonian Institution）中的大多数博物馆，都收藏了为数不菲的口述历史访谈，并以录音和录影的方式将其展现给参观者，使口述历史成为展览的一个重要组成部分。[③]国内也有部分博物馆在展览中积极利用口述史资源，取得了较好的展览效果，如湖南省博物馆为配合马王堆汉墓展览，积极采集、利用了当年亲历马王堆汉墓考古发掘、出土文物保护、女尸解剖保护等参与者的口述采访，使得公众对马王堆汉墓的考古发掘与保护过程都有了更加形象、深入的了解，从而活化了博物馆陈列展示手段，并促进了博物馆教育职能的积极发挥。[④]

在展览中积极利用口述资源，一方面，相较于传统文本或实物展品，以影像、录音为主的口述采访材料，表现形式更为直观、形象，口述采访与采访人的互动也更贴近人们的日常生活，可以活化博物馆展陈形式，延伸展览主题。就“南京城墙记忆”数字化项目而言，通过口述访谈的形式，采集到包括南京城墙保护修缮历程、南京城墙申遗与规划保护等多样性内容，可应用于相关展览中，拓展文物的内涵解读、背景解读等，辅助文物本体的展览展示。同时，也可以作为基础的展览素材，组成相关专题展览。另一方面，新的博物馆学研究改变了以往对物的过分关注，强调人与物的不可分割联系，更加突出人的研究。口述史资源在博物馆展览中的应用，增强了观众与展品之间的互动与联系，凸显出展品与观众相互结合的理念。比如，有关南京城墙考古发掘工作，通过播放当年负责考古发掘者的口述回忆，配以影像资料，更加形象、具体，使得参观者置身于当时的发掘场景之中，引人入胜。因此，就博物馆展示而言，这些口述史录音、影像素材，可以满足博物馆的展览展示、研究与利用等多种不同需要，是博物馆展示与文物利用的绝佳材料。

总体看来，由于口述资料在来源和背景上的多元化，促进了诠释主题和诠释方式的多元化，[⑤]对于博物馆展示而言，形成了丰富、立体的展示效果。通过南京城墙展览中有关“南京城墙记忆”口述资源的利用，不仅丰富了南京城墙新馆馆藏资源，拓展了展陈形式，并且也拉近了展品与观众的联系，增强了与观众的互动。

（三）纪录片、书籍的制作与推广

“南京城墙记忆”未来还将借助多种新媒体传播手段，如手机、视频网站、数字电视等，以及微博、微信等社交网络，扩大纪录片传播与公众服务覆盖范围，为公众提供多层次、多样化服务。由于“南京城墙记忆”口述史采访全程采取影像拍摄，积累了大量的影音素材，通过对主题内容的分析阐释，可以剪辑成围绕南京城墙记忆为主题的纪录片，通过新闻媒体、研究机构，利用自身行业优势，在电视台等传播媒介进行纪录片播放与公众教育普及。类似的口述史纪录片在电视等媒体中也多有播放，如中央电视台自2006年起，为迎接国际博物馆日和中国文化遗产日，每年五、六月间推出大型直播节目——中国记忆，以不同文化主题，介绍我国历史文化遗产。[⑥]凤凰卫视也推出了“中国记忆”栏目，采用人本叙事的方式，从历史亲历者的口中

① 侯春燕：《口述历史博物馆化——博物馆学发展新趋势》，《中国博物馆》2008年第3期。
② 盛卿、肖鹏：《口述历史在图书馆、档案馆和博物馆展示设计中的应用研究——以苏格兰国家博物馆“苏格兰：不断发展的民族”展厅为例》，《高校图书馆工作》2016年第5期。
③ [美]唐纳德·里奇著，王芝芝、姚力译：《大家来做口述历史：实务指南》，当代中国出版社，2006年。
④ 赖晓兰：《试论口述史成果在博物馆中的运用——以马王堆汉墓口述史为例》，《湖南省博物馆馆刊》（第9期），岳麓书社，2012年，第660—671页。
⑤ 侯春燕：《口述历史博物馆化——博物馆学发展新趋势》，《中国博物馆》2008年第3期。
⑥ 胡智锋：《〈中国记忆〉三思》，《电视研究》2009年第9期。

重寻观众最关心的历史往事。[①]因此，借助多种新媒体传播手段，积极利用专题纪录片等形式，开展多方位、多角度的南京城墙记忆口述史传播，是推广南京城墙记忆的重要内容。

此外，“南京城墙记忆”口述史材料作为珍贵的第一手记忆资源，收录了有关南京城墙拆建、维修、保护、规划、申遗等多方面工作资料，是促进南京城市史、南京城墙修缮历程、中国明清城墙研究等的重要内容。建议成立《南京城墙记忆》口述史出版专委会，通过对“南京城墙记忆”口述史文稿的整理与编排，出版与南京城墙有关的口述史书籍，为推动南京城市史、中国明清城墙、南京城墙等相关研究的开展提供第一手素材。

综上所述，鉴于“资源的传播、利用与服务是文化记忆项目发挥社会效益的必要途径”[②]，“南京城墙记忆”数字化项目是博物馆教育与文化传播职能的新拓展，是面向公众分享个人记忆、汇聚城墙发展记忆的新手段。

五、“南京城墙记忆”数字化项目的创新与意义

“南京城墙记忆”数字化项目首次采用口述史、影像史学的资源提取方式，将存留在现代人脑海中，有关南京城墙的珍贵记忆资源进行提取、发掘与保存，在中国明清城墙文化遗产保护与研究中属首次尝试，在资源获取方式、资源类型等方面都具有重要的创新意义。

第一，“南京城墙记忆”数字化项目是南京城墙文化遗产活化利用的重要内容。南京城墙是我国优秀物质文化遗产，并在当代社会与生活在周边的市民依然发生着联系，具备着突出的文化价值与社会影响。通过口述访谈工作，挖掘与南京城墙有关的带有温度的个人记忆，展现城墙背后的故事，拉近了人与城墙的距离，促进南京城墙文化遗产活化利用。并借助记忆资源建设与成果传播，更好地展现了人与城墙的关系与情感，是增进南京城墙文化遗产兼容性，促进遗产教育和遗产平民化的新尝试。

第二，“南京城墙记忆”数字化项目是口述史访谈在物质文化遗产保护与利用中的新模式。长久以来，中国物质文化遗产保护与利用多关注文物本体，对于生活在文化遗产周围的人群关注较低。南京城墙与现代南京人的生活息息相关，不仅构筑了整座城市的筋骨，也是南京人赖以生存的精神家园。通过对存留在现代人脑海中的城墙记忆资源的提取、保护与利用，形成围绕南京城墙为主，包含多角度、多视角的完整的记忆资源建设，是面向公众分享个人记忆、汇聚城墙发展历史的新手段。

第三，“南京城墙记忆”数字化项目以存留在个人脑海中的记忆资源为主，资源类别有所创新，资料范围有所拓展。相较于传统文献资料，口述资料范围虽以重要事件、重要人物为主，但又不局限，亲历历史的普通人掌握的颇具价值的记忆资源也得到同样重视，从而拓宽了材料的收集范围。同时，口述资源填补了文献资料中有关遗产真实性、细节性的缺陷，形象地还原了南京城墙遗产保护、研究与保护修缮利用工作历程，为南京城墙保护、研究、利用工作提供了新资源与新思路。

第四，相较于传统的历史文献材料，本次数字化项目以口述资料为主，使得南京城墙遗产保护、规划与申遗历程首次以口述采访与摄像形式得到记录，成为中国历史文化名城保护史研究的珍贵资料。南京城墙遗产保护、规划与申遗工作是本次数字化项目中的重要内容，多位文保、历史、考古、文化遗产等领域专家从各自专业视角入手，梳理了近现代南京城墙保护、规划与申遗工作的发展历程，是探讨南京城墙维修保护工

① 中国记忆.[EB/OL]. [2014-03-12]. http://phtv.ifeng.com/hotspot/xjmtj/js/200812/1217_5220_926544.shtml
② 申晓娟、石鑫、王秀香：《国内外文化记忆项目的实践与启示》，《信息资源管理学报》2014年第2期。

作发展史，探寻中国历史文化名城保护、利用的重要内容。

六、结语

按照习近平新时代中国特色社会主义思想，全面贯彻落实中办、国办印发的《关于加强文物保护利用改革的若干意见》，新时代文化遗产活化利用是文化遗产保护与传承的重要内容，文化遗产只有在活化利用的过程中才能实现可持续发展。文化遗产是人类可持续发展的重要组成部分，也是现代城市发展、前进的基本立足点。新时代为文化遗产的保护与传承提出了新的挑战，也创造了新的机遇，“南京城墙记忆”数字化项目通过到与城墙有过接触的人身边去，聆听他们和南京城墙的往事与回忆、认知与期待，既是对“南京城墙”这个南京市最大的文化IP的活化利用，也是对习总书记让文化遗产“活起来”要求的积极响应，还是对“讲好中国故事，传播好中国声音”宣传工作的新思想、新论断的深入实践。

附录 “南京城墙记忆”数字化项目采访人员名录

（按访谈时间排序）

序号	日期	人名	地点
1	2017/11/30	梁白泉	江苏省南京市梁白泉先生宅
2	2017/12/8	罗宗真	江苏省南京市罗宗真先生宅
3	2017/12/18	杨方	江苏省南京市中华门
4	2017/12/18	［日］马渊一辉	江苏省南京市中华门
5	2017/12/18	［新］苏丽婷	江苏省南京市中华门
6	2017/12/22	杨新华	江苏省南京市武定门书吧
7	2017/12/27上午	蒋赞初	江苏省南京市蒋赞初先生宅
8	2017/12/27下午	谢竹如	江苏省南京市谢竹如女士宅
9	2018/1/17	道静	江苏省南京市中华门
10	2018/1/17	张花	江苏省南京市中华门
11	2018/1/17	汪洋	江苏省南京市中华门
12	2018/1/17	王顺娣	江苏省南京市中华门
13	2018/1/17	缪伟	江苏省南京市中华门
14	2018/1/18	郑延海	江苏省南京市集庆门书吧
15	2018/1/24下午	秦大树	北京大学考古文博学院5101室
16	2018/1/25上午	孟凡人	中国社科院考古所618室
17	2018/1/25下午	龚国强	中国社科院考古所618室
18	2018/1/26上午	谢辰生	北京市谢辰生先生宅
19	2018/1/26下午	韦正	北京大学考古文博学院会议室
20	2018/1/27下午	董新林	中国社科院考古所618室
21	2018/1/28上午	杭侃	北京大学考古文博学院5101室
22	2018/1/30	朱福林	江苏省南京市河西大厦HC创意空间
23	2018/2/6	葛维成	江苏省南京市台城书吧
24	2018/2/9	朱元曙	江苏省南京市午门书吧
25	2018/2/28	薛冰	江苏省南京市石头城公园
26	2018/3/1	邵世海	江苏省南京市琵琶湖公园墙与湖中间
27	2018/3/3上午	陶思炎	江苏省南京市中华门书吧
28	2018/3/3上午	南京退休老员工群体	江苏省南京市中华门

（续表）

序号	日期	人名	地点
29	2018/3/6下午	郭金海	江苏省南京市解放门书吧
30	2018/3/12上午	杨孝华	江苏省南京市中华门
31	2018/3/13上午	陈薇	东南大学中大楼陈列室
32	2018/3/28下午	冯飞宇	江苏省南京市中华门书吧
33	2018/4/4上午	卢海鸣	江苏省南京市南京出版集团510室
34	2018/4/27上午	何镜堂	华南理工大学何镜堂工作室
35	2018/4/27上午	倪阳	华南理工大学何镜堂工作室
36	2018/4/27上午	李绮霞	华南理工大学何镜堂工作室
37	2018/4/27下午	何炽立	华南理工大学何镜堂工作室
38	2018/4/27下午	刘涛	华南理工大学何镜堂工作室
39	2018/05/25下午； 2018/05/27下午	［以］乔拉・索拉 Solar Giora	南京青年国际会议酒店；中华门城顶
40	2018/05/25下午	［德］卡洛琳・布劳恩 Carolin Braun	江苏省南京市南京青年国际会议酒店
41	2018/05/25下午	［德］迈克尔・库恩 Michael Kuhnlein	江苏省南京市南京青年国际会议酒店
42	2018/05/25下午	［以］阿里・让哈敏莫夫 Arie Rahamimoff	江苏省南京市南京青年国际会议酒店
43	2018/05/25下午	［埃］Murad Abulhadi Yousuf	江苏省南京市南京青年国际会议酒店
44	2018/05/25下午	［英］Henry Owen-Jhon：	江苏省南京市南京青年国际会议酒店
45	2018/05/25下午	［日］的场正信	江苏省南京市南京青年国际会议酒店
46	2018/05/26下午	玛丽诺艾拉・图尔努 Marie-Noel Tournoux	江苏省南京市阅江楼南京城墙保护与利用国际论坛
47	2018/05/26下午	张杰	江苏省南京市阅江楼南京城墙保护与利用国际论坛
48	2018/05/26下午	［英］Dave Taylor	江苏省南京市阅江楼南京城墙保护与利用国际论坛
49	2018/05/26下午	姜波	江苏省南京市阅江楼南京城墙保护与利用国际论坛
50	2018/05/26下午； 2018/05/27下午	［英］约翰・奥斯利 John-Oxley	江苏省南京市阅江楼南京城墙保护与利用国际论坛；中华门城顶
51	2018/05/26下午	王其亨	江苏省南京市阅江楼南京城墙保护与利用国际论坛
52	2018/05/27上午	［韩］吴善花	江苏省南京市阅江楼南京城墙保护与利用国际论坛
53	2018/05/27下午	［斯里兰卡］Prashantha Bandula Mandawala	江苏省南京市中华门城顶
54	2018/05/27下午	［土］Yonca Erkan	江苏省南京市中华门城顶
55	2018/05/27下午； 2018/05/27上午	［印］Shikha Jain	江苏省南京市中华门城顶
56	2018/05/27下午	Alessandro Ciarpella	江苏省南京市中华门城顶
57	2018/05/27下午	［韩］崔浩运	江苏省南京市中华门城顶
58	2018/05/27下午	［法］艾米丽・赛维特Emilie Thivet	江苏省南京市中华门城顶
59	2018/05/28上午	贾汉清	江苏省南京市阅江楼南京城墙保护与利用国际论坛
60	2018/05/28上午	周璐	江苏省南京市阅江楼南京城墙保护与利用国际论坛
61	2018/05/28上午	张致政	江苏省南京市阅江楼南京城墙保护与利用国际论坛
62	2018/10/11上午	陈平	江苏省南京市陈平先生宅
63	2018/10/26下午	杨国庆	江苏省南京市武定门书吧
64	2018/11/8上午	木小雅	江苏省南京市中华门书吧
65	2018/11/12上午	王宁远	江苏省南京市南京大学仙林校区
66	2018/11/12下午	王志	江苏省南京市南京大学仙林校区
67	2018/11/13上午	许宏	江苏省南京市南京大学仙林校区
68	2018/11/13上午	汪勃	江苏省南京市南京大学仙林校区
69	2018/11/13上午	朱岩石	江苏省南京市南京大学仙林校区
70	2018/11/13下午	张铁宝	江苏省南京市瞻园
71	2019/7/5下午	周英年	江苏省南京市中华门书吧
72	2019/7/5下午	方青松	江苏省南京市中华门书吧
73	2019/7/24上午	吴先斌	江苏省南京民间抗日战争博物馆

（续表）

序号	日期	人名	地点
74	2019/7/26下午	刘叙杰	江苏省南京市刘叙杰先生宅
75	2019/8/13上午	刘妙玲	江苏省南京城墙东水关
76	2019/8/23上午	韩品峥	江苏省南京市韩品峥先生宅
77	2019/8/28上午	郑自海	江苏省南京静海寺
78	2019/9/4下午	徐春华	夫子庙大四福巷白局传习所录
79	2019/9/29上午	于锋	江苏省南京城墙东水关
80	2019/9/30上午	海清	江苏省南京金奥费尔蒙酒店
81	2019/10/08上午	叶兆言	电话采访
82	2019/10/16上午	孙威	小桃园公园
83	2019/10/16下午	张亚夫	江苏省南京市张亚夫先生宅
84	2019/10/21上午	叶菊华	江苏省南京市中华门书吧
85	2019/11/4上午	孙元亮	江苏省南京市孙元亮先生宅
86	2019/11/5上午	冯亦同	江苏省南京市冯亦同先生宅
87	2019/11/6上午	陶起鸣	武定门中国书房
88	2019/11/9上午	速泰熙	江苏省南京市速泰熙先生宅
89	2019/11/12上午	冯守义	武定门中国书房
90	2019/11/12下午	陈仲为	石头城公园
91	2019/11/16上午	高子茜	午朝门公园
92	2019/11/18上午	尹锡虎	江苏省南京市中华门书吧
93	2019/11/18下午	毕飞宇	江苏省南京市毕飞宇先生宅
94	2019/11/19上午	周群	解放门品城时光
95	2019/11/19下午	林春	江苏省南京市林春先生宅
96	2019/11/20上午	金戈	南京市秦淮区档案馆
97	2019/11/22上午	许志强	标营门段城墙
98	2019/11/22下午	贺云翱	南京大学仙林校区
99	2019/8/23下午	郑必勇	江苏省南京市郑必勇先生宅
100	2019/11/23下午	马涛	吴敬梓纪念馆
101	2019/12/5上午	曹敦沐	解放门品城时光

（感谢以上先生、同志百忙之中接受“南京城墙记忆”数字化项目采访，也感谢本次数字化项目建设中帮助、支持我们的学界同仁）

南京城墙保护与修缮技术导则

前　言

为进一步推进以南京为牵头城市的“中国明清城墙”系列遗产项目申报世界文化遗产，实现南京城市和南京城墙文化遗产保护的可持续发展，保护南京古城原真性，根据中华人民共和国《文物保护法》《文物保护法实施条例》《历史文化名城名镇名村保护条例》；文化部《文物保护工程管理办法》《世界文化遗产保护管理办法》；国家文物局《中国世界文化遗产监测巡视管理办法》；江苏省人民政府《江苏省重点文物保护单位保护范围及建设控制地带的通知》《南京城墙保护条例》；南京市人民政府《南京市文物保护条例》《南京市历史文化名城保护条例》等一系列法律、法规和规章以及《南京历史文化名城保护规划（2010—2020）》《南京城墙保护规划2008—2025》的要求，在近年来南京市政府实施城墙保护整治、开放利用、申遗工作等基础上，结合实际情况加强南京城墙的保护管理，特制定《南京城墙保护与修缮技术导则》。

本技术导则共分十章。其主要内容包括：总则、术语、城墙本体构成与类型划分、现状勘查及评估、保护与修缮工程立项、本体保护与修缮设计、本体保护与修缮施工、环境影响控制、修缮材料选用原则和供应、组织实施及竣工验收，另附本技术导则用词说明。

在执行本技术导则过程中，希望各单位结合工程实践，总结经验，积累资料。如果发现需要改进和补充之处，请及时将意见和有关资料寄至南京城墙保护管理中心（地址：南京市玄武区解放门8号，邮编：210008）。

本技术导则由南京城墙保护管理中心负责解释。

主编单位：南京城墙保护管理中心

参编单位：东南大学

主　　编：张　琪　曹双寅

主要起草人：敬登虎　陈启东　刘　斌　穆保岗　孙　建　鹿斯骏
王天文　赵　凤　王南南　王珊珊　王　羿
主　　审：邱洪兴

编制时间：2017年10月

一、总则

1.为进一步规范南京城墙的保护和修缮行为，切实保障南京城墙安全，依据《中华人民共和国文物保护法》、《南京城墙保护条例》等相关法律法规，制定本导则。

2.根据《南京城墙保护条例》，南京城墙是指原都城城墙（含宫城、皇城、京城、外郭及其附属建筑），包括城墙（城门）、护城河、城墙遗迹和城墙遗址。

南京城墙本体是指城墙墙体、地基基础和墙体附属建筑等。

3.本导则适用于南京城墙本体的保护与修缮、抢险加固以及市政设施等所有涉及城墙的工程，也可供其他地区城墙本体的保护与修缮参考。

4.南京城墙本体的保护与修缮应符合《南京城墙保护规划》等相关要求，坚持文化遗产的真实性与完整性原则，保持南京城墙原形制与原结构，尽可能减少对南京城墙本体的干预。

5.本导则所称保护与修缮工程按对城墙本体的干预程度分为四类：保养维护工程、抢险加固工程、修缮工程、保护性设施建设工程；按时间的紧迫性分为两类：抢险加固工程和一般性维修工程。

6.南京城墙本体的保护与修缮优先使用原材料、原工艺，必要时可采用具有可靠应用经验的新技术和新材料。

7.在南京城墙本体保护与修缮前，应统筹考虑环境因素的影响，对影响城墙本体或载体安全的地质、水文等环境因素进行勘查与评估，并依据勘查评估结果，在编制工程设计方案时优先解决影响安全的问题。

8.城墙保护管理机构应加强相关专项课题研究，逐步完善配套技术标准和规程的编制。

二、术语

1.城砖

也称老城砖，是早期采用黏土烧制而成，用于砌筑城墙的六面体砖块。

南京城墙的城砖主要包括少量明代以前六朝、宋代、南唐等历代城砖，大部分为明初南京城墙建造初期所采用的城砖以及明、清、民国时期维修城墙所烧制的城砖。明初的城砖上大部分带有铭文，包含烧造城砖的各级责任人、烧制地点等信息。

2.仿古城砖

依照城砖的规格、色泽，以现代工艺烧制的仿制城砖。

3.条石

也称料石，是由人或机械加工后的较规则的六面体石块（石灰岩），其长度大于宽度和厚度。

4.包山墙

沿原有山势逐级砌筑形成的外部为墙、内侧为山体的复合式墙体，其中部分地段表现为对原有岩体的局部修补。

5.收分

城墙墙体的底部宽、顶部窄，墙体横剖面呈现的坡度称之为收分。收分的计算是按照顶部收进的水平宽度与墙体高度的比值进行。

6.雉堞

城墙顶面外侧墙体，均带有垛口，也称之为垛墙，是古代城墙的重要组成部分。

7.女墙

城墙顶面内侧墙体，也称之为宇墙、女儿墙。

8.边墙

墙身外侧部分，采用灰浆类黏结材料进行砌筑的墙体。

9.芯墙

墙身内侧部分，一般采用城砖与素土干垒或黄泥砌筑的墙体。

10.滴水槽

在城墙顶面标高低的一侧沿明沟按一定距离设置并悬挑出去，用来排泄城墙顶面汇水的石质水槽；或在内外存在高差的城墙沿墙高（地面低）的一侧，按一定距离设置并悬挑出去，用来排泄墙矮（地面高）一侧地面汇水的石质水槽。

三、城墙本体构成与类型划分

（一）南京城墙本体构成

1.南京城墙本体的地基基础一般为：以天然地基（包括天然土体、山体岩石等）或人工地基［包括人工复合（碎石）土垫层，或木桩加固土体等］为地基，作为城墙基础持力层；以块石、条石作为城墙基础。

2.南京城墙本体的墙体主要由城砖或条石组成，黏结材料主要包括泥灰类黏结材料和黄土或黄泥两种。

3.城楼系城门上的建筑，多为砖木结构。

4.墙体顶部为了防止雨水自然渗透，顶部均设置有防水层与排水系统。

（二）南京城墙类型

1.南京城墙根据墙身外观的构成可以分为：城砖墙、条石墙（顶部雉堞和女墙仍采用城砖）、城砖与条石混砌墙（一般条石砌筑在底部，城砖砌筑在上部）和城砖与山体混合墙。

2.南京城墙根据其受力特征可以分为：自承重墙体；兼做重力式挡土墙作用墙体；与山体共同作用的复合墙体。

3.南京城墙根据城墙走势与侧面山体的相对位置可以分为：包山墙和非包山墙。

4.南京城墙根据其修建年代一般可以分为：明代以前城墙（主要包括六朝、南唐时期的城墙遗址遗迹）、明代城墙、清代修复城墙、现代因抢险等原因复建的城墙。

5.南京城墙根据其残存现状可以分为：城墙遗址、城墙遗迹。

四、现状勘查及评估

（一）地质现状勘察

1.下列情况之一，应进行地质现状勘察：

（1）城墙本体的地基基础有不均匀沉降迹象；

（2）包山墙进行稳定安全性分析；

（3）局部修复工程。

2.当城墙本体所处环境可能存在地质灾害时，应进行专项勘察及地质灾害评估。

3.对抢险加固工程或修缮工程，应判断损坏的原因是否与地基基础有关等，再决定是否需要进行地质现状勘察。

4.对保养维护工程，一般可不进行地质现状勘察。

（二）现状调查与检测

1.对南京城墙本体进行保护与修缮之前，应对其现状、构成及周边环境进行调查、测绘，对损伤进行详细调查，必要时应对主要材料的强度进行测定。

2.对南京城墙本体进行现状调查时，应沿着城墙走势进行区段编号，并设置必要的临时标识。

3.通过调查和测绘，应明确南京城墙本体的形制、构成和几何尺寸。

4.南京城墙本体损伤调查应重点检查墙体鼓胀、墙体裂缝、砖块松动与脱落、砖块风化、黏结材料流失等状态，必要时要测量墙体的倾斜状态。

5.周边环境调查时，对于受地表水或地下水体影响的城墙，应查明地表水和地下水分布、流向、水位、流量和水质的变化规律及对南京城墙本体的影响。

6.材料强度检测时，应优先采用无损或微破损检测方法，不宜采用破损较大的检测方法。

（三）安全性评估

1.在日常检查中发现城墙本体出现问题，并怀疑城墙本体安全性时，应进行安全性评估。

2.南京城墙本体的安全性评估应以历史资料调查和现场检查、检测结果为前提。

3.南京城墙本体的安全性分析应有合理、科学的分析模型，相关技术参数应优先采用分析对象的实测数据，也可参考相邻段城墙或以往类似实测数据，荷载作用可以按照现行相关工程设计规范取用，一般可不考虑地震作用。

4.南京城墙本体安全性评估标准，可参考建筑工程现行相关规范设定的可靠度水平。

5.南京城墙本体安全性评估报告除应包括历史资料调查、现状检查检测、结构模拟分析及安全现状评估外，尚应包括存在的主要问题、产生原因分析和危险性预测分析。

（四）监测

1.对于南京城墙本体上已出现但尚不构成显著安全隐患的裂缝、鼓胀或倾斜等损伤，在未采取有效处理措施之前应加强定期监测。

2.监测周期与监测频率应根据裂缝、鼓胀或倾斜的发展程度由专业技术人员进行分析确定。

3.监测人员应定期对监测数据进行整理与分析，对损伤状态的发展趋势和对安全性的影响进行分析评估。

4.当损伤状态有显著发展且对安全性构成影响时，应及时上报相关部门，组织相关专业技术人员对监测结论进行评估，并按照相关程序进行立项，进行抢险加固或一般性维修。

五、保护与修缮工程立项

（一）一般性维修

1.南京城墙本体安全性评估认为存在显著安全隐患时，应申请一般性维修立项。

2.监测结果分析认为损伤状态有显著发展且对安全性构成显著影响时，应申请一般性维修立项。

（二）抢险加固

1.当南京城墙安全性评估或监测结果显示城墙本体存在严重安全隐患或坍塌危险时，应及时组织相关部门和人员进行专项论证，并按照抢险加固进行立项；

2.当南京城墙本体发生局部或区段坍塌，且可能发生继发性二次破坏时，应按照抢险加固进行立项；

3.当包山墙的山体发生险情引起墙体破坏，或可能导致墙体破坏时，应按照抢险加固进行立项。

（三）其他

1.当在南京城墙保护范围内进行工程建设，或在保护范围外进行工程建设，但可能会对城墙造成影响时，应先期进行相邻施工影响评估立项；

2.当相邻施工影响评估结果显示相邻施工可能对城墙本体产生显著影响，需对城墙本体进行保护性加固措施时，应进行专门立项；

3.相邻施工期间，应对城墙本体进行专项监测立项；

4.相邻施工结束后，应针对相邻施工对城墙本体产生影响程度进行评估，当评估认为存在显著影响且有显著安全隐患时，应申请一般性维修立项。

六、本体保护与修缮设计

（一）一般规定

1.修缮工程应以消除或最大限度降低影响城墙本体结构安全隐患，保存并延续其历史信息为目标，坚持最小干预原则，保持南京城墙本体真实性和历史风貌的完整性。

2.修缮工程可适当采取局部拆砌（筑）、替换或剔补、灌浆加固和锚杆加固等技术措施，但应结合室内试验和现场试验取得成功经验或科学依据，对使用上述措施的必要性、可行性和施工工艺要求进行详细说明，并应严格控制上述措施的实施范围和工程量。

3.南京城墙本体的修缮设计可分为方案设计和施工图设计两个阶段。

4.方案设计阶段应判断城墙本体的损坏原因，提出明确的修缮目标和修缮范围。

5.施工图设计阶段，应基于对城墙现状的详细勘查，必要时应进行补充检测和地质勘察；对结构的安全性进行计算与分析，必要时应考虑变形对承载力的影响；施工图设计文件应包括详细的施工说明、修缮范围、具体的施工大样等内容。

6.确需采用锚杆等加固措施时，应依据勘察报告中的稳定性评价结果等对锚杆长度、数量和实施区域等方面进行设计。

7.确需采用灌浆加固（包括锚固灌浆）措施时，应优先考虑与传统材料相近，且适用于城墙本体的材料、配合比和施工工艺。

8.对于严重威胁城墙结构安全的（深根系）植物，在确保城墙本体结构安全的前提下，应定期采取措施进行清理。

9.南京城墙本体的顶部应设置防水层、排水明沟或暗沟与滴水槽。马道采用城砖交错平铺一层，顶面坡度应与两侧相邻城墙保持一致，局部修复时可取3%或根据环境而定，城砖的长度方向建议与城墙走向相垂直。

10.南京城墙本体的墙面收分应与两侧相邻城墙保持一致，局部修复时收分可取8%或根据环境而定。

11.南京城墙本体的表层应优先选用城砖或条石，内部根据实际情况采用。

12.南京城墙本体的边墙应采用耐水性黏结材料进行砌筑，芯墙可采用一般黏结材料砌筑，但应能保证墙体的整体性。

13.南京城墙本体的保护与修缮设计应避免对其地基基础产生不利影响。

14.南京城墙本体的保护与修缮设计应优先采用城砖、条石，当城砖储存不足时可采用仿古城砖。

（二）城砖城墙保护与修缮标准

1.对于出现风化、松动但经评估确认其风化、松动程度不足以威胁南京城墙本体结构安全的城砖砌筑构件，不得对其进行替换等过度干预；如确需替换或剔补，必须保持原形制，且优先使用城砖。

2.墙体上的城砖断裂宽度不大于5毫米时；或者断裂宽度虽大于5毫米，但监测数据与相关分析表明尚不构成安全隐患时，此类裂缝可不进行加固处理，但应采取措施防止雨水沿着裂缝渗透到墙体内部。

3.墙体上的城砖断裂宽度大于5毫米，且已经构成安全隐患时，应采取措施恢复墙体的整体性和提高墙体的承载能力。

4.部分或局部拆除重新砌筑的墙体与既有墙体之间应设置马牙槎，并采取设置拉结钢筋或复合材料筋等有效拉结措施，拉结钢筋应采取防锈保护措施。拉结钢筋锚入的既有墙体部分宜采取措施提高其整体性。

5.城砖城墙外立面的城砖砌筑形式应与相邻部分城墙保持一致。

6.对墙体内部黄土干垒或黄泥砌筑部分的芯墙宜采取适当措施提升其整体性。

（三）条石城墙保护与修缮标准

1.对于出现风化、松动但经评估确认其风化、松动程度不足以威胁城墙本体结构安全的条石砌筑构件，不得对其进行替换等过度干预；如确需替换或剔补，必须保持原形制。

2.墙体上的条石断裂宽度不大于10毫米时；或者断裂宽度虽大于10毫米，但监测数据与相关分析表明尚不构成安全隐患时，此类裂缝可不进行加固处理，但应采取措施防止雨水沿着裂缝渗透到墙体内部。

3.墙体上的条石断裂宽度大于10毫米，且已经构成安全隐患时，应采取措施恢复墙体的整体性和提高墙体的承载能力。

4.部分或局部拆除重新砌筑的墙体与既有墙体之间应设置马牙槎，并采取设置拉结钢筋或复合材料筋等有效拉结措施，拉结钢筋应采取防锈保护措施。

5.条石城墙外立面的条石砌筑形式应与相邻部分城墙保持一致。

（四）兼挡土墙作用城墙保护与修缮标准

1.兼挡土墙作用城墙本体的修缮必须进行抗倾覆、抗滑移、滑动稳定性、墙体强度计算复核。

2.当城墙本体的抗倾覆、抗滑移不能满足安全性要求时，必须采取措施对其进行加固处理。

3.城墙本体与土体接触位置应考虑设置排水系统。

4.当一侧排水系统不能满足排水需求时，可考虑设置暗沟或穿墙排水系统。

（五）包山墙保护与修缮标准

1.包山墙（与山体共同作用的复合墙体）的修缮必须进行抗倾覆与抗滑移计算复核。

2.当城墙本体的抗倾覆、抗滑移不能满足安全性要求时，必须采取措施对其进行加固处理。

3.城墙本体与土体接触位置应考虑设置排水系统。

4.当一侧排水系统不能满足排水需求时，可考虑设置暗沟或穿墙排水系统。

（六）雉堞与女墙保护与修缮标准

1.雉堞与女墙的保护与修缮应遵循原形制。

2.当城墙本体属于局部修复时，雉堞与女墙应参考相邻段城墙的形制。

（七）城楼保护与修缮标准

1.城楼保护与修缮前须确定原有城楼形制，对于多个时期的城楼，可选择历史上最有影响力时期的城楼形制。

2.城楼复原应优先采用传统的砖木结构，如有必要时可部分采用现代结构形式和材料。

（八）人防工事

1.应针对南京城墙本体内部的人防工事进行详细的调查，收集相关历史资料并及时整理归档。

2.应对人防工事现状对城墙本体安全性的影响进行评估。

3.如人防工事显著影响城墙本体安全，应采取相应的处理措施，减少其影响。

七、本体保护与修缮施工

1.南京城墙本体的保护与修缮施工应有专项施工组织设计与安全措施方案。施工组织设计应包括施工方法、工艺技术措施和质量要求等。

2.监理单位在审查施工组织设计时，应对施工单位在施工过程中的文物保护措施、方案、实施办法进行审核，提出审查修改意见。

3.设计单位在城墙本体的抢险加固施工过程中，应派项目组成员进行驻场指导；一般性维修工程应根据工程实际情况，及时进行技术指导。

4.城墙本体修缮施工中所涉及的建筑材料，均应具有相应资质的第三方检测机构出具的检测报告，检测结果应符合设计及规范要求。

八、环境影响控制

（一）植物

1.对危害城墙本体安全的植物，应每年进行清理。

2.现存城墙两侧8米以内不得新种植乔木和危害城墙的藤蔓类植物；城墙两侧8米以外、保护范围以内应当选择不遮挡城墙和根系不破坏城墙的树种。现有树木影响城墙安全的应当迁移，遮挡城墙的应当修剪或者迁移。

（二）市政设施

1.市政设施侵入南京城墙保护范围或下穿城墙本体时，必须在施工和运行之前对其可能产生的影响进行评估。

2.地铁等市政设施可能对城墙产生振动影响时，必须进行振动影响的专项评估。

3.市政设施引起的振动影响城墙本体长期安全时，市政设施管理方应采取必要的减振措施，减少其影响。

4.市政设施的施工与运行造成城墙本体损伤时，必须采取相应的对策与加固措施。

九、修缮材料选用原则和供应

（一）一般规定

1.在不影响城墙本体安全及外观的情况下，应优先使用城砖、条石、滴水槽等旧材料。

2.在旧材料不足时，以不影响外观风貌为前提，探索使用新型、绿色和生态建筑材料。除仿古城砖之外，原则上不得使用国家或江苏省禁止使用或限制使用范围的建筑材料。

3.当采用新材料应用于重点保护部位时，新材料应稳定、耐久、与旧材料连接可靠且对旧材料不造成损伤，同时应具有可识别性。

（二）城砖

1.城砖的外观应无明显风化、残缺现象，不应出现裂缝。

2.对重要受力部位，城砖的抗压强度等级要求应经计算分析确定。

（三）仿古城砖

1.仿古城砖应选用黏土烧结砖，并明确制作工艺、标准等。

2.仿古城砖的外观应无裂缝、掉角现象，表观颜色宜与城砖一致；仿古城砖的几何尺寸应与城砖一致。

3.仿古城砖的强度等级应不低于MU10，且满足设计要求。

4.仿古城砖的含水率宜为10%—15%（重量比）。

5.仿古城砖的吸水率应不超过18%。

（四）条石

1.条石的长度约为60—120厘米，宽度与厚度约为35厘米。

2.条石应选用抗风化、腐蚀能力较强的石材加工而成。

3.条石的材质应与相邻城墙的条石保持一致。

（五）黏结材料

1.黏结材料的强度等级应满足设计要求。

2.边墙黏结材料的颜色应与相邻段城墙的黏结材料保持一致。

3.常年暴露在外的黏结材料必须具有一定的防水、抗渗能力。

4.对于兼做挡土墙作用的城墙，芯墙的黏结材料宜选用黏结性能良好的材料。

十、组织实施及竣工验收

（一）一般规定

1.南京城墙本体保护与修缮工程由城墙保护管理机构负责组织实施，按照项目立项、勘查与评估、设计、施工、竣工验收依次进行。

2.南京城墙本体保护与修缮工程施工结束后、竣工验收前，城墙保护管理机构应组织设计、监理、施工单位对工程进行总结，按本导则和设计要求等进行初步验收。

3.南京城墙本体保护与修缮工程的初步验收应符合下列规定：

（1）符合一般工程勘察、设计文件的规定；

（2）砌体、木结构等工程符合现行国家相关专业验收规范的规定；

（3）符合本导则的规定。

4.南京城墙本体的局部保养维护工程，可根据项目实际情况合理简化验收程序和资料要求。

5.南京城墙本体保护与修缮工程的竣工资料应及时整理并归档。

（二）竣工验收

1.工程完工后，施工单位应对照施工图、设计文件、相关验收标准和本导则的要求，对工程的观感质量、重点部位所采取措施的落实情况进行自检，合格后出具自评报告。

监理单位应在全面审查施工单位报送的竣工资料，核查工程的观感质量和重点部位所采取措施的落实情况后，出具监理单位验收意见。

设计单位应对施工图、设计文件及设计变更内容的实施情况进行检查，出具设计单位验收意见。

2.南京城墙本体保护与修缮工程竣工验收由国家文物局统一管理，由审批工程技术方案的文物行政部门组织实施。

3.城墙保护管理机构应于工程竣工1年后3个月内提交工程竣工验收申请。对于一次勘察设计、分期完成的保护工程，城墙保护管理机构可以对已完成并符合竣工验收条件的部分保护工程提出分期竣工验收申请。

4.竣工验收资料须具有完整的工程管理程序资料、施工资料、监理资料、图纸、工程经济资料、竣工资料、影像资料等。

5.材料的质量标准，除设计中另有规定外，应按本导则执行。

6.南京城墙本体保护与修缮工程应验收合格后，方可投入使用。

（三）档案管理

1.南京城墙本体保护与修缮工程的相关资料，应统一进行收集、整理并归档，包括下列内容：

（1）工程管理程序资料：立项及方案批复文件，招投标文件，设计、施工、监理等合同，设计、施工、监理单位资质证明，开工许可，开工备案表，工程检查记录等；

（2）方案及图纸资料：勘察设计方案及图纸，施工图及施工说明，设计方案变更图及说明，竣工图及说明；

（3）施工资料：开工申请，施工组织设计，图纸会审与技术交底记录，工程设计变更文件、工程商洽记录，施工进度日志，基础、隐蔽工程检查、验收记录，分项、分部工程检查、验收记录，工程停工、复工、检查、自检、整顿、事故处理、会商、申请、批复等相关文件，各类材料产品、设备合格证明、进场检测报告，工程竣工报告等；

（4）监理资料：监理大纲，监理日志、月报、工程例会纪要，监理报告等；

（5）工程经济资料：设计概算，施工预算书，决算书，经费管理文件等；

（6）竣工验收资料：初步验收与竣工验收相关文件；

（7）影像资料：工程资料照片，资料汇总光盘等；

（8）其他相关资料。

2.档案资料应包括纸质文件和电子文件两种格式。

3.城墙保护管理机构应指定专门人员全程负责工程档案资料的收集、整理及归档。

本技术导则用词说明

执行本技术导则时，对于要求严格程度的用词说明如下，以便在执行中区别对待。

（1）表示很严格，非这样做不可的用词：

正面用词为“必须”；

反面用词为“严禁”。

（2）表示严格，在正常情况均应这样做的用词：

正面用词为“应”；

反面用词为“不应”或“不得”。

（3）表示允许稍有选择，在条件许可时首先应这样做的用词：

正面用词为“宜”；

反面用词为“不宜”。

表示有选择，在一定条件下可以这样做的用词，采用“可”。

伏龟楼陈列馆古代砖构建筑遗址年代探测项目检测报告[①]

一、工作目标

通过热释光测年法对从伏龟楼陈列馆采集的几组样品进行年代检测，确定该处建筑遗迹的绝对年代范围，为遗迹断代提供依据，并为其性质考究尽可能提供线索。

二、取样及预处理

伏龟楼陈列馆砖构建筑遗迹平面形状为长方形，现东西残长15.85米，南北残宽7.61米，残高1.6米。遗迹东距明代城墙约1米，东西向，与明代城墙南段基本平行，南侧部分墙体被叠压在明代城墙之下。遗迹内外均用长方形青灰大砖垒砌，砖长33.8—39.6厘米、宽16.5—18.4厘米、厚5.1—6.4厘米，上下残存砖21层，砖缝填以黄泥砂浆（图1）。

本次项目选取伏龟楼遗址三组典型样品残件进行年代测定，样品1位于遗址西南侧中部距地面约0.5米处，样品2位于遗址西南侧中部距地面约0.8米处，样品3位于遗址东侧中部距地面约1.2米处。采集位置见图2—图4。样品采集后于实验室进行清洗及预处理，处理后的样品如图5—图7所示。

① 该检测报告由南京城墙保护管理中心于2018年完成。

图1　伏龟楼遗址全貌

图2　样品1采集处

图3　样品2采集处

图4　样品3采集处

图5　清洗及预处理后样品1

图6　清洗及预处理后样品2

图7　清洗及预处理后样品3

三、检测设备及仪器

（一）热释光测年原理及检测设备

物质具有受热发光的性质，这是电子在晶格间移动时释放储存能量的结果；在一定的时距内，放射性元素U、Th和K每年提供给晶体的核辐射总剂量是一个定量，释放的光子数，即热释光强度与贮能电子累积的时间成正比。因此，通过测定晶体的热释光强度和每年接受的辐射总剂量，可计算样品的年龄。这种测年技术称热释光测年法，测年范围介于数百年到100万年。主要适用于受过烧灼或加热后的物质，被广泛应用于考古研究中。本实验采用丹麦Riso DA-15热释光测年系统对样品进行测定。

图8 Riso DA–15热释光测年系统

（二）辅助仪器

研钵、烧杯、托盘、退火炉、冷却炉、镊子、退火盘。

四、检测内容及过程

（一）制样方法

图9 样品制备示意图

（二）检测方法

本实验采用高温细颗粒法对两组样品进行检测，高温细颗粒法即将样品破碎研磨至细目再进行加热，样品受热后发生热释光现象，热释光的强度和受辐时间的长短成正比，采集热释光强度得到热释光峰进行分析最终得出结论。

五、年代检测数据

表1 样品1测年结果

检测样品名称：	样品1
测试单位样品编号：ND-Z2E	检测日期：2018.11
取样部位：	破损处
仪器型号及测试条件：	Riso DA-15，高温细颗粒法

古剂量P灵敏度曲线图谱

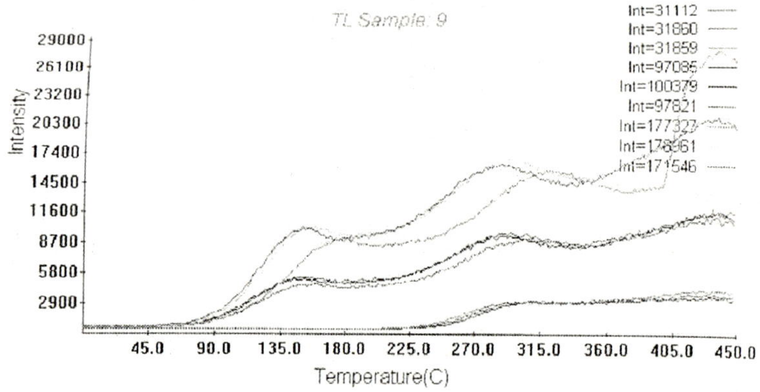

热释光年代	烧造时间处于的年代范围：公元874年—988年

特别声明：
（1）本报告测定的热释光年代，只代表所测试的样品的烧制年代。
（2）如果器物烧成后又经过人工修补、辐照或者高温退火，由此引起的年代混乱，本报告概不负责解释。
（3）本报告测定的热释光年代不承担任何法律责任。

备注：	

表2 样品2测年结果

检测样品名称：	样品2
测试单位样品编号：ND-Z1E	检测日期：2018.11
取样部位：	破损处
仪器型号及测试条件：	Riso DA-15，高温细颗粒法

古剂量P灵敏度曲线图谱

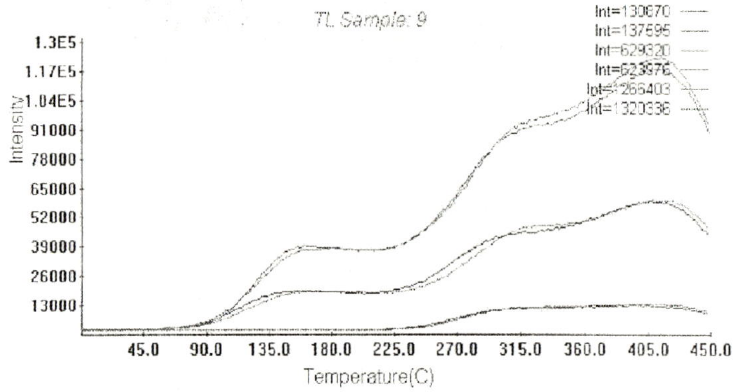

热释光年代	烧造年代所处时间范围：公元860—1040年

声明：
（1）本报告测定的热释光年代，只代表从器物中采集的样品的烧制年代。
（2）如果器物烧成后又经过人工辐照或者高温退火，由此引起的混乱，本报告概不负责解释。
（3）本报告测定的热释光年代不承担任何法律责任。

备注：	

表3　样品3测年结果

检测样品名称：	样品3
测试单位样品编号：ND-Z3E	检测日期：2018.11
取样部位：	破损处
仪器型号及测试条件：	Riso DA-15，高温细颗粒法
古剂量P灵敏度曲线图谱 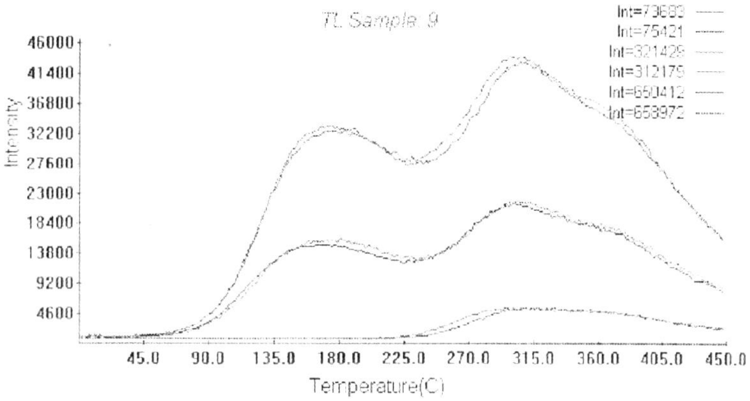 	
热释光年代	烧造年代所处时间范围：公元880—1012年
声明： （1）本报告测定的热释光年代，只代表从器物中采集的样品的烧制年代。 （2）如果器物烧成后又经过人工辐照或者高温退火，由此引起的混乱，本报告概不负责解释。 （3）本报告测定的热释光年代不承担任何法律责任。	
备注：	

六、结论分析

检测结果表明，样品1热释光测年时间为公元874年—988年，样品2热释光测年时间为公元860—1040年，样品3热释光测年时间为公元880—1012年，三组样品的时代为五代至北宋早期。

据南京市博物馆《南京雨花门发现的南唐大型砖构建筑遗迹》（刊《南京文物考古新发现——南京历史文化新探（二）》第115-117页），“从其形制及构筑特征看，应为一处大型建筑台基，所用青灰砖与南唐二陵及南京地区其他南唐墓葬用砖相仿，故其始建时代推测为杨吴或南唐时期”。考古专家对该处建筑遗迹的年代推断结论与本次测年数据基本一致，对该处建筑遗迹的时代推断结论具有一定可信性，即该处建筑遗迹的时代当为杨吴或南唐时期。

江西古城砖相关标本检测项目检测报告①

一、工作目标

项目拟对从江西黎川砖窑遗址采集的土坯与城砖标本、湖南岳阳采集的窑渣标本分别进行成分检测，解析标本成分，确定标本之间的关联，并借助年代检测，确定标本的大致年代。

二、检测样品

选取采集来的土坯、城砖、窑渣标本的部分试样，研磨成粉，作为检测对象。

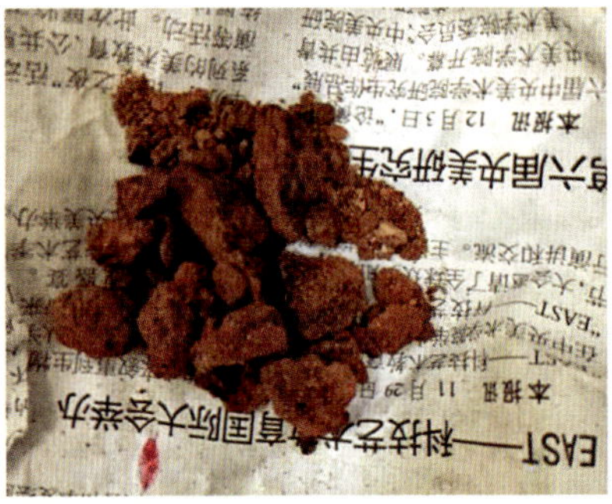

图1　土坯试样

图2　城砖试样

图3　窑渣试样

① 该检测报告由南京城墙保护管理中心于2017—2018年完成。

三、检测仪器及设备

TD-3500 X射线衍射仪、岛津XRF-1800 X射线荧光光谱仪、Riso DA-20热释光测年系统、研磨器等。

图4 TD-3500 X射线衍射仪

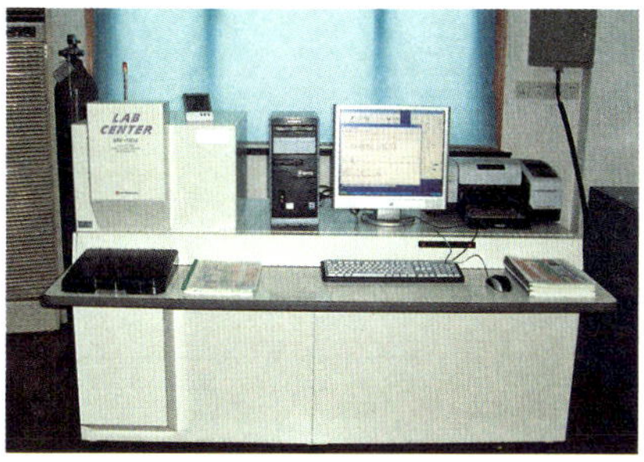

图5 岛津 XRF-1800 X射线荧光光谱仪

图6 Riso DA-20 热释光测年系统

四、检测内容及过程

（一）成分检测

借助X射线衍射仪、X射线荧光光谱仪，对城砖、土坯、窑渣的矿物组成、元素及氧化物组成进行检测，分析组成成分。

图7 成分检测研磨制样过程

（二）年代测定

借助热释光测年系统，对城砖、窑渣进行年代测定，鉴于土坯未经过受热，无法进行热释光测年，故不对其进行年代测定。

五、成分检测数据

（一）土坯成分

1.XRD 检测

矿物成分：石英（Q）、微斜长石（M）。

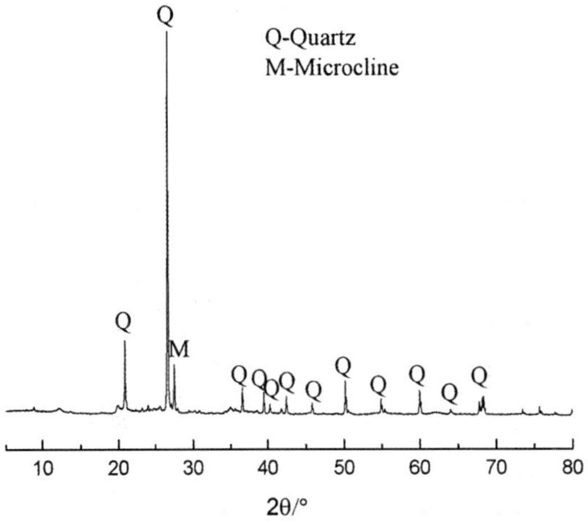

图8　土坯矿物成分检测数据

2.XRF 检测

Analyte	Result wt%	Line	Net int.	BG Int.
O	47.9	O KA1	15.14	0.3876
Si	27.77	Si KA1-HR-Min	279.4	0.9243
Al	13.85	Al KA1-HR-Min	132.2	2.641
Fe	4.855	Fe KA1-HR-Min	527.5	1.402
K	3.411	K KA1-HR-Min	64.14	0.4229
Ti	0.708	Ti KA1-HR-Min	21.24	0.2351
Mg	0.582	Mg KA1-HR-Min	10.34	1.868
Mn	0.223	Mn KA1-HR-Min	16.51	0.8892
Ca	0.188	Ca KA1-HR-Min	3.873	0.1412
Na	0.185	Na KA1-HR-Min	1.02	0.3234
Ba	0.092	Ba KA1-HR-Min	4.906	42.64
P	0.0674	P KA1-ALT-Min	1.35	0.1639
Zr	0.0614	Zr KA1-HR-Min	51.4	12.39
Rb	0.0245	Rb KA1-HR-Min	15.58	7.794
Zn	0.0137	Zn KA1-HR-Min	3.342	2.549
Sr	0.0105	Sr KA1-HR-Min	7.534	8.762
S	0.01	S KA1-ALT-Min	0.3769	0.1056
Cu	0.006	Cu KA1-HR-Min	1.092	2.006

图9　土坯氧化物成分检测数据

Analyte	Result wt%	Line	Net int.	BG Int.
SiO2	59.4	Si KA1-HR-Min	279.4	0.9243
Al2O3	26.17	Al KA1-HR-Min	132.2	2.641
Fe2O3	6.942	Fe KA1-HR-Min	527.5	1.402
K2O	4.109	K KA1-HR-Min	64.14	0.4229
TiO2	1.18	Ti KA1-HR-Min	21.24	0.2351
MgO	0.965	Mg KA1-HR-Min	10.34	1.868
MnO	0.288	Mn KA1-HR-Min	16.51	0.8892
CaO	0.263	Ca KA1-HR-Min	3.873	0.1412
Na2O	0.249	Na KA1-HR-Min	1.02	0.3234
P2O5	0.154	P KA1-ALT-Min	1.35	0.1639
BaO	0.103	Ba KA1-HR-Min	4.906	42.64
ZrO2	0.083	Zr KA1-HR-Min	51.4	12.39
Rb2O	0.0268	Rb KA1-HR-Min	15.58	7.794
SO3	0.025	S KA1-ALT-Min	0.3769	0.1056
ZnO	0.017	Zn KA1-HR-Min	3.342	2.549
SrO	0.0124	Sr KA1-HR-Min	7.534	8.762
CuO	0.007	Cu KA1-HR-Min	1.092	2.006

图10　土坯元素成分检测数据

（二）城砖成分

1.XRD 检测

矿物成分：石英（Q）、莫来石（M）。

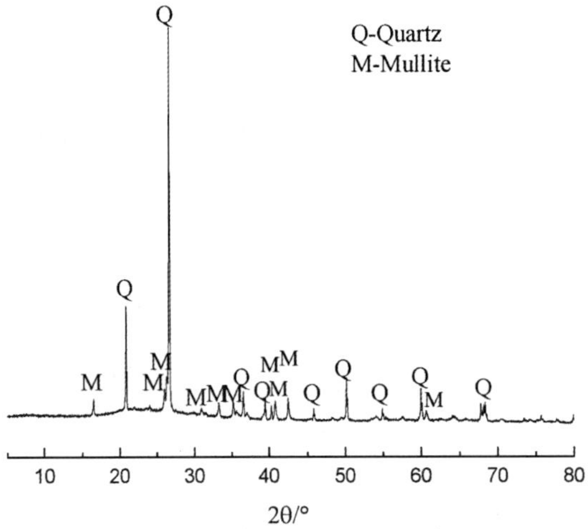

图11　城砖矿物成分检测数据

2.XRF 检测

Analyte	Result wt%	Line	Net int.	BG Int.
SiO2	66.82	Si KA1-HR-Min	140.7	0.507
Al2O3	18.8	Al KA1-HR-Min	26.1	0.6
Fe2O3	6.368	Fe KA1-HR-Min	480.7	1.396
K2O	4.297	K KA1-HR-Min	58.92	0.4131
TiO2	1.24	Ti KA1-HR-Min	21.17	0.2344
P2O5	1.03	P KA1-ALT-Min	5.256	0.2362
MgO	0.517	Mg KA1-HR-Min	0.7357	0.3218
CaO	0.242	Ca KA1-HR-Min	3.242	0.1255
WO3	0.224	W LA1-HR-Min	13.59	2.376
MnO	0.12	Mn KA1-HR-Min	6.831	0.8568
ZrO2	0.1187	Zr KA1-HR-Min	72.81	10.16
BaO	0.083	Ba KA1-HR-Min	5.917	35.52
NiO	0.0415	Ni KA1-HR-Min	5.17	1.531
Rb2O	0.0274	Rb KA1-HR-Min	16	7.12
ZnO	0.0189	Zn KA1-HR-Min	3.838	2.581
CoO	0.0094	Co KA1-HR-Min	2.467	1.582
SrO	0.0086	Sr KA1-HR-Min	5.274	7.765
Nb2O5	0.004	Nb KA1-HR-Min	3.008	11.58
Y2O3	0.003	Y KA1-HR-Min	6.511	8.873

图12 城砖氧化物成分检测数据

Analyte	Result wt%	Line	Net int.	BG Int.
O	48.6	O KA1	4.954	0.1396
Si	31.23	Si KA1-HR-Min	140.7	0.507
Al	9.96	Al KA1-HR-Min	26.1	0.6
Fe	4.454	Fe KA1-HR-Min	480.7	1.396
K	3.567	K KA1-HR-Min	58.92	0.4131
Ti	0.745	Ti KA1-HR-Min	21.17	0.2344
P	0.447	P KA1-ALT-Min	5.256	0.2362
Mg	0.312	Mg KA1-HR-Min	0.7357	0.3218
W	0.178	W LA1-HR-Min	13.59	2.376
Ca	0.173	Ca KA1-HR-Min	3.242	0.1255
Mn	0.0933	Mn KA1-HR-Min	6.831	0.8568
Zr	0.0879	Zr KA1-HR-Min	72.81	10.16
Ba	0.074	Ba KA1-HR-Min	5.917	35.52
Ni	0.0326	Ni KA1-HR-Min	5.17	1.531
Rb	0.0251	Rb KA1-HR-Min	16	7.12
Zn	0.0152	Zn KA1-HR-Min	3.838	2.581
Co	0.0074	Co KA1-HR-Min	2.467	1.582
Sr	0.0073	Sr KA1-HR-Min	5.274	7.765
Nb	0.003	Nb KA1-HR-Min	3.008	11.58
Y	0.0023	Y KA1-HR-Min	6.511	8.873

图13 城砖元素成分检测数据

（三）窑渣成分

1.XRD 检测

矿物成分：石英（Q）。

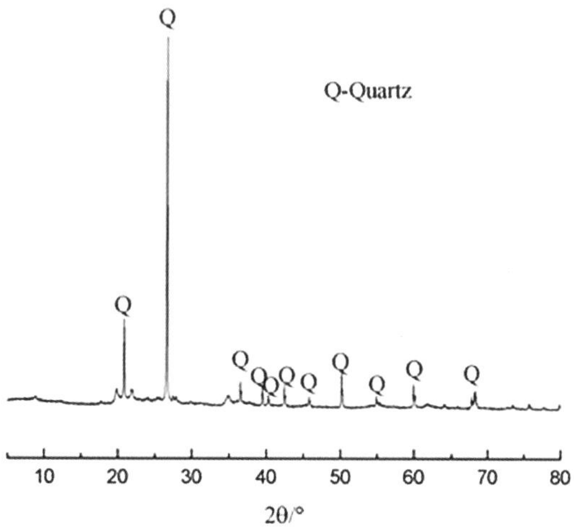

图14 窑渣矿物成分检测数据图

2.XRF 检测

Analyte	Result wt%	Line	Net int.	BG Int.
SiO2	65.47	Si KA1-HR-Min	322	1.118
Al2O3	18.52	Al KA1-HR-Min	91.42	1.839
Fe2O3	7.216	Fe KA1-HR-Min	532	1.494
K2O	3.04	K KA1-HR-Min	46.99	0.3605
CaO	2	Ca KA1-HR-Min	29.73	0.1896
MgO	1.27	Mg KA1-HR-Min	13.31	1.689
TiO2	1.1	Ti KA1-HR-Min	19.16	0.2562
MnO	0.483	Mn KA1-HR-Min	26.97	0.9448
P2O5	0.384	P KA1-ALT-Min	3.726	0.2169
Na2O	0.244	Na KA1-HR-Min	0.9843	0.309
BaO	0.101	Ba KA1-HR-Min	2.484	43.32
ZnO	0.0325	Zn KA1-HR-Min	6.12	2.645
ZrO2	0.0277	Zr KA1-HR-Min	17.65	19.22
SO3	0.028	S KA1-ALT-Min	0.409	0.1243
Cr2O3	0.021	Cr KA1-HR-Min	0.7166	0.5313
CuO	0.0166	Cu KA1-HR-Min	2.467	2.094
Rb2O	0.0153	Rb KA1-HR-Min	8.516	10.32
SrO	0.0145	Sr KA1-HR-Min	8.445	12.68
NiO	0.011	Ni KA1-HR-Min	1.24	1.593

图15 窑渣氧化物成分检测数据

Analyte	Result wt%	Line	Net int.	BG Int.
O	48.2	O KA1	13.34	0.3641
Si	30.6	Si KA1-HR-Min	322	1.118
Al	9.805	Al KA1-HR-Min	91.42	1.839
Fe	5.047	Fe KA1-HR-Min	532	1.494
K	2.524	K KA1-HR-Min	46.99	0.3605
Ca	1.43	Ca KA1-HR-Min	29.73	0.1896
Mg	0.768	Mg KA1-HR-Min	13.31	1.689
Ti	0.657	Ti KA1-HR-Min	19.16	0.2562
Mn	0.374	Mn KA1-HR-Min	26.97	0.9448
Na	0.181	Na KA1-HR-Min	0.9843	0.309
P	0.167	P KA1-ALT-Min	3.726	0.2169
Ba	0.091	Ba KA1-HR-Min	2.484	43.32
Zn	0.0261	Zn KA1-HR-Min	6.12	2.645
Zr	0.0205	Zr KA1-HR-Min	17.65	19.22
Cr	0.014	Cr KA1-HR-Min	0.7166	0.5313
Rb	0.014	Rb KA1-HR-Min	8.516	10.32
Cu	0.0133	Cu KA1-HR-Min	2.467	2.094
Sr	0.0123	Sr KA1-HR-Min	8.445	12.68
S	0.011	S KA1-ALT-Min	0.409	0.1243
Ni	0.008	Ni KA1-HR-Min	1.24	1.593

图16 窑渣元素成分检测数据

六、年代测定数据

（一）测试说明

1.砖在制样过程中发现其烧成温度很高，接近于瓷器，水沉淀法得到的细颗粒样品有限，后续的测试也表明高温细颗粒方法不是非常适用于该样品，故而又采用前剂量饱和指数熄灭法对样品进行测试，得到了较好的曲线。

2.窑渣样品热释光信号极低，数据没有意义，无法测出年代。

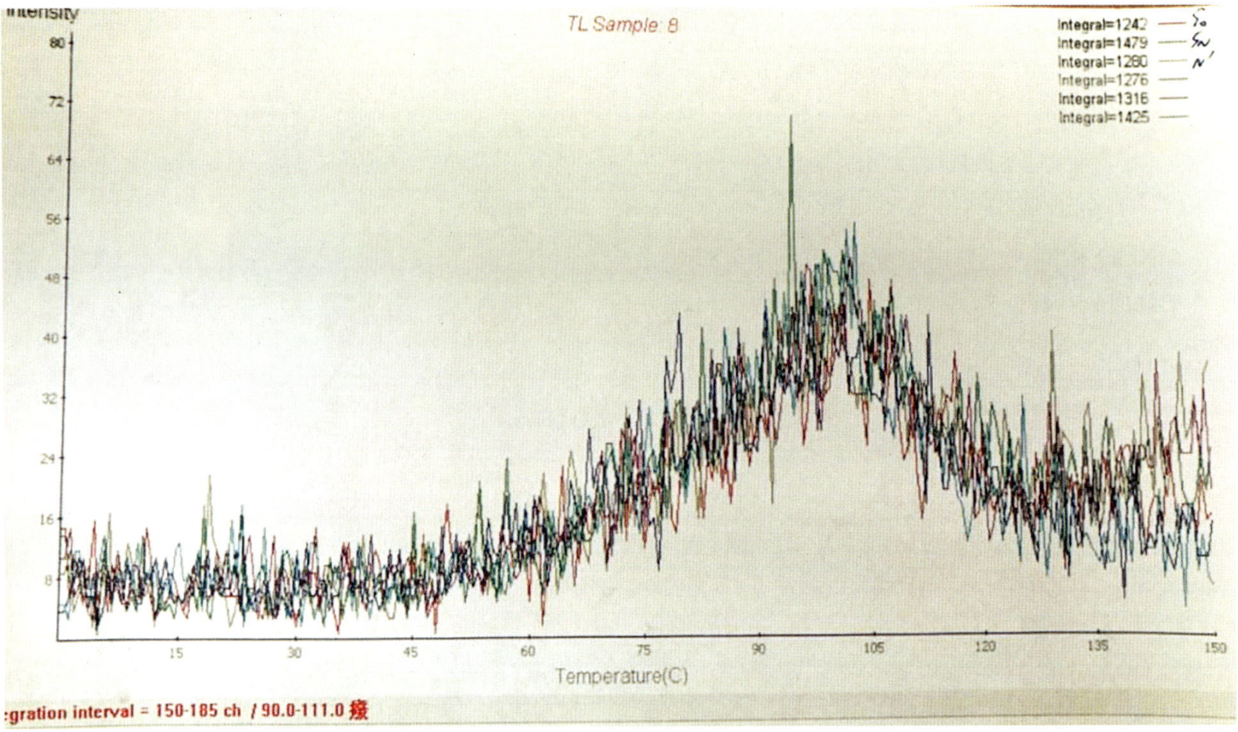

图17　窑渣古剂量P灵敏度曲线图谱

3.若样品历史上经历过火烧、火灾，测得的是样品最后一次受热的年代。

4.若样品靠近过放射源、射线装置，热释光年代结果将会受到一定程度的影响。

（二）城砖测年数据

表1　城砖热释光年代测定报告表

检测样品名称：	城砖
测试单位样品编号：	检测日期：2018.1
取样部位：	破损处
仪器型号及测试条件：	Riso DA-20，前剂量饱和指数熄灭法
古剂量P灵敏度曲线图谱	

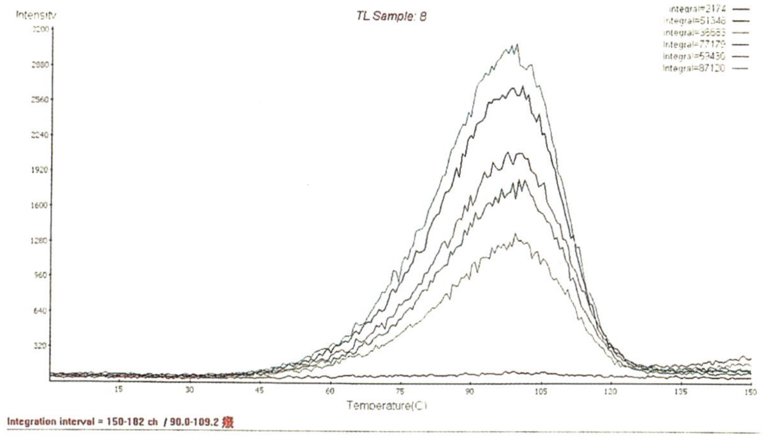

热释光年代	公元1338年 ± 75年
特别声明： （1）本报告测定的热释光年代，只代表所测试的样品的烧制年代。 （2）如果器物烧成后又经过人工修补、辐照或者高温退火，由此引起的年代混乱，本报告概不负责解释。 （3）本报告测定的热释光年代不承担任何法律责任。	
备注：	

七、结论分析

1.矿物成分检测分析：根据图8、图11可知，土坯主要矿物成分为石英（Q-Quartz）及微斜长石（M-Microcline），城砖主要矿物成分为石英（Q-Quartz）及莫来石（M-Mullite）。石英的主要成分为SiO_2，属于耐火材料，一般耐火度为1750—1800℃，很难被分解。微斜长石是常见的矿物，产自火山岩中，属于长石矿物中的一种，主要含钾铝硅酸盐K〔$AlSi_3O_8$〕、钙铝硅酸盐Ca〔$AlSi_3O_8$〕、钠铝硅酸盐Na〔$AlSi_3O_8$〕等矿物，砖在烧成前微斜长石能起瘠性原料的作用，减少砖坯体的干燥收缩和变形，改善干燥性能，缩短干燥时间；在烧成时可作为熔剂降低烧成温度，促使石英和高岭土熔融，并在液相中互相扩散渗透而加速莫来石的形成。

结合图11城砖矿物成分检测数据可以得知，城砖烧成后莫来石峰较强，微斜长石几乎不含，而石英成分基本不变，可以推测城砖煅烧前的土坯主要矿物为石英和微斜长石，煅烧后主要矿物成分转化为石英和莫来石，莫来石的主要化学成分为$3Al_2O_3 \cdot 2SiO_2$；煅烧过程中石英熔融物充填于砖体的莫来石晶粒之间，使砖体致密而减少空隙，从而提高其机械强度和介电性能。

从图14可以得知窑渣的主要矿物成分为石英。

2.从图10与图13元素成分检测数据比对来看，土坯主要成分包含18种元素，城砖主要成分包含20种元素，两者有15种元素相同（分别为O、Si、Al、Fe、K、Ti、Mg、Mn、Ca、Ba、P、Zr、Rb、Zn、Sr），各元素所占含量百分比相近，其中15种元素分别占土坯、城砖元素总含量的99.7565%、99.7908%，即土坯与城砖的元素成分相似度极高，说明城砖与土坯存在取材于同一地的可能性。

3.根据窑渣的氧化物成分检测数据来看，其主要化学成分包括SiO_2（65.47%）、Al_2O_3（18.52%）、Fe_2O_3（7.216%）、K_2O（3.04%）、CaO（2%）、MgO（1.27%）、TiO_2（1.1%）等，而煤渣的化学成分为SiO_2（40%—50%）、Al_2O_3（30%—35%）、Fe_2O_3（4%—20%）、CaO（1%—5%）及少量镁、硫、碳等，草木灰的主要成分是碳酸钾（K_2CO_3），故该窑渣应为煤渣。

4.根据热释光测年数据来看，城砖的热释光年代为公元1338年±75年，即元至明初之间。

后 记

为更好地落实南京市委、市政府关于城墙保护利用的总体部署，高水平做好城墙保护利用工作，精心传承延续城墙历史文脉，打造具有国际影响力的世界级历史文化旅游名片，南京城墙保护管理中心近年来大力开展各学科的基础研究工作，为南京城墙的保护利用和“申遗”工作夯实基础、保驾护航。“十三五”期间，在南京市委、市政府的大力支持下，南京城墙的基础研究工作遍地开花，在多学科领域取得了突破性进展，并积极向国际化和数字化等前沿靠拢，取得了骄人的成绩。

“十三五”期间，南京城墙保护管理中心完成了省级课题“南京城墙30年大规模维修保护综合研究”，市级课题“南京明城墙砖窑遗址研究”“南京明外郭遗址调查与研究”“南京明城墙与良渚古城遗址价值对比研究”“南京城墙记忆数字化”等近十余项；出版了行业内首部“城墙学”研究学术辑刊《中国城墙》（半年刊）以及《中国明清城墙》（“十三五”国家重点出版物出版规划项目、国家出版基金项目）、《铭文天下——南京城墙砖文》、《南京城墙砖官窑遗址研究》、《南京明外郭遗址研究》、《帝都王城——从良渚王城到大明帝都》、《岁月传城——南京城墙旧影》等专业研究书籍十余本；中心还坚持“走出去”，协办2018年南京城墙保护与利用国际论坛，成为ICOFORT（国际古迹遗址理事会城防与军事遗产委员会）中国首个机构会员，专家学者受邀参与各种国内外学术会议，在国际国内核心期刊发文，不断增强南京城墙的国际学术影响力。

为将研究成果及时反馈给公众与学界，本书汇集了中心“十三五”期间课题研究报告10篇，中心学者撰写的学术研究论文4篇，以及检测报告3篇，涉及南京四重城垣本体及附属建筑的基础研究、城墙保护、文化旅游、宣传文创等多个学科领域。

成书过程中，南京市文化和旅游局、南京出版社对本书给予了极大的关注与支持；感谢江苏省社会科学院、南京市社科院、南京大学、南京大学文物与自然遗产保护中心、南京大学多媒体科教中心、南京林业大学、江苏文博文化遗产保护有限公司等高校、机构、企业诸多专家学者的辛苦付出，与中心共同创造了丰硕的学术研究成果；南京城墙保护管理中心的同仁们也在各自的岗位上积极开展学术研究工作，同样取得了不俗的成果，再次一并致以衷心的感谢。

如今“中国明清城墙”的“申遗”进程正在大步迈进，国内最大的城墙专题博物馆——南京城墙博物馆也正式面世。在各领域工作的不断开展和努力下，南京城墙必将以更好的面貌成为古都南京建设中最璀璨的一颗明珠。在南京城墙博物馆开馆之际，我们谨以此书记录“十三五”期间取得的丰富的研究成果，并展望下一个五年能取得更多突破。

本书编委会